思想的・睿智的・獨見的

經典名著文庫

學術評議

策劃 楊榮川

五南圖書出版公司 印行

經典名著文庫

學術評議者簡介（依姓氏筆畫排序）

- 丘為君　美國俄亥俄州立大學歷史研究所博士
- 吳惠林　美國芝加哥大學經濟系訪問研究、臺灣大學經濟系博士
- 宋鎮照　美國佛羅里達大學社會學博士
- 林玉体　美國愛荷華大學哲學博士
- 邱燮友　國立臺灣師範大學國文研究所文學碩士
- 洪漢鼎　德國杜塞爾多夫大學榮譽博士
- 孫效智　德國慕尼黑哲學院哲學博士
- 秦夢群　美國麥迪遜威斯康辛大學博士
- 高明士　日本東京大學歷史學博士
- 高宣揚　巴黎第一大學哲學系博士
- 張光宇　美國加州大學柏克萊校區語言學博士
- 張炳陽　國立臺灣大學哲學研究所博士
- 陳秀蓉　國立臺灣大學理學院心理學研究所臨床心理學組博士
- 陳思賢　美國約翰霍普金斯大學政治學博士
- 陳清秀　美國喬治城大學訪問研究、臺灣大學法學博士
- 陳鼓應　國立臺灣大學哲學研究所
- 曾永義　國家文學博士、中央研究院院士
- 黃光國　美國夏威夷大學社會心理學博士
- 黃光雄　國家教育學博士
- 黃昆輝　美國北科羅拉多州立大學博士
- 黃政傑　美國麥迪遜威斯康辛大學博士
- 楊維哲　美國普林斯頓大學數學博士
- 葉海煙　私立輔仁大學哲學研究所博士
- 葉國良　國立臺灣大學中文所博士
- 廖達琪　美國密西根大學政治學博士
- 劉滄龍　德國柏林洪堡大學哲學博士
- 黎建球　私立輔仁大學哲學研究所博士
- 盧美貴　國立臺灣師範大學教育學博士
- 薛化元　國立臺灣大學歷史學系博士
- 謝宗林　美國聖路易華盛頓大學經濟研究所博士候選人
- 簡成熙　國立高雄師範大學教育研究所博士
- 顏厥安　德國慕尼黑大學法學博士

經典名著文庫180

全能政府：極權國家與總體戰爭的興起

Omnipotent Government: The Rise of the Total State and Total War

---

路德維希・馮・米塞斯 著
(Ludwig von Mises)
謝宗林 譯

經典永恆・名著常在

五十週年的獻禮・「經典名著文庫」出版緣起

總策劃 楊榮川

五南，五十年了。半個世紀，人生旅程的一大半，我們走過來了。不敢說有多大成就，至少沒有凋零。

五南忝為學術出版的一員，在大專教材、學術專著、知識讀本出版已逾壹萬參仟種之後，面對著當今圖書界媚俗的追逐、淺碟化的內容以及碎片化的資訊圖景當中，我們思索著：邁向百年的未來歷程裡，我們能為知識界、文化學術界做些什麼？在速食文化的生態下，有什麼值得讓人雋永品味的？

歷代經典・當今名著，經過時間的洗禮，千錘百鍊，流傳至今，光芒耀人；不僅使我們能領悟前人的智慧，同時也增深加廣我們思考的深度與視野。十九世紀唯意志論開創者叔本華，在其〈論閱讀和書籍〉文中指出：「對任何時代所謂的暢銷書要持謹慎的態度。」他覺得讀書應該精挑細選，把時間用來閱讀那些「古今中外的偉大人物的著作」，閱讀那些「站在人類之巔的著作及享受不朽聲譽的人們的作品」。閱讀就要「讀原著」，是他的體悟。他甚至認爲，閱讀經典原著，勝過於親炙教誨。他說：

「一個人的著作是這個人的思想菁華。所以，儘管一個人具有偉大的思想能力，但閱讀這個人的著作總會比與這個人的交往獲得更多的內容。就最重要的方面而言，閱讀這些著作的確可以取代，甚至遠遠超過與這個人的近身交往。」

爲什麼？原因正在於這些著作正是他思想的完整呈現，是他所有的思考、研究和學習的結果；而與這個人的交往卻是片斷的、支離的、隨機的。何況，想與之交談，如今時空，只能徒呼負負，空留神往而已。

三十歲就當芝加哥大學校長、四十六歲榮任名譽校長的赫欽斯（Robert M. Hutchins, 1899-1977），是力倡人文教育的大師。「教育要教眞理」，是其名言，強調「經典就是人文教育最佳的方式」。他認爲：

「西方學術思想傳遞下來的永恆學識，即那些不因時代變遷而有所減損其價値的古代經典及現代名著，乃是眞正的文化菁華所在。」

這些經典在一定程度上代表西方文明發展的軌跡，故而他爲大學擬訂了從柏拉圖的《理想國》，以至愛因斯坦的《相對論》，構成著名的「大學百本經典名著課程」。成爲大學通識教育課程的典範。

歷代經典．當今名著，超越了時空，價值永恆。五南跟業界一樣，過去已偶有引進，但都未系統化的完整舖陳。我們決心投入巨資，有計劃的系統梳選，成立「經典名著文庫」，希望收入古今中外思想性的、充滿睿智與獨見的經典、名著，包括：

- 歷經千百年的時間洗禮，依然耀明的著作。遠溯二千三百年前，亞里斯多德的《尼各馬科倫理學》、柏拉圖的《理想國》，還有奧古斯丁的《懺悔錄》。
- 聲震寰宇、澤流遐裔的著作。西方哲學不用說，東方哲學中，我國的孔孟、老莊哲學，古印度毗耶娑（Vyāsa）的《薄伽梵歌》、日本鈴木大拙的《禪與心理分析》，都不缺漏。
- 成就一家之言，獨領風騷之名著。諸如伽森狄（Pierre Gassendi）與笛卡兒論戰的《對笛卡兒沉思錄的詰難》、達爾文（Darwin）的《物種起源》、米塞斯（Mises）的《人的行爲》，以至當今印度獲得諾貝爾經濟學獎阿馬蒂亞．

森（Amartya Sen）的《貧困與饑荒》，及法國當代的哲學家及漢學家余蓮（François Jullien）的《功效論》。

梳選的書目已超過七百種，初期計劃首爲三百種。先從思想性的經典開始，漸次及於專業性的論著。「江山代有才人出，各領風騷數百年」，這是一項理想性的、永續性的巨大出版工程。不在意讀者的眾寡，只考慮它的學術價值，力求完整展現先哲思想的軌跡。雖然不符合商業經營模式的考量，但只要能爲知識界開啓一片智慧之窗，營造一座百花綻放的世界文明公園，任君遨遊、取菁吸蜜、嘉惠學子，於願足矣！

最後，要感謝學界的支持與熱心參與。擔任「學術評議」的專家，義務的提供建言；各書「導讀」的撰寫者，不計代價地導引讀者進入堂奧；而著譯者日以繼夜，伏案疾書，更是辛苦，感謝你們。也期待熱心文化傳承的智者參與耕耘，共同經營這座「世界文明公園」。如能得到廣大讀者的共鳴與滋潤，那麼經典永恆，名著常在。就不是夢想了！

二〇一七年八月一日 於

五南圖書出版公司

「政府萬能」vs.「市場機能」

——導讀《全能政府》

吳惠林
中華經濟研究院特約研究員

自二〇二〇年初武漢肺炎（Covid-19）全球流行以來，各國政府的「管制力」就快速膨脹，專制共產國家的「全面管控」固不必說了，連自由民主國家都左派社會主義掛帥，各種「干預」措施紛紛出籠。在「清零政策」下，封城、隔離等等限制人民自由的措施，在「保障生命安全」大纛下大量實施，而「疫苗護照」更阻礙人民的就業、消費、旅遊等等社會經濟生活。這些種種干預措施，撇開隱藏在背後的「政治因素」不談，就消弭疫情和減少生命損失來說，是否真有效果？

政府強力管制封鎖有效嗎？

就美國這個政治民主的代表國度來說，近年來民主、共和黨左右派越見對立，而「藍州」、「紅州」就是民主黨、共和黨主政的顏色劃分，保守主義的紅州抗拒聯邦政府的封鎖政策，社會主義的藍州則奉行封鎖政策。兩年來究竟哪一種作法較佳？

二〇二二年四月二十日史蒂芬・摩爾（Stephen Moor）這位經濟名家在英文《大紀元》發表〈兩年來我們從疫情學到什麼？——封鎖無效〉（*What Have We Learned After 2 Years of Covid: Lockdowns Don't Work*）一文，揭示他和芝加哥大學經濟學家凱西・穆立甘（Casey Mulligan），以及病毒學家費爾・克片（Phil Kerpen）聯名發表在國民經濟研究局（NBER）的研究，該研究旨在對美國各州在疫情表現評分。

他們使用：1.公民的健康狀況和Covid死亡率，2.經濟表現，以及3.兒童失去的上學天數三個指標作爲評比。研究結論是：封鎖經濟和學校時間最長的州排名最差，因爲封鎖令對減少死亡數只有一點點效果，但對兒童造成嚴重損害。猶他州、蒙大拿州、佛羅里達州等州封鎖措施很少，經濟仍充滿活力、失業率低，而大部分學校仍然開放。表現最差的州是紐澤西州、紐約州、新墨西哥州、加州和伊利諾州。表現最好的是猶他州、內布拉斯加州、佛蒙特州、南達科他州和佛州。

他們特別就加州和佛州這兩個封鎖和開放代表州作比較，充分說明了什麼有效、什麼無效。加州嚴厲封鎖的結果，因破產和漫長的失業而破壞經濟；佛州大部分開放，生活如常。在校正人口年齡後，兩州的死亡率大致相同，所以加州紐森州長的「封鎖在加州挽救了數千人的生命」之說法是不正確的。

這項研究受到美國媒體和外國媒體熱烈報導。反對該研究的聲浪很大，但摩爾認爲說服力很低，主要來自索羅斯集團（Soros Group）的「媒體很重要」（Media Matters），除了聲稱「右傾」外，提不出連貫論點。

左翼人士對這項研究表示不認同，並憤怒表明，若有下次機會還是會採取封鎖政策。不過，摩爾認爲封鎖政策不是基於科學，而民主黨人和社會主義者很鬱悶，因爲他們無法解釋爲何五十個州的封鎖嚴重程度與死亡率間的相關性近於零，畢竟他們是主張封鎖可帶來安全和健康。摩爾說他們等了兩年多，還在繼續等有說服力的解釋。

這篇文章傳達了兩項訊息，一是「政府干預或管制政策」是無效的，而且還會產生不良效果，而晚近耳熟能詳的「愛之適足以害之」、「到地獄之路往往是用好意鋪成的」兩句東西方流行的話語就是傳神的闡述。最具代表性的干預政策就是「價格管制」，在基礎經濟學中都以「房租管制」和「最低工資率」兩者爲例。不過，這些在傳統古典經濟學中認爲「不證自明」的事況，在社會主義興起之後，如今卻都受棄置，不但政府的價格管制充斥，連最低工資率對失業的衝擊也受到挑戰，而且二〇二一年諾貝爾經濟學獎就頒給早在一九九五年便獲得美國經濟學界最高學術聲譽的克拉克獎章的學者大衛・卡德（David Card），以肯定他實證得出「提高最低工資的負面影響很小，且不會使就業率下降，也不一定會使工作機會減少，對受僱人數也沒影響」，是關於「勞動市場」的新見解。

最低工資率已經全球化

儘管不少學者明確指出卡德的研究有問題，而已故的一九九二年諾貝爾經濟學獎得主貝克（G.S. Becker）更在一九九五年就斬釘截鐵地說：「『提高最低工資會降低就業機會』的定論，連神通廣大的人都很難駁倒。既然政治人物的功力還沒有那麼高，就不應該試著提高最低工資。」而且卡德本人也明確表示，不會公開表明立場或做政策建議，但其研究卻時常被作爲支持最低工資立法的有力論據。這也間接印證了貝克的文章傳達的第二項訊息，那就是左派社會主義者或政府干預主義者往往提不出說服力高的論點，卻採用似是而非的研究結果，或用「種族主義」扣人「右傾」的帽子，甚至指稱「資產家走狗」來否定「反對干預政策」者的說法。

反對政府干預者所信奉的是資本主義或市場機能，或者說自由經濟或市場經濟，如今則被強加指責認爲是「市場萬能」論者。其實，政府干預或管制，往往不知不覺落入「全能政府」而不自知。平實而言，「市場萬能」或「全能政府」指涉的就是「政府的角色是什麼」以及「個人自由究竟是如何」的問題。奧國學派大師米塞斯（Ludwig von Mises）在一九四四年出版的《官僚制》（*Bureaucracy*）〈前言〉開宗明義：

「當今社會與政治衝突的主要議題是：人是否該拋棄自由、私自開創進取和個人負責的精神，而選擇屈服於社會主義國——一個執行強制與脅迫的巨大機構——接受其監管？獨裁的極權主義體制是否該取代個人主義和民主體制？公民是否該被改造成爲順民，在一支全民強制勞動隊伍裡當下屬，無條件遵守上司的命令？他是否該被剝奪最爲珍貴的選擇權，不准他選擇自己的手段與目的，不准他塑造自己的生活？」

米塞斯將之化約成「社會主義和資本主義之間的爭論所隱含的根本問題——在人的行爲過程中，有無可能使用經濟計算工具，以及由此而衍生出的經濟、政治和社會問題。」他在一九四四年運用人的行爲理論於歷史觀察，寫成《官僚制》和《全能政府：極權國家與總體戰爭的興起》（*Omnipotent Government: The Rise of the Total*

State and Total War）兩本小書來詮釋，前一本藉由比較與分析營利事業的利潤管理制和政府機構的官僚管理制，兩者運作方式的本質差異，爲一般讀者介紹這個根本問題。

這一本《全能政府》則以國家至上主義概括社會主義和干預主義，拿「國家至上或政府掌權者與官僚至上」，來與資本主義或市場經濟的本質「消費者至上」或「消費者主權」或「公民自由至上」作對比，來突顯問題之所在。

米塞斯曾區分社會主義（生產手段公有、沒有生產手段市場與價格的社會分工生產體制，包含市場與價格名存實亡的納粹統制經濟體制和蘇維埃的共產經濟計劃體制）和干預主義（政府干預企業、逐步弱化生產手段私有權、弱化聽命於消費者的有效應用經濟計算分配生產手段的市場功能），並且指出干預主義終究會趨向社會主義，有時在使用社會主義（或共產主義）這一名詞時，也包含干預主義的意思。在這本書中，米塞斯就以國家至上主義一詞概括社會主義和干預主義。

本書一開頭，米塞斯就指出造成世態混亂的一個根本原因，那就是「一個極其有害的教條主義」，此即「人們大多沒雅量，來容忍他人批評自己所鍾愛的社會與經濟政策。」

他特別指出，經濟學家對政府的社會經濟政策提出反對意見，僅針對選用的方法認為不合適，並未質疑想要達成的最終目的。人們不願承認，如果採納經濟學家的勸告，而不是漠視它，就可能更容易達成目的。不過，人們對膽敢批評他們所鍾愛的政策者，一律稱之為「他們所屬國家、種族或團體的敵人」。

反對干預的經濟學家受到抹黑

米塞斯就舉經濟學家斷言「最低工資率並非提高賺取工資者生活水準的適當手段」為例。指出「經濟學家既不是勞動的構陷者，也不是勞工的敵人」，正好相反，經濟學家是建議用比較合適的辦法，來改善賺取工資者的物質幸福，正是為他們的幸福成功所能做出的最大貢獻。他又寫說：「指出每一個人都從資本主義的運作獲得好處，並不等於辯護資本家的既得利益。」而一個在四、五十年前主張保護私有財產（私產）制和自由企業的經濟學家，並不是在為「當時的」富有者自私的階級利益而奮鬥。該經濟學家是想讓那些和他同一時代、一文不名、沒沒無聞，但具獨創能力者，得以自由發展所有如今使得一般人生活更為愉快的新產業。不可諱言的，許多這些產業變革的先驅變成富翁，但他們之所以變富，是因為他們供應一般民眾喜歡的汽車、電冰箱、電影、飛機等等，以及各式各樣雖比較不令人驚嘆，但同樣有用的新創產品。這些新產品，肯定不是政府辦公室和官僚的成就。米塞斯指出，到一九四〇年代初，沒有任何一樣技術進步能歸功於蘇聯人；俄國人當時的成就，頂多是偷竊、抄襲外國資本家的某些創新進步，而這些資本家還不斷被俄人貶斥。

米塞斯在當時就指出，人類尚未達到科技完美的最終地步，還有大量進步和改善生活水準的空間，而創造與發明的精神種籽永遠存在，但它只有在經濟自由的地方，才會繁榮興盛，結出果實。他進一步說，如果經濟學家證明一個國家處理其對外貿易政策或國內少數民族的方式，其實是傷害它本身的根本利益，該經濟學家也不是該國和其人民的敵人。謾罵不當政策的批評者並質疑他們的動機，米塞斯認爲是無濟於事的，只可能壓制眞理的聲音，絕不可能使不適當的政策變爲適當。而極權統治的擁護者，將反對者的態度命名爲「消極主義」，他們自以爲正當他們呼籲改善令人不滿的現狀時，反對者卻執意讓禍害繼續存在。米塞斯指出，這是以心胸狹隘的官僚觀點，在判斷所有社會問題，只有官僚才會認爲，唯有設立新的辦公室、頒布新法令並增加政府雇員，才能稱爲「積極有益」的作法，其餘一切都是消極不作爲。

米塞斯強調，「經濟自由方案，不是消極的方案」，它積極想要確立和保存以生產手段私有制及自由企業爲基礎的市場經濟，它積極想要維護自由競爭和消費者主權。米塞斯指出，「眞正的自由主義者，反對所有旨在廢除未受干擾的市場經濟，而代之以政府控制的措施。」他說：「放任自由、並非意味讓禍害繼續存在，正好相反，它意味不要干預市場的運作。因爲干預必定限制生產成果，從而使人民變得更窮。它並且意味：不要廢除或癱瘓這個，儘管遭到政府與政客所設下的無數障礙阻撓，卻仍然已史無前例，提高廣大群眾生活水準的資本主義制度。」

米塞斯觀察到，從十九世紀末開始，歐洲各國政府和國會，一直熱中於阻撓市場運作、干預商業活動，而且熱中於使資本主義癱瘓，毫不在意地忽視經濟學家的警告。他們築起貿易壁壘、助長信用擴張與寬鬆貨幣政策，採取價格管制、最低工資率和補貼政策。他們把課稅變成沒收與剝奪。他們宣稱，無所顧忌的支出，是增加財富與福祉的最佳方法。

不幸的是，當這些政策不可避免地產生如經濟學家早就預言的不好後果時，輿論並未譴責他們所鍾愛的這些政策，反而怪罪資本主義。在群眾眼裡，並不是這些反資本主義的政策，而是資本主義本身，才是經濟蕭條、失業、通貨膨脹與物價上漲、獨占與浪費、社會動盪與戰爭等等的根本原因。

當代自由主義者和進步主義者實爲社會主義者

這是因爲當時「反自由主義僞裝成貨眞價實的自由主義」，且擄獲一般民心。這些「自稱的自由主義者」所支持的政策方案，完全違背古典自由主義的信條，他們貶斥生產手段私有制和市場經濟，熱烈支持進步主義的經濟管理辦法，爲實現全能政府奮鬥。他們歡呼、推崇每項賦予官僚和政府機構更多權力的措施。任何人如果沒和他們一樣偏愛嚴密組織與控制人民，都被譴責爲反動分子和經濟保皇派。米塞斯指出，這些以自由主義和「進步主義」自許者，天眞地深信自己是眞正民主派，但他們的民主概念和十九世紀的民主概念恰恰相反，他們混淆民主政治和社會主義，不僅沒看出兩者不相容，甚至相信唯獨社會主義意味眞正的民主政治，認爲蘇維埃制度是一種民主制度。

對於迄一九四〇年代所有維護和平的努力之所以都未能成功，米塞斯認爲原因在於人們犯了一個致命的錯誤，此即不明白只有在一個純粹、完美和未遭阻撓的資本主義世界裡，才不會有侵略和征服的誘因。在「國家至上」的世界，即便是民主政府，在充斥貿易壁壘和移民障礙、外匯管制和剝奪外資的時代，幾乎每一個公民基於自身利益，都渴望外國政府可能用來傷害他的這些措施遭到廢除。所以，幾乎每位公民都渴望本國軍事力量強大、領土擴大，因爲這至少意味他得以解脫某個外國政府所施加的各種禍害。十九世紀末，所有歐洲國家都熱中於委任給政府更多權力，擴大政府強制與脅迫領域，熱中於以國家名義壓制個人的一切活動與努力，在「經濟民族主義」，也就是國家至上主義下，政府控制越來越多的商業活動。

米塞斯察覺到一九四〇年代已是個人主義讓位給全能政府的時代，人民服從國家至上主義，允許政府管理人間一切事務，深信政府將使人間變成天堂。在極權主義的道路上最爲先進的國家，甚至公民個人的閒暇時間如何使用，也被認爲是政府的工作，德國是最重要的一個代表性國家，而當時人類文明危機的焦點就在德國，它一直是國際和平的干擾者，兩次世界大戰都是德國的戰爭。西方國家的人民沒準備拋棄他們的「國家至上主義政策」，所以他們國內的經濟民族主義，以及他們彼此間的經濟戰就停止不了，也將不可能締結和平的國際關係，而更爲慘痛的第三次世界大戰將可能發生。有鑑於此，米塞斯乃撰本書，探索描述究竟發生了哪些變化與事件，以致形成當時德國與歐洲這樣不幸的事態。

米塞斯試圖糾正許多流行的錯誤，這些錯誤源自一些嚴重扭曲歷史事實的傳說，以及一些曲解經濟發展與政策的學說，他在書中處理歷史，也處理社會學和經濟學的根本議題。除前言、導論和結語摘介全書的精要外，全書內容分成四篇。第一篇描述德國自由主義的潰敗，分成德國的自由主義和軍國主義的勝利兩章；第二篇介紹民族主義，分成國家至上主義、國家至上主義與民族主義，以及對一些謬誤的駁斥三章；第三篇介紹德國的納粹主義，分成德意志民族主義的奇特性、德意志帝國裡的社會民主黨人、反猶太主義與種族主義、威瑪共和及其瓦解，以及納粹主義是一個世界問題等五章；第四篇談西方文明的未來，分成世界規劃的妄想及和平方案兩章。

米塞斯一生堅信資本主義、自由市場，極力證明社會主義是行不通的，干預主義也不行，他在一九二二年就寫了《社會主義：經濟與社會學的分析》（*Socialism: An Economic and Sociological Analysis*），雖然一炮而紅，卻讓全球的社會主義者都討厭他。

當一九三〇年代在德國迅速蔓延的民族社會主義（納粹主義）即將取得勝利時，米塞斯明白其隨即會威脅奧地利，一旦納粹占領奧地利，蓋世太保一定會找他，於是在一九三四年，米塞斯遷居瑞士日內瓦。在瑞士期間，他寫出了畢生最重要的著作《人的行爲：經濟學專論》（*Human Action: A Treatise on Economics*），但直到一九四九年才改寫成英文出版。該書第二三五頁裡寫著：「當今大多數大學裡以『經濟學』爲名所傳授的東西，實際上是在否定經濟學。」而一九四八年之後大學課堂裡的「經濟學」幾乎都是薩繆爾遜（P.A. Samuelson）在一九四八年出版的《經濟學》（*Economics*）之模式——標準的「凱因斯經濟學」，就是政府可精心調節整體經濟，雖然仍然強調「市場」，但其實掛羊頭賣狗肉，賦予政府以各種政策來「干預」，骨子裡是道道地地的社會主義。配合當時羅斯福總統的「新政」，整個美國都被社會主義淹沒而不自知。經歷社會主義奴役社會的米塞斯，在一九四〇年移居紐約時驚覺事態嚴重，趕緊在一九四四年寫出了《官僚制》和《全能政府》兩本小書力挽狂瀾，奈何曲高和寡，不但撼動不了潮流，自己還備受冷落，無法在大學謀得正式教職。

這裡值得一提的是，海耶克（F. A. Hayek）這位奧國學派第四代掌門人，在一九四四也寫出《到奴役之路》（*The Road to Serfdom*）這本暢銷全球的書，該書也在揭穿社會主義的眞相，其影響力雖然遠高於米塞斯的著作，但海耶克卻備受學界冷落。海耶克認爲「社會主義對當時的美國人是思想上一種新的感染，他們對於羅斯福的新政狂熱仍在高潮中，那時有兩群人，一群是普通公民，他們對這本書頗感興趣，但從未讀過它，他們只是有聽到這本書是支持資本主義的；另一群人則是學術界人士，他們正中了集體主義的毒，感到這本書是對最高理想的一種背叛，必須加以批駁。」因此，海耶克遭受到不可置信的辱罵，這是他在英國從未經驗過的，其嚴重程度甚至到了完全毀壞他在事業上信譽的地步。一九四九年海耶克也移居美國芝加哥，並不是由芝加哥大學經濟學系聘任，而是受「社會思想委員會」所聘。

政府干預、國家至上難被撼動

米塞斯和海耶克這些奧國學派學者都主張一種全面的自由市場，也就是無須國家干預的經濟狀態。而米塞斯一生致力於揭露眞相，一輩子捍衛保護私產、公理正義之前人人平等、主張市場自由，卻被像個國家政敵般看待，迄今全球各地的政客仍對米塞斯的學術遺產心存疑懼。爲什麼？菲律普・巴古斯（Phillip Bagus）和安德列亞斯・馬夸特（Andreas Marquart）兩位德國學者在二〇一四年出版的《國家偷走我的錢》一書告訴我們：「顯然他們害怕，萬一人民知道眞相，發現原來國家在經濟與社會上的干預，經由事實證明是錯的，根本弊大於利，那麼他們恐怕就會沉淪到無足輕重的地步。」

進一步要問的是：爲什麼奧國學派的理論從來沒被一般民眾聽說過呢？該書認爲：「其一，對國家與政壇人士來說，奧國學派理論讓他們感到超級不舒服。而且因爲還沒有人成功反駁過此學派的學說，所以讓這些東西銷聲匿跡是最簡單乾脆的方法，不准教導，也不許在課堂上講授。無論是大學或其他（公立）學校都不行，而有些教授就算百分之百知道他們自己（必須）傳播的知識是不良理論也都噤聲不語，因爲太囉嗦，可能工作就不保了。」作者設身處地爲這些教授想：「如果他們對國家統治提出質疑，他們還能繼續坐在位置上嗎？因為這些議題是禁忌，是神聖不可侵犯的。」當今世道，身為經濟學家卻支持奧國學派，就會在國家掌控下的教育體系內不得其門而入。而且，不僅尋覓教職難，個人收入與學院名聲都會被大打折扣，就像米塞斯的遭遇那樣——終生被拒於國立大學門外，不曾在那些學校成為正規教授。

最讓國家和政壇覺得如芒刺在背的，是奧國學派對於市場經濟與自由銀行業制度的大力提倡，如果該主張能落實，必須禁止無中生錢，還要關閉中央銀行，因而央行和銀行業者會全力反對。如果真的實現，誰來付錢給那麼多的財經專家？他們可是寫了很多書、寫了很多文章，字字句句都在為國家的貨幣政策護航，有的還被包裝成重量級顧問。那些主流經濟學家不為國家貨幣捍衛是不行的，因為他們的學者生涯就是建立在國家干預的理念上，而且他們也要養家活口。

讓米塞斯著作廣為流傳

絕大多數的奧國學派學者都主張一種全面的自由市場，也就是無須國家干預的經濟狀態。但因政客最熱愛的活動就是給社會制定一堆規定和法律條文。對於國家和政治面來說，他們一定得為所有經濟與社會問題找到可以怪罪的對象，米塞斯對此早已了然於心，他在《官僚制》書中就這樣寫著：「經由國家介入而造就的所謂『進步』政治，其支持者最愛用的政令宣傳伎倆，就是把當今世況所有不盡如人意的地方，都歸罪於資本主義，但一切好的、善的，都歸功於社會主義。他們從來不花工夫去為其令人迷惑的原理提出實證，也向來不為其國家經濟原理的爭議辯駁。他們全心投注的焦點只在於侮辱對手，以及懷疑對方的動機。但很不幸地，一般人民並無法識破這其中的詭計。」

為了讓一般民眾不識破這其中的詭計，就得極力將好的學說和更好的理念隱藏起來，而不良學說與不良思維成為主流，一代接一代學習流傳。俗話說：「人者心之器」，亦即人的行為由心所器使，而心者「觀念」是也。凱因斯也在《一般理論》的結語中說：「……經濟學家和政治學家的觀念，無論是對的還是錯的，都比普通人所想像的有力得多。……有些實行家自以為不受學術思想的影響，其實往往是一些已故的經濟學家的奴隸。那些掌權憑空臆度的狂人，也不過是從多年前一些不太知名的作家那裡導出他們的妄想。」

如今凱因斯干預理論、社會主義、共產主義、集體主義、干預主義盛行，主導政府政策，而「錯誤的政策比貪汙更可怕」，為了截窒世下流，讓奧國學派理論重視人間是一項重要工作，正如米塞斯在《官僚制》中說的：「讓我們的經濟學研究在民間廣為流傳，其目的，並非想把每個人都變成經濟學家，而是希望每個人都能在一個共同的社會中，發揮其身為國民的功能。資本主義與極權主義之間的矛盾衝突，事關文明發展的未來出路，而這無法由內戰或革命來決定。這是一場理念之戰，而民意將決定這場戰爭的勝與負。」

讓廣大地球人理解「消費者至上」的資本主義、市場經濟最能福國利民，而「國家至上」、政府管制、干預主義的「全能政府」則會引領世人邁入「奴役之路」，正是當今全球最急迫的事務，而將米塞斯的著作推銷出去是一條終南捷徑，當然包括這本《全能政府》！大家一起來吧，加油！

譯者序

譯者的任務，除了翻譯本身的信、達、雅，依例要多說幾句，一方面希望有助於讀者理解作者的意思，增加閱讀興趣，而另一方面，提供一些參考資料，方便有興趣的朋友進一步探究相關議題。

米塞斯在本書剖析納粹或民族社會主義德意志工人黨（National Sozialistische Deutsche Arbeiterpartei）——一個典型的極權國家締造者——興起的歷史背景與原因，以及第二次世界大戰——典型的總體戰——發生的原因，並認為關鍵在於社會思潮或意識型態的轉變——人們從原先嚮往自由、人權和自決等個人主義價值，轉向崇拜國家至上主義和政府全能，從而致力於極權主義，致力於創造條件方便政府管理人間一切事務，包括公民個人的閒暇享樂時間如何使用。前一股思潮或意識型態（簡稱自由主義）的流行，「導致獨裁政府瓦解、民主政治建立、資本主義演進、生產技術改善，和史無前例的生活水準提升。」而後一股思潮得勢後，使人們「渴望賦予政府——壟斷強制與脅迫的社會機構——一切權力……為邁向更多政府干預企業的每一步高聲歡呼，推崇這是在往更爲完美的世界前進……深信政府將使人間變爲天堂。」「然而在我們這個（工業主義與）國際分工的時代，數十個主權獨立的民族國家分別在其國內實施極權主義，是一個自相矛盾的概念。（因爲基於地表上自然資源分布不平均的）經濟考量，必然促使每一個極權主義政府覬覦世界霸權。」總而言之，納粹主義及第一次和第二次世界大戰，不過是政府全能與國家至上主義在全世界流行，遇上德國特殊民族主義志在爭取更多民族生存空間的結果。[1]

照作者本人所言，針對前述主題，本書不僅「概要描述究竟發生了哪些變化與事件，以致形成現代德國與歐洲這樣不幸的事態」，還「試圖糾正許多流行的錯誤；這些錯誤源自一些嚴重扭曲歷史事實的傳說，以及一些曲解經濟發展與政策的學說。因此，本書既處理歷史，也處理社會學與經濟學的根本議題……力求不忽略任何若要充分描述這世界的納粹問題，就必須加以闡明的觀點。」[2]讀者或許會感到納悶，專題

[1] 引文見本書第五十七和五十八頁；括弧中的文字是譯者插入的，相信吻合原作的意思；關於德國特殊的民族主義，見本書第六章；在舉世皆國家至上主義下，自然資源分布不平均的政治行爲涵義，以及自由主義所主張的國際自由貿易與自由市場和平解決相關問題的深層意義，見本書第六章第三節，特別是國家主權和私有財產權在經濟意義上的實質差別。

[2] 引文見本書第五十六和五十七頁。引文中的「社會學」（sociology）一詞，米塞斯本人後

的歷史研究爲什麼還須處理「社會學與經濟學的根本議題」？這是因爲「歷史並不是過去事件的一個臨摹、復刻，而是一個濃縮的概念化描寫。歷史學家不會只讓歷史事件自說自話、不加以解釋，而是會根據某個通盤想法介紹歷史事件，以及根據這個想法背後的一些理念，安排歷史事件。他只介紹與他所採通盤想法有關的事實，不會滴水不漏地介紹所有發生的事實。他不會毫無預先設想就著手處理歷史文件，相反的，他必然會運用當代科學知識所提供的全套（理論）工具，亦即，應用當代邏輯學、數學、行爲學和自然科學給予他的一切教誨。」[3]而如果他運用了一些早經證明爲非的理論，那麼他所鋪陳的歷史，便會像中國古代的歷史學家以皇帝無德解釋天災地變那

來以「行為學」（praxeology）代之，以表明他所謂的社會學，不是法國學者涂爾幹(Émile Durkheim）一脈發展出來，如今稱為社會學（sociology），而他則稱之為敘述性社會學（descriptive sociology）的歷史著述（見《人的行為：經濟學專論》第二章注釋〔1〕。和屬於歷史範疇的「社會學」不同，「行為學」是一門理論性科學；「行為學」當中迄今發展得最為完善的部分是經濟學。又，讀者也須注意，米塞斯稱為經濟學的理論，不是如今在多數大學裡傳授的那些號稱經濟學的東西。事實上，根據那些其實和人的行為沒什麼關係的東西，也無法撰述有意義的歷史。

【3】引文出自米塞斯著，《人的行為：經濟學專論》，上冊第二章第七節（臺北，五南圖書出版，二〇二〇年）。

樣，只是胡說八道、毫無認知價值。因此本書既處理歷史，也處理經濟學一些根本的理論問題，批駁一些流行的、以錯誤的理論爲根據的歷史傳說和神話，所以內容極爲豐富。然而，由於篇幅有限，所以有些議題的處理難免失之簡略，恐會讓讀者跟不上推理的步伐。如果遇到這樣的情況，讀者不妨考慮將《人的行爲：經濟學專論》——此書充分闡述人的行爲本質、行爲理論與歷史的關係、經濟學理論的先驗基礎與性質、俗稱資本主義的自由市場經濟概念、先驗但眞實發揮作用的經濟法則或市場法則、社會主義、干預主義，以及經濟學的社會地位——列爲延伸閱讀的標的，一定會有所收穫。

讀完本書後，讀者或許會覺得，本書似乎有一個應處理而未處理的問題。既然社會思潮從主張私有財產權、自由貿易、自由市場經濟、消費者主權至上與民主政治的自由主義，轉爲主張經濟民族主義（拒絕自由貿易）與全能政府的國家至上主義，影響如此重大，爲什麼本書沒處理：自由主義的潮流怎麼會退卻，乃至被導致災難的國家至上主義（包含社會主義和干預主義）所取代呢？本書所以沒處理這個問題，乃是因爲歷史事件（譬如：社會思潮的改變）的成因和其影響兩者之間沒有必然的聯繫。本書只處理社會思潮改變的影響，至於思潮改變的原因，則是另一個雖然可能和其影響有關、但未必一定相關的歷史課題。對這個歷史課題有興趣的讀者，可以考慮延伸閱讀米塞斯的另一本著作《理論與歷史：對社會與經濟演變的一個解讀》，特別是其中的第十六章〈目前的一些趨勢與未來〉。

最後，祝讀者有一個愉快的閱讀經驗。

謝宗林

二〇二二年七月二十六日

前言

社會科學在討論社會與經濟政策時，只考慮一個問題：所建議的措施，是否眞的適合產生建議者想要的效果，或者那些措施將導致某個事態，而就建議與支持者的觀點而言，甚至比原先想要予以改變的事態，更爲不可取？對於政策措施的最終結果是否可取，經濟學家並不以他自己的判斷取代他人的判斷。他只問：「用來實現目的的辦法，是否眞的能達成國家、政府、政黨和利益團體，所欲追求的目的？」

這肯定是一個吃力不討好的工作。人們大多沒有雅量，容忍他人批評自己鍾愛的社會與經濟政策。他們並不了解，經濟學家所提的反對意見，僅針對他們所選用的方法不合適，並未質疑他們想要達成的最終目的；他們不願意承認，如果採納經濟學家的勸告，而不是漠視它，他們可能更容易達成他們的目的。任何人如果膽敢批評他們所鍾愛的政策，他們一律稱爲他們所屬國家、種族或團體的敵人。

這個頑固的教條主義，極其有害，是造成當今世態混亂的一個根本原因。經濟學家斷言，最低工資率並非提高賺取工資者生活水準的適當手段；他既不是「勞動的構陷者」，也不是勞工的敵人。正好相反，建議用比較合適的辦法，來改善賺取工資者的物質幸福，正是他爲他們的幸福成功，所能做出的最大貢獻。

指出每一個人都從資本主義的運作獲得好處，並不等於辯護資本家的既得利益。一個在四、五十年前主張保護私有財產制和自由企業的經濟學家，並不是在爲「當時的」富有者自私的階級利益奮鬥；他是想讓那些和他同一時代、一文不名、沒沒無聞，但具有獨創能力者，得以自由發展所有如今使得一般人生活更爲愉快的新產業。沒錯，許多這些產業變革的先驅變成富翁，但，他們所以變富，是因爲他們供應平民大眾喜歡的汽車、飛機、收音機、電冰箱、默片和有聲電影，以及各式各樣雖然比較不令人驚嘆，但同樣有用的新創產品。這些新產品，肯定不是政府辦公室和官僚的成就。沒有任何一樣技術進步，能歸功於蘇聯人民。俄國人迄今的成就，頂多是偷竊、抄襲外國資本家的某些創新進步，而這些資本家還不斷遭到他們貶斥。人類尚未達到科技完美的最終地步，還有大量進步和改善生活水準的空間。創造與發明的精神種籽永遠存在，無論相反的論斷如何斬釘截鐵，但，這種精神種籽，只在有經濟自由的地方，才會繁榮興盛、結出果實。

再說，如果經濟學家證明了一個國家（且讓我們稱其爲都樂國），處理其對外貿易政策或國內少數民族的方式，其實傷害它本身的根本利益，他也不是都樂國和其人民的敵人。

謾罵不當政策的批評者，並質疑他們的動機，是無濟於事的。謾罵與質疑，可能壓制眞理的聲音，但絕不可能使不適當的政策變爲適當。

極權統治的擁護者，稱反對者的態度爲消極主義。他們自以爲，正當他們呼籲改善令人不滿的現狀時，反對者卻執意要讓禍害繼續存在。他們這是以心胸狹隘的官僚觀點，判斷所有社會問題。只有官僚才認爲，唯有設立新的辦公室、頒布新的法令，並增加政府雇員人數，才能稱爲積極有益的作法，而其餘一切都是消極不作爲。

經濟自由方案，不是消極的方案。它積極想要確立和保存，以生產手段私有制及自由企業爲基礎的市場經濟。它積極想要維護自由競爭和消費者主權。基於這些主張的邏輯，眞正的自由主義者，反對所有旨在廢除未受干擾的市場經濟，而代以政府控制的措施。放任自由，並非意味：讓禍害繼續存在；正好相反，它意味：不要干預市場的運作，因爲干預必定限制生產成果，從而使人民變得更窮。它並且意味：不要廢除或癱瘓這個——儘管遭到政府與政客所設下的無數障礙阻撓，卻仍然已史無前例，提高廣大群眾生活水準的——資本主義制度。

自由，並非像德國某些納粹主義的先驅所言，是一個消極的理想。一個概念，究竟是以肯定形式、或是以否定形式表達，只是一個習慣用語的問題。「免於匱乏」，和「讓人民獲得更多與更好的生活必需品供應」，意思相同，雖然前者爲否定（消極），而後者爲肯定（積極）的表述方式。同理，「言論自由」和「允許每個人都能暢所欲言」，兩者意思一樣。

所有極權主義學說的基礎，都在於相信，統治者比其治下國民更有智慧，而且品格也更爲高尚，所以統治者比被統治者自身更清楚知道什麼對被統治者有益。宋巴特（Werner Sombart）——此人曾經狂熱捍衛馬克思主義好多年，後來轉爲同樣狂熱擁護納粹主義——膽子夠大，坦率宣稱，德國元首秉承宇宙至高元首——神——的旨意，所以元首的一句話，乃是神賜的永恆啓示，高於一切法律。[1]凡是承認這種啓示學說的人，當然必須停止質疑：政府全能是否於國計民生有利？

不同意以神的旨意爲藉口來爲獨裁專政辯護的人，主張他們自己有權利，自由討論任何和獨裁專政有關的問題。他們不會以大寫的S書寫*state*（國家），他們不會把國家當作神。他們毫不避諱分析黑格爾主義和馬克思主義的玄學概念。他們把一切高調的滔滔雄辯，還原爲這個簡單的問題：所建議的手段，合適用來達成所追求的目

[1] *Deutscher Sozialismus* (Charlottenburg, 1934), p. 213. American ed., *A New Social Philosophy*, translated and edited by K. F. Geiser (Princeton, 1937), p. 194.

的嗎？他們希望透過回答這個問題，來幫助他們絕大多數的同胞。

路德維希・馮・米塞斯

紐約，一九四四年一月

目次

導論

I

德國民族社會主義工人黨或民族社會主義德意志工人黨（NSDAP）（通常簡稱爲納粹黨）計劃的要點，是爲德國人征服「生存空間」（*Lebensraum*），亦即，征服一個足夠大、自然資源足夠豐富的領土，好讓德國民族得以在經濟上自給自足，並且生活水準不低於其他任何民族。這是一個挑戰與威脅所有其他民族的計劃；除非德國建立世界霸權，否則它顯然不可能實現。

納粹主義的獨特標誌，不是社會主義、極權主義，或民族主義。如今所有民族的「進步分子」，都渴望以社會主義取代資本主義。英國和美國一方面和德國侵略者戰鬥，一方面逐步採納德國的社會主義模式；這兩國國內的輿論完全相信，政府在戰時全面控制商業活動是不可避免的，並且許多傑出政治家和無數選民，堅決要在戰後保留社會主義，作爲永久的新社會秩序。獨裁專政和暴力壓迫異議者，也不是納粹主義專屬的特徵，而是蘇聯的統治模式，如今得到全世界很多俄國之友的擁護。民族主義——正如本書稍後將證明的，是政府干預企業的一個後果——在我們這個時代，正決定每一個國家的外交政策。納粹獨具的特徵，是他們那種特殊的民族主義——爭取生存空間。

納粹的這個目標，原則上，和以前德國民族主義者的目標——其中最爲極端的群體，在第一次世界大戰之前三十年間，自稱爲大德意志主義者——並無不同。正是這個目標野心，把德意志帝國推向第一次世界大戰，並且——在二十五年後——點燃第二次世界大戰。

納粹這個生存空間計劃，無法溯源至德國更早以前的意識型態；它在德國過去五百年的歷史中，找不到先例。德國，就像所有其他國家，有它的沙文主義者，但，沙文主義不是民族主義。沙文主義是對自己民族的成就與品性過度高估，以及對其他民族心懷輕蔑；沙文心態本身並不會導致任何行動。相對而言，民族主義則是政治與軍事行動的藍圖，以及爲了實現各項政、軍計劃，而採取的實際行動。德國過去的歷史，就像其他民族的歷史，是一部書寫一些君主如何渴望與實現征服的記錄；但，這些皇帝、國王和公爵，是想爲他們自己及親屬取得財富與權力，而不是想爲他們的民族取得生存空間。德國的侵略性民族主義，是直到最近六十年才出現的一個現象。它是從現代的經濟情況與經濟政策中發展出來的。

另外，我們也不應該混淆民族主義，和爭取成立平民政府、民族自決，以及政治獨立自主。當十九世紀德國的自由主義者，致力於建立全體德語民族的民主政府，取代三十多位君主的專制統治時，他們並未懷有任何敵視其他民族的企圖或陰謀。他們想擺脫獨裁專制，建立議會制政府。但，他們並未渴望征服與擴張領土。他們無意把他們的君主曾經征服的波蘭人與義大利人的土地，併入他們夢想中的德國人家園；正好相反，他們同情波蘭與義大利的自由主義者，贊同其建立獨立的波蘭與義大利民主政體的願望。他們渴望增進德國民族的福祉，但他們不認為壓迫外國民族與傷害外國人，最有利於他們自己的民族。

再說，民族主義也不等於愛國主義。愛國主義是熱心於自己民族的福祉、興盛與自由，而民族主義則是為達成這些目的的各種方法中的一個方法。但，自由主義者斷言，民族主義所推薦的方法並不適當，甚至如果採納應用，不僅達不到所要追求的目的，反而必定給民族招來災難。自由主義者也是愛國者，但對於什麼是達到民族繁榮與偉大的正確辦法，他們的見解和民族主義者大相逕庭。他們推薦自由貿易、國際分工、國際善意，以及各民族和平相處，但，這並不是為外國人著想，而是為了促進本國民族的幸福。

民族主義旨在藉由傷害外國人，來促進整個民族或其中某部分人的幸福。現代民族主義最突出的方法，是在經濟領域歧視外國人；外國貨一律不准進入國內市場，或只在支付一定的進口關稅後才准進入；外國勞動者被擋在門外，不得進入國內勞動市場參與競爭；外國人資本很容易遭到沒收。一旦受害國相信他們自己足夠強大，可以用武裝暴力掃除這些對他們有害的經濟民族主義措施，則爆發戰爭便是必然的。

一國的政策是一個不可分割的整體。外交政策和國內政策緊密連結在一起；它們不是兩個，而是一個體系；它們彼此制約。經濟民族主義，是當今政府干預商業活動和計劃經濟等國內政策必然的後果，就好像對外貿易自由是國內經濟自由的補充政策。在一個國內貿易自由的國家，可能有、也可能沒有保護主義，但在國內貿易不自由的國家，保護主義便不可或缺。一國政府的權威，只及於其主權所管轄的領土，它沒有權力直接干預國外的情況。在對外貿易自由的國家，來自國外的競爭甚至在短期內，便可使政府種種干預國內商業活動的措施遭到挫折。如果國內市場沒和國外市場基本上隔離，便談不上政府控制商業活動。一國在國家控制與類似軍隊嚴密組織統治的道路上，走得越遠，便越傾向經濟孤立。國際分工，因爲妨礙國家主權的充分行使，而遭到猜忌。往經濟自給自足發展的趨勢，基本上是國內經濟政策的趨勢，是努力使國家權力，而不是消費者權力，在經濟事務方面的影響地位至上的結果。

在一個貿易自由與政治民主的世界裡，沒有戰爭與征服的誘因。在這樣的世界裡，一國的主權延伸涵蓋的領土範圍大小，無關緊要。它的公民不可能因國家併吞了一個新省分，而得到任何好處。因此，領土問題能得到冷靜與公平的處理；因爲公平處理他人民族自決的主張並不痛苦。自由貿易的英國，爽快地將自治領——亦即，實質自治與政治獨立——的地位，授予英國的海外殖民地，並且將愛奧尼亞群島（The Ionian Islands）割讓給希臘。瑞典並未冒險採取軍事行動，阻止挪威和瑞典之間的政治紐帶斷裂：伯納多特（Bernadotte）王室損失了原本擁有的挪威王冠，但對瑞典個別的公民來說，他的國王是否也是挪威的君主，無關緊要。在自由主義鼎盛的年代，人們能夠相信，全體公民投票與國際法庭的判決，可以和平解決國際間所有爭端。要保障和平，只須推翻反抗自由主義的政府。人們認爲，爲了清除最後的幾位暴君，以及摧毀一些殘餘的貿易壁壘，不可避免仍然會有戰爭和革命。然而，該目標一旦完成，將不再有任何理由發動戰爭。人類將能夠全心全力促進一般人的福祉。

但，當人道主義者縱情於描述這個自由主義烏托邦的各種祝福時，他們沒意識到，一些新的意識型態正在醞釀，它們即將取代自由主義，塑造一個新的世界態勢，引發無數無法和平解決的爭端。他們沒看出這樣的事態發展，因爲他們誤以爲，這些新的意識型態和政策，只是自由主義基本信條的延續和進一步充實。反自由主義，僞裝成貨眞價實的自由主義，擄獲一般民心。如今以自由主義者自稱的人所支持的政策方案，完全違背古典自由主義的信條與學說。他們貶斥生產手段私有制和市場經濟；他們熱烈支持極權主義的經濟管理辦法。他們爲實現政府全能而奮鬥，他們歡呼、推崇每一項賦予官僚和政府機構更多權力的措施。任何人如果沒和他們一樣偏愛嚴密組織與控制人民，都會遭到他們譴責爲反動分子與經濟保皇派。

這些以自由主義和進步主義者自稱的人，天眞地深信自己是眞正的民主派。但，他們的民主概念，和十九世紀的民主概念恰恰相反。他們混淆民主政治和社會主義；他們不僅沒看出社會主義和民主政治並不相容，他們甚至相信，唯獨社會主義意味眞正的民主政治。由於陷入這種錯誤，他們認爲蘇維埃制度是一種民主制度。

在過去六十多年間，歐洲各國政府和國會，一直熱中於阻撓市場運作、熱中於干預商業活動，以及熱中於使資本主義癱瘓。他們向來毫不在意忽視經濟學家的警告。他們築起貿易壁壘，助長信用擴張與寬鬆貨幣政策，採取價格管制、最低工資率和補貼政策。他們把課稅變成沒收與剝奪；他們宣稱，無所顧忌的支出，是增加財富與福祉的最佳方法。但，當這些政策不可避免的——也是經濟學家早就預言的——後果變得越來越明顯時，輿論並未譴責他們所鍾愛的這些政策，反而怪罪資本主義。在群眾眼裡，並非這些反資本主義的政策，而是資本主義本身，才是經濟蕭條、失業、通貨膨脹與物價上漲、壟斷與浪費、社會動盪與戰爭等等的根本原因。

人們犯了一個致命的錯誤，以致迄今所有維護和平的努力都未能成功；這個致命的錯誤，就在於人們不明白：只有在一個純粹、完美和未遭到阻撓的資本主義世界裡，才不會有侵略與征服的誘因。威爾遜總統的外交政策，是基於假設只有專制政府才好戰，而民主政府，則因爲不可能從征服獲得任何好處，所以會堅持和平。威爾遜總統以及國際聯盟的其他創建者所不明白的是：只有在遵行生產手段私有制、自由企業和未受阻撓的市場經濟體系裡，他的基本假設才正確。在沒有經濟自由的世界裡，事情完全不是他所假設的那樣。在我們這個國家至上主義（etatism）[1]的世界裡，每一個國家都熱中於閉關自守與自給自足，在這種情況下，如果斷言誰也不可能從征服獲得好處，那就完全錯了。在這個充斥貿易壁壘和移民障礙、外匯管制和剝奪外國人資本的時代，充滿戰爭與征服的誘因。幾乎每一個公民，基於自身利益，都渴望外國政府可能用來傷害他的這些措施遭到廢除。所以，幾乎每一個公民都渴望本國軍事力量強大，因爲他期待從本國的強大威勢，獲得他個人的利益。本國政府所統治的領土範圍擴大，至少意味他得以解脫某個外國政府所施加的各種禍害。

我們可以暫且不論，在政府廣泛干預企業或社會主義下，民主是否仍能存在。無論如何，在國家至上主義下，一般公民只要看好戰爭獲勝的可能性，肯定會自動轉向支持侵略。小國即使遭到他國經濟民族主義的傷害，也無可奈何。但，大國對自身武

[1] 筆者認為，「etatism」這個字（從法文état-state衍化而來），比新近創造的英文字「statism」更為可取。它清楚表達這個事實：國家至上主義（statism）並非源自盎格魯—撒克遜國家，而且直到最近才開始擄獲盎格魯—撒克遜的人心。

裝力量的勇猛，充滿信心。當今世界的好戰心態，並非源自君主或貴族寡頭的貪婪，而是壓力團體的某種政策，該政策的特徵在於其實施方法，而不在於其背後動機或誘因。當德國、義大利和日本的工人爲反對他國的經濟民族主義而戰時，他們是在奮力追求較高的生活水準。他們犯了嚴重的錯誤，他們所選取的方法，不適合達成所欲追求的目的。但，他們的錯誤，其邏輯和當今普遍接受的階級戰爭與社會革命學說，並無二致。軸心國的帝國主義，並不是上層社會階級的目的所啓發的一個政策。我們如果採用流行的馬克思主義似是而非的一些概念，就該把軸心國的帝國主義稱爲勞工的帝國主義。如果改寫克勞塞維茲（Clausewitz）將軍著名的格言，我們便可以說：「軸心國的帝國主義，只是軸心國國內政策，以其他手段呈現的延續」，亦即是國內的階級鬥爭轉移至國際關係的領域。

過去六十多年間，所有歐洲國家人民，一直熱中於將更多權力委託給他們的政府，熱中於擴大政府強制與脅迫領域，熱中於以國家名義壓制個人的一切活動與努力。然而同時，和平主義者只是一再重複宣稱，對公民個人來說，國家是大或是小、是強或是弱，無關緊要。他們一味讚揚和平是多麼可喜，儘管全世界已有無數人正把一切希望寄託在侵略與征服。他們沒看出，維持長久和平的唯一手段，是消除戰爭的根源。沒錯，在反對經濟民族主義方面，和平主義者曾做過一些膽小的嘗試。然而，他們從未抨擊經濟民族主義的終極原因在於——國家至上主義，政府控制越來越多商業活動的趨勢——因此他們的努力注定失敗。

當然，和平主義者現在正致力於籌組一個超國家的世界權威機構，希望該機構能和平解決國際間一切衝突，並且希望能有一支超國家的警察隊伍，執行該機構的裁決。但，要圓滿解決當前緊急的國際關係問題，所需要的既不是新的衙門，或配備更多的委員會、祕書處、專員、報告和規定，也不是某一支新的有武裝力量的行刑隊伍，而是需要將導致國際衝突的意識型態和國內政策徹底推翻。名爲國際聯盟的試驗所以招致可悲的失敗，正是由於人們受到國家至上主義和官僚制迷信的影響，而心懷偏見，以致未能明白衙門與文職人員無法解決任何問題。是否存在一個超國家的權威、配備一個世界各國代表組成的議會，只是一個次要的問題；眞正必須做到的，是放棄有害於他國利益的政策。如果經濟戰繼續存在，任何國際權威都無法維持和平。在我們這個國際分工的年代，自由貿易是國際間任何友好和睦方案的先決條件，但在一個國家至上主義的世界裡，不可能有自由貿易。

獨裁者提供我們另一個解決國際衝突的辦法。他們正在謀劃某個「新秩序」，一個以某個國家或少數幾個國家爲首，由勝利的軍隊使用武器支持和保護的世界霸權體系。少數幾個擁有特權的種族，將主宰絕大多數「次等的」種族。這個「新秩序」其實是一個非常古老的概念。所有歷史上的征服者都想建立這種霸權體系；成吉思汗和拿破崙是希特勒的先驅。歷史已經見證過，許多努力以戰爭強制和平、以脅迫強制合作、以屠戮異議者強制意見統一的嘗試，終歸失敗。希特勒肯定不會比他們更爲成功。刺刀無法建立持久的秩序。如果沒獲得被統治者同意給予支持，少數方便無法統治；即使暫時得逞，被壓迫者的抗爭遲早會推翻它。但，納粹甚至連暫時得逞的機會也不會有，他們的攻擊注定失敗。

II

當前人類文明危機的焦點在德國。半個多世紀以來，德國一直是國際和平的干擾者。第一次世界大戰前三十年間，歐洲外交的主要工作，是以各式各樣的方案與伎倆壓制德國。若非德國好戰成性，無論是俄國沙皇對權力的渴望，或是東南歐各民族之間的齟齬和對抗，都不至於嚴重干擾世界和平。一九一四年各種綏靖政策失效，地獄的力量終於迸發。

由於凡爾賽合約的缺失，也由於戰後各國政策的過失，以及經濟民族主義的興盛，協約國失去了勝利的果實。在兩次大戰之間的騷亂歲月裡，當各國都熱中於對他國盡可能施加傷害時，德國毫無節制地準備發動更爲巨大的攻擊。要不是納粹，不管是義大利或日本，都不會是同盟國的對手。這一次新的戰爭是德國戰爭，正如第一次世界大戰也是。

除非對德國主要的歷史事實有所了解，否則不可能理解這個有史以來最爲可怕的戰爭，究竟因何而起、如何應對、如何善後等等根本問題。一百年前的德國人和現在很不一樣，當時他們的雄心壯志，並非要勝過匈奴人（The Huns）或超越阿提拉（Attila）。他們的心靈導師是席勒（Schiller）與歌德（Goethe），赫爾德（Herder）與康德（Kant），莫札特（Mozart）與貝多芬（Beethoven）。他們的中心思想是自由，而非征服與壓迫。任何人如果想對當前世界政治事務與問題，形成他自己的獨立判斷，都應該知道究竟是什麼樣的過程，以及經歷了哪些階段，終於把這個曾被國外觀察家稱爲詩人與思想家民族的民族，轉變成納粹突擊隊這種殘酷幫派的民族。不管是爲了在政治與軍事戰線上進行戰爭，或是爲了塑造一個可長可久的戰後秩序，了解納粹侵略性的源頭與趨向，都至爲重要。如果人們早先對德國民族主義的本質與勢力有比較深入和清晰的認識，便不至於犯下許多原本可以避免的錯誤，從而可以免去許多不必要的犧牲。

本書的課題，是概要描述究竟發生了哪些變化與事件，以致形成現代德國與歐洲這樣不幸的事態。本書試圖糾正許多流行的錯誤；這些錯誤源自一些嚴重扭曲歷史事實的傳說，以及一些曲解經濟發展與政策的學說。因此，本書既處理歷史，也處理社會學與經濟學的根本議題。本書力求不忽略任何若要充分描述這世界的納粹問題，就必須加以闡明的觀點。

III

在過去兩百年的歷史中，我們能看出兩股明顯不同的意識型態趨勢。首先是嚮往自由、人權和自決的趨勢。這一股個人主義的思潮，導致獨裁政府瓦解、民主政治建立、資本主義演進、生產技術改善，以及史無前例的生活水準提升。它以啓發取代古老的迷信，以科學的研究方法取代根深柢固的偏見。它是一個偉大的藝術與文學成就的時代，一個產生許多不朽的音樂家、文學家和哲學家的時代。而且它還掃除了奴隸制、農奴制、酷刑、思想審判，以及中古黑暗世紀殘留的其他惡習。

在此期間的第二階段，個人主義讓位給另一股趨勢，一股嚮往國家全能的趨勢。人們現在似乎渴望賦予政府——壟斷強制與脅迫的社會機構——一切權力。他們致力於極權主義，致力於創造條件，以便政府管理人間一切事務。他們爲邁向更多政府干預企業的每一步高聲歡呼，推崇這是在往更爲完美的世界前進；他們深信政府將使人間變成天堂。特別有表徵意義的是，如今在極權主義的道路上最爲先進的一些國家，甚至連公民個人的閒暇時間如何使用，也被認爲是政府的一項工作。在義大利，人們工作之餘的康樂活動（*Dopolavoro*），以及在德國，人們的休閒活動（*Freizeitgestaltung*），是正常合法的政府干預領域。人們如此迷信邦國崇拜的教條，以致看不出政府規定的休閒活動，其實是一個自相矛盾的概念。

本書並不處理「邦國崇拜」或「國家至上主義」的所有問題，而只討論國家至上主義對國際關係的影響。在我們這個國際分工的時代，數十個主權獨立的民族國家分別在其國內實施極權主義，是一個自相矛盾的概念。經濟的考量，必然促使每一個極權主義政府覬覦世界霸權。蘇維埃政府（蘇聯），根據建立時的約定，並不是一個民族國家的政府，而是一個全世界的政府，只是礙於客觀條件，暫時無法在所有國家行使統治權。蘇聯的正式名稱——蘇維埃社會主義共和國聯盟——沒有任何指涉俄國的字眼。列寧的目標，是要使蘇聯成爲一個世界政府的核心；現在每一個國家都有只忠誠於蘇聯的政黨，而在這些政黨眼裡，他們國內的政府是篡奪者。列寧這些野心勃勃的計劃迄今所以尚未成功，以及預期的世界革命所以尚未出現，並非由於布爾什維克黨人心慈手軟、刻意收斂所致。納粹並未改變他們國家的正式名稱——德意志領域

（The Deutsches Reich）。但，他們的文學鬥士認爲，領域（The Reich）是唯一合法的政府，而他們的政治首腦也毫不隱瞞對世界霸權的渴望。日本的知識界精英，在歐洲的大學裡吸收了國家至上主義的精神，回國後復興日本古老的信條，宣稱他們的天皇——上天之子——有合理的權利統治所有民族。甚至墨索里尼，儘管他的國家軍事能力不行，也宣布有意重建古羅馬帝國。西班牙的長槍黨（Falangists）胡言亂語光復菲利浦二世（Philip II）的領地。

在這樣的氛圍裡，國際沒有和平合作的空間。人類如今正在經歷的磨難，並非不可控制的自然力量運作的結果，而是受到無數當代人歡迎的一些學說與政策，發揮作用不可避免的結果。

然而，如果認爲只要恢復數十年前遭到文明國家拋棄的自由主義政策，便可去除目前這些禍害，並且打開通往國際和平合作與共同繁榮的道路，那將是一個致命的錯誤。如果歐洲人和世界其他地方的歐洲裔人民未曾服從國家至上主義，如果他們未曾允許政府實施各種龐大的經濟干預計劃，我們近幾年的政治、社會和經濟災難，便可以避免。人們今天的生活情況將比較愜意，而且也不會把所有技巧和所有知識力量用在相互撲殺，但這些年的對抗與衝突，已在人們的心靈留下很深、很難清除的影響。長年的對抗與衝突，已玷汙了人們的靈魂，已瓦解了人們的合作精神，而且也已產生了除非經過數世紀，否則無法消退的仇恨。在目前的情況下，西方文明國家如果採取徹底的自由放任政策，將無異是無條件向極權國家投降。例如：就拿移民障礙來說。無限制開放美洲、澳洲和西歐的門戶接納外國移民，在目前情況下，將等於開門揖盜——迎接德國、義大利和日本的先鋒部隊。

除了通常遭到譏諷稱爲曼徹斯特主義的制度，沒有其他任何制度，能夠保障個人或國家和平的努力順利得到協調。我們或許可以希望——儘管這希望相當渺茫——西方民主世界的人民將準備承認此一事實，從而放棄他們目前的極權主義傾向。但，無庸置疑的是，對絕大多數人來說，軍國主義遠比自由主義更有吸引力。在近期的未來，充其量只能期待這世界分成兩部分：一個自由、民主和資本主義的西方，約占全世界人口的四分之一，以及一個軍國主義與極權主義的東方，占有大得多的世界面積和人口。這樣的事態將迫使西方採取大規模的防衛政策，從而嚴重妨礙西方想要使生活變得更爲文明、使經濟更爲繁榮的努力。

甚至這樣憂鬱的想像，也可能被事實證明爲過分樂觀。目前沒有跡象顯示西方國家的人民準備拋棄他們的國家至上主義政策，但這樣一來，他們將停止不了他們國內的經濟民族主義，以及他們彼此之間的經濟戰，當然也就不可能締結和平的國際關係。屆時我們將發現，世界又回到這兩次世界大戰之間的那種狀態。最後的結果，將是比前兩次更爲可怕、也更爲慘痛的第三次世界大戰。

本書最後一篇的課題，是討論在什麼條件下，至少能爲西方民主國家保存一定程度的政治與經濟安全，亦即，探討在這個全能政府的時代，是否有任何可以想像的方案，能夠導致和平。

IV

如今，任何人若想公正地研究目前的社會、政治與經濟問題，或者想努力勸說比較合適的政策，取代導致當前文明危機的政策，都會遇到的障礙，主要是當代頑固倔強的教條主義心態。一種新型態的迷信——邦國崇拜——擄獲人們的心靈。人民要求使用強制與脅迫、暴力與威脅的辦法。任何不願意向流行的偶像——國家——屈膝下跪的人，活該痛苦！

這種情況目前在俄國與德國很明顯。然而，我們也不能拿俄國人與德國人據稱是野蠻人作爲藉口，而推托說這種情況在比較文明的西方國家，現在不可能、而將來也不會發生。其實，西方現在只剩下少數幾個人支持思想寬容。不管是左派政黨或是右派政黨，也不管是哪一個國家，現在都非常懷疑思想自由的價值。且讓我們舉一個非常典型的例子。在拚命反抗納粹侵略的這些年，英國有一位傾心蘇聯的傑出文人，大膽果決地捍衛思想審判的價值。克羅索（J. G. Crowther）說：「當用來保護新興階級時，思想審判是有利於科學的。」[2]因爲「思想審判的危險或價值，取決於它是用來保護反動的或進步的統治階級。」[3]但，誰是「進步的」？而誰又是「反動的」？對於這類問題，拉斯基（Harold Laski）的意見，和羅森堡（Alfred Rosenberg）明顯不同。

沒錯，在俄國與德國之外，異議者現在還沒有遭到行刑隊槍決、或被關押在集中營裡等死的風險。[4]但是，幾乎不再有人願意認真看待與主流不同的意見。如果有人

[2] Crowther, *Social Relations of Science* (London, 1941), p. 333.

[3] 同前，p. 331。

[4] 法西斯主義也是一個殘酷鎮壓異己的極權主義體制。然而，法西斯主義和另一方面的納粹主義與布爾什維克主義，還是有一些細微的差異。一直生活在那不勒斯的義大利哲學家與歷史學家克羅齊（Benedetto Croce），雖然遭到警察仔細監視，仍可以自由寫作，也發表了數本充滿民主精神和熱愛自由的書。格拉齊阿迪教授（Antonio Graziadei），一位前義大利國會共產黨議員，一直毫不動搖地堅持他的共產主義理念。儘管如此，他一直生活在義大利，也著述並（在一些最著名的義大利出版商協助下）出版了數本正統的馬克思主義書籍。還有更多類似的例子。這些特殊的事實，改變不了法西斯主義的特徵，但歷史學者沒有權利忽略它們。

質疑國家至上主義或民族主義的學說，幾乎沒人膽敢仔細考量他的論點。異端分子遭到嘲諷、謾罵與忽視。批評強大的壓力團體或政黨的觀點，或質疑國家全能據稱有利的效果，現在已經被當作無禮或無恥的行爲。輿論所擁護的那一套既定教條，越來越不得自由針砭。以進步和自由爲名，進步與自由兩者，皆遭到取締，視爲非法。

任何學說，如果需要依靠警察力量或其他暴力威脅的方法來保護，便都自動洩露它內在不堪一擊的脆弱。我們如果沒有其他辦法判斷納粹的那些學說，單憑它們躲在蓋世太保背後的事實，便足以證明它們站不住腳。禁得住邏輯與理性考驗的學說，不需要對懷疑者施加迫害。

這次戰爭，並非僅由納粹主義引起。所有其他國家未能及時阻止納粹主義興起，以及未能及時築起屏障對抗德國新一輪的侵略，對於導致本次災難，作用不小於德國內部形勢的演變。納粹的野心不是什麼祕密，納粹他們自己在無數書籍與文宣小冊，以及在眾多報紙與期刊的每一版次，宣傳他們的意圖。誰也不能譴責納粹祕密炮製陰謀，但凡有耳朵聽、有眼睛看的人，都不得不知道納粹所有的熱望。

當前世界局勢所以如此不堪，責任在於過去數十年，主宰政策走向的學說與政黨。指責納粹，是一個古怪的、爲罪魁禍首開脫的方式。沒錯，納粹和他們的盟友是壞人，但政治工作的主要目的，應該是保護人民免於壞人的敵意所引起的危險。如果沒有壞人，人民也就完全不需要政府。如果那些有資格指揮政府行動的人，未能成功阻止災難發生，他們便已證明自己不能勝任工作。

過去二十五年，只有一個政治問題：阻止這次戰爭的浩劫。但，政治人物要不是眼睛瞎了，就是沒有能力採取任何作爲，避免即將發生的災難。

左派政黨自以爲，他們就像某些獲得神明啓示善惡之分的人那樣幸運。他們知道，私人財產權是所有弊端的根源，而生產手段交給政府控制，將使人間變成天堂。他們把所有責任推得一乾二淨；這個「帝國主義的」戰爭，完全是資本主義的產物，就像所有以前的戰爭那樣。但，回顧西方民主國家社會主義或共產主義政黨的政治行徑，我們將輕易發現，他們竭盡所能鼓勵納粹的侵略計劃。他們鼓吹裁軍與中立，宣稱這是阻止納粹及其他軸心國擴張野心的最佳辦法。他們並非有意幫助納粹，然而，他們如果眞的有意幫助，作法也不會有所不同。

左派的理想，在蘇俄完全實現。馬克思主義在這裡至高無上；在這裡，無產階級專政。不過，對於阻止這次戰爭，蘇俄甚至比其他任何國家，失敗得更爲可悲。俄國人非常清楚納粹渴望征服烏克蘭，儘管如此，他們完全按照希特勒所希望於他們的那樣行動。他們的政策，大大有助於納粹主義在德國得勢掌權，有助於德國重整軍備，有助於後來戰爭爆發。他們對資本主義國家深懷戒心，但這並非可以爲他們開脫的理由。採取任何對自己的目的有害的政策，都沒有理由可以原諒。誰也不能否認，一九三九年八月的（德蘇互不侵犯）協定，給俄國招致災難。史達林如果跟英國合作，將遠比他和納粹妥協，對他自己的國家更為有利。

和蘇俄相比，所有其他歐洲國家的所作所為，也好不到哪裡去。幾乎不可能想像，會有比波蘭於一九三八年兼併一部分捷克領土，或比利時於一九三六年切斷它和法國的聯盟關係，更為愚蠢的政策。波蘭人、捷克人、挪威人、荷蘭人、比利時人、希臘人和南斯拉夫人的命運，值得我們深感同情，然而，我們不得不說，他們所以遭遇不幸，部分原因在於他們自己。納粹如果曾預期在敵對行動開始的第一天，就會遇上英國、法國、俄國、美國和歐洲所有比較小的民主國家，充分武裝且統一指揮的聯軍前線的抵抗，這第二次世界大戰便絕不會爆發。

要研究納粹主義興起的根本原因，不僅必須說明德國內部的情況如何產生納粹主義，而且也必須說明為什麼所有其他國家未能保護他們自己免於這次浩劫。就英國人、波蘭人或奧地利人的觀點而言，主要的問題不是：納粹誤判了什麼？而是：對於納粹的威脅，我們自己的應變哪裡出錯？面對肺結核病的問題，醫生不問：結核桿菌錯在哪裡？而是問：我們防止肺結核病傳播的方法，哪裡出錯？

眞實的生活，在於調整自己適應實際情況，在於考慮眞實存在，而非但願存在的事物。如果既沒有病菌，也沒有危險的野蠻人，生活將會比較愜意。但，任何希望成功生活的人，都必須專心盯住眞實，而不是沉溺於一廂情願的美夢。

如果人們不明白，在當代政治的主要任務上，他們完全失敗，便沒有希望回到比較令人愜意的政治狀態。所有當今政治的、社會的和經濟的學說，以及所有應用這些學說的政黨和壓力團體，都已遭到不可上訴的歷史判決該受譴責。如果人們未能意識到自己正走在錯誤的道路上，未來就沒有任何希望。

如果有人證明某國以往的政策不僅完全錯誤，而且也以失敗告終，並產生災難性後果，儘管他可能因此惹人不快，但絕不表示他敵視該國。同理，如果有人嘗試指出某個階級、壓力團體或組織，在哪一點認識不清，以及他們怎樣幫倒忙，結果把情況搞到目前如此不堪的狀態，那也不表示該人對他們當中任何人有什麼敵意。在我們這個時代，社會科學的主要任務，是打破言論禁忌，讓公認的學說所隱含的謬論與錯誤，不再有免於批評的保護傘。在面對當今如此巨大的災難，且其後果尚無法完全逆料之際，如果還有人認爲某些學說、制度或政策是無可批評的，那就顯示，他還未掌握當前某些凶兆的意義。

且讓下面這個例子作爲我們的警惕。一八七〇年某日，當德國最傑出的一個科學家柏伊斯雷蒙（Emil du Bois-Reymond），能夠公開誇耀柏林大學是「霍亨索倫王室的思想護衛」，而沒人提出異議時，那一天德國的文明（*Kultur*）便注定消亡。在大學變成專制獨裁的護衛、而學者個個爭先恐後躋身「科學方面軍」行列的國家，敞開大門歡迎野蠻。以極權主義的辦法打擊極權主義，是徒勞的。自由，只可能由絕對堅持自由原則的人贏得。若想建立一個比較好的社會秩序，第一個先決條件，是回歸不受限制的思想與言論自由。

V

凡是想了解政治形勢現狀的人，都必須研究歷史。他必須知道，哪些力量導致我們目前的問題與衝突。另一方面，若想建立一個比較好的世界，歷史知識也不可或缺。

不幸的是，民族主義者以另一種心態看待歷史。在他們看來，過去的歷史，不是資訊與教訓的一個來源，而是某種供應作戰需要的武器庫。他們所以尋找歷史事實，純粹是想找到理由或藉口，用來合理化他們的侵略與欺壓行爲。如果現有的歷史文件提供不了這種口實，他們不會畏縮扭曲歷史，甚至捏造假的歷史文件。

在十九世紀早期，爲了證明捷克人的祖先在中世紀時便已經達到高度文明的階段，並且創作了許多美妙的文學作品，於是某個捷克人捏造了一篇詩作的手稿。曾經有好幾十年，捷克的學者一直狂熱斷言這篇詩作是眞實的，而且有好長一段時間，舊奧地利時期捷克州立中學的正式課程規定，誦讀與解釋該篇詩作，是捷克文學課堂上主要的教學項目。約在五十年後，爲了證明「北歐人」創造了一個比任何其他民族更爲古老、也更好的文明，某個德國人捏造了《奧爾拉琳達大事紀》（*The Oera Linda Chronicle*）。現在，仍然有一些納粹教授不願意承認，這一本大事紀是某個無能愚蠢的鄉巴佬笨拙的僞造品。但，爲了方便論證，且讓我們假定這兩份文件是眞實的。它們又能爲民族主義者的熱望提供什麼支持呢？它們能證明，捷克人拒絕數百萬德國人和斯洛伐克人的自治要求，是合理的嗎？或證明德國人拒絕所有捷克人自治的要求，是合理的？

例如：有個關於哥白尼（Nicholas Copernicus）究竟是波蘭人或是德國人的虛假爭議，現有的文件無法解決這個問題。但無論如何，可以肯定：哥白尼求學期間所上過的學校與大學，只使用拉丁文；他只知道拉丁文或希臘文的數學與天文學書籍；他本人只使用拉丁文著述論文。爲了方便論證，且讓我們假定，他眞的是一對說德語的父母所生的兒子，然而這個歷史事實能是一個理由，證明德國人用來對待波蘭人的方法正當嗎？它能爲本世紀首十年，普魯士王國波蘭人省分學校裡的德國人教師，因爲學生的父母反對基督教教義問答用德文版取代波蘭文版，便鞭笞幼齡學童的罪責開脫嗎？它能在今天賦予納粹正當權利，屠殺波蘭婦女和小孩嗎？

所要支持的政治抱負，如果本身禁不住民主原則的批評，提出再多歷史的或地理的理由，都沒有用。民主政府所以能維護和平與國際合作，就因爲它不以欺壓其他民族爲目的。如果某些民族自以爲歷史或地理的理由賦予他們正當權利，去征服其他種族、國家或民族，這個世界便不可能和平。

令人難以置信的是，甚至在我們當代最傑出的人士當中，這些邪惡的霸權、征服與欺壓理念，竟然是這麼根深柢固。馬達里亞加先生（Señor Salvador de Madariaga）是一個最有國際意識的人，他是一位學者、一位政治家、一位作家，他完全熟悉英國與法國的語言和文學。他是一位民主人士、一位進步分子，他熱烈支持國際聯盟，及所有其他要使和平更爲持久的努力。然而，對於他自己國家與民族的政治問題，他的意見卻活生生體現毫不妥協的民族主義精神。他譴責加泰隆尼亞人（Catalans）和巴斯克人（Basques）的獨立訴求，他還根據種族、歷史、地理、語言、宗教和經濟的理由，主張卡斯提爾人（Castilians）獨霸西班牙。馬達里亞加先生駁斥加泰隆尼亞和巴斯克的獨立訴求，如果是基於不可能劃分沒有爭議的疆界，所以這些語言族群的獨立，不僅不會消除，反而會使衝突的原因永遠存在，或基於他贊成把西班牙從卡斯提爾語獨霸的狀態，轉變爲每一個語言族群都可以自由使用自己語言的國家，那還有些道理可言。然而，馬達里亞加先生考慮的，完全不是這些理由。他不贊成由卡斯提爾、加泰隆尼亞與巴斯克三個語言族群，組成一個超族群的政府，取代卡斯提爾人統治的西班牙。他心中理想的西班牙，是卡斯提爾人獨霸的西班牙。他不想讓「西班牙在他們這一代，毀掉數世紀以來的成果。」[5]然而，這成果並非相關民族的成就，而是王朝通婚的結果。拿巴塞隆納（Barcelona）伯爵於十二世紀和亞拉岡（Aragon）國王的女兒結婚，以及亞拉岡國王於十五世紀和卡斯提爾女王結婚作爲理由，反對加泰隆尼亞現在的政治主張，是對的嗎？

馬達里亞加先生甚至進一步否定，葡萄牙人有權利自治與成立自己的國家。他說：「葡萄牙人是一個背向卡斯提爾，而面向大西洋的西班牙人。」[6]那麼，爲什麼西班牙不也併吞葡萄牙呢？對於這個問題，馬達里亞加先生給了一個很奇怪的答案：「卡斯提爾不可能跟東方（亞拉岡）結婚，同時又跟西方（葡萄牙）結婚」；也許（卡斯提爾女王）伊莎貝拉（Isabel）「畢竟是一位女人，……比較喜歡（亞拉岡國

[5] Madariaga, *Spain* (London, 1942).

[6] 同前，p.185。

王）斐迪南（Ferdinand）的長相，而不喜歡（葡萄牙國王）阿方索（Alfonso），而歷史也是由這種事情構成的。」[7]

馬達里亞加先生引述一位傑出的西班牙作家甘尼斐（Angel Ganivet），略謂：西班牙與葡萄牙的合併，必須是「他們自己的自由意志」[8]的結果。這是對的。但，問題是，葡萄牙人並不盼望卡斯提爾人或西班牙人當他們的霸主。

更爲令人驚奇的是，馬達里亞加先生對於西班牙的殖民與外交事務的看法。關於西班牙在美洲的殖民地，他說，西班牙王國組織這些殖民地「忠實體現王國的指導原則——四海之內皆兄弟」。[9]然而，玻利瓦（Bolivar）、聖馬丁（San Martin）和莫雷洛斯（Morelos），並不喜歡這種特殊品味的兄弟之情。接著，馬達里亞加先生有意無意地提及，「歷史、地理和固有命運，似乎明顯指出西班牙地位」[10]，藉此嘗試辯護西班牙對摩洛哥的覬覦。對中立的讀者來說，這種「固有命運」，和希特勒、墨

[7] 同前，p.187。
[8] 同前，p.197。
[9] 同前，p.49。
[10] 同上，p.200。

索里尼與史達林等人，在兼併弱小國家時所提到的神祕力量，兩者之間幾乎沒有任何差別。如果「固有命運」能證明西班牙對摩洛哥的野心是正當的，它不也就同樣能支持俄國人併吞波羅的海國家與高加索喬治亞地區的欲望、德國對波西米亞與荷蘭的領土主張、義大利稱霸地中海的權利？

我們無法將過往的歷史從我們的記憶中剷除。但，歷史研究的任務，不是復活早經遺忘的舊仇恨來點燃新衝突，也不是爬梳檔案來找出新衝突的藉口。我們毋須報復數世紀前的國王與征服者所犯下的罪行，我們必須建立一個新的且比較好的世界秩序。俄國人與波蘭人之間由來已久的敵意，最初究竟是由俄國人或是由波蘭人的侵略所引起的？路易四世（Louis IV）的僱傭兵在普法茲（Palatinate）的暴行，是否比今天的納粹更爲邪惡？這些和我們這個時代的問題，毫無關係。我們必須斷然阻止這種暴行再次發生。唯有這個目的，能夠將這一次戰爭的意義，向上提升成爲人類最高貴的任務。毫不留情地消滅納粹，是走向自由與和平的第一步。

無論是命運、或歷史、或地理、或人類學，都不得妨礙我們選擇能夠導致持久和平、國際合作與經濟繁榮的政治組織方式。

第一篇　德國自由主義的潰敗

第一章　德國的自由主義

第一節　舊秩序與自由主義

如果認爲納粹主義是舊秩序時期的政策與心態的復甦或延續，或認爲納粹主義是「普魯士精神」的一個展現，那就犯了一個根本的錯誤。沒有任何納粹主義的元素，承續德國歷史中出現過的理念或制度。無論是納粹主義，或是納粹主義所承傳與進一步演化的大德意志主義，都不是出自腓特烈・威廉一世或腓特烈二世（號稱大帝）的普魯士主義。大德意志主義和納粹主義，從來無意恢復布蘭登堡選帝侯及普魯士首四任國王的政策。納粹有時候會說，他們努力的目標，是要恢復舊普魯士的光榮與幸福；但，這只是提供給崇拜昔日英雄的普通民眾消費的宣傳話語。納粹主義的計劃，目的不是要恢復某些過往的秩序，而是要建立前所未聞的新秩序。

霍亨索倫家族的舊普魯士王國，在（一八〇六年）耶拿和奥爾施泰特（Jena and Auerstädt）的戰場上，被法國人徹底摧毀。普魯士軍隊在普倫茨勞（Prenzlau）和拉特考（Ratkau）投降，而一些比較重要的要塞和堡壘的守軍，甚至毫無抵抗便繳械投降。當時的普魯士國王逃到俄國沙皇身邊避難，而且也唯有透過沙皇的居中調解，他的領地才得以保全。但，早在這場軍事失敗之前，舊普魯士王國內部便已經崩塌了；在拿破崙給它最後一擊時，它早已腐朽分解了，因爲它所依據的意識型態，已經喪失所有力量，已經因遭到自由主義新理念的攻擊而瓦解了。

就像所有其他曾在條頓民族的神聖羅馬帝國廢墟上，建立起獨立統治地位的君主和公爵那樣，霍亨索倫家族也把他們的領地，視爲他們家族的地產，而且也嘗試透過暴力、詭計與家族協定等手段，擴大他們的領地範圍。生活在他們地產上的人民，是必須服從命令的臣民，是土地的附屬物，是統治者有權利任意處置的財產。人民是否幸福與生活無虞，統治者完全不在乎。

當然，對於臣民的物質幸福，國王還是關心的。但這種關心並非基於相信使人民富裕幸福，乃是公民政府所以存在的目的。這樣的理念，在十八世紀的德意志區域，被認爲是荒謬的。國王渴望增加農民與城鎮居民的財富，因爲他們的收入是他的歲入來源。他在意的不是臣民，而是納稅人。他管理他的王國，目的在於獲得錢財，用來增加他自己的權力與光榮。德意志的君主羨慕西歐的財富，因爲這財富提供法國國王和英國國王充裕的資金，可以維持強大的陸軍和海軍。君主所以鼓勵商業、貿易、礦業和農業，是爲了提高公共收入，而臣民不過是君主把玩的棋局中，無足輕重的棋子罷了。

然而，在十八世紀末，臣民的心態發生相當大的變化。來自西歐的理念，開始滲透德意志地區。習慣於對神所授予的君主權威盲目服從的德意志人民，第一次聽到自由、自決、人權、議會、憲法等等字眼。德意志人開始學習掌握這些危險口號的意義。

現代自由思想體系，徹底改變了社會結構，並以人民的政府，取代了國王與王室情婦的專制統治。但，對於這個偉大思想體系的發展，沒有任何德意志人有過任何貢獻。發展這個思想體系的哲學家、經濟學家和社會學家，以英語或法語思考和寫作。在十八世紀，德意志人甚至尚未成功將這些英格蘭、蘇格蘭和法國思想家的著作，翻譯成可讀性高的德語版本。對自由思想的貢獻，德意志的唯心論哲學，若和當時的英國與法國思想界相比，眞的是乏善可陳。不過，德意志的知識分子熱烈歡迎西方的自由與人權思想。德意志經典文學充斥這些思想，而偉大的德意志作曲家則爲讚美自由的詩歌譜曲。席勒（Frederick Schiller, 1759-1805）的詩作、劇作和其他著作，通篇從頭至尾，都是讚美自由的頌歌。席勒所寫的每一個字，都是對德意志舊政治體制的一記重擊；他的作品，受到幾乎所有時常讀書或觀賞戲劇的德意志人熱烈歡迎。當然，這些知識分子只占少數。大多數德意志人，還不知道有書或劇院。他們有一部分是德意志東部省分裡貧窮的農奴，一部分是天主教地區的居民，這些人的思想，才剛慢慢擺脫天主教改革運動的緊密箝制。在比較進步的德意志西部和城市裡，甚至還有許多文盲和半文盲。這些群眾不關心任何政治議題，他們盲目服從，因爲他們生活在恐懼中，一方面恐懼地獄的懲罰——這是教會用來威脅他們的手段，而另一方面，他們更加恐懼警察的懲罰。他們處在德意志文明與德意志文化生活的範圍外，他們只知道自己地方上的方言，幾乎無法和只講德意志文學用語或另一種方言的人溝通。但，這些落後的德意志人，爲數逐漸減少。經濟繁榮和教育逐年普及，讓越來越多人達到足夠高的生活水準，得以關心一些食宿之外的問題，也得以把閒暇運用在一些飲酒作樂之外的活動上。凡是脫離貧窮並加入文明生活圈的人，都變成自由主義者。除了君主和其貴族僕從這個少數群體，幾乎每一個對政治議題感興趣的人，都是自由主義者。當時，在德意志只有兩類人：自由主義者和對政治冷漠的人；政治冷漠的隊伍不斷縮小，而自由主義的陣營則不斷擴大。

所有知識分子都同情法國大革命。他們鄙視雅各賓黨人（Jacobins）的恐怖主義，但堅定不移地贊同政治體制大改革。他們原本盼望拿破崙保護並完成這些改革，但在拿破崙背叛自由、自任皇帝時，立即——像貝多芬那樣——變得不喜歡他。

從來沒有任何精神運動像這樣席捲全體德意志人民，而他們也從來未曾有過這樣統一的情感和理念。事實上，神聖羅馬帝國範圍內的君主、主教、伯爵和城市貴族，所管轄的那些講德語的臣民，現在由於接受來自西方的新理念，而形成一個民族——德意志民族。直到這個時候，才出現從來未曾有過的：德意志輿論、德意志公眾、德意志文學、德意志人的祖國。德意志人於是開始了解，他們從前在學校裡讀過的古代作家，想要表達的意思。他們現在理解的民族歷史，不再只是君主之間相互爭奪土地與收益的故事。數百位小貴族領主轄下的臣民，透過接受西方的理念，變成德意志人。

這種新精神動搖了德意志眾多君主賴以建立其王權的基礎——隨時準備默認特權家族專制統治的臣民身上傳統的忠誠與服從心態。德意志人現在盼望一個有代議制政府和人權的國家。他們不喜歡當時存在的眾多君主國。那些自稱為「愛國者」——一個剛從法國輸入的新奇名稱——的德意志人，鄙視專制暴虐與濫權的王座，他們厭惡暴君，尤其最厭惡普魯士，因為它顯然是最為強大的王座，所以對德意志人的自由而言，是最危險的威脅。

十九世紀的普魯士歷史學家大膽無視史實，所捏造出來的普魯士神話，希望我們相信，和腓特烈二世（一七一二—一七八六）同一時代的德意志人，就像他們自己那樣，也將他視為：一個為德意志民族的偉大，挺身而出的捍衛者；一個為德意志民族的興起，乃至統一與強大而奮鬥的鬥士；一個當之無愧的德意志民族英雄。沒有什麼神話比這個更遠離事實。其實，這位戰士國王的軍事征伐，在他那一代人看來，是為了增加布蘭登堡王室的財產而發起的鬥爭，只和王朝的利益有關。他們敬佩他的戰略天賦，但他們厭惡普魯士體制的殘酷無情。凡是在腓特烈的領地裡讚美他的人，都是出於必要而讚美他，都是爲了避免惹怒這個睚眥必報的君主而讚美他。而當某些普魯士之外的人讚美他時，則是在掩飾他們對自家統治者的批評。無足輕重的小君主領地裡的臣民發現，要貶斥他們自家那些袖珍型尼祿（Neros）和波吉亞（Borgias），這種反諷是最不危險的方式。他們推崇腓特烈的軍事成就，但很慶幸他們自己毋須忍受他的恣意衝動與殘忍。他們對腓特烈的讚賞，僅著眼於他讓他們自家的暴君實際感到難受。

在十八世紀末，德意志的輿論，就像法國大革命前夕的法國那樣，一致反對舊秩序。德意志人無動於衷地看著法國兼併萊茵河西岸，看著奧地利與普魯士接連遭拿破崙打敗，看著神聖羅馬帝國分裂，看著萊茵河同盟建立。他們爲法國思想的得勢而迫使所有他們的君主做出的改革歡呼。他們敬佩拿破崙是一位偉大的將軍和統治者，就像他們早前敬佩普魯士的腓特烈大帝那樣，直到他們——像法國皇帝的臣民那樣——終於厭倦了連年戰禍的沉重負擔，他們才開始討厭法國人。當法國大軍在俄羅斯遭到挫敗後，他們饒有興趣地關注各次終結拿破崙命運的戰役，但只因他們希望他的倒臺，將導致議會制政府的建立。後來的歷史發展驅散了這個幻想，並且逐漸產生那種導致一八四八年全歐動盪的革命精神。

曾有人斷言，當今德國民族主義和納粹主義的根源，在於浪漫主義的著作、克萊斯特（Heinrich von Kleist, 1777-1811）的劇作，以及在徹底擊敗拿破崙的戰爭中出現的政治歌曲。這也是一個錯誤的見解。浪漫主義的那些內容玄奧的著作、克萊斯特劇作裡那些變態的情感，以及解放戰爭中那些愛國的詩歌，並沒有顯著打動人心的效果；那些建議回歸中古世紀體制的作家，所撰寫的哲學與社會學論文太過玄奧。當時的德意志人對中古世紀不感興趣，但對西方的議會活動很感興趣。他們閱讀歌德與席勒，而非浪漫主義者的著作；他們觀賞席勒，而非克萊斯特的劇本演出。席勒成爲德意志人最喜愛的詩人；在席勒對自由的熱情讚頌中，德意志人發現了自己的政治理想。席勒一百週年（一八五九年）慶祝會，是德意志地區未曾有過的，最令人印象深刻的政治示威集會。當時，德意志人民團結一致堅持的，是席勒的理念——自由主義的理念。

所有嘗試使德意志人民停止追求自由的努力，都以失敗告終。各種敵視自由的學說，沒產生效果。梅特涅（Metternich）[1]的警察，遏制不住日益高漲的自由主義浪潮。

---

[1] 譯注：生於一七七三年，卒於一八五九年；一八〇八年至一八四八年擔任奧地利帝國外交部長；一八二一年至一八四八年擔任奧地利帝國總理。

直到十九世紀最後幾十年，自由主義的勢力才遭到動搖。這是國家至上主義造成的。國家至上主義——我們稍後會討論這個意識型態——是一套嶄新的社會與政治理念體系；從前的歷史，找不到和它對應的理念，也沒有任何思想和它有任何牽連，雖然——就它所建議的那些政策的技術面性質而言——也許有些道理把它叫做新重商主義（neo-mercantilism）。

第二節　德國自由主義的弱點

大約在十九世紀中葉，關心政治議題的德國人，團結一致堅持自由主義。然而，德意志民族並未成功擺脫專制主義的枷鎖，建立民主和議會制政府。爲什麼會這樣？

且讓我們比較德國與義大利的情況，後者的處境類似德國。當時，義大利也是有自由主義的意識，但義大利的自由主義人士空有意識，卻無能爲力。奧地利軍隊足夠強大，能鎮壓義大利的每一次革命動盪。一支外國軍隊壓制義大利的自由主義，而其他外國軍隊則讓義大利得以解脫鎮壓。正是法國、普魯士和英國的士兵，在蘇法利諾（Solferino）、科尼格拉斯（Königgrätz）和馬恩河（The Marne）岸邊的會戰中流血戰鬥，才讓義大利得以逐步擺脫哈布斯堡王室的控制。

就像義大利的自由主義不是奧地利軍隊的對手，所以德意志的自由主義也無法應付奧地利和普魯士的軍隊。奧地利軍隊的士兵，主要是不會講德語的外族人。普魯士的軍隊，固然大多是講德語的士兵；波蘭人、其他斯拉夫人和立陶宛人只占少數，但這些講某種德國方言的士兵，大多招募自政治意識尚未覺醒的社會階層。他們來自普魯士東部省分，來自易北河以東的地方。他們大多是文盲，不熟悉知識分子和城鎮居民的意識型態。他們從未接觸過任何新思潮的訊息；他們從小到大，習慣服從他們村子裡執掌行政與司法的容克（Junker）（貴族地主）；他們必須向容克繳交各種稅金，並奉獻勞役（沒有酬勞的義務勞動）；法律承認容克是他們的合法領主。這些實質的農奴士兵，不具備抗命不對民眾開槍的能力，普魯士軍隊的最高統帥信得過他們。一八四八年成功鎮壓普魯士革命的特遣隊，便是由這些人和波蘭人組成的。

就是這樣的情況，阻止德國自由主義人士以實際行動落實他們的思想主張。他們被迫只能等待，直到經濟繁榮與教育進一步普及，能夠引導這些落後的德國人民，加入支持自由主義的行列。他們深信，自由主義的勝利勢必到來，而且時間也站在他們這一邊。可惜，事情的發展使他們的期望落空。在德國的自由主義所期待的勝利能有機會實現之前，自由主義和自由理念——不僅在德國，而且在世界各地——便不幸遭到其他理念的顛覆，而這些滲透德國的新理念，也和早先的自由主義一樣來自西方。

德國的自由主義在達成任務前，便遭到國家至上主義、民族主義和社會主義擊潰。

第三節　普魯士軍隊

參與萊比錫（一八一三年）與滑鐵盧（一八一五年）戰役的普魯士軍隊，和腓特烈·威廉一世所創建，並在後來三次大規模戰爭中，由腓特烈二世親自指揮作戰的普魯士軍隊，兩者大大不同。舊普魯士軍隊，在一八〇六年的戰役中，被拿破崙擊潰與摧毀後，未曾重建。

十八世紀的普魯士軍隊，是被迫服役、經過殘酷的鞭笞訓練、再以粗暴的紀律維持團結陣容的一群人。他們主要是外族人。當時的普魯士國王，都偏愛以外族人，而不以他們的臣民作為兵源。他們認為，讓臣民工作納稅，比充軍當兵，對國家更為有用。一七四二年，腓特烈二世所訂定的目標是，步兵應由三分之二的外族人和三分之一的本族人組成。外國軍隊的逃兵、戰俘、無業遊民、流氓，以及兵販子誘騙或逼迫而來的人，是兵團的主力。這些士兵一有機會便會逃跑。因此，如何防止士兵逃跑，是行軍作戰時的主要考量。腓特烈二世，在他的主要軍事策略專著——《戰爭概論》（*General Principles of Warfare*）——裡，開頭便闡述十四條防止士兵逃跑的規則。戰術甚或戰略，都必須服從防止士兵逃跑的考量。部隊只有在緊密集合的狀態下，才能予以調動和運用。交戰前不能派出巡邏隊。在擊敗敵軍後，不能進行策略性追逐。嚴禁夜間行軍、或攻擊、或在森林邊紮營休息。不管是平時或戰時，士兵都被命令必須時時彼此監視。平民，在最嚴厲的處罰威脅下，被迫必須攔住逃兵、抓住逃兵，並解交給軍方。

這支軍隊的軍官通常是貴族。他們當中也有許多外族人；但，大多數軍官屬於普魯士容克階級。腓特烈二世在他的著作裡一再強調，平民不適合當軍官，因爲他們的心靈嚮往利潤，而非榮譽。儘管軍事生涯獲利頗豐，因爲連長的收入便相當高，大部分擁有土地的貴族（亦即，容克）還是反對他們的子弟從軍。普魯士的國王過去經常派遣警察，綁架貴族地主的子弟，送入王室開辦的軍事學校。這些學校所提供的教育，幾乎不超過小學的水準。在舊普魯士軍官的行列中，很少有更高教育水準的人。[2]

這樣的軍隊，只有在遇到結構類似的軍隊時才能打仗，而且——在能幹的司令官

---

[2] Delbrück, *Geschichte der Kriegskunst* (Berlin, 1920), Part IV, pp. 273 ff., 348 ff.

指揮下——還能獲勝。但當必須和拿破崙的軍隊打仗時，它便像秕糠一樣四處飛散。

法國大革命和法蘭西第一帝國軍隊的士兵，是從一般人民中招募而來的。他們不是兵販子蠱惑脅迫而來的人渣，而是應徵而來的自由人所組成的軍隊。他們的指揮官不擔心逃兵，因此能拋棄傳統的戰術，譬如：排成橫隊前進、或未經瞄準一齊射擊。他們能採取一種新的戰鬥方式，譬如：以縱隊及小隊進行戰鬥。軍隊的新組成結構，首先導致新戰術，然後導致新戰略。事實證明，舊普魯士軍隊無力對抗這些新戰術與新戰略。

法國軍隊的這種組成模式，是一八〇八至一八一三年間普魯士軍隊的組建，所依據的榜樣。它建立在所有體能合適的男子都必須強制服兵役的原則上。這支新普魯士軍隊，通過一八一三至一八一五年間的戰爭考驗。所以，後來大約半個世紀內，它的組織沒有任何變化。這支軍隊，在另一次反抗外國侵略的戰爭中，將會有怎樣的表現，我們無從得知；因爲它被免去了這項考驗。但，有一點無可置疑，並且有一八四八年鎮壓革命經驗的佐證：這支軍隊在對抗人民——「國內的敵人」——時，只有一部分是可靠的，並且它不能用來進行不受人民歡迎的對外侵略戰爭。

在一八四八年鎮壓革命這件事情上，只有在人員挑選上要求對國王忠誠的皇家侍衛兵團，以及騎兵團和徵召自東部省分的兵團，能視爲絕對可靠。徵召自西部省分的兵團、國民衛隊（*Landwehr*）和許多東部省分的後備役部隊，已經或多或少感染了自由主義思想。

侍衛兵和騎兵必須服常備役三年，而其他兵種則只須兩年。因此，眾將軍斷定，兩年時間太短，不足以把一個平民變成一名絕對忠誠於國王的士兵。要保護普魯士這樣一個由貴族地主把持的君主專制政治體制，需要一支絕對忠誠的軍隊，只要一聲令下，便會毫不猶豫地立即攻擊指揮官下令攻擊的目標。這支屬於國王而非屬於國會或人民的軍隊，將負責鎮壓普魯士境內，以及德意志邦聯（German Confederation）中較小的君主國境內的任何革命運動，並負責擊退可能來自西方的侵略——這種侵略會迫使德意志地區的君主，實施憲政或對其臣民做出其他政治讓步。在一八五〇年代的歐洲，有法國皇帝拿破崙三世和英國首相帕爾默斯頓勳爵（Lord Palmerston），公開宣稱他們對威脅各國國王與貴族既得利益的群眾運動深感同情，這時霍亨索倫王室的軍隊，便是不斷高漲的自由主義浪潮中不動如山的砥柱。使這支軍隊變得絕對可靠與戰無不克，不僅意味霍亨索倫王室及其貴族僕從可以獲得保障，而且還有更爲重大的意義：從革命與無政府狀態的威脅中解救文明。這就是斯塔爾（Frederick Julius Stahl, 1802-1861）及右翼黑格爾學派的哲學，也是小德意志（*Kleindeutsche*）歷史學派的普魯士歷史學家的理念，同樣也是腓特烈．威廉四世宮廷裡的軍人幫的心態。

這位國王固然是一個多病的神經質，而且精神一天比一天更接近徹底崩潰。但，在馮・魯恩將軍（von Roon,1803-1879）的領導下，以及在國王的弟弟與法定王位繼承人威廉王子（Prince William, 1797-1888，繼位後稱爲威廉一世）的支持下，眾將軍卻是頭腦清醒的，並且堅定地追求他們的目標。

一八四八年的革命取得部分成功，導致普魯士設立某種國會，但該國會的特權極爲有限，根本阻止不了最高軍事統帥採取他認爲必要的措施，把軍隊變成指揮官手中更爲可靠的工具。

軍事專家完全相信，兩年的常備役足以完成步兵所需的軍事技能訓練。然而，不是基於軍事技能的理由，而是純粹基於政治的考量，腓特烈・威廉四世仍然於一八五二年，將步兵的常備役延長爲兩年半，並於一八五六年，再延長至三年。這項措施，大大提高革命運動再次發生時，成功鎮壓的可能性。於是，內閣裡的軍人幫確信，有了皇家侍衛兵和正規軍團裡的常備役士兵，近期內他們的力量便足夠強大，可以擊敗武器裝備不良的造反者。有了這一點信心後，他們決定更進一步，徹底改革軍隊的組織。

這項改革的目標，是要使軍隊變得更強，並且對國王更爲忠誠。步兵營的數目將幾乎倍增，炮兵將增加百分之二十五，而且將組建許多新的騎兵團。每年徵召入伍的士兵，將從低於四萬人提高至六萬三千人，而軍官人數也將相應增加。另一方面，國民衛隊將轉型爲常備軍的候補。國民衛隊中，年紀較大者將被免除兵役，因爲他們並不十分可靠。比較高階的國民衛隊軍官，將委由職業軍官擔任。[3]

由於覺得常備役的延長，已經給了他們足夠的力量，確定可以鎮壓任何近期內的革命企圖，所以普魯士內閣並未先和國會磋商，便開始執行這項軍隊改革計劃。在這個時候，腓特烈・威廉四世已變得明顯精神異常，以致威廉王子必須被正式任命爲攝政王；國王的權力，於是掌握在一小群聽話的貴族派追隨者，和冒進的軍方鷹派人物手中。一八五九年，在奧地利和法國的戰爭中，普魯士軍隊被動員起來，作爲預防措施，以及確保中立。普魯士內閣接著利用戰後復員的機會，達成軍隊改革計劃的主要目標。一八六〇年春，所有新規劃的各種兵團都已經成立。直到這個時候，普魯士內閣才把軍隊改革法案提交國會，要求國會投票通過相關的經費支出。[4]

---

[3] Ziekursch, *Politische Geschichte des neuen deutschen Kaiserreichs* (Frankfurt, 1925-1930), I. 29ff.

[4] Sybel, *Die Begründung des deutschen Reiches Wilhelm I* (2d ed. Munich, 1889), II, 375; Ziekursch, *op. cit.*, I, 42.

反對此一軍隊改革法案的鬥爭，是德國自由主義最後的政治動作。

第四節　普魯士的憲政衝突

普魯士國會下議院（眾議院）裡，自稱爲改革派的自由主義政黨，非常憤怒地反對此次軍隊改革。下議院一再表決，反對軍隊改革法案和相關預算。普魯士國王——這時腓特烈·威廉四世已經逝世，而由威廉一世繼位——解散國會，但選民又選出占多數的改革派議員返回國會。國王和他的內閣，無法突破國會的反對，但，他們堅持他們的計劃，繼續在沒有憲法認可與國會同意下推行計劃。他們帶領新普魯士軍隊進行兩次征戰，於一八六四年打敗丹麥，以及於一八六六年打敗奧地利。直到此時，也就是在呑併了漢諾威（Hanover）王國、黑森（Hessen）選帝侯的諸多領地、納索（Nassau）公國、什列斯維格（Schleswig）公國、荷爾斯泰因（Holstein）公國和法蘭克福（Frankfort）自由市，確立了凌駕北德各邦的普魯士霸權之後，以及在和南德各邦締結軍事公約，迫使它們也臣服於霍亨索倫王室之後，普魯士國會才終於讓步。改革派分裂，部分前改革派議員支持普魯士政府。於是，威廉一世得到下議院的多數支持。下議院表決，免去普魯士政府此前種種違憲行政之責，並且追認此前它已反對了六年的一切政府措施和支出。這個重大的憲政衝突，結局是國王取得全面勝利，而自由主義則一敗塗地。

當下議院的一位代表，給威廉一世帶來他於國會新會期開議日的君主致詞中，所盼望於國會的那種回應時，他高傲地宣稱，他過去幾年的作爲，是他義所當爲的責任，而將來如果發生類似的情況，他也將採取同樣的作爲。但，其實在他過去幾年和國會衝突中，他曾經有好幾次感到絕望。一八六二年，他已經對突破國會的反抗，不抱任何希望，並且準備讓出王位。馮・魯恩將軍敦促他任命俾斯麥作爲首相，以便進行最後一次努力。俾斯麥當時在拿破崙三世的宮廷裡代表普魯士，接到消息後，急忙從巴黎趕回。他發現威廉「滿臉疲態、意志消沉、心灰意冷」。當俾斯麥試圖解釋他自己對於政治局勢的看法時，威廉打斷他的話，說：「我十分清楚結局將會如何。就在這裡，從這幾扇窗戶便可以看到的歌劇院廣場上，他們將首先砍掉你的頭，接著很快也會砍掉我的頭。」俾斯麥絞盡腦汁，爲這位渾身發抖的霍亨索倫氏加油打氣。俾斯麥表示，他的勸說「訴諸他（威廉）的軍人榮譽感，以致他終於把自己當成一名軍官，有責任捍衛自己的崗位，至死方休。」[5]

[5] Bismarck, *Gedanken und Erinnerungen* (new ed. Stuttgart, 1922), I. 325 ff.

比威廉更加害怕惶恐的，是他的王后、王室的眾王子和許多位將軍。在英國，維多利亞女王時常徹夜難眠，擔心她那個和普魯士王儲結婚的大女兒的安危。柏林王宮裡，時常有路易十六和瑪麗安東尼王后的鬼魂出沒。

然而，所有這些擔心害怕，都是憑空揣測的。改革派實際上並未冒險發動新革命，而且即使眞的發動，肯定也會被打敗。

這些備受辱罵的一八六〇年代德意志自由主義人士，這些好學不倦的人，這些熟讀哲學專論的人，這些音樂與詩歌的愛好者，十分清楚，一八四八年的革命爲什麼以失敗收場。他們知道，一個國家，如果大多數人民仍舊固執迷信、粗魯無禮、蒙昧無知，便不可能成功建立民主政府。政治問題，基本上是一個教育問題。自由主義和民主政治，無可置疑終將獲勝。國會統治的趨勢，誰也擋不住。但，只有爲國王提供忠誠兵源的那部分社會階層開悟，變成自由理念的支持者，自由主義的大業才可能成功。只要作爲可靠打手的那部分人民覺醒了，國王將被迫屈服，國會將和平取得至高的統治地位。

自由主義人士當時決意，盡可能避免德意志人民捲入革命與內戰的恐怖情境。他們深信，在不久的未來，他們自己將完全掌控普魯士。他們只須等待。

第五節 「小德意志」計劃

在憲政衝突中，普魯士改革派的抗爭目的，並非要摧毀或削弱普魯士的軍隊。他們意識到，在當時的情況下，德國需要一支強大的軍隊，以確保國家獨立。他們希望從國王手中，奪得軍隊控制權，把軍隊變成保護德國自由的一個工具。憲政衝突的焦點，是該由國王、或該由國會控制軍隊。

德意志自由主義運動的目標，是以一個統一的自由主義政府，取代三十多個德意志封建邦國令人反感的統治。自由主義人士大多認爲，這個未來的德國，絕不可以納入奧地利。奧地利和其他說德語的邦國大不相同；它有自己獨特的問題，和其他說德語的人民完全無關。自由主義人士不得不將奧地利視爲妨礙德意志人民追求自由的最最棘手問題。在奧地利的宮廷裡，耶穌會教士主持朝政，而且奧地利政府也已經和激烈排斥一切現代理念的教宗庇護九世簽訂政教協定。但，奧地利皇帝並不準備自動放棄，他的家族在德國已占有超過四百年的封建地位。自由主義人士希望普魯士軍隊足夠強大，因爲他們害怕奧地利的霸權，害怕又來一次新的反宗教改革運動，也害怕已故的梅特涅親王從前策劃的反動體系死灰復燃。他們志在爲所有奧地利（和瑞士）以外的德意志人，建立一個統一的政府。所以，他們自稱爲小德意志人

（*Kleindeutsche*），以有別於大德意志人（*Grossdeutsche*），後者想要納入先前屬於神聖羅馬帝國的奧地利領土，和小德意志組成一個國家。

除此之外，有一些外交政策方面的考量，也傾向支持增加普魯士的軍事力量。法蘭西那些年的統治者是一位冒險家，深信唯有新的對外征戰勝利，才能維持他的法國皇位。他在位的頭十年，已經發動了兩次血腥的戰爭。如今，他的征戰目標似乎輪到德國。幾乎無可置疑，他偶爾有吞併萊茵河左岸的念頭。除了普魯士，誰能保護德國呢？

然後，還有什列斯維格—荷爾斯泰因的問題。荷爾斯泰因（Holstein）、勞恩堡（Lauenburg）和什列斯維格（Schleswig）南部的公民，激烈反對丹麥的統治。關於易北河流域這些大公國爵位的繼承問題，律師與外交家針對各個爵位覬覦者不同的權利主張，所發表的那些複雜的論點，德國的自由主義人士並不怎麼在乎。他們不相信，某個國家該由誰統治的問題，必須根據封建法律的規定，以及歷史久遠的家族契約，予以解決的學說。他們支持公民自決的西方原則。這些大公國的人民不願意忍受，某人——丹麥國王——只憑著和某位擁有可疑的什列斯維格爵位繼承權、完全沒有荷爾斯泰因爵位繼承權的公主結了婚，就可以來統治他們；他們希望加入德意志邦聯（German Confederation），以便享有自治權。在自由主義人士看來，唯一重要的，似乎就是這個事實。爲什麼拒絕這些德意志人享有英國人、法國人、比利時人和義大利人已經獲得的權利呢？但，由於丹麥國王不準備放棄他的權利主張，看來這個問題除非訴諸武力，否則不可能解決。

根據後來的事件來評判所有這些考量，是不對的。俾斯麥所以將什列斯維格—荷爾斯泰因，從其丹麥壓迫者的桎梏中解放出來，其實只是爲了將其併入普魯士；他不僅兼併什列斯維格南部區域，也兼併了什列斯維格北部，儘管當地人民仍希望留在丹麥王國。拿破崙三世並沒攻打德國，而是俾斯麥主動挑起針對法國的戰爭。在一八六○年代早期，誰也沒料到結果會是這樣。那時候無論是在歐洲或是美洲，人們大多認爲，法國皇帝是最主要的和平破壞者與侵略者。對於德國人渴望統一，外國人所以抱持同情的態度，大多是因爲他們相信，一個統一的德國會制衡法國，從而確保歐洲和平。

小德意志人也被他們自己的宗教偏見所誤導。和大多數自由主義人士一樣，他們認爲，基督新教是從中古世紀的蒙昧狀態，走向理性啓蒙的第一步。他們因爲奧地利是天主教國家，而害怕奧地利；他們因爲大部分普魯士人信奉新教，而偏愛普魯士。儘管和一切經驗相牴觸，他們仍希望普魯士會比奧地利更爲敞開胸懷，接納自由主義的理念。沒錯，在那些關鍵歲月裡，奧地利的政治情況的確不如人意。但，後來的事態發展充分證明，新教不見得比天主教對自由更有保障。自由主義的理想是，宗教與政治完全分離，以及信仰寬容——不管各宗教之間有多大的差異。

但，這樣的錯誤並非僅限於德國。法國的自由主義人士也被同樣的宗教偏見所騙，以致他們起初歡呼普魯士在科尼格拉斯/薩多瓦（Königgrätz/Sadova）取得勝利。直到深思熟慮之後，他們才意識到，奧地利戰敗也必然會給法國招來大災難。他們於是喊出「爲薩多瓦復仇」（Revanche pour Sadova）的戰鬥口號——然而，爲時已晚。

不管怎麼看，科尼格拉斯戰役對德國的自由主義運動絕對是一次重挫。自由主義人士意識到，他們事實上已輸掉了一次重大的政治運動。不過，他們仍舊充滿希望。他們堅決要在新成立的北德國會中繼續他們的戰鬥。他們覺得，這個戰鬥的結局，必定是自由主義勝利，而專制主義失敗。他們覺得，國王不再能使用「他的」軍隊鎮壓人民的那一天，似乎一天天離他們越來越近。

第六節　拉薩爾插曲

就處理普魯士的憲政衝突而言，我們甚至可以不用提到拉薩爾（Ferdinand

Lassalle, 1825-1864）。拉薩爾的介入並未影響事態的發展。但，他的介入預示某種新事物即將來臨；他的介入隱含某些力量的苗頭，這些力量注定將形塑德國與西方文明的命運。

當普魯士的改革派捲入爭取自由的鬥爭時，拉薩爾憤怒又猛烈地抨擊他們。他試圖煽動工人撤回他們對改革派的同情與支持。他宣揚階級戰爭的福音。他說，改革派代表資產階級利益，所以是勞工的死敵。他還對勞工說：「你們鬥爭的對象不該是國家，而應是剝削階級。國家是你們的朋友；不過，當然不是俾斯麥先生所統治的國家，而是由我，拉薩爾，控制的國家。」

雖然有人懷疑，但拉薩爾其實並沒被俾斯麥收買。任誰也無法賄賂拉薩爾。直到他死了以後，才有他的某些朋友拿了政府的錢。不過，由於俾斯麥和拉薩爾都攻擊改革派，所以他們兩人形同實質的盟友。拉薩爾很快便找上俾斯麥，他倆時常祕密碰面。直到許多年後，他們的交往祕辛才被揭露。如果拉薩爾沒在這些交往後不久，便因在一次決鬥中（一八六四年八月三十一日）負傷而亡，這兩位雄心勃勃者是否會發展出公開且持久的合作關係呢？我們毋須討論這個沒有歷史意義的問題。但無論如何，有一點無庸置疑，那就是，他們兩人都想爭取德國的最高權位。他們當中的任何一個，都不會輕易放棄角逐這第一權位。

由於俾斯麥本人以及他在軍方與貴族圈的朋友，恨透了自由主義人士，所以如果時局眞的發展到連他們自己也無力保持他們的統治地位時，他們肯定願意幫助像拉薩爾這樣的社會主義者，取得掌控國家的權力。但，當時他們——至少暫時——還有足夠的力量，穩穩約束住改革派，所以他們不需要拉薩爾的幫忙。

或許有人會認爲，拉薩爾給了俾斯麥這樣的念頭：要打擊自由主義，革命性的社會主義是一個強大的盟友。但，這絕非事實。俾斯麥很早便已相信，和中產階級相比，較低階層的人民是更爲可靠的保皇派。[6]除此之外，作爲駐巴黎的普魯士公使，他有大把機會觀察到凱撒主義（Caesarism）實際如何運作。他和拉薩爾的交往，也許增強了他原本的態度，更爲傾向支持普遍與平等的選舉權。但，他暫時用不著和拉薩爾合作。後者所組織的政黨成員太少，不值得重視。拉薩爾過世時，全德工人聯合會（Allgemeine Deutsche Arbeiterverein）的會員，尚不足四千人。[7]

對改革派來說，拉薩爾的攪局，只是讓他們覺得噁心，對他們的行動並沒構成什麼障礙。再則，他們從他的學說，也學不到什麼新東西。所謂普魯士國會只是假民

[6] Ziekursch, *op. cit.*, I, 107 ff.

[7] Oncken, *Lassalle* (Stuttgart, 1904), p. 393.

主，而軍隊才是普魯士專制主義最主要的堡壘，是他們早就知道的事實。正因爲他們知道這些事實，所以他們才在那偉大的憲政衝突中奮鬥。

拉薩爾短暫的煽動生涯，所以值得注意，乃是因爲這是德國的政治場域第一次出現，和自由主義與自由的理念大相逕庭的社會主義與國家至上主義。拉薩爾本人並非納粹；但，他是納粹主義最著名的先驅，第一位志在當元首（Führer）的德國人。他拒絕啓蒙運動和自由主義哲學所揭示的一切價值，但不是從中古世紀與王室正當性謳歌者浪漫的角度，拒絕這些價值。他否定中古世紀與王室正當性；但，他同時又許諾，在某種更爲充分且更爲寬廣的意義上，重現中古世紀與王室正當性。他斷言，自由主義只是志在虛有其表的自由，而他將給大家帶來眞正的自由。他所謂的眞自由，意味政府全能。在他看來，自由的敵人，不是警察，而是資產階級。

正是拉薩爾，說出這幾個最能表徵未來時代精神的字：「國家是神。」[8]

---

[8] Gustav Mayer, "Lassalleana," *Archiv für Geschichte des Sozialismus*, I, 196.

第二章　軍國主義的勝利

第一節　新德意志帝國裡的普魯士軍隊

一八七〇年九月一日傍晚，威廉一世國王身邊圍繞著一群傲慢自負的親王與將軍，正從馬士河（Meuse）南邊一座小山丘，俯瞰進行中的戰役，一位軍官帶來拿破崙三世和他所統帥的全部軍隊即將投降的消息。於是，老毛奇（Helmuth Karl Bernhard von Moltke, 1800-1891）轉身對自己的一位北德國會議員同事Falkenberg伯爵說：「那麼，親愛的同事，今天的事情，解決了我們未來好長時間的軍事問題。」而俾斯麥則和排序最高的德意志親王符騰堡（Württemberg）的王儲握手說：「今天的勝利，保障並強化了德意志諸親王的地位，以及保守主義的原則。」[1]這就是普魯士最重要的兩位政治人物，在取得壓倒性勝利的那一刻，最初的反應。他們歡欣鼓舞、喜不自禁，因爲他們打敗了自由主義。他們一點也不在乎普魯士官方宣傳的口號：征服世仇、保障民族生存疆域、霍亨索倫王室和普魯士的歷史使命、統一德國、稱霸世界。德意志的眾親王，已經推翻了他們自己的人民；對他們來說，似乎只有這個意義才重要。

---

[1] Ziekursch, *Politische Geschichte des neuen deutschen Kaiserreichs*, I, 298.

在新的德意志帝國，皇帝——不是以他身為皇帝，而是以他身為普魯士的國王——完全掌控普魯士軍隊。普魯士——注意，不是德意志帝國——和帝國內其他二十四個成員邦中的二十三個達成的特殊協議，將這些邦的武裝力量納入普魯士軍隊，只有巴伐利亞王室軍隊保留些許和平時期的獨立地位，然而，一旦發生戰爭，該王室軍隊也須完全接受帝國皇帝控制。關於新兵徵募和常備兵役年限的規定，須由帝國國會訂定；另外，軍隊的支出預算，也須獲得國會同意，但國會不能過問軍隊事務的管理。普魯士軍隊是普魯士國王的軍隊，不是人民或國會的軍隊。德意志帝國皇帝暨普魯士國王，是最高軍閥與軍隊總司令。普魯士總參謀部（正式名稱為大總參謀部）的總參謀長，是德意志帝國皇帝處理軍事行動的首席助理。軍隊不是一般行政組織內的一個單位，而是其上的單位。每一個軍隊將領，每當他覺得非軍方行政單位的作為或許不妥時，都有權利與責任進行干預，他只須對皇帝交代他進行這類干預的理由。軍方對一般行政單位的這類干預，有一次，於一九一三年發生在札貝恩（Zabern），曾導致國會對相關事宜的激辯；但，國會對這種事情沒有管轄權，最後軍方的主張勝出。

這支軍隊的可靠性，是不可置疑的。誰也不會懷疑，這支軍隊的任何部分能用來鎮壓叛亂和革命。光是暗示某一小分隊可能抗命，或後備役人員未能及時奉召回役，都會被認爲荒唐無稽。德意志民族已經有了不同凡響的改變。我們稍後會討論，此一重大改變的本質和原因。一八五〇年代和一八六〇代早期，主要的政治問題——士兵的可靠性問題——已經消失不見。所有德國士兵，現在都絕對忠誠於普魯士國王這位最高軍閥。軍隊是他可以信任的一個工具。圓滑的人，因爲足夠謹慎，不會明白指出這支軍隊準備用來對付國內某個潛在的敵人。但，對威廉二世來說，這樣拘謹顧忌很奇怪。他公開對他的新兵說，如果他命令他們對他們的父親、母親、兄弟或姊妹開槍，他們照作是他們的責任。這樣的言論招致自由媒體的批評；但，自由主義人士一點權力也無，只能徒呼奈何。士兵的忠貞是絕對的，這種忠貞不再取決於常備兵役年限的長短。普魯士軍方自己於一八九二年提議，步兵服役年限縮減爲從前的兩年。當國會以及媒體討論這個法案時，不再有人提到士兵的政治可靠性問題。每個人都知道，無論士兵服役年限的長短，軍隊現在都是「非政治的與無黨派的」，亦即，是皇帝手中乖巧順從、方便使喚的工具。

德意志帝國政府和國會不斷爲軍隊事務爭吵。但，擔心軍隊可能被用於確保幾乎不加掩飾的君主專制，卻完全不是引發這種爭吵的一個理由。普魯士軍隊的確足夠強大，也足夠可靠，它能在幾小時內粉碎任何革命的企圖。但，帝國境內，沒人希望發動革命；反抗專制與起義造反的精神，已經消失。對於政府所提出的任何軍費支出建議，如果籌措所需款項的問題不是太難解決，國會肯定都傾向給予同意。陸軍和海軍最後總是得到總參謀部所要求的款項。對於軍事力量的擴張來說，財務方面的考量，若和將軍們認爲適合擔任軍官的人才供應短缺相比，是一個較小的障礙。隨著軍隊的擴編，早已變得不可能只委派貴族成員擔任軍官。非貴族成員擔任軍官的人數逐漸增加。但，將軍們尚未準備好，容許任何平民進入常備軍官的行列，除非是「良好、富有家庭」出身的平民，然而這種類型的軍官人選供應相當有限。中產階級的子弟，大多偏向選擇其他職業生涯，他們並不熱中變成職業軍官，平白遭受他們的貴族同僚冷眼相待。

國會，和自由媒體一樣，也一再從技術觀點批評政府的軍事政策。總參謀部強烈反對平民的這種干預，他們拒絕承認任何軍隊以外的人對軍事問題有任何了解。在他們看來，即便是傑出的軍事史學家和優秀的戰略論文作者——漢斯・戴布流克（Hans Delbrück, 1848-1929），也只是一名門外漢。退休軍官，如果在反對派的媒體上發表批評文章，會被他們稱爲有偏見的黨派人士。輿論最後認同總參謀部絕對錯不了的自我吹噓，於是所有批評者都噤聲。當然，第一次世界大戰發生的許多事件證明，這些批評者比總參謀部的專家更了解軍事方法。

第二節　德國的軍國主義

這個新德意志帝國的政治體制，一向被稱爲軍國主義。軍國主義的特徵，並不在於國家擁有一支強大的陸軍或海軍，而在於軍隊在政治結構中被賦予至高的地位。即便是在和平時期，軍隊的政治地位也是最高的；軍隊是政治生活的壓倒性因素。臣民必須服從政府，就像士兵必須服從他們的長官。在一個軍國主義的社會裡，沒有自由；只有服從和紀律。[2]

武裝部隊的規模本身，不是軍國主義的決定性因素。某些拉丁美洲國家是軍國主義的國家，儘管它們的軍隊人數很少、裝備不良，沒有能力保衛國家對抗外來侵略。相反的，法國和大英帝國在十九世紀末不是軍國主義的國家，儘管它們的海陸武裝力量非常強大。

軍國主義，不該和外國軍隊所強加的專制統治相混淆，後者如奧地利在義大利，以非義大利人組成的奧地利兵團作爲後盾，所施行的統治，以及沙皇在波蘭由俄國士兵捍衛的統治。前文業已提到，一八五〇年代和一八六〇年代早期，普魯士的情況類

[2] Herbert Spencer, *The Principles of Sociology* (New York, 1897), III, 588.

似這種專制統治。但，從科尼格拉斯（Königgrätz）和色當（Sedan）戰場上建立起來的德意志帝國，並不是這種專制政體。這個帝國沒僱用外國士兵。它所憑藉的不是刺刀，而是其所屬臣民幾乎全體一致的同意。德國人贊同這個體制，所以士兵也效忠於這個體制。人民默然同意「國家」領導一切，因爲他們認爲這種體制是公平的、合宜的、對他們有幫助的。當然，有一些人反對這種體制，但這種人很少，也沒什麼力量。[3]

這種體制的缺點，在於它是一個由國王領導的體制。腓特烈二世的繼任者，沒有一個適合承擔這種體制要他承擔的任務。威廉一世有幸碰到俾斯麥這樣一個靈巧的首相。俾斯麥是一個意氣昂揚且教養良好的人，一個傑出的演說家，和一個優秀的文體家。他是一個手腕老練的外交家，每一方面都遠優於大多數德國的貴族，但他的眼界相當狹隘。他熟悉鄉村生活，熟悉普魯士貴族地主原始的農業方法，熟悉東普魯士諸省分以男性爲尊的社經情況，也熟悉柏林和聖彼得堡宮廷的生活。在巴黎，他僅和出

[3] 任何人若想了解威廉二世治下臣民的政治心態，可以去讀Baron Ompteda、Rudolf Herzog、Walter Bloem，以及其他類似作家所寫的小說。這些是人們當時喜歡的讀物。其中有些銷量高達幾十萬本。

入拿破崙宮廷的那一群人交往；他不了解法國的思潮。對於德國的貿易與產業，以及商人和專業人士的心態，他所知甚少。他刻意迴避科學家、學者和藝術家。他的政治信條，是老式的臣子對國王的忠誠。一八四九年九月，他對他的太太說：「不要貶損國王，我們兩人都犯了這種過失。即便他犯錯，不管是否嚴重，我們談到他時，也應該像談到我們的父母那樣，絕不可議論他的不是，因爲我們已經宣誓效忠於他和他的家人。」這樣的想法適合一個王室的管家，但不適合一個全能的龐大帝國首相。俾斯麥預料到，威廉二世的性格將給國家招來哪些災禍；他有很好的機會熟悉這位年輕王子的個性。但，他糾結於老式的忠誠觀念，以致無法做出任何安排防止災難。

人們現在對威廉二世不公平。沒錯，他並不勝任他的職務，然而，他並不比他同時代人的平均水準差。君主制的繼承原則，使他成爲皇帝與國王，而作爲德意志帝國的皇帝和普魯士的國王，他必須是一個獨裁者；這並不是他的過錯。招致失敗的因素，不是這個人，而是這個體制。如果威廉二世是英國的國王，他肯定不可能犯下身爲普魯士國王的他，無法避免犯下的那些嚴重的錯誤。由於體制的缺陷，所以他任用不稱職的諂媚者作爲將軍和內閣大臣。有人可能會說，這是運氣不好。因爲俾斯麥和老毛奇也是朝臣，這位勝利的元帥，儘管年輕時曾在部隊裡當過軍官，大部分職業生涯，卻是宮廷的侍從；除了其他侍從工作，他一度作爲侍從，陪伴某位生病隱居在羅馬，後來也死在羅馬的親王好多年。威廉二世有許多人性的弱點，但，恰恰是使得審慎的人瞧不起他的那些性格特點，讓他受到大多數德國民眾的歡迎；他對政治議題赤裸裸的無知，使得多數和他一樣無知，又認同他的偏見與幻想的臣民，對他大感意氣相投。

在現代國家，世襲君主制只有實施了議會民主才行得通。專制主義——尤其是利用虛假的憲法和毫無權力的國會加以掩飾的專制主義——所要求於統治者的那種人品特質，任何難免一死的凡人絕不可能具備。威廉二世不具備這種人品特質，就像帝俄的尼古拉二世，以及更早之前的法蘭西波旁王朝的那些君主，也不具備。專制主義，並非遭到廢除；它純粹是自己倒塌。

專制政體的倒塌，並非僅由於君主事實上欠缺知性能力。現代大國的專制政府，要統治者承擔的工作負荷，遠遠超過任何人的體力極限。在十八世紀，腓特烈．威廉一世和腓特烈二世，每天工作短短幾小時，便能夠處理完所有行政事務。他們有足夠空閒，追逐他們的嗜好與享樂。他們的繼任者，不僅比較沒有才具，而且也比較不勤快。從腓特烈．威廉二世繼位開始，統治國家的便不再是國王，而是國王最喜歡的臣子。國王身邊盡是一些朋比爲奸、陰謀詭計的紳士淑女。在這種陰謀較量中誰最成功，誰便可掌控政府，直到另一個阿諛諂媚者取代他。

軍隊裡也是朋黨至上。腓特烈・威廉一世親自組織軍隊，他的兒子親自領軍打仗。事實證明他們的繼任者軍事能力不足。這些繼任者，除了是差勁的軍隊組織者，也是不稱職的將軍。總參謀長名義上只是國王的軍事助理，變成實質上的總司令。很長一段時間，一直沒有人注意到這個變化。甚至遲至一八六六年的戰爭中，還有許多高階將領仍然不知道，他們必須服從的命令，事實上不是出自國王，而是出自毛奇將軍（後來稱為老毛奇，以有別於他的姪子小毛奇）。

腓特烈二世的軍事勝利，在很大的程度上，可歸因於和他交戰的奧地利、法國與俄國的軍隊，並非由他們的君主親自指揮，而是由君主所任命的將軍指揮。普魯士當然是相對比較小的國家，但普魯士的軍事、政治、經濟力量，完全集中在腓特烈手上，他可以獨自發號施令。而敵軍指揮官的境況，則比較困難；他們的職責，使他們遠離他們的君主；當他們和軍隊一起上戰場時，他們的政敵還不斷在宮廷裡讒言佞語、暗箭傷人。腓特烈能夠冒險決定大膽與後果不確定的軍事操作，他毋須向任何人，除了他自己，說明他的行動。而敵軍的那些將領卻總是會擔憂，他們的國王將來會不喜歡他們。於是，他們總是想盡量和別人一起分攤責任，以便在戰事失利時，能為他們自己開脫。他們會找來屬下的將軍開緊急會議，並且尋找理由，證明會議做出的決定正當。當他們獲得君主確切的命令時，不管這命令是否為某個遠離戰場審度軍情的所謂緊急會議向君主建議的，或是眾多不幹正事的奸臣中的某個或某幾個推薦的，他們心裡都會覺得舒坦，即便他們確信這命令並不恰當，他們也會執行。腓特烈完全知道，權責統一集中在一個指揮官身上的好處。他從來不召開緊急會議。他再三——甚至以處死作爲懲戒——禁止他手下的將軍召開緊急會議。他說，在緊急會議上，占上風的，總是比較膽怯的那一方；緊急會議充斥焦慮的氣氛，因爲這種會議太過枯燥無味。[4]這個理論，和腓特烈大帝所有其他意見一樣，變成普魯士軍隊的一則教條。老毛奇一聽到有人說，威廉國王曾在領軍作戰時召開過緊急會議，便會勃然大怒。他聲明，國王會聽取總參謀長的建議，然後做出裁決，絕不會有例外。

這個原則實際上導致大總參謀部的總參謀長擁有普魯士軍隊的絕對指揮權，儘管總參謀長當然是國王任命的。在一八六六年（與奧地利）以及在一八七〇至一八七一年（與法國）的戰爭中，實際領軍作戰的並不是威廉一世，而是老毛奇。威廉二世常說，戰爭時他會親自指揮他的軍隊，只有在平時他才需要參謀長。但當第一次世界大戰爆發，他便忘掉自己曾經的大話。老毛奇的姪子，一個沒有任何軍事知識與能力

[4] Delbrück, *Geschichte der Kriegskunst*, Part IV, pp. 434 ff.

的宮廷侍臣，一個膽小怯懦與優柔寡斷的人，一個有病在身和神經兮兮的人，一個擅長可疑的魯道夫·斯泰納（Rudolf Steiner）神智學（theosophy）的人，率領德國軍隊投入馬恩河戰役而招致潰敗；然後便精神崩潰了。戰爭大臣法肯海恩（Eric von Falkenhayn）自發填補小毛奇留下的空缺，而威廉皇帝則漠不關心地給予同意。魯登道夫（Eric Ludendorff）不久便開始暗中策劃，要把法肯海恩拉下馬。一系列巧妙安排的陰謀操作，迫使威廉皇帝於一九一六年用興登堡（Paul von Hindenburg）換下法肯海恩。但，德軍眞正的總司令這時已是魯登道夫，一個名義上只是興登堡首席助理的人。

由於遭到軍國主義教條歪曲了見識，所有德國人都未能看出，失敗的其實是他們的體制，而不是哪一個人。他們常說：「我們『只是』缺少適當的人；要不是施里芬（Schlieffen）死得太早，我們怎麼可能失敗！」他們創作了一則傳奇，歌頌這位已故總參謀長的性格。他們說，他的作戰計劃周全可行，只是他的繼任者不稱職，在執行他的計劃時笨手笨腳，結果搞砸了。要是小毛奇派往俄國邊界做白工的那兩團兵力，在馬恩河戰場上可供調遣，那就萬事大吉了。當然，國會也被認爲應該感到愧疚。至於面對政府提議要求給軍隊撥款時，國會事實上從未認眞抗拒過，他們是不會提的。理查德·亨特（Richard Hentsch）中校尤其被當作代罪羔羊。他們斷言，這位軍官逾越了他的權限，他也許是一個賣國賊。但，如果眞是亨特命令德軍撤退，那麼，他便該被視爲挽救德軍，免於右翼被包圍而遭到殲滅的人。要戳破若非亨特的干涉，德軍將可在馬恩河戰役獲勝的神話，其實很容易。

沒錯，德國陸軍與海軍的指揮官的確不堪擔當他們的任務。但，這些陸軍和海軍將領能力不足，以及內閣大臣和外交官同樣能力不足，必須歸咎於德國的政治體制。一個把不能勝任的人擺在高位的體制，是差勁的體制。誰也無法得知施里芬是否會比較成功；他從未有過機會實際領軍作戰；他在戰前便過世了。但，有一件事是確定的：法國和英國的「國會軍隊」當時獲得的指揮官，領導軍隊獲得勝利，而普魯士國王的軍隊卻沒有這麼幸運。

大總參謀部的參謀長，按照軍國主義的教條，認爲自己是皇帝與國王的首席僕從，並要求首相聽命於他。這樣的主張早就導致俾斯麥和老毛奇兩人間的衝突。俾斯麥要求這位軍隊最高指揮官應該調整行爲，以配合外交政策的考量。老毛奇率直地拒絕這樣的要求。這種衝突後來一直得不到解決。在第一次世界大戰時，德軍最高指揮官變得擁有無限的權力。德國首相實際上被貶爲一個比較低階的職位。德國皇帝只保有儀式性與社會性功能；興登堡——皇帝的參謀長——是一個稻草人。職銜爲首席陸軍經理署署長（first quartermaster general）的魯登道夫，變成實質上權力無邊的獨裁者。如果福煦（Foch）沒打敗他，他或許畢生將待在這個位置上。

事情如此演變，清楚證明，世襲的專制政體實際上不可行。國王專制會變成某個大管家、某個大將軍或某個朋黨首領的統治。

第三節 自由主義人士與軍國主義

普魯士國會的下議院（*Abgeordnetenhaus*）根據普選制組成。每一個選區的公民都分成三個等級，每一等級選出相同名額的選舉人，再進行最後的投票選出各選區的國會代表。每一選區的成年男性居民，依照所繳納的稅金多寡排序，繳稅最多並且總共繳納了選區總稅收三分之一的男性居民，構成第一等級的選民；繳稅次多並且總共繳納了選區總稅收第二個三分之一的男性居民，構成第二等級；而第三等級，則是其餘繳稅的男性居民。因此，比較富有的公民，在他們選區裡和比較貧窮的公民相比，擁有比較高品質的選舉權，而會出來投票的選民又大多是中產階級。至於北德聯邦的國會，以及後來的德意志帝國國會，則沒有實施這種歧視性的選民區分。每一個成年男性直接到投票所投票，選出各選區的國會代表；選舉權不僅是普遍的，而且是平等與直接的。因此，全民中比較貧窮的階級獲得比較多的政治影響力。以這樣的選舉制度削弱自由主義政黨的力量，是俾斯麥和拉薩爾兩人共同的目標。自由主義人士充分知曉，這個新的選舉辦法，將在未來一段時間內，削弱他們在國會裡的力量。但，他們對此並不介意。他們意識到，自由主義的勝利只有憑藉全民的努力才能取得。重要的，不是自由主義人士在國會裡占有多數席次，而是在全民中，從而在軍隊裡，自由主義人士占多數。在普魯士國會的下議院裡，改革派人士遠多於政府的朋友。然而，自由主義卻是毫無力量，因爲國王仍然能夠倚賴大部分軍隊的忠誠。需要的，是把落後無知的群眾導入自由主義的行列；對政治冷漠的群眾，才是專制主義的護身符。只有當多數群眾的政治意識覺醒了，民選政府和民主政治才會來臨。

所以，自由主義人士並不擔心，新的選舉制度會推遲、或嚴重威脅他們不可阻擋的最終勝利。近期未來的前景固然不很令人舒心，但最終的展望極佳。只消看看法國，便可知道。在那個國家也有一個獨裁者，倚靠軍隊的效忠和普遍且平等的選舉權，建立他的專制統治。但，如今那位獨裁的皇帝已經被徹底擊敗，民主政治取得勝利。

對於社會主義，自由主義人士當時也不是很擔心。沒錯，社會主義人士已經取得了一些進展。然而，可以預期有理解能力的工人，會很快發現社會主義烏托邦不切實際。有什麼理由認爲，生活水準一天天改善的賺取工資者，會遭到——謠傳——受僱於俾斯麥的煽動者的矇騙呢？

自由主義人士後來才察覺，德國人的心態所發生的變化。他們有好多年一直認爲，這種變化只是一時的頓挫，一個短暫的、注定會很快消失的反動事故。在他們看來，每一個新意識型態的支持者，要不是遭到誤導，就是一個變節者。但，變節者人數越來越多。年輕人不再加入自由主義陣營。年長的自由主義鬥士越來越感到疲累。每一次新的選戰，他們的隊伍就變得益發薄弱；每一年，他們所憎惡的反動體制，就變得益發強大。有一些信仰堅定的人，仍然堅守自由與民主的理念，英勇地對抗來自右派與左派的聯合攻擊。但，他們是一支孤伶伶、盼不到外援的特別行動隊。科尼格拉斯戰役之後出生的新世代，幾乎沒人加入自由主義陣營。自由主義人士逐漸凋零、消失。新世代甚至不知道自由主義一詞是什麼意思。

第四節　目前對軍國主義勝利的解釋

全世界現在都按照德國社會民主黨人的宣傳，所發展出來的傳說，解釋德國軍國主義的壓倒性勝利。社會主義人士斷言，資產階級背離了自由原則，出賣了「人民」。他們根據馬克思的歷史唯物論，提出荒謬的關於帝國主義的本質與發展的理論。他們說，資本主義必定導致軍國主義、帝國主義、血腥戰爭、法西斯主義、納粹主義。金融資本與大企業已使文明瀕臨毀滅；馬克思主義肩負拯救人類的使命。

這樣的解釋未能解決眞正的問題。事實上，他們刻意要隱藏眞正的問題。在一八六〇年代早期，德國關心政治的人士當中，只有少數人支持君主專制、軍國主義或威權統治，而強烈反對過渡到自由主義、民主政治和民選政府。這些少數人主要是各封建邦國的君主和他們的朝臣、貴族、比較高階的軍官和某些公職人員。但，資產階級、知識分子，和比較貧窮階層的人民中關心政治的人，絕大多數無疑是嚮往自由的，他們盼望仿照英國模式建立代議制政府。這些自由主義人士相信，政治教育將進展迅速；他們深信每一個公民，一旦拋棄政治冷漠的心態，變得熟悉政治議題後，都會支持他們在憲政問題上的立場。他們充分明白，有一些新覺醒政治意識的人，不會加入他們的行列。可以預期天主教徒、波蘭人、丹麥人和阿爾薩斯人（Alsatian），會分別組織他們自己的政黨。但，這些政黨肯定不會支持國王的主張。在一個大多是新教徒和講德語的國度裡，天主教徒和不講德語的人，必然傾向支持議會政治。

整個國家的政治化，進展比自由主義人士所預期的更快。在一八七〇年代末，全國上下都受到政治興趣甚至激情的鼓舞，熱烈參與政治活動。但，所產生的影響，卻和自由主義人士所預期的根本不同。國會並未認眞挑戰幾乎赤裸裸的君主專制；它並未提出憲政議題；它只是沉溺於閒聊扯淡。而更爲重要的則是：如今從已經全部覺醒了政治意識的國民當中，徵募而來的士兵，竟然變得如此絕對可靠，乃至任何關於士兵是否隨時準備爲維護君主專制而鎮壓國內反對勢力的疑慮，都會被認爲荒謬可笑。

需要我們回答的問題不是：爲什麼銀行家和富有的企業家以及資本家拋棄自由主義？爲什麼大學教授、醫生和律師沒發起街頭抗爭或架起路障？我們必須問：爲什麼德國人民選出的國會議員沒廢除君主專制？爲什麼選票大多投給社會主義或天主教政黨候選人的國民，他們所構成的軍隊士兵絕對忠誠於指揮官？爲什麼反自由主義的政黨，尤其是其中的社會民主黨，獲得好幾百萬張的選票，而繼續忠於自由主義原則的團體，卻失去越來越多選民的支持？爲什麼數以百萬計，不時嘮叨發起革命的社會主義政黨支持者，默然同意封建君主和宮廷的統治？

針對這些問題，如果回答大企業有一些理由支持霍亨索倫王室的君主專制，或說漢莎（Hanseatic）同盟的商人與船主贊同德帝國海軍的擴張，那是不行的。絕大部分德國人，是賺取工資與領取薪水者、工匠、小商店主，以及小農。這些人決定選舉的結果；他們的代表坐在國會殿堂上，而他們本人則充斥在軍隊的行列裡。只有糊里糊塗的人才會嘗試證明，富有的資產階級的階級利益，導致該階級背棄自由主義、變爲反動，並以此解釋所有德國人民的心態變化，不管這樣的嘗試，是像「鋼板」[5]傳說那樣的單純幼稚，或是像馬克思關於帝國主義的理論那樣的複雜深奧。

[5] 這個「鋼板學說」（Panzerplatten-doctrine）主張，德國的軍國主義和德國的武裝力量增大，都是熱中於擴大利潤的德國重工業陰謀操作的結果。參見本書第六章第二節。

第二篇　民族主義

第三章　國家至上主義

第一節　新的心態

國家至上主義取代自由主義的地位，是過去一百年最重要的歷史事件。國家至上主義以兩種形式出現：社會主義與干預主義。兩者的共同目標，是要使個人絕對服從國家，這個執行強制與脅迫的社會機構。

像早些時候的自由主義那樣，國家至上主義也是起源於西歐，後來才傳入德國。有人曾聲稱，在費希特（Johann Gottlieb Fichte, 1762-1814）的社會主義烏托邦，以及謝林（Friedrich Wilhelm Joseph von Schelling, 1775-1854）和黑格爾（Georg Wilhelm Friedrich Hegel, 1770-1831）的社會哲學裡，可以找到國家至上主義的德國本土根源。然而，這些哲學家的論述，完全不涉及社會與經濟政策的問題和任務，所以對政治事務不可能有直接影響。從黑格爾如下這般的論斷和格言，能夠得到什麼對實際政治有影響的東西呢？「國家是倫理觀念的實現。它是倫理的心，作為顯現的、和對自己顯露的實體意志，知道它自己，也思考它自己，完成它所知道的，而且也僅完成它知道它要完成的。」「國家是絕對理性的，就因為它是它所擁有的那個實體意志的實現，而這個實體意志，就存在於它那特殊的自我意識，也就是它的自我意識提升至意識到它本身具有普遍性。」[1]

國家至上主義，要政府擔負引導公民與隨時教導公民的責任。它要限制個人行爲的自由，它要塑造個人的命運；它要把所有主動行爲的權力，只交給政府行使。它從西方傳入德國。[2]聖西蒙（Henri de Saint-Simon, 1760-1825）、歐文（Robert Owen, 1771-1858）、傅立葉（Charles Fourier, 1772-1837）、培克（Constantin Pecqueur, 1801-1887）、西斯蒙第（Simonde de Sismondi, 1773-1842）、孔德（Auguste Comte, 1798-1857）等人，奠定它的基礎。史坦恩（Lorenz von Stein, 1815-1890）是第一位把關於這些新學說的廣泛訊息，傳給德國人的作者。一八四二年，他的著作《當前法國的社會主義與共產主義》（*Socialism and Communism in Present-Day France*）問世，是馬克思之前的德國社會主義最重要的事件。政府干預企業、勞動立法和工會主義[3]等理念元素，也是從西方傳入德國。李斯特（Frederick List）在美國，學到了漢彌爾頓（Alexander Hamilton）的保護主義理論。

---

[1] Hegel, *Philosophy of Right*, translated by T. M. Knox (Oxford, 1942), pp. 155-156.

[2] Hayek, "The Counter-Revolution od Science," *Economica*, VIII, 9-36, 119-150, 281-320.

[3] Adolf Weber, *Der Kampf zwischen Kapital and Arbeit*, 3rd and 4th eds. Tübingen, 1921, p. 68. 討論到德國的工會主義時，說得一點沒錯：其「形式與精神……來自國外。」

自由主義先前從西方傳入德國，這個事實啓示德國知識分子，要心懷敬畏吸收來自西方的政治理念。如今，他們想，自由主義已被超越了；政府干預企業，已經取代過時的自由主義正統思想，並且勢將不可阻攔地導致社會主義。任何人如果不想看似落後，就得變成「社會的」，亦即，變成干預主義者或社會主義者。且說，新的理念需要經過一段時間，才會發揮作用；新的理念需要好幾年，才會比較廣泛地傳遍知識界。李斯特的《國家體系政治經濟學》（*National System of Political Economy*）於一八四一年出版，只比前面提到的史坦恩著作早幾個月。一八四七年，馬克思和恩格斯發表共產黨宣言。在一八六〇年代中期，自由主義的威信，開始逐漸消失。大學裡講授經濟學、哲學、歷史學和法律學的老師，很快便以諷刺的口吻講述自由主義。社會科學家相互攀比疾言厲色，批評英國的自由貿易和自由放任；哲學家貶斥功利主義爲「股票經紀人」倫理觀，鄙視理性啓蒙膚淺，揶揄自由理念消極；法律學家揭露民主政治與議會制度暗藏矛盾；歷史學家描述法國和英國道德沉淪、政治敗壞。另一方面，學生則被教導要欽佩，肇始於「高貴的社會主義者」腓特烈·威廉一世，而後被偉大的社會安全與勞動立法皇帝威廉一世發揚光大的「霍亨索倫氏社會王國」。社會民主黨人，鄙視西方的「金權（或財閥）民主」和「僞冒自由」，並且嘲笑「資產階級經濟學」的學說。

大學教授枯燥無味的迂腐說教，和社會民主黨人的自吹自擂，未能使慎思明辨的人信服。是其他人征服了社會精英，讓他們改信國家至上主義。從英國傳來卡萊爾（Thomas Carlyle, 1795-1881）、羅斯金（John Ruskin, 1819-1900），和費邊社的理念；從法國傳來團結主義（Solidarism）。後來，所有教派，無論新舊，都加入鼓吹國家至上的行列。無數的小說和敘情詩，宣傳這個新的國家學說。蕭伯納（George Bernard Shaw, 1856-1950）和威爾斯（H. G. Wells, 1866-1946）、斯皮爾哈根（Friedrich Spielhagen, 1829-1911）和霍普特曼（Gerhart Hauptmann, 1862-1946），以及其他許多比較沒有才具的作家，對國家至上主義的流行，發揮了推波助瀾的效果。

第二節　國家

國家基本上是一個執行強制與脅迫的組織。國家行動的特徵，是透過暴力的實施或威脅，強迫人們完成原本不想完成的行爲。[4]

---

[4] 譯者注：根據行為的定義，做什麼是行為，而不做什麼也是行為。請參閱：米塞斯，《人的行為：經濟學專論》，第二章。

但，並非每一個執行強制與脅迫的組織，都稱爲國家。只有本身力量足夠強大，得以維持自身存在（至少一段時間）的組織，才通常稱爲國家。一個強盜幫派，因爲本身力量相對薄弱，以致無論什麼時候，都沒希望成功抵抗另一個組織力量的打擊，沒有資格稱爲國家。國家，或者粉碎這種幫派，或者容忍它的存在。在第一種場合，這幫派不是一個國家，因爲它的獨立存在只持續很短一段時間；在第二種場合，它也不是一個國家，因爲它不是獨立存在。帝俄時期，俄國的反猶暴徒組織，不是國家，因爲他們所以能殺戮與劫掠猶太人，全憑政府的縱容。

國家概念的這個限制，直接導致國家領土和主權概念。某個國家靠自身力量存在，意味在這地表上有一片區域，該國家在那裡運作，沒遭到另一個同類組織的干預或限制；這片區域便是該國家的領土。國家主權（*suprema potestas*，或最高權力）表示國家獨立自主。沒有領土的國家，是一個空洞的概念。沒有主權的國家，是一自相矛盾的說法。

把持國家者，在實施強制與脅迫時，所遵循的那一套錯綜複雜的規則，稱爲法律。但，國家的特徵，並不在於這些法律本身，而在於實施或威脅暴力。把持國家者，如果只把臨機應變當作規則，亦即，任何時候都以他們自認爲最方便的方式，運用國家這部強制與脅迫機器，那麼，無論他們是否「仁慈」，這個國家都是一個沒有法律的國家。

使用法律一詞，有另外一個意思。主權國，就它們彼此的關係，公開達成或心照不宣的種種錯綜複雜的協議或默契，我們統稱爲國際法。然而，某個組織是否具有國家的本質，重點不在於其他國家是否透過這種稱爲國際法的協議，承認它的存在，而在於它是否事實上在某個領土範圍內擁有主權。根本重要的是，事實上擁有主權與領土，而不是表面的國際法形式或程序。

操作國家機器的人，可能接管或接手其他功能、職務和活動。政府可能擁有與運營學校、鐵路、醫院和孤兒庇護所。但，相對於國家的本質，這些活動只是枝節。國家無論承擔其他什麼功能，國家的特徵，總是在於所行使的強制與脅迫。

由於實際的人性使然，國家是一個必要的、不可或缺的社會機構。國家，如果管理得當，是社會的基礎，亦即，是人與人合作和文明的基礎。在人人努力增進人生幸福與物資充裕的過程中，國家是最有益、也最有用的工具。但，國家只是一個工具、一個手段罷了，不是最終目的。它不是神，它只是強制與脅迫；它是警察權力。

這裡所以必須強調這些老掉牙的自明之理，乃是因爲國家至上主義的種種神話與玄學，已經成功把它們包裹在謎團裡。國家是一個人爲的組織，不是超人的存在。不管是誰，當他說「政府」時，他指的就是強制與脅迫。當他說：「關於這事，應該有一條法律」，他的意思是：「政府的武裝人員應該強迫人們，去做他們不想做的事、或不去做他們想做的事。」當他說：「這條法律應該執行得更好」，他的意思是：「警察應該強迫人民遵守該條法律。」當他說：「國家是神」，他便是在神化武器和監獄。崇拜國家，就是崇拜武力。對文明來說，不會有比無能、腐敗或邪惡的人所把持的政府，更爲危險的威脅。人類曾經必須忍受的那些最糟糕的災難，是一些不好的政府，所施加於人的禍害。國家可能是，而在過去的歷史中也時常是，不幸與災難的主要來源。

執行強制與脅迫的機構，總是要由難免一死的凡人來操作。過去時常有統治者，在處事能力與品行公正方面，比他們同一時代的人，以及他們的國人，更爲優越。但，歷史上也有很多與此相反的證據。國家至上主義認爲：政府的成員和政府的助手，比人民更有才智，因此比人民自己更清楚知道，什麼對人民更爲有益。這樣的論點，純粹是胡說。希特勒與墨索里尼之流，既不是神，也不是神的代理人。

國家與政府的這些基本特徵，和國家與政府的具體結構或組織章程無關。獨裁的政府也好，民主的政府也罷，都同樣有這些基本特徵。民主政治也不是神聖的。我們稍後會討論，社會可以從民主的政府獲得哪些好處。但，儘管這些好處很了不起，我們也絕不該忘記，多數民意，不見得比國王或獨裁者更不易犯錯或遭到挫折。某一所謂事實，被多數民意認爲眞實，並不保證它便是眞實的事實。某一政策，被多數民意認爲利大於弊，並不保證它眞的利大於弊。形成多數的那些個人，並不是神，所以他們共同的決議，並不必然神聖。

第三節　自由主義的政治與社會學說

有一派思想家說，人類的社會合作秩序，無須強制或脅迫，也能實現。無政府主義相信，人類能夠建立這樣的社會秩序：社會裡，人人都認識合作帶來的好處，並且都準備自願去做維持社會秩序所需做到的每一件事，同時自願避免一切傷害社會秩序的行爲。但，無政府主義者忽略兩個事實。有些人，心智能力是如此有限，以致無法充分理解社會帶給他們的好處。還有一些人，克制肉慾的力量是如此薄弱，以致無法抗拒誘惑，往往爲了追求自私的利益，而做出傷害社會秩序的行爲。一個沒有政府的社會，將任由每個人擺布。我們或許可承認，每一個頭腦清醒的成年人，都具備必要的能力，足以認識社會合作的好處，並且都按照此一認識而行爲。然而，無可置疑，有一些人不具備這樣的能力，譬如：新生兒、老年人和精神失常者。我們或許可同意，凡是做出反社會行爲的人，都該視爲有精神疾病的人，因此都需要治療。但，只要這些人還沒被完全治好，只要還有新生兒和老糊塗者，就必須採取某些預防措施，以免他們摧毀社會。

自由主義和無政府主義，根本不同。自由主義，和無政府主義者荒謬的幻想，全無共同之處。我們必須強調這一點，因爲國家至上主義者有時候試圖誣指它們雷同。自由主義不會這麼愚蠢，想要廢除國家。自由主義者完全承認，除非有某一數量的強制與脅迫，否則任何社會合作秩序或文明，都不可能存在。保護社會秩序，免受試圖危害社會及其有序運作者的攻擊，是政府的任務。

自由主義的基本主張是：只有在生產手段爲私人所有的體系裡，亦即，只有在市場社會裡，才可能實現社會合作與分工。自由主義的所有其他原則——民主政治、個人的人身自由、言論與出版自由、宗教寬容、國際和平——都是這個基本主張的延續；它們，只有在一個以私有財產權爲基礎的社會裡，才可能實現。

自由主義基於前述觀點，將保護人民生命、健康、自由與財產，使免於暴力或欺詐侵犯的任務，委派給國家承擔。

自由主義主張生產手段私人所有制，這隱含自由主義拒絕生產手段公有制，亦即，自由主義拒絕社會主義。自由主義因此反對生產手段社會化。但，如果像許多國家至上主義者那樣，看到自由主義反對將鐵路或紡織廠所有權移轉給國家，便說自由主義敵視或憎恨國家，那就不合邏輯了。如果某人說硫酸不適合用作洗手乳，他可不是在表達敵視硫酸；他只是就硫酸的用途，表達他的意見而已。

這裡的研究任務，不是要確定，就人的一切政治與社會方面的努力都想達到的目的——亦即，人人生活幸福與物資充裕——而言，究竟是自由主義的方案，還是社會主義的方案比較適合。這裡只是要探討，自由主義與反自由主義——不管是社會主義、或是干預主義——在導致極權主義確立的思潮演變過程中，所扮演的角色。所以，這裡只須簡略敘述自由主義的社會與政治方案，以及其如何運作的大概便可以了。

在以生產手段私有財產權爲基礎的經濟秩序裡，市場是整個體系的焦點。市場機制的運作，迫使資本家和企業家，在物質類資源、人力供給和科技知識狀態允許的程度內，盡可能生產優良又便宜的產品，以滿足消費者的需要。如果資本家和企業家不能勝任這個工作，如果他們生產的東西品質低劣、或成本太高、或不是消費者最迫切需要的，他們就會蒙受虧損。除非他們改變他們的生產方式，讓消費者的需要得到更好的滿足，他們終將被攆出資本家與企業家的行列，其他更懂得如何服務消費者的人，將取代他們的位置。在市場社會裡，價格機能的運作，使消費者擁有至高無上的權力。消費者，透過他們所支付的價格，以及他們所購買的產品與數量，決定生產數量與品質。他們直接決定各種消費品的價格，從而間接決定所有物質類生產要素的價格，以及所有受僱勞工的薪資。

在市場社會裡，每個人都服務所有他的同胞，也都被所有他的同胞服務。市場社會，是人人彼此交換服務與商品的系統，一個互相給予和收受的系統。在這個不斷取予往復的機制裡，企業家和資本家是消費者的僕人。消費者是主人，是企業家與資本家必須調整投資與生產方式，去適應其欲望衝動的主人。市場挑選企業家和資本家，一旦事實證明他們不是消費者的好僕人，市場便會立刻解除他們的職務。市場是一個民主表決過程，每一分錢在這個過程中，都讓參與者擁有一張選票；在市場裡，天天投票，重複表決。

在市場之外，站著行使強制與脅迫力量的社會機構——國家，以及這機構的舵手——政府。國家與政府，被指派負責維持國內與國際和平。因爲只有在和平的情況下，經濟體系才能達成它的目的——讓人人的需要與欲望獲得最充分的滿足。

但，該由誰來掌控這個強制與脅迫機構呢？換言之，該由誰統治？自由主義思想的一個根本洞見是：政府統治的基礎在於輿論，因此長期而言，如果組成政府的人，和他們所實施的統治方法，不被受統治的多數人民所接受，政府便不可能繼續存在。如果政治事務的處理方式，不符合多數民意，人民終將成功採取暴力手段推翻政府，然後以他們認爲比較稱職的人，取代原來的統治者。統治者永遠是少數方的人，因此，如果多數方的受統治者決心要攆走他們，他們便不可能繼續把持統治地位。但，要解決不符合民意的統治方式，革命與內戰是最後不得已的辦法。爲了維持國內和平，自由主義希望建立民主政府。所以，民主政治，並不是一個革命的制度；相反地，民主政治，正是防止革命的辦法。民主政治，是一個用來和平調整政府，以順應多數民眾意志的辦法。當在位者和他們的統治方式不再爲多數人民所喜，他們將在下一次選舉時被移除，從而被另一批人和另一個統治方式所取代。民主政治的目的，是要保障國內人民之間的和平。

自由主義的目標，是人人之間和平合作，它也希望所有民族和平相處。當世界各地到處實施生產手段私有財產制，並且各地的法律、法庭和行政機關，皆平等對待外國人和本國人時，一國的邊境線究竟劃在哪裡，便無關緊要。因爲在這樣的情況下，誰也不可能從征服獲得任何好處，許多人會因爲打仗而蒙受損失。戰爭不再划算，不再有動機侵略。每一個地方的人民，都可以自由決定，他們希望屬於哪一個國家，或決定他們寧可建立他們自己的國家。所有民族都能和平共存，因爲沒有哪一個民族在乎他們的國家大小。

這當然是一個冷靜理性、支持和平與民主的主張。它是功利主義哲學的思想結晶。它和神祕的君權神授說神話不同的程度，不亞於它和自然法玄學、或它和不可剝奪的天賦人權說不同的程度。它建立在公共利益的考量上。自由、民主、和平與私有財產權，所以被認為是好的，是因為它們是增進人人生活幸福與物資充裕的最佳辦法。自由主義希望，人人得以享有免於恐懼和匱乏的生活。如此而已。

十九世紀中葉左右，自由主義人士深信，他們處於希望即將實現的前夕。但，那是一個錯覺。

第四節　社會主義

社會主義，希望建立一個以生產手段公有制為基礎的社會體系。在社會主義的社會裡，所有物質資源都由政府擁有與運營。這意味，政府是唯一的雇主，並且每個人的消費，不可能多於政府分配給他的數量。「國家社會主義」是一個贅詞；社會主義必然總是國家社會主義。「計劃」一詞如今非常流行，它是社會主義的一個同義詞。一九一七年以前，共產主義和社會主義，通常被當作同義詞使用。馬克思社會主義的基本文件——所有團結在歷屆國際工人協會（或稱「共產國際」）裡的社會主義政黨，過去視為，而現在也仍然視為社會主義永恆不變的基本教義——稱為《共產黨宣言》。自從俄國的布爾什維克主義得勢之後，人們大多區分共產主義和社會主義。但，這個區分，僅指涉政治手法。當今的共產主義者和社會主義者，所追求的目的並無不同，只是在所採用的方法上，有所不同。

德國的馬克思社會主義者，稱他們的政黨爲社會民主黨。人們相信，社會主義和民主政府可以並行不悖，甚至認爲，民主政治只有在社會主義的社會裡，才能落實。這樣的看法，目前在西歐和美國仍然流行。許多人，完全不顧一九一七年以來俄國的歷史經驗，仍然頑固地堅持相信，眞正的民主和眞正的社會主義是同一回事。俄國這個獨裁壓迫人民的經典國家，就因爲是社會主義國家，所以被認爲是民主國家。

然而，馬克思主義者對民主制度的口頭愛慕，只是一個謀略，一個以矇騙人民群眾爲目的、據稱善意的欺詐（pious fraud）。[5]在社會主義的社會裡，不會有空間容納自由。在任何地方，如果政府擁有每一個出版社，便不會有出版的自由；如果政府是唯一的雇主，有權力給每一個人指派必須完成的任務，便不會有職業或行業選擇的自由；如果政府有權力決定個人的工作地點，個人便不會有選擇定居地的自由；如果政府擁有所有的圖書館、檔案和實驗室，並且有權利把任何人派遣到不能繼續進行研

---

[5] Bukharin, *Program of the Communists (Bolshevists)*, p. 29.

究的地方，個人便不會有眞正的科學研究自由；如果政府決定文學與藝術由誰創作，便不會有文學與藝術創作的自由；如果政府有權力，把任何反對者流放到氣候有害於身體健康的地方，或指派他承擔超過其體力與智力的工作負荷，以摧毀他的體力與智力，便不會有信仰與言論的自由。在社會主義的社會裡，公民個人不會有多於軍隊裡的士兵、或孤兒院裡的院童，所享有的自由。

對此，社會主義者或許會抗辯說，社會主義國在一個基本方面和軍隊與孤兒院不同：社會主義國的公民有權利選擇政府。然而，他們忘了選舉權在社會主義國只是虛有其表。社會主義國的公民，除了政府所提供的資訊，沒有其他訊息來源。報紙、廣播和集會廳，全都掌握在行政當局手中。反對黨，或者無法組織起來，或者無法傳播它的理念。我們只須看看俄國或德國，便可發現選舉和全民公投在社會主義下的眞正意義。

社會主義國的政府處理經濟事務的行爲，不可能用民意代表機關的投票表決，或其他公民監督的辦法，加以節制。經濟事業和投資，是爲將來很長一段時間而設計的。它們的準備與實施，需要許多年的時間；它們的果實，成熟得更晚。一條已在五月頒布的刑法，即使在同年十月予以廢止，也不至對人民造成什麼傷害或損失。一個經任命的外交部長，能在幾個月後被免去職務。但，產業投資項目一旦啓動，就必須堅持下去，直到達成目標，而如此建成的工廠，只要看似有正的淨效益，就必須繼續加以利用。改變原來的計劃，肯定會浪費資源。這個事實必然意味，對於管理經濟事務的政府部門人事，人們無法輕易予以究責解職。那些制定投資計劃的人，必須執行計劃。他們後來必須運營投資建成的工廠，因爲妥善運營這些工廠的責任，別人接管不來。人民一旦同意了如今甚爲著名的四年或五年計劃，實質上便放棄了——不僅在未來四或五年的計劃期間內，而且也在所完成的投資項目，往後必須加以利用的那些年內——改變生產體系及政府人事安排的權利。所以，社會主義國的政府，必定不會有明確的執政期限。這樣的政府，不再是人民意志的執行者；當它的行爲不再符合民意，而人民想要予以解職時，人民不能不顧慮解職的決定，對他們自身的損害。這樣的政府，擁有不可撤銷的權力，它變成位居人民之上的權威，它自行其是地爲整體社會思考和行爲，並且不容許局外人干預「它自己的事務」。[6]

在資本主義的社會裡，企業家受制於市場和消費者。他必須服從消費者透過購買或未購買的行爲，所傳遞給他的命令；他必須遵守消費者要他承擔，但隨時可能遭到

---

[6] Hayek, *Freedom and the Economic System* (Chicago, 1939), pp. 10 ff.

撤消的委任關係。每一個企業家，以及每一個生產手段的擁有者，天天必須透過忠誠服務消費者的需求，來正當化他的社會角色。

社會主義國的經濟管理當局，毋須調整它自己的作爲，去適應市場力量的運作。它擁有絕對獨占的地位，它毋須顧慮消費者的需求，它自己決定該做什麼，它不用像生意人那樣服務消費者；它像父親供應他的兒女，或學校校長供應他的學生那樣，供應消費者。這種供應關係，是權威賜予恩惠，而不是生意人渴望吸引顧客。推銷員感謝顧客光顧他的店鋪，請求他再度光臨。但，社會主義者說：「要對希特勒心懷感激，要對史達林衷心感謝；要乖、要聽話，然後偉人稍後也將善待你。」

對於行政機關，最主要的民主監督手段，是預算控制；除非議會已經分配了相關預算，否則連一個最低階的文書助手也不許任用，連一枝鉛筆也不准買。政府必須說明所花掉的每一分錢。超出預算指撥的花費，或把預算花在非經議會指定的目的上，都是非法的。對於工廠、礦場、農場和運輸系統的管理來說，這樣的預算限制不切實際。這些經濟事業單位的開支，必須隨時適應情況變化，其不可能預先敲定要花多少錢，清除農場上的雜草，或移除鐵軌上的積雪。這種開支，必須在現場視情況而定。於是，人民代表的預算控制權，民主政府最有效的監督手段，便在社會主義國裡消失了。

因此，社會主義必定導致民主制度消滅。消費者權力至上和市場民主，是資本主義生產體系的兩個特徵。這倆特徵在政治領域必然導致的行爲方式，是人民擁有至高主權，以及人民議會透過預算控制政府。柏瑞圖（Pareto）、索黑爾（Georges Sorel）、列寧（Lenin）、希特勒（Hitler）和墨索里尼（Mussolini）等人，痛斥民主制度是資本主義的政治方法。他們沒說錯事實。背離資本主義，走向社會主義或國家經濟計劃的每一步，必然是更爲接近專制與獨裁的一步。

社會主義的擁護者中，一些心思足夠敏銳、認識到這個事實的人，告訴我們說：「對廣大的人民群眾來說，自由與民主毫無價值。」他們說，人們需要食物與住所；人們寧願放棄自由與自決，選擇屈服於某個能幹的父權式政府，以便獲得更多更好的麵包。對此，老一輩的自由主義人士向來回答說，社會主義不僅不會增進，反而會損害廣大人民群眾的生活水準，因爲社會主義是一個效率不如資本主義的生產制度。但，這個反駁並未能使社會主義的捍衛者閉嘴。許多這些人回答說，即使社會主義可能不僅不會給所有人帶來更多財富，反而導致所生產的財富變少；但，儘管如此，廣大的人民群眾，在社會主義下，也將會比較快樂，因爲他們將和所有他們的同胞，一起分享他們的貧困，將不會有比較貧窮的階級所嫉妒的富有階級。他們說，衣衫襤褸又餓得半死的蘇聯工人，要比生活條件——和俄國標準相比——相當奢侈的西方世界的工人，更爲快樂千百倍；大家平等貧窮，和豐衣足食生活在某些人能夠炫耀比普通人擁有更多奢侈品的環境裡相比，是一個比較令人滿足的狀態。

如此這般的辯論，是徒勞的，因爲沒抓住問題的核心。討論社會主義生產管理制據稱的好處，是沒用的。徹底的社會主義，根本行不通；它完全不是一個生產制度；它導致混亂與挫折。

社會主義的根本問題，在於經濟計算。在一個分工、從而社會合作生產的體系裡，生產決策需要某些方法，用來計算各個想像得到，並且可能達成目的的生產程序，所要求的支出。在資本主義的社會裡，市場價格是這種計算所採用的計算單位。但，在所有生產要素皆爲國家擁有的生產體系裡，沒有市場，從而沒有生產要素價格。因此，社會主義社會裡的經理人，變得不可能從事計算。他們無法知道，他們正在計劃或正在完成的生產活動，是否合理。他們沒有辦法發現，考慮中的生產程序，哪一個最爲有利。他們找不到眞正的比較基礎，從而無法比較不同的物質類生產要素數量，或不同的人力服務數量；所以，他們無法比較必要的支出和預期的產出。這些比較，需要一個共同單位；而除了市場價格體系所提供的貨幣價格單位，不會有別的共同單位。社會主義的經理人無法知道，究竟是興建一條新鐵路比較划算，還是興建一條新公路比較划算。即使他們莫名其妙決定了興建鐵路，他們也無法知道，在眾多可能的路線中，這條鐵路應該鋪設在哪裡。在私有財產權體制下，以貨幣爲共同單位的計算，被用來解決這類問題。但，不可能藉由比較各種不同種類的實物支出和收入，來進行經濟計算與比較。根本不可能把各種不同種類的技術勞動、非技術勞動、鐵、煤、各種不同型態的建築材料、機器和所有其他興建、保養與運營鐵路所需的生產要素數量，化約爲同一單位的量。但，如果沒有這樣一個共同單位，便不可能使生產計劃變成經濟計算的課題。生產計劃的訂定，要求所有我們必須考量的商品與服務，都能化約爲貨幣當量。在社會主義的社會裡，生產管理機構的處境，將宛如某位遠洋船隻的船長，必須在天上的星星完全被濃霧遮蔽，而手上又沒有羅盤或其他航海方向儀的協助下，橫渡海洋。

社會主義作爲一個社會全體的生產模式，是無法實行的，因爲在社會主義的生產體系裡，不可能從事經濟計算。擺在人類面前的選擇，並不是兩個經濟制度之間的選擇，而是資本主義和混亂之間的選擇。

第五節　社會主義在俄國與在德國

俄國的布爾什維克黨和德國的納粹黨，企圖把社會主義從一個紙上方案轉變爲事實的嘗試，迄今尚無須面對社會主義下的經濟計算問題。這兩種社會主義體系，迄今一直在一個大部分國家仍然堅持市場經濟的世界裡運作。這兩種社會主義國的統治者，在做生產決策時，拿國外市場確立的價格爲依據，計算成本效益。如果沒有國外價格的幫助，他們的行爲肯定會毫無目的，毫無章法可言。只有在引用國外市場價格的範圍內，他們才能計算、記帳和從事計劃。鑑於這個事實，我們或許可同意，許多社會主義文人和政客的這個說法：只在某一個或少數幾個國家實施的社會主義，還不是眞正的社會主義。這些人當然賦予他們這個論斷，一個和我們的認知相當不同的意義。他們其實想說：只有當社會主義社會涵蓋了全世界時，人們才能獲得社會主義的全部賜福。而其他像我們這樣的人，正好相反，必須謹記：社會主義，如果在世界大部分國家實施，必將導致徹底的混亂。

德國和俄國的社會主義體系，有這個共同點：政府完全控制生產手段。政府決定生產什麼，以及如何生產。政府給每一個人分配一份消費財供個人消費。如果不是這樣，這兩種體系將不應稱爲社會主義體系。

但，這兩種體系之間有一點不同，雖然這一點不同和社會主義的基本特徵無關。俄國模式的社會主義，是純粹的官僚管理制。所有經濟事業單位，都是政府部門，像軍隊或郵政系統的官僚組織那樣。每一個工廠、商店或農場與其上級中央機構的關係，就像地方郵局與郵政總局的關係那樣。

德國模式和俄國模式不一樣的地方，在於前者（在表面上和名義上）維持生產手段私有財產權，以及保留看似尋常的價格、工資和市場。然而，不再有企業家，而只有店經理（*Betriebsführer*）。這些店經理從事購買、銷售、支付工資、借債、支付利息、攤還債務等等動作。但，沒有勞動市場；工資和薪水由政府訂定。政府告訴店經理，生產什麼與如何生產，按什麼價格向誰購買，以及按什麼價格賣給誰。政府命令資本家，必須按什麼條件，把他們的資金託付給誰運用，也命令勞動者，必須按什麼工資，在什麼地方工作。市場交易只是虛有其表。所有價格、工資和利率，都由中央當局訂定；它們只在表面上是價格、工資和利率；它們其實只是政府命令裡載明的數量關係。由政府，而非消費者，指揮生產活動。這是表面偽裝成資本主義的社會主義。資本主義市場經濟的一些標籤被保留下來，但這些標籤的意義，完全不同於眞正的市場經濟裡相同標籤的意義。

上面每一個模式，在其本國並非如此嚴格實施，乃至完全不容許向另一個模式妥協。德國也有政府官僚直接管理的工廠和商店，特別是國營的鐵路系統，還有政府經營的煤礦場，和國有的電報與電話網。這些國營機構，大多是德國前幾代政府在軍國主義體制下，實施國有化政策所遺留下來的事業體。另一方面，在俄國，還殘留一些看似獨立的商店和農場。但，這些例外的妥協，並不至於改變這兩種模式分別的特性。

俄國採用官僚管理模式，而德國則採用統制經濟模式（*Zwangswirtschaft*），這事絕非偶然。俄國是世界上領土最大的國家，但人口相對稀少。在它的疆界內，有極其豐富的自然資源。它的自然資源稟賦，比任何其他國家好很多。它即使拋棄國外貿易，在經濟上自給自足，也不至於對國內人民的物質生活，造成太大傷害。若非首先是沙皇獨裁統治，以及後來的布爾什維克體制，給資本主義生產模式的發展設下了重重障礙，俄國人即使沒有國外貿易，也肯定老早就能享有世界上最高的生活水準。在這樣的國家，只要其管理者能使用國外的資本主義市場所確立價格，進行經濟計算，並且應用國外的資本主義企業所發展出來的生產技術，要實施官僚管理的生產體制，並非不可能。在這些情況下，社會主義不會導致全盤混亂，而只是導致極度貧窮。幾年前，在烏克蘭這塊歐洲最肥沃的土地上，眞的活活餓死了數百萬人。

以工業爲主的國家，情況與此不同。這種國家的特徵，在於它的人民生活在很大程度上，必須倚賴進口食物和原料。[7]爲了支付這些進口品，它必須出口工業製造

[7] 美國，雖然有效率最高且規模最大的工業，卻不是一個以工業為主的國家，因為它的加工業

品，而這些製造品又主要是利用進口原料生產出來的。它最重要的生存力量，在於它的工廠和它的國外貿易。危害它的工業生產效率，等於危害它的生存基礎。如果其工廠產品品質較差或成本較高，便無法在世界市場的競爭中，勝過其他國家的產品。如果出口下降，食物和原料進口也會跟著下降；國家便會失去生存物資的主要來源。

且說，德國是一個以工業爲主的國家。在第一次世界大戰以前的那些年，德國企業家穩步擴大他們的出口，德國整體經濟情況也相當好。當時，就一般人民的生活水準而言，歐洲沒有哪一個國家，比德帝國進步得更快。德國要推行社會主義，根本不可能模仿俄國模式。如果嘗試這麼做，德國出口業的命脈就會立即遭到摧毀，而原本被資本主義的成就寵壞的德國人民，便會突然墜入悲慘的深淵。官僚應付不了國外市場的激烈競爭；只有在國家以其強制與脅迫的力量保護下，官僚才可能活蹦亂跳。因此，德國社會主義者被迫採取他們稱爲「德國社會主義」的那些方法。沒錯，這些方法的經濟效率，遠遠不如放任私人企業自由創新進取的方法，但，它們遠比蘇聯的官

發展，和它的食物與原料產業發展，相當平衡。相反的，奧地利的工業規模和美國相比，雖然很小，但奧地利卻是一個以工業為主的國家，因為奧地利在很大程度上，倚賴食物與原料進口，而且必須出口幾乎一半它的工業產出。

僚管理制更有效率。

德國的這種模式，另有一個優點。德國的資本家和店經理——原來的企業家——不相信，納粹統治是永恆的。相反的，他們深信，希特勒有一天會倒臺，到時他們將恢復擁有納粹上臺前屬於他們的工廠。他們記得，第一次世界大戰時，德國實施的興登堡方案（Hindenburg Program）也曾經實質剝奪了他們的財產權，然而在德帝國政府垮臺後，他們的財產權事實上便恢復了。他們相信，這事將再次發生。所以，儘管他們現在只是工廠名義上的擁有者與實質的店經理，他們在運營工廠時，還是非常地謹慎小心，盡可能避免浪費，盡可能維持已投入的資本。只緣於店經理懷有這樣自私自利的心態，所以德國的社會主義才得以生產出足夠多的軍備、飛機與船隻。

社會主義，如果確立爲全世界的生產體制，從而不可能進行經濟計算，它將完全不可行。社會主義，如果僅限於某個或少數幾個國家實施，而世界大體上還是資本主義經濟時，它將只是一個比較沒效率的生產體制。而在實施社會主義的這兩種模式中，德國模式無效率的程度，小於俄國模式。

第六節　干預主義

所有文明，迄今都是以生產手段私有制爲基礎。在歷史上，文明和私有財產權，向來連結在一起。如果歷史能教導我們什麼，那肯定是：私有財產權和文明，有不可分割的關係。

所有政府，向來總是對私有財產權側目而視。政府的性向，從來都不是自由主義的。執掌強制與脅迫機構的人，本質上，都會高估這種機構成事的功力，並且都會努力爭取更多權力，要讓個人生活的各個領域，服從這種機構的直接命令。國家至上主義，是統治者、戰士和公務員的職業病。只有當遭到公民強迫時，政府才會不得不轉向自由主義。

自古以來，政府一向熱中於干預市場機能的運作。它們在這方面的努力，從來未曾達到所要追求的目的。人們向來把這類失敗，歸因於所實施的干預辦法不夠宏偉，以及執行的方式不夠嚴苛。他們認爲，只消有更多、更宏偉的干預，以及執行干預時，更爲冷酷無情些，成功將是板上釘釘的事。直到十八世紀，人們才開始理解，干預主義最終必然失敗。古典經濟學家證明，每一個市場供需狀態，都有一個對應的價格結構。價格、工資和利率，是市場供需互動的結果。有一些力量在市場裡運作，在市場的自然狀態遭到擾動時，傾向將其恢復。政府的命令，不但達不到政府所要追求的目的，反而往往只會擾亂市場運作，危及消費者需求的滿足。

非常流行的現代干預主義，無視經濟科學的教誨，它斷言：有一個經濟合作體制，它既不是資本主義，也不是社會主義，卻是一個行得通的永恆經濟組織模式。根據構想，這個第三種體制，是一個以生產手段私有制爲基礎的社會秩序，不過，政府在其中透過各種命令和禁令，干預私有財產權的運用。這個干預主義體制，據稱距離社會主義，和它距離資本主義一樣遠；它據稱位在社會主義和資本主義的正中間；它據稱一方面，保留了前述兩種體制的優點，而另方面，則擺脫了這兩種體制各自固有的缺點。這就是德國從前的國家至上主義者、美國的制度經濟學學派和其他許多國家的團體，所主張的干預主義的自我誇示。當代每一個國家的政府——除了俄國與納粹德國這等社會主義國家——都施行干預主義。德帝國的社會政策（*Sozialpolitik*）和當今美國的新政（New Deal），是最爲顯著的干預主義政策。

馬克思主義者並不支持干預主義。他們承認，經濟學的教誨是正確的：干預主義的措施，終將招致挫敗。沒錯，有一些馬克思教條主義者，曾推薦干預主義，不過，他們所以這麼做，全是因爲他們認爲，干預主義是癱瘓與摧毀資本主義經濟的一個手段，他們希望由此加速社會主義的到來。但，邏輯一貫的正宗馬克思主義者，鄙視干預主義，認爲它是沒用的改良主義，只會傷害無產者的利益。他們並不認爲，妨礙資本主義的演化，能導致社會主義烏托邦；正好相反，他們認爲，只有資本主義的生產力得到充分發展，才能導致社會主義。邏輯一貫的馬克思主義者，絕不會有任何舉動，干擾他們所謂資本主義的自然演化。但，在馬克思主義者當中，邏輯一貫，是一個非常罕見的品性。所以，大多數馬克思主義政黨，以及馬克思主義者所運營的工會，都熱烈支持干預主義。

資本主義和社會主義的原則，絕不可能混合。在一個以生產手段私有制爲基礎的社會裡，即使某些生產手段是公有的，並且是由公共部門經營的，也不會形成一個結合社會主義與資本主義的混合體制。國家或地方自治市擁有並經營企業，不會改變市場經濟的特徵。這些企業，作爲原料、生產設備與勞動的買方，以及作爲商品與服務的賣方，必須使它們自己適應市場經濟的運作模式。它們必須服從爲消費者的需要而生產的市場法則。它們必須爭取利潤，或至少必須避免虧損。當政府動用公共資金，彌補它的工廠與商店的虧損，試圖消除或緩解這種服從關係時，唯一的結果，是把這種服從關係轉移到另一個領域，或者說，讓這種服從關係以另一個面貌出現。彌補虧損所需的資金，必須以課稅來籌措。但，課稅會影響市場。是市場機能的運作，而非收取稅款的政府，決定稅負最終落在誰身上，以及稅負如何影響生產與消費。市場，而非政府，決定公營企業的運作效果。

另外，干預主義也不該和德國模式的社會主義相混淆。干預主義的基本特徵在於：它不想完全廢除市場；它不想使私有財產權完全變質，成爲有名無實的東西，也不想使企業家降格，變成店經理。奉行干預主義的政府，並不想廢除私人企業；它只是想透過一些彼此孤立的干預措施，來調節私人企業的運作。這些干預措施，不會被設計成爲宛如彼此契合的齒輪，形成一個通盤的命令與禁制體系，用來控制整個社會的生產與分配結構；它們的目的，並不是要以社會主義的計劃經濟，取代私有財產權與市場經濟。

要掌握干預主義的意義與效果，只消研究下面這兩種最重要的干預類型就夠了：一是生產限制型的干預，另一是價格管制型的干預。

生產限制型的干預，旨在直接改變生產活動進行的方向，使之偏離市場與消費者所囑咐的途徑。政府，或者禁止製造某些商品，或者禁止使用某些生產方法，或者透過徵稅或罰款，使這些生產方法變得比較困難。因此，這種干預，排除一些可以用來滿足消費者需求的手段。最著名的例子，是進口關稅和其他貿易障礙。顯然的，所有這類措施，使人民整體變得比較貧窮，而不是變得比較富有。它們阻止人們盡可能有效率地使用他們的知識與能力，以及他們的勞動與物質資源。在未受阻擾的市場裡，總是有一些力量在運作，傾向把每一個生產手段，用在給消費者的需求提供最高滿足的途徑上。政府干預，導致某個與此不同的資源使用途徑，從而減少商品供給。

我們這裡毋須探究，某些生產限制措施，儘管導致商品供給減少，是否沒有其他方面的好處，能證明它們正當。我們毋須討論，小麥進口關稅，導致麵包價格上升，弊害是否遠小於國內農夫收入增加的好處。就我們這裡的目的而言，讀者只須明白，生產限制不能視為增加財富與福祉的措施，而是某種支出措施，它就像政府從課稅收入，撥付出去的各種補助款那樣，不是生產政策方面的措施，而是政府支出方面的措施。生產限制措施，不是任何財富創造體制的一部分，而是消費財富的一個方式。

價格管制，意味政府命令價格、工資與利率，必須訂在不同於市場供需所決定的水準。首先，讓我們考慮最高價格管制命令；政府試圖藉此強制價格低於市場價格。

未受阻擾的市場所決定的價格，對應一個供需均衡的狀態。每一個準備支付市場價格的人，都能買到他想要購買的數量。每一個準備按市場價格出售的人，都能賣出他想要賣出的數量。如果政府在可供出售的商品數量沒有相應增加的情況下，命令買賣必須按某一較低的價格完成，因此索求或支付潛在的市場價格變成非法的行為，則供需均衡的狀態就會被打破。在供給維持不變的情況下，市場上現在有更多潛在的買者，這些人原本負擔不起較高的市場價格，但現在準備按較低的官定價格出手購買。

於是，現在便會有一些潛在的買者買不到東西，儘管他們準備支付政府所規定的價格，或甚至更高的價格。價格不再是一個分辨的手段，不再能在潛在的買者中，分辨誰能買到，以及誰買不到。這時，某個不同的分辨原則，便會開始運作。首先到來的人，買得到；其他人來晚了，便買不到。這個事態的一個看得見的後果，是家庭主婦與孩童在雜貨店外大排長龍，等待進店採購，這是每一個在如今這個價格管制年代，曾到訪歐洲的人，都很熟悉的一道風景。如果政府不希望只有先到的人（或售貨員的私人朋友）才買得到，而其他人則空手回家，它就必須控制商品供給的分配，它就必須採用某種定量配給辦法。

但，訂定價格上限，不僅不會增加供給，反而會減少供給。因此，它達不到當局希望達到的目的。正好相反，它導致一種從政府和輿論的觀點看來，比它想要改變的先前事態，更不可取的事態。如果政府想要使貧窮的父母取得更多牛奶，以養育他們家的小孩，它就必須按市場價格購買牛奶，再按比較便宜的價格，虧本轉賣給這些貧窮的父母。但，如果政府只是把牛奶價格訂在某一低於市場價格的水準，結果將是和它希望看到的正好相反。邊際生產者，亦即，生產成本最高的那些生產者，為了避免虧損，將會退出生產與銷售牛奶的行業。他們將會把他們的母牛和他們的技巧，用在其他比較賺錢的途徑上，例如：他們將生產乳酪、牛油或牛肉。將會有比較少的牛奶供應消費者，而不是更多。於是，政府就必須在兩個方案中，做出選擇：或者忍住管制牛奶價格的衝動，並廢除它的管制命令，或者在它的第一道管制命令之外，再增加另一道管制命令。在後一選項下，它必須把生產牛奶所需的生產要素價格訂在某一水準，好讓邊際生產者不再蒙受虧損，從而不至於縮減牛奶產出。但，同樣的問題，這時會在某一比較偏遠的層面再次出現。生產牛奶所需的生產要素供給將會下降，於是政府再次回到原點，面對它自己的干預失敗、乾瞪眼。如果它頑固地繼續推動干預方案，它就必須有更進一步的管制命令。它必須訂定生產牛奶所需生產要素之所需生產要素的價格。於是，政府被迫越來越擴大價格管制範圍，直到訂定所有消費品和所有——包括人力的（亦即，勞動）和物質的——生產要素價格，並強迫每一個企業家和每一個工人，在它訂定的價格下，繼續工作。政府這個通盤訂定價格與工資的方案，以及這個廣泛的生產命令——命令企業家生產政府希望生產的那些數量，絕不可忽略任何產業。如果某些產業被放任自由，結果將是：資本與勞動便往這些產業移動，以及，價格已經遭到政府管制的那些商品，供給相應下降。然而，恰恰是這些供給下降的商品，政府認爲，對滿足廣大民眾的需求，特別重要（否則政府自始便不會想要訂定它們的價格上限）。[8]

但，當達到這個通盤控制生產的狀態時，市場經濟便已遭到廢除，而由德國模式的社會主義計劃經濟取代了。政府的生產管理委員會，於是全面管控所有企業活動，決定生產手段——人和物質資源——必須如何使用。

孤立的價格管制措施，達不到所要追求的目的。事實上，它們產生的效果，和政府希望達到的目的正好相反。如果政府爲了消除這些不可阻擋，並且不受歡迎的後果，不斷擴大價格管制範圍，最後就會把資本主義與自由企業制，改變成社會主義制。

在美國和英國，有許多人支持價格管制。對於納粹價格管制據稱的成功，他們很是著迷。他們相信，德國的經驗已經證明，在市場經濟體系的架構裡，價格管制是行得通的。他們認爲，只消和納粹一樣地積極、蠻橫和殘暴，價格管制便可成功。這些

[8] 在兩種情況下，採用價格管制措施，能在某個極其有限的範圍內，產生想要的效果。讀者可以參考：Mises, *Nationalökonomie*, pp. 674-675。譯者注：不熟悉德文的讀者，或可參考：Mises, *Human Action: A Treatise on Economics*, ch.30, pp.759ff（中譯《人的行為：經濟學專論》，第三十章第二節）。

想要以納粹方法反抗納粹的人所不知道的是：納粹的成就，是建成了一個社會主義體系，而不是在市場經濟體系裡，完成了一項技術性改革。

沒有什麼第三種制度，介於市場經濟和社會主義之間。除非混亂被當成一個選項，否則人類就必須在這兩種制度之間做出選擇。[9]

當政府訂定最低價格時，情形也是一樣。把價格訂在某一高於未受阻擾的市場將會確立的水準，最重要的實例，是最低工資。在某些國家，最低工資率由政府直接訂定。其他國家的政府，僅間接干預工資的決定；它們默許工會，對不配合的雇主和雇員使用強制與脅迫，從而使工會能夠予取予求。如果沒有政府如此縱容，罷工便達不到工會想達到的目的。如果雇主可以自由僱用他人來取代罷工者，罷工將無法強迫雇主給付比未受干擾的市場所決定的水準更高的工資。當今工會政策的本質，就是在政府友善寬容的保護下，使用威脅或使用暴力。所以，工會等於是國家強制與脅迫機構的一個重要組成部分。工會訂定最低工資率，等於政府直接介入規定最低工資。

工會，成功迫使企業家給付較高工資。但，工會努力的結果，不是人們通常認爲

---

[9] 我們這裡略過，社會主義，由於無法進行經濟計算，必然導致混亂的事實。

這種努力會導致的那個。人為抬高的工資，導致相當大的一部分潛在勞動力永久失業。在較高的工資率下，僱用生產力較低的那一部分勞動（即，所謂邊際勞動），不再有利可圖。企業家於是被迫縮減產出，勞動市場需求下降。工會甚少關心，他們的舉措會有這個不可避免的結果；他們不在乎非工會成員的命運。但，政府的觀點和工會不同；政府想要增進全民福祉，希望不僅有利於工會成員，也有利於所有那些失去工作的人。政府希望提高所有工人的收入；然而許多工人無法就業，違背政府的心願。

工會主義越是盛行，最低工資造成的這些十分糟糕的效果，越是顯而易見。當只有一部分勞動——多半是技術性勞工——組成工會時，工會所達成的工資上升，並不會導致失業，而是導致工會效能不佳、或完全沒有工會組織的產業部門，勞動供給增加。那些因為工會政策而失去工作機會的工人，進入這些自由產業部門的勞動市場，導致那裡的工資下降。有組織的工人工資上升，其必然後果是沒有組織的工人工資下降。但，隨著工會主義的擴散，情況已經改變。如今在某一產業部門失去工作的工人，發現他們比從前更難在其他行業找到工作；他們是工會主義的犧牲品。

即使沒有政府或工會的干預，也會有人失業。但，在未受阻擾的勞動市場裡，使失業消失的趨勢永遠盛行。失業者四處尋找工作，必然導致工資率訂在某一水準，能促使企業家僱用所有渴望工作以賺取工資的人。但，如果最低工資率阻止工資率調整，以適應市場供需情況變化，失業便傾向成爲一個永久普遍的現象。

只有一個方法，能給所有渴望工作的人，帶來市場工資率的上升，那就是：可供利用的資本財數量增加，使生產科技得以改善，從而提高勞動的邊際生產力。然而，此刻正在發生一個可嘆的事實：大規模的戰爭，摧毀了一部分資本財存量，所以，一旦數百萬人入伍參戰所造成的人力短缺現象，因戰爭結束而不復存在，實質工資率必然會暫時下降。正因爲自由主義人士充分意識到這個可嘆的後果，所以他們認爲，戰爭不僅是政治災難，也是經濟災難。

政府支出，不是解決失業問題的適當辦法。如果政府以徵稅或發行公債的方式，供應支出所需的資金，則公民私人投資與消費支出能力減少的幅度，和政府支出能力增加的幅度一樣多。如果政府以通貨膨脹的方法（發行額外的紙幣或向商業銀行貸款），供應支出所需的資金，商品價格便會普遍上升。如果這時貨幣工資率完全沒上升，或沒上升到商品價格上升的幅度，普遍失業的現象便可能消失。但，普遍失業所以消失，恰恰是因爲實質工資率已經下跌。

生產科技的進步，會提高人的努力所獲得的成果。相同數量的資本與勞動，於是能生產出比從前更多的東西。某一多餘數量的資本與勞動，便可用於擴張已經存在的產業，以及發展新的產業。這時可能會發生短暫過渡性質的「技術性失業」現象。但，失業者將很快，在新創產業或擴張的舊產業裡，找到工作。數百萬工人，如今在過去數十年才發展起來的新創產業裡就業。而眾多賺取工資者自己，便是這些新創產品的主要購買者。

要解決持久的大規模失業問題，只有一個辦法：放棄，以政府命令或工會暴力威脅，強制提高工資率的政策。

某些人認爲，透過破壞資本主義，最後可以實現社會主義，所以主張干預主義；他們至少是邏輯一貫的人，他們知道自己在追求什麼目標。但，某些人，不希望看到德國的統制經濟模式或俄國的布爾什維克主義取代私有財產制，竟然也建議價格管制和工會強迫提高工資，就眞是可悲的認知錯誤了。

干預主義另有一些比較謹愼又老練的支持者，見識足夠敏銳，他們承認，長期而言，政府干預企業，達不到所要追求的目的。但，他們斷言，需要的，是立刻行動和短期政策。他們說，干預主義很好，因爲它產生直接有益的效果，即使比較間接遙遠的後果，可能是災難性的。他們說，毋須爲明天擔心；唯有今天才重要。對於這樣的心態，這裡必須強調兩點：首先，在年復一年，數十年不間斷地實施干預主義政策後，我們今天已經遇上了干預主義的長期後果；第二，如果沒伴隨和干預配套的貿易保護措施，工資干預手段，即便就短期而言，也注定會失敗。

第七節 國家至上主義和保護主義

國家至上主義——不管是干預主義，或是社會主義——是一種國家政策。許多不同國家的國民政府採納國家至上主義。它們只在乎它們認爲有利於本國人民的事情。它們不關心外國人的命運或幸福。對於是否加害外國人，它們沒有任何顧忌。

我們已經討論過，國家至上主義的種種政策，如何傷害國家全體人民的福祉，甚至傷害政策想要造福的那些群體或階級的福祉。對本書的目的而言，更爲重要的是，必須強調：在自由貿易的世界裡，任何國家的國家至上主義政策體系都無法運作。不僅長期而言，即便是短期，國家至上主義和國際自由貿易，並不相容。國家至上主義必然伴隨種種措施，切斷本國市場與外國市場的聯繫。現代保護主義，敦促每一個國家盡可能在經濟上自給自足，因此和干預主義及其蛻變爲社會主義的固有傾向，有著密不可分的聯繫。經濟民族主義（或謂現代保護主義），是國家至上主義不可避免的後果。

過去有許多不同的學說和考量，促使政府採取保護主義政策。經濟學已經揭露所有這些論證的錯誤。如今，沒有哪一個稱得上熟悉經濟理論的人，膽敢辯護這些早經揭穿的錯誤。沒錯，在大眾歡迎的言論中，它們仍扮演重要角色；它們是譁眾取寵的長篇闊論喜歡的主題；但，它們和現今的保護主義毫無關係。現今的保護主義，是政府干預企業這種國內政策，必然衍生出來的一個後果。干預主義，生出經濟民族主義，於是激起導致戰爭的敵意。如果世界各國堅持干預企業，便不可能拋棄經濟民族主義。國際自由貿易的先決條件，是國內自由貿易。要了解當代國際關係，這一點是必不可少的認識。

顯然的，如果沒完全禁止外國貨進入國內市場參與競爭，或者沒在進口時，遭到不利的對待，則所有旨在提高國內市場價格，以嘉惠國內生產者的干預主義措施，以及所有其直接效果爲提高國內生產成本的措施，都將遭到挫敗。其他情況相同下，當勞動立法成功縮短了工時，或同樣爲了增進雇員的福利，而以另一種方式加重了雇主的負擔時，其直接影響，將是生產成本上升。於是，不管是在本國市場，或是在國外市場，外國的生產者都能在更具優勢的條件下，和本國的生產者競爭。

對這個事實的認識，很早便讓一些人想到，不同國家之間應該有相同的勞動立法。這些人建議的各種方案，在德國政府於一八九〇年舉辦了相關的國際研討會後，有了比較具體的形式。相關建議最後導致國際勞工組織（ILO）於一九一九年在日內瓦成立。然而，迄今的實際成果卻乏善可陳。要在全世界範圍內使勞動條件均等，唯一有效的辦法是自由移民。但，自然稟賦較佳且人口相對較少的國家裡，已經組成工會的勞工，以各種手段極力反對的，恰恰是這個辦法。

自然生產條件比較有利，且人口相對稀少的那些國家的工人，享有邊際勞動生產力比較高的優勢，獲得比較高的工資報酬，享受比較高的生活水準。他們渴望，透過阻止或限制外國移民，來保護他們自己的有利地位。[10]另一方面，他們還把國外廉價勞工所生產的商品，進口到國內市場參與競爭，痛斥為「傾銷」；他們要求政府，保護他們免受這些商品進口的傷害。

人口相對過多的國家——亦即，邊際勞動生產力低於其他國家的那些國家——只有一個辦法，和邊際勞動生產力較優的國家競爭：忍受比較低的工資和比較低的生活水準。工資率在匈牙利與波蘭，比在瑞典或加拿大低，因為匈牙利與波蘭的自然資源

[10] 許多美國人並不熟悉的事實是，在兩次世界大戰之間的那些年，幾乎所有歐洲國家都採取非常嚴格的反移民法律。這些法律比美國的移民法律嚴格許多，因為它們大多沒有任何移民配額的規定。每一個歐洲國家，都渴望保護其國內的工資水準——一個和美國的情況相比，很低的水準——以免來自工資更低的其他國家移民將其拉低。結果是，歐洲國家彼此憎恨，以及——在面對一個共同的危險威脅時——無法團結。

比較匱乏，而人口也比較多。這是國際合約或國際勞工組織的干預無法抹掉的事實。人民平均的生活水準，在日本比在美國低，因爲相同數量的勞動在日本的產出，少於在美國的產出。

情況既然如此，則關於勞動立法和工會政策的國際合約，其目標便不可能是工資率、工時或其他所謂「親勞工」措施的均等化。唯一可能的目標，是協調相關事項，使得原本在國際間流行的競爭條件，不至於發生任何變化。例如：如果美國的法律或工會政策導致建築成本上升百分之五，這時就必須查明，該建築成本上升，將使美國和日本有競爭關係，或可能因生產成本相對改變而發生競爭關係的那些產業，它們的生產成本提高了多少。接著必須調查什麼措施，能使日本相關產業也負擔相同程度的成本增加，好讓兩國之間的相對競爭力不會有任何改變。顯然的，此類計算極端困難。不管是對該採用什麼計算方法，或是對可能的計算結果，不同專家會有不同意見。但，即使這些都不是問題，相關國家也不可能達成合議，因爲，採取措施彌補美國產業的競爭力下降，違反日本工人的利益。對日本工人來說，比較有利的作法，是在美國出口競爭力下降之際，乘機擴大出口；這樣，他們所面對的勞動需求將會增加，他們的生活條件就會有實際的提升。基於這樣的想法，日本將傾盡全力，論證美國的政策措施所導致的生產成本上漲，其實微不足道，而不願意採取任何措施，彌補美國產業的競爭力下降。期待社經政策的國際合約能夠取代保護主義，簡直是痴心妄想。

我們必須知道，幾乎所有新的、強迫雇主接受的親勞工措施，都會導致較高的生產成本，從而改變競爭條件。如果沒有保護主義罩著，這類措施無法達到目的的眞相，就會立即暴露。它們將只會導致國內生產萎縮，從而增加失業。失業者只能找到工資率較低的工作；如果他們不肯默認這個解決失業的辦法，他們將會繼續失業。於是，見識再怎麼狹隘的人也將意識到，經濟法則是不可阻攔的，政府干預企業的運營，不僅達不到干預的目的，反而必然導致一個——從政府和支持其政策者的觀點——比政策想要改變的事態，更不可取的事態。

保護主義，當然抹不去干預主義不可避免的後果。保護主義，只能改善表面的情況；它只能掩藏眞正的事態。它的目的，是提高國內的價格。這較高的價格，補償上升的生產成本。工人賺得的貨幣工資沒有下降，但必須支付較多的貨幣，購買他想買的東西。就國內市場而言，干預主義所造成的問題，只是看似解決了。

但，這把我們帶到一個新的問題：獨占。

第八節　經濟民族主義和國內獨占價格

保護性關稅的目的，是消除政府干預，造成國內生產成本上升，所帶來的不良後果。其目的，是要保持國內產業的競爭力，儘管生產成本因政府干預而增加。然而，只有就國內生產還不夠國內消費的商品而言，只要課徵進口關稅，便能夠達到前述目的。對國內生產多於國內消費需求的產業而言，除非輔以獨占，否則光靠關稅是沒用的。

在一個以工業爲主的歐洲國家，例如德國，小麥的進口關稅，提高小麥的國內價格，至世界市場價格加上進口關稅的水準。雖然國內小麥價格上升，一方面導致國內小麥生產增加，另一方面導致國內小麥消費減少，但仍必須進口小麥，以滿足國內需求。由於邊際小麥銷售商的成本，包含世界市場價格和進口關稅，所以小麥的國內市場價格上升到這個高度。

至於德國生產的那些數量多到能夠輸出一部分的商品，其情況和小麥不同。對那些不僅爲國內市場，而且也爲出口而生產的製造品，課徵進口關稅，就出口貿易而言，彌補不了國內生產成本上升所造成的不利影響。沒錯，這類進口關稅將阻止外國製造商，在德國市場銷售其產品。但，德國的出口貿易，必定繼續遭到國內生產成本上升的阻擾。另一方面，國內生產者彼此在國內市場的競爭，將淘汰一些，由於政府的干預使成本增加，以致繼續生產不再划算的德國工廠。在新的均衡狀態，國內價格將達到世界市場價格加上一部分進口關稅的水準，所以國內消費數量，將低於國內生產成本上升以及課徵進口關稅之前的消費數量。國內消費數量縮減，以及出口下降，意味生產萎縮、工人失業，以及勞動市場的求職壓力上升，導致工資率下降。於是，社會政策的失敗，便顯而易見。【三】

但，還有另一個補救辦法。進口關稅已經將國內市場孤立，這讓國內生產者有機會建立一個獨占組織。他們能組成一個全國性的卡特爾，向國內消費者收取獨占性價格，這價格將略低於世界市場價格加上進口關稅的水準。有了國內的獨占利潤後，他們便能夠按較低的價格，在國外銷售他們的產品。於是，他們照舊進行生產。社會政策的失敗，在無知民眾的眼底下，被巧妙隱蔽起來。但，國內消費者必須支付比較高

【三】我們毋須討論這一種情形：進口關稅如此之低，以致在國內生產成本，因政府干預而增加後，只有極少數或完全沒有國內工廠繼續為國內市場而生產。在這一種情形下，外國競爭者能滲透國內市場，而價格將達到世界市場價格，加上全部進口關稅的水準。在這種情形下，進口關稅無法彌補生產成本不利，甚至是更為明顯的事實。

的價格。工資上升及親勞工立法，讓工人得到的好處，要他們以作爲消費者的身分，承擔和所得到的相當的代價。

但，政府和工會領導，已經達成他們的目的。他們於是能吹噓：企業家的預測錯了，較高的工資和較多的勞動立法，其實並未使企業家的工廠虧錢，所以也沒阻擾生產。

馬克思主義的神話，已經成功用空洞的胡言亂語，層層圍繞住獨占問題。根據馬克思主義的帝國主義學說，在未受阻擾的市場社會裡，盛行成立獨占的趨勢。獨占，據說是未受阻擾的資本主義社會裡，某些固有力量的運作，所產生的一個禍害。在社會改革者眼裡，獨占是自由放任的資本主義體系，最爲嚴重的弊病，所以必須是政府干預政策首要打擊的目標。據說，獨占的一個最爲嚴重的後果，是帝國主義侵略與戰爭。

沒錯，在某些情況下，毋須藉助政府的強制與脅迫，也可能建立起某些產品的獨占地位，甚至世界性的獨占地位。例如：由於生產水銀的自然資源非常稀少，所以即使沒有政府鼓勵，也可能產生水銀獨占組織。另外，高昂的運輸成本，使得廠商有機會，爲某些笨重的產品，例如：一些建築材料，在一些交通不便的地方，建立起地方性獨占地位。但，這不是大多數人在討論獨占時，所關心的問題。幾乎所有遭到輿論撻伐，而政府也假意要予以打擊的獨占，都是政府造成的獨占。它們是在進口關稅的庇護下，建立起來的國內獨占。在自由貿易的規則下，它們一定倒塌。

關於獨占問題，常見的論述是徹底的虛僞與不誠實。不會有更爲溫和的表達方式，來形容這類論述。政府的目的，是把相關商品的國內價格，抬高到世界市場價格之上，以便在短期內保障其親勞工政策的順利推行。已經高度發展的英國、美國和德國製造業，如果不是因爲他們本國政府的政策，提高了國內生產成本，根本不需要任何保護，來對抗外國的競爭。但，正如前述的例子已經表明的，只有當國內廠商組成卡特爾，能在國內市場索取獨占性價格時，關稅政策才會奏效。如果沒有這樣的卡特爾，國內生產將會下降，因爲新的親勞工措施，讓外國生產者享有生產成本較低的優勢。如果國內價格沒被人爲維持在高於世界市場水準，如果出口商——如果出口必須繼續的話——無法以他們取自國內市場的獨占性利潤，彌補低於成本的出口價格，則通常稱爲「進步的勞動立法」所支持的高度發展的工會主義，甚至在短期內便會招致挫折。當國內生產成本因政府干預而上升時，或因工會施行的強制與脅迫而上升時，維持出口貿易便需要補貼。補貼方式，可以是名正言順、公開授予的財政補貼，或者是以獨占的方式、加以掩藏的補貼。在後一種方式裡，國內消費者，以比較高的價格購買了獨占廠商按比較低的價格在國外銷售的商品，來支付相關補貼。如果政府的反獨占心態是真誠的，它便能找到一個非常簡單的解決辦法。只要政府撤消進口關稅，便可一舉清除獨占的危害。但，政府及其朋友，渴望提高國內商品價格。他們對獨占的打擊，只是一個作秀的假動作。

政府的目的，是要抬高價格；這則陳述的正確性，很容易證明，只消考慮課徵進口關稅本身並不至於產生卡特爾獨占的那些情況，就夠了。生產小麥、棉花和其他農產品的美國農夫，由於技術性理由，無法組成卡特爾。所以，聯邦政府發展出一套透過限制產出，以及透過政府採購和政府貸款來囤積大量存貨不供應市場，以提高農產品價格的辦法。這個政策，替代不可行的農業卡特爾和農業獨占，達到抬高國內農產品價格的目的。

許多不同國家的政府，在創建國際卡特爾方面的努力，也同樣引人注目。如果保護性關稅導致全國性卡特爾的成立，則在許多場合，若干國家的卡特爾之間便可能達成協議，成立國際性卡特爾。這一類民間協議，時常大大得益於各國政府的另一項助長獨占的行爲——專利保護，以及其他授予新發明的特權。然而，每當技術性障礙阻斷全國性卡特爾的建立時——農產品幾乎全屬於這種情形——便不可能建立民間性質的國際性卡特爾。這時，政府會再度出手干預。兩次世界大戰之間的歷史，充斥各國政府公開透過國際合約，扶植獨占與限制生產的記錄。當時出現了許多國際小麥聯盟、橡膠和錫礦生產限制聯盟等等國際組織。[12]當然，這些組織大多很快便潰散了。

這就是現代獨占的眞相。獨占，並不像馬克思主義者要我們相信的那樣，是資本主義未受阻擾運行的一個後果，或是資本主義固有的演化趨勢所致。正好相反，獨占，是以改革市場經濟爲名的政府政策所招致的結果。

第九節　經濟自立

干預主義的目標，是要政府控制市場情況。由於一國的國家主權，僅局限於服從其統治的領土，在其領土邊界外，它沒有管轄權，所以它認爲，所有種類的國際經濟關係，對它的政策而言，都是嚴重的障礙。它的國外貿易政策的終極目標，是經濟自立或自給自足。當然，這種政策公開表明的意向，只是要盡可能減少進口；但，由於除了用於支付進口，出口沒有其他目的，所以出口也會同步下降。

社會主義國的政府，對經濟自立的追求，甚至更爲猛烈。在社會主義國裡，供國內消費的生產活動，不再接受消費者嗜好與願望的指導。中央生產管理委員會，按照

[12] G. L. Schwartz, "Back to Free Enterprise," *Nineteenth Century and After*, CXXXI (1942), 130.

它自己認爲消費什麼對國內消費者最好的想法，爲國內消費者提供消費品；它照顧人民，但它不再服務消費者。然而，供出口的生產活動，情況不同。外國的買者，不受社會主義國生產管理當局支配；他們必須被服務；他們的特殊嗜好與願望，必須納入考量。在供應國內消費者時，社會主義國的政府，是至高無上的主權者，但在國外貿易關係裡，它須面對外國消費者至高無上的主權。在國外市場上，它必須和其他生產者競爭，以更低的成本生產更好的產品。我們稍早曾提到，對進口、從而對出口的倚賴，如何影響德國社會主義的整體結構。[13]

根據馬克思的說法，社會主義生產的基本目標，是消滅市場。一個社會主義國，只要仍然必須在國外出售它的一部分產出——不管是出售給國外的社會主義政府，或是國外的私人企業——它便仍然是爲某個市場而生產，從而仍然必須服從市場經濟的法則。一個經濟上不是自給自足的社會主義體系，是一個有缺陷的社會主義體系。

國際分工是一個，比每一個國家自給自足或經濟自立，更爲有效率的生產方法。在國際分工下，相同數量的勞動與物質類生產要素，生產出比較多的產出。這多出來

[13] 見本章第五節。

的產量，使每一個相關國家受益。保護主義和經濟自立，總是導致生產活動，從條件比較有利的生產中心——亦即，相同的物質投入，產出比較多的地方——移轉至條件比較不利的生產中心。比較有生產力的資源留著不利用，反而去利用比較沒有生產力的資源。結果是，人人的努力所獲得的成果普遍變少，從而降低全世界的生活水準。

對所有國家來說，保護主義政策與經濟自立的趨勢，所導致的一般後果，都是一樣的。但，在一些細節上，會有性質和數量方面的差異。社會與政治後果，在人口相對過多的工業國，和在人口相對稀少的農業國，有所不同。在以工業爲主的國家裡，最迫切需要的食物價格節節上漲。這對一般民眾生活福祉的干擾，比在農業爲主的國家裡，製造品價格的相應上漲，所導致的同類干擾，要來得大一些，也來得快一些。另外，工業國裡的工人，比農業國裡的農民有更好的條件，公開表達他們的抱怨。於是，工業國的政治家和經濟學家被驚動了。他們意識到，自然條件阻礙他們的國家以國內生產取代進口食物和原料。他們非常明白，歐洲的工業國，無法單靠國內生產食物與原料，讓人民得到溫飽。他們預見，更多保護、各個國家更爲自立與孤立，乃至最後自給自足，將導致生活水準大幅下降，甚至餓死人。於是，他們四處尋找解決辦法。

德國的侵略性民族主義，受到這些考量的激勵。過去六十多年來，德國民族主義者，一直在描述其他國家的保護主義政策，最後必將給德國造成什麼樣的後果。他們指出，如果沒進口食物和原料，德國便無法生存。當有一天生產這些材料的國家，已經成功發展了他們國內的製造業，並且阻擋德國出口品進入他們國內時，德國將如何支付這些材料的進口呢？他們告訴自己，只有一個救濟辦法：我們必須征服更多的居住空間，征服更多的生存空間（Lebensraum）。

德國的民族主義者十分明白，許多其他國家——例如，比利時——處境也同樣不利。但，他們說，德國和這些國家有一個非常重要的不同。這些國家是小國，所以它們無可奈何，而德國足夠強大，有能力征服更多生存空間。他們還說，對德國尤其幸運的是，現在另有兩個強大國家——亦即，義大利和日本——處境和德國相同。在窮國對抗富國的戰爭中，它們是德國自然的盟友。

德國，並非因爲渴望戰爭，而追求經濟自立。它因爲渴望經濟自立——因爲它想要在經濟上自給自足——所以發動戰爭。

第十節　德國的保護主義

一八七一年在凡爾賽成立的德意志第二帝國，不僅是一個軍事力量強大的國家；

在經濟上——儘管遇上於一八七三年開始的蕭條——它也非常繁榮。它的工廠，在國內外市場和外國產品競爭，非常成功。一些好發牢騷者挑剔德國製品；他們說，德國貨便宜，但品質低劣。然而，大量的國外需求要的，恰恰是這類便宜貨。大多數民眾重視產品便宜，更甚於品質精緻。但凡想擴大銷售規模的廠商，都必須削減價格。

在充滿樂觀氣氛的一八七〇年代，每個人都充滿信心，覺得歐洲正處在一段和平與繁榮時期的前夕。將不再有戰爭；貿易障礙注定消失；人人將比較渴望建設與生產，而不是渴望摧毀與彼此殺戮。當然，比較有遠見的人，或許無法忽視歐洲文化的優越地位將慢慢消失的趨勢。海外某些國家的自然生產條件，比較有利。資本主義即將開發這些落後國家的資源。某些產業將無法抵抗這些新開發地區的競爭。歐洲的農業生產與礦業開採，將會下降；歐洲將出口製造品，以換取進口這些物品。但，人們當時並不擔憂。在他們看來，國際分工強化，並非災難，反而是更爲豐富供給的來源。自由貿易必將使所有國家更爲興盛繁榮。

德國的自由主義人士，提倡自由貿易、金本位制和國內企業自由。德國製造業不需要任何保護；它昂首闊步，橫掃世界市場。這時如果提出幼稚產業理論，將很荒謬可笑。德國產業已經長大成熟。

當然，仍然有許多國家熱中於懲罰進口。然而，從李嘉圖的自由貿易理論得出的推論，是無可辯駁的。就任何國家而言，即使所有其他國家都堅持保護主義，採取自由貿易，對它自己還是最爲有利。自由主義人士所以提倡自由貿易，並非爲了外國人的緣故，而是爲了他們本國的利益。一個很好的例子是英國，而某些比較小型的國家，譬如瑞士，同樣也是。這些採取自由貿易的國家，都過得不錯。德國該採納它們的政策嗎？或者它該模仿像俄國這種半開化國家？

但，德國選了第二條道路。這個決定是現代歷史的一個轉折點。

關於現代德國的保護主義，目前流行許多錯誤的見解。

首先，有一點很重要必須知道：李斯特（Frederick List）的學說，和現代德國的保護主義，沒有任何關係。李斯特並未主張對農產品課徵進口關稅。他主張保護幼稚產業。在這一點，他低估了當時德國製造業的競爭力。即便是那個時候，在一八四〇年代早期，德國工業已經比李斯特認爲的更爲強壯。三、四十年後，德國工業在歐洲大陸居於領先地位，甚至能在世界市場上和最先進的國家競爭。在東歐與拉丁美洲的保護主義演化過程中，李斯特的學說扮演重要角色。但，支持保護主義的德國人，沒有道理引用李斯特的學說。李斯特並非絕對排斥自由貿易；他主張僅在一段過渡期間內保護製造業；他從未建議保護農業。過去六十五年間的德國外貿政策趨勢，李斯特肯定會強烈反對。

擁護現代德國保護主義的代表性作家，是阿道夫・華格納（Adolf Wagner, 1835-1917）。他的學說精髓是這個：所有糧食與原料生產過剩的國家，都熱中於發展國內製造業，以及阻擋外國製造品進入國內市場；世界上每一個國家，很快會在經濟上自給自足。在這樣的世界裡，那些單靠國內生產的糧食與原料，無法使國民得到溫飽的國家，將面臨什麼命運呢？他們注定會餓死！

華格納的頭腦不夠敏銳。他是一個差勁的經濟學家。他的同道也一樣是。但，他們還沒愚鈍到看不出，保護主義不是萬靈丹，不能解決他們所描繪的那些危險。他們所推薦的解救辦法，是征服更多生存空間——戰爭。他們主張保護德國農業，以鼓勵在該國貧瘠的土地上生產糧食，因爲他們要使德國在迫近的戰爭中，無須倚賴外國供給食物。在他們看來，糧食進口關稅，只是一個短期的解方，是過渡期的一個辦法。戰爭與征服，才是最終的解方。

然而，要是因此便認爲促使德國實施保護主義的原因，在於它有發動戰爭的傾向，那就錯了。華格納、施默勒（Gustav Schmoller, 1838-1917）和其他學院講壇的社會主義者，很早便在他們的課堂上和研討會裡，傳布征服的福音。但，在一八九〇年代結束之前，他們還不敢白紙黑字散布這種觀點。再說，戰時經濟的考量，只能證明保護農業有理，但不適用於鼓吹保護加工製造業。軍事備戰，不是保護德國工業生產的一個重要理由。

德國對製造品課徵進口關稅，主要誘因在於其社會政策（Sozialpolitik）。親勞工政策提高國內生產成本，迫使德國政府必須保護該政策的短期效果。國內價格必須提高至世界市場水準之上，以避免忍受較低的貨幣工資，或忍受出口縮減與失業增加，這樣的兩難選擇。每一次社會政策的新進展，以及每一次成功的罷工，都擾亂市場競爭關係，不利德國企業，讓它們更難在國內外市場勝過外國競爭者。大受讚揚的社會政策，只有在一個受到關稅保護的經濟體系裡，才可能施行。

於是，德國發展出它特有的卡特爾辦法。卡特爾向國內消費者收取高價，而在國外低價出售。工人從勞動立法和較高的工會工資獲得的好處，被比較高的國內消費價格抵銷。政府和工會領袖吹噓，他們的政策顯然成功：工人得到比較高的貨幣工資。但，實質工資其實並未上升超過邊際勞動生產力。

然而，只有少數幾個觀察家，看穿這一切。某些經濟學家，試圖為工業保護主義辯護，說它是一個保護社會政策與工會主義成果的措施；他們主張社會保護主義（*den sozial Schutzzoll*）。他們未能看出，他們整個論證過程恰恰證明，政府與工會對勞動條件的強制性干預只是徒勞。絕大部分輿論界完全沒想到，社會政策與關稅保護密切相連。在他們看來，往卡特爾與獨占發展的趨勢，是資本主義的許多災難性後果當中的一個。他們憤怒指摘資本家貪婪。馬克思主義者把這種趨勢解釋爲，馬克思本人曾經預測的資本集中現象。他們刻意忽略的事實是：這種趨勢，不是資本主義自由演化的一個結果，而是政府干預、關稅，以及——在某些產業部門，譬如：鉀鹼和煤礦——政府直接強制的結果。一些比較不精明的學院講壇社會主義者——例如：布倫塔諾（Lujo Brentano, 1844-1931）——邏輯矛盾，甚至同時主張自由貿易和某一更爲激進的親勞工政策。

在第一次世界大戰之前的三十年間，德國所以能在親勞工政策上，讓所有其他歐洲國家相形見絀，主要就是因爲它首先大肆實施保護主義，接著又縱容廠商組織卡特爾。

後來，在一九二九年開始的蕭條及其後數年，因爲工會不接受景氣火爆時期訂定的工資率下調，失業人數顯著上升，此前相對溫和的關稅保護主義，變本加厲成爲進口配額、貨幣貶值和外匯管制等超級保護主義政策。在那個時候，德國不再是親勞工政策的領先者；其他國家已經超越了它。曾經捍衛自由貿易的英國，採納了德國的社會保護主義。所有其他國家，也和英國一樣。現代的超級保護主義，是目前的社會政策必然的後果。

無庸置疑過去將近六十年間，在社會政策和保護主義方面，德國是歐洲各國的榜樣。但，這些方面所涉及的問題，並非只是德國獨有的問題。

歐洲最先進的國家，國內資源並不富裕。它們的人口相對過多。在目前經濟自立、移民障礙和沒收外國人投資的世界潮流中，它們的處境確實非常晦氣。對它們來說，經濟自立意味生活水準嚴重下降。目前的戰爭之後，失去其海外資產的英國，處境將和德國一樣。義大利、比利時、瑞士等國的情況，也將和英國相同。法國的情況也許稍微好一點，因爲它的出生率已經低了好一陣子。但，甚至人口較少而且以農業爲主的東歐國家，現在的情況也很嚴峻。它們該怎樣支付棉花、咖啡、各種礦產等等的進口呢？它們的土地，遠比加拿大或美國小麥帶的土地貧瘠；它們那種土地的產物，無法在世界市場上競爭。

因此，這問題，不是一個德國問題，而是一個歐洲問題，只有在德國人試圖──徒勞地──以戰爭和征服解決這問題的程度內，才是一個德國問題。

第四章　國家至上主義與民族主義

第一節　民族性原則

十九世紀早期，大不列顛和愛爾蘭聯合王國（以下簡稱爲英國）公民所使用的政治詞彙，並不區分國家（state）、人民（people）和民族（nation）等三個概念。征服擴大了王國領土，並使許多地方及其居民歸順，但沒有改變英民族或國家的大小。被兼併的地方，以及英屬臣民的海外定居地，仍留在英民族與國家的範圍外；它們是置於議會控制下的英國王座財產。英民族與人民指的是英格蘭、蘇格蘭和愛爾蘭等三王國的公民。英格蘭和蘇格蘭於一七〇七年組成聯合王國；一八〇一年，愛爾蘭加入該王國。在英國，沒人想要把移居海外、在北美生根的公民納入聯合王國。每一個殖民地都有自己的議會和地方政府。當位於西敏市的議會試圖把新英格蘭及其南邊的殖民地納入它的管轄範圍時，它點燃了最後導致美國獨立的衝突。在獨立宣言裡，北美十三殖民地，稱他們自己是一群不同的人民，不同於西敏市的議會所代表的那一群人民。這些殖民地，在個別宣稱它們有權利獨立後，組成一個政治聯盟，從而賦予這個基於自然與歷史的理由而形成的新民族，一個適當的政治組織。

在美洲衝突時，英國的自由主義人士，甚至同情殖民者的訴求。在整個十九世紀，英國充分承認，定居在其海外屬地的白種人，享有建立自治政府的權利。英屬自治領的公民，不是英國國民；他們形成他們自己國家，享有文明人有資格享有的一切權利。在英國，沒人想要擴大領土、兼併什麼地方，讓更多地方的居民有權利選出議員，代表他們參與西敏市的議會。如果帝國的某一部分被授予自治地位，該部分便成爲一個國家，有它自己的憲法。地方上的公民在倫敦的國會有代表的區域（或者說，英國領土），自從一八〇一年起，範圍未曾擴大；事實上，它因愛爾蘭自由國的成立而縮小了。

對法國的革命者來說，國家（state）、民族（nation）、人民（people）等三個名詞的意思，也完全相同。對他們來說，法國指的是歷史疆界內的家園。外國人擁有的飛地（enclave），譬如：教宗的亞維農（Avignon）和日耳曼諸侯的一些領地，根據《自然法》，是法國的一部分，所以將來應該和法國再合併。大革命時期和拿破崙一世獲勝的一連串戰爭，使這些想法暫時被法國人遺忘。但，一八一五年後，它們又恢復原先的意義。法國是維也納會議所決定的疆界內的國家。拿破崙三世後來把薩伏依（Savoy）和尼斯（Nice）併入法國；這兩個（原屬薩丁尼亞王國的）地方上講法語的居民，在薩丁尼亞王國（Savoy-Piedmont-Sardinia）併入新的義大利王國後，發現他們不再見容於新的義大利國。當時的法國人對於他們國家的此一擴張不是很興奮；該兩地區融入法國人共同生活體的過程相當緩慢。拿破崙三世還想取得比利時、盧森堡和萊茵河左岸，但一般法國人並不歡迎他的此項計劃。法國人不認爲瓦隆人（Walloons）或講法語的瑞士人與加拿大人，是法民族或人民的成員。在法國人看來，他們是講法語的外國人，是很要好的老朋友，但不是法國人。

在這方面，德國與義大利的自由主義人士，和英法兩國人民的一般感覺不同。他們希望加以改革的那些國家，是王朝彼此征戰和通婚的產物；它們不能視爲自然的實體。要在小羅伊斯家族（Reuss Junior Branch）所擁有的那些分散的領土上，將該家族的專制統治摧毀，以建立一個民主政府，確實是一個令人難以理解的目標。這一類小君主國的臣民認爲，他們自己不是小羅伊斯人或薩克森－威瑪－艾森納赫人（Saxe-Weimar-Eisenachians），而是德國人。他們並不想要一個自由的紹姆堡－利佩國（Schaumburg-Lippe），他們想要一個自由的德國。義大利的情形也一樣。義大利的自由主義人士打拚的目標，不是要建立一個自由的帕爾瑪國（Parma）、或自由的托斯卡尼國（Tuscany），而是一個自由的義大利國。因此，自由主義的思潮一傳到德國與義大利，便有人提出國家範圍與疆界的問題。解決的方案似乎很簡單。民族是所有講同一語言的人民所形成的共同生活體；國家的邊界應該和語言區的分界線重疊。德國是講德語的人民所居住的地方；義大利是慣用義大利語的人民的土地。王朝之間的密謀所劃定的國家邊界注定要消失。於是，當自由主義在中歐成爲一個有影響力的政治因素時，西歐的自由主義所闡述的人民自決與自治的權利，便立即變成民族性（nationality）原則。政治術語開始區分國家和民族（人民）。人民（民族）指所有講同一語言的人；民族性意味語言共同性。

按照這些理念，每一個民族都應該形成一個獨立的國家，納入所有民族成員。當有一天這個目標達成時，將不再有戰爭。君主彼此征戰，因爲他們希望透過征服，增加他們的權力與財富，而民族不會有這樣的動機。一個民族的領土範圍，是自然決定的。民族的邊界，就是語言區的邊界。征服絕不可能使任何民族變得人數更多、更富有，或更強大。民族性原則是國際法的黃金準則，將給歐洲帶來永遠安定的和平。儘管國王們還在謀劃戰爭與征服，青年德國和青年義大利的革命運動已經攜手合作，爲實現這個幸福的新歐洲秩序而共同努力。波蘭人和匈牙利人出聲響應，他們的抱負也獲得德國自由主義人士的附和。德國詩人頌揚波蘭人和匈牙利人爭取獨立的奮鬥。

但，波蘭人和馬札爾人（Magyars）的抱負，在很重要的一點上，和德國與義大利自由主義人士的抱負不同。前者要在波蘭與匈牙利古老的歷史疆界內，重建波蘭與匈牙利。他們不是往前期盼一個新的自由歐洲秩序，而是回頭懷念他們的歷史學家與文藝作家所描繪的、他們曾經的國王與征服者打仗得勝的過往光榮。對波蘭人來說，波蘭就是他們歷史上的國王與強人曾經征服過的所有地方。對馬札爾人來說，匈牙利就是聖斯蒂芬國王（Saint Stephen）的繼承者，在中古世紀曾經統治過的所有地方。他們不在乎這些地方上現在已有許多不是講波蘭語或匈牙利語的人民。波蘭人和馬札爾人口頭上支持民族性原則和人民自決原則；這個表面態度，使得西歐的自由主義人士同情他們的政綱。然而，他們所計劃推動的，其實不是要解放，而是要壓迫其他語言族群。

捷克人也一樣。沒錯，早些時候，某些捷克獨立運動的鬥士，主張按照語言區界線劃分波西米亞。但，他們很快便遭到同胞噤聲，因爲在他們的同胞看來，捷克人自決，和壓迫數百萬非捷克人是同一回事。

民族性原則衍生自人民自決的自由主義原則。但，波蘭人、捷克人和馬札爾人，卻以一個旨在宰制其他語言族群的侵略性民族主義，取代人民自決的民主原則。很快，德國與義大利的民族主義者，以及其他許多語言族群，也採納相同的態度。

把現代民族主義得勢歸因於人性的邪惡，是一個錯誤。民族主義者並非生來就有侵略性；他們是因爲懷抱民族主義的理念，而變得具有侵略性。他們遇到了從前主張人民自決原則的人未曾認識的一些情況，而他們的國家至上主義偏見，妨礙他們在侵略性的民族主義之外，爲他們必須面對的問題，找到一個解決辦法。

西歐自由主義人士未曾認識到的事實是：有一些廣闊的領土居住著不同語言的人

民。在西歐，這個重要的事實曾經可以被忽視，但在東歐，卻不可能不被注意。在不同的語言族群雜居在一起、不可能分開的地方，民族性原則行不通。在這種地方，根本不可能劃出清楚分隔語言族群的界線。每一個領土劃分方案，都必然使某些少數族群留在外族人的統治之下。

由於語言族群結構的易變性，這個問題變得越發重要。人們並非必然永遠待在他們出生的地方。他們向來總是從人口相對過多的地方，遷移到人口相對稀少的地方。在我們這個由資本主義導致的經濟變化迅速的時代，人們的遷移傾向已提高到前所未見的程度。數百萬人從農業地區移居至礦業中心、貿易中心和工業中心。數百萬人從土壤貧瘠的地方，移民至農業條件比較有利的地方。這些人口遷移把某些地方上的少數族群變成多數族群，反之亦然。它們把一些講外語的少數族群，帶進原來語言純一的地方。

民族性原則的基本假設是：每一個人終其一生，都保持他於孩提時期學到的母語。這個假設也是錯的。人們能在生命歷程中，改變他們的語言；他們能天天並且習慣，講一種和他們的父母不一樣的語言。語言同化，並非總是個人生活所在環境自動自發產生的結果；語言同化不僅是由環境與文化的因素造成的，政府能鼓勵、甚或強制達成語言同化。只有陷入錯覺的人才會認爲，語言是一個非任意的標準，可用來公正地劃定國家邊界。

強制去母語化和語言同化的主要工具，是教育。西歐發展出公共義務教育制度，該制度作爲西歐文明的一項成就傳到東歐，但，在語言混雜的領土上，它變成鐵了心要改變國民語言忠誠習慣的政府，其手中可怕的武器。提倡公共教育的英國慈善家與教育家，沒料到這個制度將會爆發出什麼仇恨與憤怒的浪潮。

不過，學校不是語言壓迫和暴虐的唯一工具，國家至上主義把上百種武器交到國家手中。每一個能夠而且必須經由行政裁量個案的特殊情況，而做出的政府舉措，都能用來達成政府的政治目的。少數語言族群的成員，被當成敵人或不法之徒。他們賣力申請許可證，或者在某種外匯管制辦法下申請外匯，或者在某種配額辦法下申請進口許可，但全都白費工夫。他們的商店與工廠、他們的俱樂部、他們的校舍和他們的集會所，被警察關了，因爲據說沒有符合建築法規或消防法令。他們的兒子不知何故，未通過公職人員晉用考試。當他們遭到占統治地位的語言族群裡的狂熱分子成群結隊的武力攻擊時，他們的財產、身體和生命得不到任何外援保護。他們甚至不能動手保護他們自己，他們申請不到擁有槍枝所須具備的執照。稅務員總是發現，他們必須繳納的稅款，遠比他們所申報的多很多。

這一切清楚顯示，國際聯盟嘗試以國際法和國際法庭保護少數族群的努力，爲什麼注定失敗。法律無法保護任何人對抗據稱基於經濟權宜的考量，而必須採取的行政措施。政府用來干預企業的一切手段，在有不同語言族群居住的國家，都被用來傷害宛如賤民階級的弱勢語言族群。關稅稅則、稅收制度、外匯管制條例、補貼辦法、勞動立法等等，都能用來歧視弱勢族群，而且法庭程序還無法揭露這種不公平，因爲政府總是能解釋，這些措施是純粹基於經濟考量的要求。利用這種措施，在未正式違反法律平等的要求下，可以讓不受歡迎的少數語言族群生活艱難到無法忍受。在干預主義和社會主義的年代，不會有任何法律保護，對抗得了不懷好意的政府。政府對企業的每一步干預，都變成是一次以受迫害的語言族群成員爲征伐對象的民族戰爭。隨著國家至上主義的進展，語言族群之間的敵意，變得越來越激烈，越來越難以化解。

於是，西方政治術語的概念，就這樣在中歐與東歐經歷了一次根本的改變，人們開始區分好國家和壞國家。他們像所有其他國家至上主義者那樣崇拜國家，但，他們崇拜的，只是好國家——亦即，他們自己的語言族群在其中占主導地位的國家。對他們來說，這個國家是神，而他們自己的語言族群不占主導地位的其他國家，則被他們認爲是惡靈國家。他們的同胞概念，包括所有語言和他們一樣的人，或者按照德國人的說法，包括全部的民族同志（*Volksgenossen*），不管現在生活在哪一個國家；他們的同胞概念，不包括他們自己的國家裡，那些所講的語言碰巧和他們不同的公民；

這些人是敵人，是野蠻人。生活在外族人束縛下的民族同志必須被解放；他們是淪陷區的同胞，還未獲得拯救的人。

每一個手段或辦法，如果能讓拯救同胞的日子更快到來，便被認為正當合理。欺詐、嚴重暴行和謀殺，如果有利於國家統一或復國大業，便是高貴的美德。解放民族同志的戰爭，是正義的戰爭；語言族群的強盛偉大，以及讓眞正的國家揚眉吐氣，是道德的最高準繩。唯一重要的，是他們自己的語言族群，語言共同者的生命共同體——民族共同體（*Volksgemeinschaft*）。

第二節　語言族群

關於民族這個名詞，經濟學家、社會學家和歷史學家曾經提供一些不同的定義。但，對於社會科學應該賦予民族一詞什麼樣的意義，我們並不感興趣。我們要探索的是：歐洲支持民族性原則的那些人，究竟賦予民族與民族性兩概念什麼樣的意義。確定這些術語在當今人們的政治話語中的使用方式，以及它們在實際生活與當代的政治衝突中所扮演的角色，是很重要的一件事。

對美國或澳洲的政治來說，民族性原則是一個陌生的概念。當美國人奮力脫離英國、西班牙與葡萄牙的統治時，他們的目標是人民自決，而不是按照民族性原則所賦予民族一詞的意思，建立民族的國家。就語言而言，他們類似他們的祖先從海外來到美洲之前曾生活過的國家。但，現在組成美利堅合眾國的這群人民，他們沒想要兼併講英語的加拿大地區，而反對英國治理方法的那些講法語的加拿大人，他們奮鬥的目標也不是要建立一個講法語的國家。在加拿大自治領裡，講英語的族群和講法語的族群，以某種或多或少和平的方式彼此合作；他們沒有和英國或法國統一的政治運動。拉丁美洲也同樣沒有語言方面的問題。分離阿根廷與智利，或瓜地馬拉與墨西哥的因素，不是語言。在西半球也有許多種族、社會、政治、甚或宗教方面的衝突。但，過去從未有過嚴重的語言族群問題，困擾美洲的政治生活。

亞洲目前也沒有嚴重的語言族群對立問題。印度不是一個語言統一的國家；然而，印度教和伊斯蘭教之間的齟齬，要比語言問題重要許多。

情況也許會很快改變，但就目前而言，民族性原則大致是一個歐洲概念，是歐洲政治問題的主要根源。

且說，根據民族性原則，每一個語言族群必須形成一個獨立國家，並且這個國家必須包含所有講同一語言的人民。這個原則的威望是如此崇高偉大，以致有一群人，基於某種理由希望形成一個他們自己的國家，但唯恐因爲不符合民族性原則，而無法援引該原則來正當化他們的抱負，所以急切想要改變他們原來的語言。挪威人現在說和寫的語言，幾乎和丹麥人相同。但，挪威人不準備放棄他們的政治獨立地位。為了給他們的政治主張提供語言因素的支持，傑出的挪威人一直希望創造出一種他們自己的語言；他們利用他們的各種方言組成一種新的語言，很像他們的祖先直到十五世紀還在使用的古挪威語。偉大的挪威作家易卜生（Henrik Ibsen）認爲這種創造語言的努力實在瘋狂，特地在他的劇作《皮爾・金》（*Peer Gynt*）裡，加以嘲笑。[1]

愛爾蘭人現在說和寫都使用英語，甚至一些最著名的英語作家是愛爾蘭人。但，愛爾蘭人希望政治獨立，所以他們推斷，有必要恢復他們的國家過去使用的蓋爾語。於是，他們從古老的書籍與文稿裡，挖出這種語言，試圖使它復甦，甚至已在基本上取得成功。

猶太復國主義者，希望創建一個由信仰猶太教的人（以下簡稱猶太人）組成的獨立國家。對他們來說，猶太人是一群家人、一個民族。我們這裡不關心被提出來爲這些主張辯護的歷史理由，是否正確，也不關心猶太復國計劃，在政治上是否妥當。但，無法否認的事實是，猶太人講許多不同的語言；從民族性原則的觀點來看，猶太

[1] 見第四幕，精神病院的情景。

復國主義者的抱負，不合原則的程度不亞於愛爾蘭人的抱負。所以，猶太復國主義者試圖促使猶太人講和寫希伯來語文。但，這種計劃實在令人詫異，因爲基督在世時，巴勒斯坦的居民事實上不講希伯來語；他們的母語是阿拉姆語（Aramaic），希伯來語只是宗教文學的用語，一般人不懂希伯來語；當時人們普遍通曉的第二種語言，是希臘文。【2】

這些事實清楚顯示，民族性原則的意義與威望。民族與民族性兩詞的意思，在該原則的倡議者使用它們的時候，等於「語言族群」。在哈布斯堡帝國時期，用來表示相關衝突的術語，是*die nationale Frage*（民族問題）和同義詞*die Sprachenfrage*（語言問題），以及*nationale Kämpfe*（民族鬥爭）和同義詞*Sprachenkämpfe*（語言鬥爭）。衝突的主題向來總是：行政機關、法庭和軍隊該使用哪一種語言，以及學校裡該教導哪一種語言？

【2】Kenyon, "The Bible as Christ Knew It," *The History of Christianity in the Light of Modern Knowledge* (London, 1929), p. 172。某些猶太復國主義者主張，以意第緒語（Yiddish）作為猶太民族的語言；但，他們並未成功。意第緒語是一種德國方言，其中有些文字借自希伯來文，但借自各種斯拉夫語的文字更多。意第緒語是德國出生的猶太人，在東北歐地區所講的方言。以希伯來文字體在美國印刷與銷售的報紙，寫的不是希伯來文，而是意第緒文。

英文和法文的書籍與報紙，把這些衝突叫做種族衝突，這是一個嚴重的錯誤。在歐洲，沒有種族衝突。人類學家利用解剖學的科學方法，能夠確立的那些明顯的身體特徵中，沒有哪一個能用來區分不同語言族群的歐洲人。如果對某個人類學家展示某個歐洲人，前者肯定無法根據生物學的方法，確定後者究竟是德國人、捷克人、波蘭人或是匈牙利人。

另外，任何一種語言族群的歐洲人民也沒有共同的祖先。易北河右岸，整個德國東北部，在八百年前，只居住著斯拉夫族和波羅的海族。這個地區，在德國歷史學者稱爲東部殖民史的過程中，變成講德語的地區。日耳曼人從西方和南方移入該地區；但，目前該地區的人口主要還是，在教會與學校的影響下，早已採用了德語的土著斯拉夫族與波羅的海族的後裔。當然，普魯士沙文主義者斷言，當地的斯拉夫族與波羅的海族已經滅絕，所以目前當地的人口全都是日耳曼殖民者的後裔。沒有一丁點證據支持這個學說。普魯士的歷史學家所以捏造出這樣的學說，是爲了在德國民族主義者的眼中，證明普魯士有資格在德意志聯邦中稱霸。但，即便如此捏造歷史，他們也從來不敢否認，當地的王侯家族——例如：波美拉尼亞（Pomerania）、西里西亞（Silesia）和梅克倫堡（Mecklenburg）等地的統治家族——以及大多數貴族，其祖先是斯拉夫族是無庸置疑的。普魯士的路易絲王后（Queen Louise, 1776-1810），所有德國民族主義者公認的德國婦女模範，是梅克倫堡大公爵家族的一個後裔，而該家族起源的斯拉夫特徵從未遭到質疑。德國東北部許多貴族的族譜裡，也找得到他們的斯拉夫祖先。中產階級和農民的族譜，當然不可能像貴族的族譜那樣回溯到久遠的年代；唯因爲如此，所以才無法證明他們的斯拉夫淵源。但，如果就這麼認爲，斯拉夫族的王侯和武士會消滅同爲斯拉夫族的農奴，以便把外來的日耳曼族農奴安置在他們的村莊裡，那就有悖常理了。

人們從某一個語言族群轉移到另一個語言族群，不是從前才會發生的事。不管是過去或現在，這種事都經常發生，以致沒人認爲值得加以評論。在德國與奧地利的納粹運動隊伍裡，以及在據稱忠於納粹主義的斯拉夫、匈牙利和羅馬尼亞地區，有許多著名人士其父母的語言並非德語。類似的情況在歐洲隨處可見。許多案例顯示，忠誠對象的改變常伴隨姓氏的改變，但更常見的是，人們會保留他們的外族語音姓氏。比利時詩人梅特林克（Maeterlinck, 1862-1949）和維爾哈倫（Verhaeren, 1855-1916）以法文寫作；他們的名字語音透露他們的祖先是佛蘭德人（Flemish）。匈牙利詩人亞歷山大・裴多菲（Alexander Petöfi, 1823-1849）——爲匈牙利的革命獻身，死於一八四九年的斯特拉斯堡（Schässburg）戰役——是一個叫做佩特羅維奇（Petrovics）的斯拉夫家族的兒子。每一個熟悉歐洲風土人情的人，都聽說過成千上萬這種例子。歐洲也是一個民族熔爐，或者更確切地說，是一堆民族熔爐。

每當某一語言族群是否必須視爲一個獨特的民族，從而有資格主張民族自治的問題被提出時，爭執的議題總是：相關的語言是否爲一種獨特的語言，或只是一種方言。俄羅斯人主張，烏克蘭語或羅賽尼亞語（Ruthenian）是一種方言，就像德國北部的低地德語（Platt-Deutsch）或法國南部的普羅旺斯語（Provençal）。捷克人使用同樣的理由，反對斯洛伐克人的政治抱負，而義大利人也說，義大利北部的拉蒂亞羅曼什語（Rhaeto-Romanic）只是義大利語的一種方言。直到幾年前，瑞士政府才賦予羅曼什語（Romansh）作爲一種民族語言的法律地位。許多納粹黨人宣稱，荷蘭語不是一種語言，而是德語的一種方言——一種擅自以爲具有語言地位的德國方言。

民族性原則很晚才對瑞士的政治思想產生影響。有兩個理由可以解釋，爲什麼瑞士迄今還能成功擋住民族性原則分裂國家的力量。

首先是瑞士三種主要語言——德語、法語和義大利語——的品質。對歐洲大陸每一個居民來說，學會這三種語言中的任何一種，好處都很大。對德裔瑞士人來說，如果學會了法語或義大利語，他不僅變得擁有更多從事商業的語言工具，而且也變得能夠汲取一種偉大的世界級文獻資源。對法裔瑞士人和義大利裔瑞士人來說，如果學會了義大利語或德語，情形也一樣。所以，瑞士人並不反對雙語教育。他們認爲，對孩子來說，知曉其他兩種主要語言中的一種或兩種，有很大的幫助。但，一個法裔比利時人知曉佛蘭德語，一個斯洛伐克人知曉匈牙利語，或一個匈牙利人知曉羅馬尼亞語，能獲得什麼好處呢？對一個受過教育的波蘭人或捷克人來說，知曉德語幾乎是必須的；但，對一個德國人來說，學習捷克語或波蘭語，等於浪費時間。這解釋：瑞士在多種語言情況下，爲什麼教育還是一個次要問題。

第二是政治結構。東歐的國家從來都不是自由主義的國家。它們從君主專制主義，直接跳到國家至上主義。自從一八五〇年代以來，它們一直堅持干預主義政策，而干預主義的思潮直到過去幾十年才征服了西歐。東歐國家絕不妥協的經濟民族主義，是它們的國家至上主義的一個後果。但，在第一次世界大戰前夕，瑞士仍然是一個主要信奉自由主義的國家。從那時開始，它便越來越傾向干預主義；而隨著干預主義政策的展開，瑞士的語言問題變得越來越嚴重。在南部的提契諾州（Ticino），有與義大利統一的政治運動；在德語區，有一個親納粹的政黨；而在西南部，則有一些法國民族主義者在鼓譟。西方民主聯盟此次如果獲得勝利，無疑將阻斷這些政治運動；在這樣的情況下，保障瑞士國家完整的因素，將是它起初賴以成立，和過去賴以維持的那個因素，亦即，其周圍鄰國的政治情況。

在歐洲大陸只有一個例子，分隔兩個民族的特徵不是語言，而是宗教，以及書寫與印刷所使用的字母字型。塞爾維亞人（Serbs）和克羅埃西亞人（Croats）講同一種語言；但，塞爾維亞人使用西里爾（Cyrillic）字母，而克羅埃西亞人則使用羅馬字母。塞爾維亞人遵守東正教的信條；克羅埃西亞人是羅馬天主教的信徒。

必須反覆強調的是，在歐洲這些語言族群的鬥爭中，種族主義和種族純度與團結的考量，從來沒有任何影響力。沒錯，各國的民族主義者時常拿「種族」和「共同祖先」作爲口號，但，那純粹只是宣傳用語，對政策和政治行為沒有任何實際影響。正好相反，民族主義者在處理政治問題與活動時，有意識和有目的地拒絕種族主義及個人的種族特徵。德國的種族主義者給外界提供了一個日耳曼族（或雅利安族）英雄原型的形象，並且從生物學的觀點，精確地描述他們心目中的英雄的身體特徵。每一個德國人都熟悉這個英雄原型，而且大多數德國人也深信相關的形象描述是正確的。但，從來沒有哪一個德國民族主義者，膽敢使用這個形象來區分德國人和非德國人。某個人是否被視爲德國人，標準不在於他的體態長相，而在於他的德語口音。[3]根據種族特徵區分德語族群，將導致至少百分之八十的德國人民被排除在德國人的行列之

【3】我們將在下面第八章討論，德國民族主義者對猶太人的迫害中，據稱的種族因素。

外。無論是希特勒、或戈培爾（Goebbels）、或德國民族主義的其他倡議者，長相都不符合德國種族神話中的雅利安人原型。

匈牙利人驕傲地宣稱，他們是某一支蒙古部族的後裔，該部族於歐洲中古世紀初期，征服了後來稱作匈牙利的國家。羅馬尼亞人吹噓他們源自古羅馬帝國時期來自羅馬的殖民者。現代的希臘人自認爲是古希臘人的後裔。對於這些主張的正確性，歷史學家相當懷疑。而在這些國家裡，現代政治的民族主義運動也不在乎這些主張是否正確。現代歐洲民族主義實際用來區分民族的標準，是語言，而不是種族特徵、或歷史證明某某據稱是某某祖先的後裔。

第三節　自由主義和民族性原則

自由主義的敵人，曾經嘗試反駁自由主義關於資本主義和民主政治價值的學說，但他們徹底失敗了。對於自由主義政治學說的第三部分——亦即，建議不同民族與國家之間和平合作——他們的批評是否比較成功呢？在回答這個問題前，我們必須強調，民族性原則不是自由主義爲解決國際問題所提出的辦法。自由主義者敦促人民自決。民族性原則，是中歐與東歐從未充分把握自由主義理念的人，對自決原則的一個解讀的結果，它是對自由主義思想的一個扭曲，而不是進一步的完善。

前面我們曾經提過，盎格魯－撒克遜與法國的自由主義創始者，不認識這裡所涉及的問題。當這些問題突顯出來時，古典自由主義的創造期已經結束，偉大的自由主義倡議者已經不在人世。填補他們站上思想舞臺的追隨者，沒有能力對抗社會主義和干預主義思潮，也欠缺處理新問題的創造力。

然而，古典自由主義的小陽春時期，產生了一份配得上法國自由主義偉大傳統的文件。沒錯，赫南（Ernest Renan, 1823-1892）確實不能被視爲自由主義者，他對社會主義做了許多讓步，因爲他對經濟理論的理解太差；所以他對當時的許多反民主偏見過於包容。但，他於一八八二年三月十一日在巴黎大學（Sorbonne）發表的著名演講《什麼是民族？》（*Qu'est-ce qu'une nation?*），無疑深受自由主義思想的啓發。[4]這是西方古典自由主義對國家與民族問題的最後看法。

要正確理解赫南的理念，必須記住，對法國人來說——對英國人也一樣——民族與國家是同義詞。當赫南問：「什麼是民族？」他的意思是：「什麼應該決定各個不同國家的邊界？」而他的答案是：「不是語言共同性，不是以共同祖先爲基礎的種族

【4】Renan, *Qu'est-ce qu'une nation?* (ed. Paris, 1934).

血脈關係，不是宗教信仰的相互契合，不是經濟利益的和諧一致，不是地緣政治或策略性的考量，而是人民決定自己的命運的權利。」[5]民族，是人民決定共同生活在一個國家的結果。[6]這個演講的大部分，被赫南用於說明這種民族精神如何產生。

民族是一個靈魂，一個道德原則（"une âme, un principe spirituel"）。[7]赫南說，一個民族天天以展現決心要在同一國家內進行政治合作，來證實自身的存在；可以說，這是天天重複的全民公投。所以，一個國家沒有權利對某一省分說：「你屬於我，我要拿走你。」一個省分由其居民組成，在歸屬爭議的場合，如果要問誰有權利發言，答案是這些居民；邊界爭議應該由全民公投解決。[8]

讀者必須知道，這個對於自決權利的解讀，怎樣和民族性原則不同，這很重要。在赫南心裡，自決的權利，不是語言族群的權利，而是個人的權利。它源自於人權。「人，既不屬於他的語言，也不屬於他的種族；他屬於他自己。」[9]

---

[5] Renan, *idem*, p. xi.
[6] *Idem*, pp. 84, 88.
[7] *Idem*, p. 83.
[8] *Idem*, pp. viii ff.; 89-90, 95 ff.
[9] "L'homme n'appartient ni à sa langue, ni à sa race; il n'appartient qu'à lui-même." *Idem*, p. ix.

從民族性原則的觀點來看，像瑞士這樣由不同語言族群組成的國家，其存在是不正常的，而盎格魯－撒克遜人與法國人並不渴望統一所有講他們的語言的人民，以組成一個國家，也一樣是一個不正常的事實。但，對赫南來說，這些事實沒有什麼不正常可言。

比起赫南說什麼，更值得注意的是他沒說什麼。赫南不僅沒看到語言少數族群的問題，他也沒看到語言會改變的事實。諮詢人民的意見，讓他們決定。很好。但，如果某一顯著的少數不同意多數的意志，該怎麼辦呢？對於這個異議，赫南並沒有做出令人愜意的回答。對於全民公投可能導致原來的國家分裂，和小國林立等等問題（我們今天說巴爾幹化）的顧慮，他聲明，自決原則不該被濫用，而只該大致被使用（*d'une façon très générale*）。

赫南的精闢論述，證實西歐對東歐的危險問題毫無所悉。他在為他的小冊子所寫的序裡，有一段這樣的預言：「我們正衝向破壞與滅絕的戰爭，因為這世界已放棄了自由聯盟的原則，而授予國家違背省分人民的意願、兼併省分的權利，就像它曾授予王朝同樣的權利。」但，赫南只看到一半的問題，所以他所提出的解決方案，只可能是一個半套的辦法。

然而，如果因此便認定自由主義在這方面行不通，那就錯了。自由主義關於眾民族與國家共存與合作的提案，只是整個自由主義方案的一部分。只有在一個自由主義的世界裡，這部分提案才能實現，才變得可行。關於社會、經濟與政治如何組織的問題，自由主義構想的主要優點恰恰在於——它使國家之間和平的合作變爲可能。促進國際和平的自由主義方案，在一個反自由主義的世界裡，無法落實，以及在干預主義和社會主義橫行的年代，它必定失敗，並不是它本身的缺陷。

要掌握這個自由主義方案的意義，我們須想像一個自由主義至高無上的世界秩序。在這樣的世界秩序裡，或者所有國家都奉行自由主義，或者有足夠多國家奉行自由主義，以致只要它們團結起來，便能擊退任何軍國主義侵略者的攻擊。在這個自由主義的世界裡，或者在這個世界裡的自由主義區域，存在生產手段私有制，市場的運作沒遭到政府干預，沒有貿易障礙，人人都能在他們所選擇的地方生活和工作。各國的邊界雖然劃在地圖上，並不會阻礙人們遷移或貨物運輸。本國人並沒享有外國人被拒絕享有的權利。政府和公務員把他們的活動限制在保護生命、健康和財產，使其免受欺詐和暴力傷害。他們不歧視外國人。法院是獨立的，並且有效地保護每一個人免於官僚侵害權利。每一個人都允許說他想說、寫他想寫，以及出版他想出版的東西。教育不受政府干預。政府像是守夜人，接受公民的委託代爲行使警察權。執政者被認爲是難免一死的凡人，而不是有權利與責任監護人民的超人或父權般的存在。政府沒有權力規定公民日常說話須使用什麼語言，或命令公民須以什麼語言教養他們的小孩。行政機關和法庭在處理每一個人時，一定會使用他的語言，只要該語言是所在區域爲數相當多的居民所講的語言。

在這樣的世界裡，一國的邊界劃在哪裡，是無關緊要的一件事。對於任何人來說，生活所在國家的領土擴大，並不會給他帶來任何特殊的物質利益；而如果所在國家領土的一部分被分割出去，他也不會有任何損失。而且，國家領土的所有部分，在地理上是否直接相連，或者它們中間隔著一塊屬於他國的領土，也無關緊要。經濟上，國家是否瀕臨海洋，並不重要。在這樣的世界裡，每一個村莊或地區的人民，能以全民公投決定他們想要屬於哪一個國家。在這樣的世界裡，將不再有戰爭，因爲將不會有侵略的誘因，戰爭不划算。陸軍與海軍是多餘的，警察將足以打擊犯罪。在這樣的世界裡，國家不是什麼形而上的東西，而單純只是安全與和平服務的提供者。國家是守夜人，恰如拉薩爾（Ferdinand Lassalle, 1825-1864）所給的輕蔑稱呼，但，它令人滿意地履行這個任務。公民的睡眠不會遭到騷擾，炸彈不會摧毀他的屋子，而如果有人深夜來敲他的門，那肯定不會是蓋世太保，也不會是（蘇聯人民委員會的）國家政治保衛總局（O.G.P.U.）派來的人。

我們必須忍受的現實，和這個理想的自由主義完美世界，相差甚遠。但，這只是由於人們拒絕自由主義，轉而擁抱國家至上主義的結果。人們讓國家——這個多少可能有點效率的守夜人——承擔一大堆其他責任。導致國家至上主義成爲主流的因素，不是什麼自然而然的力量，不是人類無法控制的某些力量的運作，不是什麼不可避免的必然性，而是人的選擇與行爲。人們的腦筋被種種辯證的謬論和異想天開的錯覺纏住，盲目地相信各種各樣錯誤的學說，又因嫉妒與永不饜足的貪婪心理作祟而充滿偏見，乃至嘲笑、摒棄資本主義，代以一種不斷產生衝突、又找不到任何和平解決辦法的世界秩序。

第四節　侵略性民族主義

國家至上主義——無論是干預主義或社會主義——必定導致衝突、戰爭和大量人口遭到極權主義政府的壓迫。在國家至上主義下，眞正的國家，是我或和我講同一種語言，並且意見和我相同的朋友，居於至高統治地位的國家。所有其他國家，都是虛假的國家。雖然不能否認，在這個不完美的世界，有一些虛假的國家確實存在，但，它們是我的國家——唯一眞正的國家——的敵人，儘管我的國家，除了在我的夢想與希望之外，可能尚未存在。斯泰丁（Christoph Steding, 1903-1938）說，我們的日耳曼納粹國，是稱作領域（The Reich）的國家；其他國家和它相比，都有所偏差，都不是正統。[10]納粹首席法學家，卡爾・施密特（Carl Schmitt, 1888-1985）說，政治就是區分朋友和敵人。[11]

要理解這些學說，我們首先必須知道，對於語言對立的問題，自由主義者抱持什麼樣的態度。

且說，某個屬於語言少數族群的人，由於是住在一個多數居民屬於另一種語言族群的國家裡，所以無法享有影響國家政治的手段。（我們這裡不考慮某一語言少數族群，占據某種特權地位，壓迫語言多數族群的特例，譬如：像波羅的海的一些大公國，在俄羅斯化之前的年代，講德語的貴族階級便屬於這種特例。）在一個民主國家裡，輿論決定選舉結果，從而決定政策。凡是想要使自己的理念變成政治生活主流的人，都必須透過演講和著述影響輿論。他如果成功說服他的公民同胞，他的理念便會得到支持，便會有持續的影響力。

語言少數族群無法參與這種理念鬥爭，他們是沒有聲音的旁觀者，只能靜觀產生

---

[10] Steding, *Das Reich und die Krankheit der Kultur* (Hamburg, 1938).
[11] Carl Schmitt-Dorotié, *Der Begriff des Politischen* (Munich, 1932).

表決結果的政治辯論過程，無法參與討論和協商，但，表決結果依然決定他們的命運。對他們來說，民主不是自決，而是由其他人民決定他們的命運，他們是二等公民。就是因爲這個理由，所以人們才會認爲，在一個民主世界裡，身爲語言少數族群的成員，是一種劣勢。這個理由同時解釋，爲什麼早些時候在沒有民主的地方，沒有語言衝突的問題。在這個民主時代，人們大多比較喜歡住在多數公民同胞所講的語言和他們相同的國家裡。所以，在全民投票表決某個省分應該屬於哪一個國家時，人們通常，但並非總是，投票贊成那個他們將不是語言少數族群成員的國家。

但，承認這個事實，絕不會導致自由主義贊同民族性原則。自由主義沒說：「每一個語言族群，應該組成一個國家，也只應該組成一個國家，而且每一個屬於某個語言族群的人，應該盡可能屬於和該語言族群對應的國家。」另外，自由主義也沒說：「任何國家都不該包含數個語言族群。」自由主義基本上主張人民自決。人們在行使這個自決權時，會允許自己接受語言因素考量的指引；這對自由主義來說，只是一個事實，而不是一個原則或一個道德律。如果人們依據另一種考量決定歸屬，譬如：講德語的阿爾薩斯人（Alsatians）便是如此，那是他們自己的事情。這樣的決定也應該得到尊重。

但，在我們這個國家至上主義的時代，情況不同。國家至上主義的國家，必定盡可能擴大它的領土。它能授予其公民的利益，和它的領土大小成正比。干預主義國家能提供的每一樣東西，較大的干預主義國和較小的干預主義國相比，能提供的更爲豐富；任何特權，供其有效行使的領土範圍越大，越有價值。國家至上主義的本質，是剝削某一族群，以便嘉惠另一族群。它能剝削越多，便能嘉惠越多。對政府想要嘉惠的那些人來說，他們的國家盡可能變大，好處多多。領土擴張政策於是很受歡迎。人民，以及政府，變得渴望征服。每一個侵略的藉口，都被認爲是正當的理由。人們於是只承認一個贊成和平的理由：他們心裡很想征服的那個國家足夠強大，可以打敗他們的攻擊。弱國慘了！

在民族主義國家，啓發其國內政策設計的動機，在於想藉由損害外國人和那些講外語的本國公民，以改善本國某些公民群體的處境。在對外政策方面，經濟民族主義意味歧視外國人；在對內政策方面，經濟民族主義意味歧視所講的語言和本國統治族群不同的本國公民。這些次等公民，並非總是某種技術意義上的少數族群。美拉諾（Meran）、波札諾（Bozen）和布雷薩諾內（Brixen）地區那些講德語的人民，是他們當地的多數族群；只因爲他們的地方遭到義大利兼併，所以他們才變成少數族群。情況和他們相同的，還有在英格蘭的日耳曼人、在波蘭的烏克蘭人、在外西凡尼亞（Transylvania）賽凱伊（Szekler）地區的馬札爾人，以及在義大利占領的卡尼奧拉（Carniola）地區的斯洛維尼亞人。凡是母語是外國話的人，在一個以其他語言爲主的國家裡，都是一個幾乎享受不到任何公民權利的社會棄兒。

這個侵略性民族主義會產生什麼政治後果，看看東歐的情況最清楚。如果你問東歐各語言族群的代表，他們認爲他們的民族國家公平合理的邊界在哪裡，再把這些問來的邊界劃在地圖上，你將發現東歐絕大部分地方，至少有兩個民族聲稱是他們的，還有爲數不少的地方，有三個甚或更多的民族聲稱是他們的。[12]每一個語言族群都拿語言、種族、歷史、地理、戰略、經濟、社會和宗教方面的理由，來爲它的領土主張辯護。沒有哪一個民族眞心誠意願爲某些權宜理由，而放棄一丁點它的領土主張。每一個民族都準備訴諸武力，來滿足它的領土抱負。所以，每一個民族都認爲它的近鄰是它的死敵，並且都倚賴它的鄰國的鄰國，以武力支持它自己的領土主張，對抗共同的敵人。每一個語言族群，都試圖利用每一個有利的機會，損害它的近鄰，滿足它自己的領土主張。過去數十年的歷史證明，這個令人傷感的描述正確無誤。

就拿烏克蘭人爲例來說。他們在俄羅斯人和波蘭人的壓迫下，受苦長達數百年。

【12】例如：匈牙利人、克羅埃西亞人、南斯拉夫人和義大利人都聲稱菲烏梅市（Fiume）應該屬於他們。譯者注：菲烏梅市於第二次世界大戰後劃歸克羅埃西亞，稱為里耶卡市（Rijeka）。

在我們這個時代，一直沒有烏克蘭民族的國家。或許有人會因此而認爲，這樣一個嚐盡外族無情壓迫與苦難的民族，他們的發言人在表述他們的政治抱負時，肯定會比較謹慎。但，民族主義者根本無法放棄他們的理想。於是，烏克蘭人所主張的領土範圍，廣達三十六萬平方英哩，總人口約六千萬，其中根據他們自己的申明，甚至只有「四千多萬」的烏克蘭人。[13]這些受過壓迫的烏克蘭人，並不滿足於他們自己的解放；他們奮力想要壓迫兩千萬、甚或更多的非烏克蘭人。

一九一八年捷克人建立了他們自己的獨立國家，但他們並不以此爲足。他們把數百萬講德語的人民、所有斯洛伐克人、數十萬匈牙利人、喀爾巴阡（Carpatho-Russia）的烏克蘭人，以及——基於鐵路管理的考量——下奧地利州（Lower Austria）的部分地區，併入他們的國家；而尤爲叫人驚嘆的是波蘭共和國，在其獨立的二十一年間，試圖以武力搶奪它的三個鄰國——俄羅斯、立陶宛和捷克斯洛伐克——部分的領土！

這些情況在奧古斯特・斯特林堡（August Strindberg, 1849-1912）的三部曲

---

[13] Hrushevsky, *A History of the Ukraine* (published for the Ukranian National Association by Yale University Press, New Haven, 1941), p. 574.

《到大馬士革》（*To Damascus*）裡有正確的描述：[14]

梅爾徹神父：「在（瑞士）哥達（Gotthard）鐵路的阿姆斯泰格（Amsteg）站，你可能見過一座名爲茨溫烏里（Zwing-Uri）城堡的高塔；席勒（Schiller）曾在《威廉泰爾》（*Wilhelm Tell*）裡讚美它。它聳立在那裡，作爲烏里城居民曾在德意志皇帝手下，遭到不人道壓迫的紀念碑！多美！你知道的，在哥達鐵路的義大利區這一頭，有一個叫做貝林佐納（Bellinzona）的車站。那裡有許多高塔，但其中最有看頭的，是烏里堡（Castel d'Uri or Castle Grande），它是提契諾（Ticino）這個義大利人州，曾在烏里城的居民手下，蒙受不人道壓迫的紀念碑。你知道嗎？」

陌生人：「自由！給我們自由，以便我們可以鎭壓他人。」

然而，斯特林堡沒接著寫到的是，在十九世紀自由主義思潮的影響下，烏里、席維茨（Schwyz）和翁特瓦爾登（Unterwalden）三州，曾經與遭到他們壓迫幾乎長達三百年的提契諾州人和平地合作。

【14】第三部第四幕第一景。Sam L. Davidson的授權翻譯。*Poet Lore*, JLII, no.3 (Boston, Bruce Humphries, Inc., 1935), p. 259。

第五節　殖民帝國主義

西方民族於十五世紀開始，占據非基督教人口的非歐洲國家的部分領土。他們渴望獲得貴金屬，和歐洲無法生產的一些原料。如果把這個殖民擴張解釋為尋找出口市場的努力，那就是在歪曲事實。當時西方商人其實想要獲得殖民地的產品。他們為這些產品支付價錢；他們所追求的利潤，在於取得別處無法買到的商品。身為商人的他們，不會愚蠢到相信重商主義──無論新舊──荒謬的學說，誤以為國外貿易的好處，在於出口而不在於進口。他們是如此地不關心出口，乃至如果他們無須支付任何價錢，便能夠取得他們想要的東西，他們會很高興。他們時常比較是海盜與奴隸販子，而較非商人。他們在和異教徒打交道時，沒有任何道德顧忌。

西歐那些啓動海外擴張的國王與王室商人，並未計劃將歐洲農民安置在新占領的地方；他們錯估北美廣袤的森林與草原的價值，因為他們認為不可能從那裡獲得貴金屬或香料。大不列顛的統治者，對於在美洲大陸建立海外移民定居地，態度冷淡，不過倒是很熱中他們在加勒比海、非洲、東印度群島的香料事業，以及他們參與的奴隸買賣生意。在美國，以及後來在加拿大、澳洲、紐西蘭和南非，建立起英語社區的，不是英國政府，而是殖民者。

十九世紀的殖民擴張，和前幾個世紀大不相同。這時候的殖民擴張，純粹是出於民族光榮與自尊的考量。法國的軍官、詩人和晚宴後的演講者——不包括其餘法國人——深受萊比錫（Leipzig）戰役和滑鐵盧（Waterloo）戰役，以及後來的梅斯（Metz）戰役和色當（Sedan）戰役，留給他們的自卑感所苦。他們渴望光榮與名譽；但，他們既不可能在自由的歐洲，也不可能在有美國門羅（Monroe）主義保障的美洲，滿足他們的這種渴望。路易・菲利浦（Louis Philippe）的兒子們和將軍們，能在阿爾及利亞（Algeria）取得榮譽，讓他感到非常舒心。爲了重振其陸軍和海軍的士氣，法蘭西第三共和國征服了突尼西亞（Tunis）、摩洛哥（Morocco）、馬達加斯加（Madagascar）和北越（Tonkin）。庫斯托扎（Custoza）戰役和利薩（Lissa）戰役失敗產生的自卑感，促使義大利侵略阿比西尼亞（Abyssinia），而阿杜瓦（Aduwa）戰役失利產生的自卑感，則促使它將目光投向的黎波里（Tripoli）。促使德國參與殖民征服行列的一個重要動機，是卡爾・彼得斯博士（Dr. Carl Peters）這類人品可議的冒險家波濤洶湧的野心。

還有其他一些例子。比利時國王利奧波德二世（Leopold II）和英國人塞西爾・羅茲（Cecil Rhodes）是晚期的征服者。但，現代殖民征服的主要動機，還是對軍事榮耀的渴望。毫無防衛能力的海外土著——他們的主要武器，是他們國家自然的荒涼與險阻重重——太有吸引力了；要打敗他們，很容易，一點也不危險，然後凱旋而歸，揚眉吐氣當英雄。

現代世界首屈一指的殖民強權是英國。它的東印度帝國幅員遼闊，遠遠超過所有其他歐洲國家占領的殖民地。在一八二〇年代，英國實質上是唯一的殖民強權，西班牙和葡萄牙已經失掉幾乎所有它們的海外領土。在拿破崙戰爭結束時，法國人和荷蘭人只保有英國人願意留給他們的海外殖民地；他們的殖民統治地位任憑英國海軍擺布。但，英國的自由主義已經根本改變了殖民帝國主義的意義。英國的自由主義賦予英國殖民者自治——自治領（dominion）——的地位，並根據自由貿易原則，治理東印度和其餘英屬殖民地。早在國際聯盟創造出託管地的概念以前，英國便以實際行動表示，它是代表西方文明的受託者，在其殖民地，受託管理英國人認爲沒有資格獨立的當地人民。英國的東印度政策應受譴責的缺點，主要在於它對某些當地的習俗過於尊重，例如：在改善賤民的命運方面，行動太過遲緩。如果沒有英國人的殖民統治，將不會有今天的印度，而將只有一堆大小不一、專制獨裁、治理不善、彼此動輒以各種不同藉口興兵交戰的公、侯國；將只有無政府狀態、飢荒與瘟疫。

那些在殖民地代表歐洲執行託管任務的人，極少能夠克制位高權重者，處在文明落後的人民當中，特有的道德風險。他們崖岸自高的勢利眼，汙染了他們和當地人的人際關係。英國在印度了不起的治理成就，因爲白種人自負的傲慢和愚蠢的種族驕傲，而黯然失色。對於在待人接物上幾乎不區分狗與本地人的英國紳士，亞洲人顯然厭惡極了。印度，歷史上頭一遭，在某一議題上，產生了一致的意見——一致憎恨英國人。此一恨意是如此強烈，以致有時候甚至使印度人口中，那些深知印度獨立將給他們自己帶來災難與壓迫的人，喪失理性：八千萬穆斯林、四千萬賤民、數百萬錫克教徒、佛教徒和印度的基督教徒。這樣的情景，除了令人哀痛，也是對聯合國宗旨的一個威脅。它是仁慈專制主義，曾經努力過的最偉大嘗試，明顯地失敗。

英國在過去數十年，並未認眞反對印度的逐步解放。它並未阻撓印度建立某種保護主義體制；該體制的首要目的，是將英國製造品封鎖在印度境外。它縱容印度發展某種貨幣與金融體系，儘管明知該體系，遲早將導致英國在印度的投資與其他債權，遭到實質撤銷。在過去這些年裡，在印度的英國當局唯一的任務，一直是阻止不同的政治黨派、宗教群體、種族、語言族群、種姓階級彼此爭鬥，但，印度教徒並不渴望獲得英國人給的這些好處。

在過去六十年間，英國的殖民擴張，並未停下腳步。但，這是其他國家強烈的征服欲望，迫使英國不得不然的擴張。法國、德國或義大利每兼併一塊土地，都會縮減所有其他國家的產品出口市場。英國人當時忠於自由貿易原則，沒想到要排斥別國人民的競爭。即使只爲了阻止某些領土落入排外的國家手中，他們也必須接管許多大塊的領土。在法國、德國、義大利和俄國的殖民方式下，局面變成只有英國自己掌控殖民地，才能充分保障貿易活動，不能怪罪英國人。[15]

所謂十九世紀歐洲列強的殖民擴張，乃是金融與商業壓力團體的經濟利益所引起的說法，其實是馬克思主義者的一則發明。確實有一些例子，是政府爲了公民的利益而採取行動；其目的是要保護這些公民既有的海外投資，免於遭到沒收或拖欠。但，歷史研究已經找到證據，顯示大型的殖民計劃，動議並非出自金融與商業團體，而是出自政府。據說的經濟利益，只是騙人的幌子。一九〇四年導致日俄戰爭的根本原因，不是因爲有一群投資者希望在鴨綠江流域發展木材業，而俄國政府想要保護他們的利益。正好相反，是因爲俄國政府需要有一個干預的藉口，所以它才派遣「一支戰鬥先鋒隊假裝爲伐木工人」。義大利政府，並非爲了羅馬銀行（Banco di Roma）的利益，而派兵征服的黎波里；該銀行所以去的黎波里設分行，是因爲政府要它爲後來的征服鋪路；該銀行所以決定在的黎波里投資，是義大利政府所提供的獎勵足夠誘人

[15] W. L. Langer, *The Diplomacy of Imperialism* (New York, 1935), I. 75. 95; L. Robbins, *The Economic Causes of War* (London, 1939), pp. 81. 82.

所致——包括享有特權，在義大利（中央）銀行獲得重貼現的融資便利，以及政府以補貼其導航業務，所提供的補償。羅馬銀行並不喜歡這一項預期報酬充其量很差、但風險很大的投資。德意志帝國，一點也不在乎曼尼斯曼（Mannesmann）礦業集團在摩洛哥的利益，它利用這家不重要的德國企業案件，作爲一個蹩腳的藉口，以實現它自己的熱望。德國的外交部長馮・里希特霍芬先生（Herr von Richthofen）說：「一提到摩洛哥，所有銀行，它們當中的每一個，全都立即罷工不幹了。」[16]

在第一次世界大戰爆發時，生活在殖民地的德國人，總數少於兩萬五千人，大部分是軍人和公務員，以及他們的家庭。德國和其殖民地的貿易額非常小，少於德國對外貿易總額的千分之五。最好鬥的殖民強權義大利，欠缺資本發展其國內資源；它在的黎波里和衣索比亞的投資，明顯加劇國內資本短缺的窘況。

如今，最爲時髦的殖民征服藉口，濃縮在「原物料」這個口號中。希特勒和墨索

【16】Staley, *War and the Private Investor* (New York, 1935); Robbins. 前引著作；Sulzbach, *"Capitalist Warmongers," A Modern Superstition* (Chicago, 1942). 就美國而言，Charles Beard（*A Foreign Policy for America*, New York, 1930, p. 72）說：「如果忠於歷史記錄的事實，就必須把帝國主義擴張的理念，主要歸諸海軍軍官和政客，而不該歸諸商人。」這樣的判斷對所有其他國家，也同樣正確。

里尼指出，自然資源在地球上的分布並不平均，藉此試圖正當化他們的侵略計劃。他們是自然資源貧乏的國家，渴望從實際擁有的自然資源比應該擁有的還多的國家，取得他們合該得到的份額。他們不過是想，根據自然和神聖的權利，取得他們自己的東西，他們怎能被稱為侵略者？

在資本主義的世界裡，原物料，像所有其他商品那樣，能被買進和賣出。原物料究竟是必須從國外進口，或者在國內就能買到，是無關緊要的一回事。對於一個購買澳洲羊毛的英國買家來說，澳洲是大英帝國的一部分，不是什麼優勢；他必須和他的義大利或德國的競爭者支付相同的價格。

所生產的原物料在德國或義大利無法生產的那些國家，並非空無一人。有人住在那裡；而這些居民，並不願意成為歐洲獨裁者的臣民。德克薩斯州和路易斯安那州的公民，渴望把他們的棉花作物，賣給任何願意付錢的買家；但，他們並不希望德國人或義大利人來統治他們。就其他國家和其他原物料而言，情況也同樣如此。巴西人不認為，他們自己是當地咖啡種植園的附屬物。瑞典人不認為，他們的鐵礦供給，正當化德國人的覬覦。如果丹麥人要求兼併某個義大利省分，以便獲得丹麥人合該得到的柑橘、紅酒和橄欖油份額，義大利人將會認為丹麥人是神經病。

如果德國與義大利要求所有國家，回歸自由貿易與自由放任的政策，並且拋棄——迄今從未成功的——政府透過強制減產以抬高原物料價格的努力，那還比較有道理。但，這樣的理念，對於不希望有自由，而想要統制經濟與自給自足的獨裁者來說，無異是天方夜譚。

現代殖民帝國主義，是一個孤立的現象，不該和歐洲的民族主義混淆。我們這個時代的大規模戰爭，並非源自殖民衝突，而是源自歐洲國家的民族主義抱負。殖民衝突點燃的殖民戰爭，並未撼動西歐國家之間的和平。無論是法紹達（Fashoda）事件、或摩洛哥事件、或衣索比亞事件，儘管局面劍拔弩張，卻沒導致以歐洲爲戰場的戰爭。在德國、義大利和法國錯綜複雜的外交關係裡，殖民計劃只是花邊點綴。殖民擴張，不過是一種和平時期的戶外運動；殖民地，只是野心勃勃的年輕軍官，彼此單挑比武的競技場。

第六節　國外投資與國外貸款

資本累積，是產業變革的主要先決條件；如果沒有資本累積，便不會有產業變革，而這世界也就不可能，從手工業者與工匠利用獸力、帆船和風力磨坊的世界，轉變爲蒸汽機、電力和大規模生產的世界。西歐國家所創造出的政治與法律制度條件，讓更爲廣泛的儲蓄與投資得到保障，從而讓企業家獲得所需的資本。在工業革命前夕，西方國家的科技與經濟結構，和地球上其他有人居住的地方，基本上並無不同。然而，到了十九世紀第二個二十五年間，便已出現一道鴻溝，隔開經濟比較先進的西方國家和落後的東方國家。當西方國家踏上快速進步的道路時，在東方國家，只見一灘死水的停滯。

事實會證明，對落後國家來說，只熟悉西方國家的生產、運輸和行銷方法，是不會有一點用處的，因爲落後國家欠缺所需的資本，來利用這些新方法。要模仿西方國家的技術，並不困難。但，要把在西方國家醞釀出現代科技進步的那種社會、法律、憲政和政治環境，移植到東方，幾乎是不可能的。要產生一個有利於國內資本累積的環境，並不像建造一座現代工廠那樣簡單。新的產業體系，不過是新的自由主義和資本主義所結出的果實；它是一種新心態的結果，這種新心態，比較喜歡服務消費者，而不喜歡戰爭、征服和保存舊習俗。比較先進的西方國家，其基本特徵，不是它的技術，而是它那種鼓勵儲蓄、資本形成、企業創新、靈活經商、和平競爭等等的道德氛圍。

落後國家有可能已經知道這個根本問題，而且也有可能已經開始改革它們的社會結構，以便產生它們本土的資本累積。即便如此，那也將是一個緩慢和困難的過程，需要很長的時間，才能有成。西方國家和東方國家之間鴻溝，或者說，先進國家和落後國之間的差距，將變得越來越寬、越來越大。東方國家將毫無希望，趕上西方國家起步較早的領先優勢。

但，歷史走了另一條路，出現了一種新現象——資本市場國際化。先進的西方國家，給世界各地提供新投資所需的資本。貸款和直接投資，讓所有國家，得以具備整套現代文明的用品。對於西方蔑爾小國和邪惡的資本主義，以及所提供的器械，聖雄甘地表示厭惡，但，他會搭火車或汽車旅行，而生病時，也到備有最精緻的西方外科手術器具的醫院，尋求治療。他似乎沒想到，全因西方國家提供資本，印度教徒才能享用這些現代設備。

大量資本從西歐轉移到世界其他地方，是資本主義時代一件最爲突出的事情。這些資本，在世界最偏遠的區域，開發自然資源，使一些民族的生活水準獲得提高，而在此之前，這些民族自己在物質生活方面，從未達成任何改善。當然，不是心懷慈悲，而是自利的動機，促使先進國家輸出資本。但，這並非單邊獲利，而是雙邊互利。那些曾經落後的國家，不會因爲外國資本家給它們提供機器與交通設施，而有正當抱怨的理由。

然而，在這個反對資本主義的時代，對外國資本懷有敵意，已經變成普遍的現象。所有債務國，都渴望沒收外國資本家的財產。外國貸款被拒付，拒付的方式，或者是公開的，或者是以外匯管制這種狡猾的手段爲之。外國人的財產，遭到不公平的課稅，程度幾近沒收，甚或毫不掩飾的無償徵收。

近來有好多關於債務國據稱遭到債權國剝削的議論。但，如果硬要說這些借貸關係裡有所謂剝削，那也比較像是投資國遭到接受國的剝削。這些貸款與投資，原本就不是當作禮物送出的。貸款，是在莊嚴的還款付息規定下撥出的，而投資，則是在財產權預期將獲得尊重的情況下進行的。除了大部分在美國、在一些英屬自治領，以及在一些較小國家的貸款與投資，這些期望都落空了。債券，或者已經違約，或者即將在未來幾年違約。直接投資，或者已經被沒收，或者即將被沒收。資本輸出國，除了在它們的資產負債表裡，把壞帳打消，別無他法可施。

且讓我們從以工業爲主的歐洲國家觀點看待這個問題。這些人口相對過多的國家，自然資源稟賦相當貧乏。他們必須出口製造品，以便取得外匯，支付迫切需要的食物與原材料。但，那些能夠把這些食物與原材料賣給他們的國家，所施行的經濟民族主義政策，卻把他們晾在大門外吃閉門羹。對歐洲來說，限制出口，意味苦難與飢餓。然而，只要國外投資靠得住，便還有一扇通氣窗。債務國，不得不輸出它們的某些數量的產物，以便支付利息與股利。即使當今各國的外貿政策目標——完全阻止任何製造品輸入——鐵定要達成，債務國仍將必須提供債權國一些手段，用來交換債務國一部分生產過剩的食物與原材料。於是，債權國的消費者，便能夠在——可以說——受到庇護的國內市場，從那些收到國外投資孳息者的手中，買到這些東西。國外貸款與投資，在某一形式上，代表債權國擁有一份債務國富有的自然資源。國外貸款與投資的存在，在某一程度內，使自然資源富有的國家和貧乏的國家之間的不平等，得到緩解。

戰前的英國，在什麼意義上，是一個資源富有的國家？肯定不在於它「擁有」大英帝國這個意義上，而在於英國的資本家擁有數量可觀的國外投資，其收益使英國能夠在每年的英國出口品所能換得的外國產品外，還多買到某一相應數量的外國產品。戰前英國和奧地利的經濟結構差異，就在於奧地利沒擁有這種國外資產。英國工人，在英國的工廠裡工作，其產品在受到庇護的英國市場裡，賣給那些收到國外投資孳息的人，便可獲得數量可觀的國外食物與原材料。國外的麥田、棉花與橡膠種植園、油井和礦脈等等，宛如坐落在英國境內。

在目前這場戰爭結束後，英國和其他一些西歐國家，隨著它們的國外資產，或者因它們本身用來支應戰費的辦法，或者因遭到債務國政府的違約與沒收，而消失殆盡，將會降格成為相對貧窮的國家。這個變化，將嚴重影響英國勞工的處境。英國，從前利用國外資產所收到的利息與股利，便輕易能夠買到的那些食物與原材料數量，將來若想取得，就只能拚命設法，兜售每一個國家都想予以禁售的製造品。

第七節　總體戰

歐洲舊體制時期，各個君主都渴望擴張自己的權力。他們抓住每一個發動戰爭和征服的機會。他們組織——規模相當小的——自家軍隊。這些軍隊進行他們自己的戰鬥。人民討厭這些戰爭，因爲它們給他們帶來不幸，並加重他們的稅負。但，對於戰鬥結果，他們並不感興趣。對他們來說，究竟是被哈布斯堡王室的人，或是被波旁王室的人統治，或多或少無關緊要。那個時候，伏爾泰（Voltaire）宣告：「人民不在乎統治者的戰爭。」[17]

現代的戰爭，不是王室軍隊的戰爭，而是人民的戰爭，是總體戰；它是國家的戰爭，而國家絕不容許人民，在戰爭中享有任何私人領域；國家認爲，全國人民都是武裝力量的一部分。凡是不上戰場打仗的人，都必須爲支援與裝備軍隊而工作。軍隊與

---

[17] Benda, *La Trahison des clercs* (Paris, 1927), p. 253.

人民是一體的。人民熱烈參與戰爭，因爲是他們的國家，他們的神，在戰鬥。

如今，在那些深信唯有勝利與征服，才能改善物質生活水準的國家，侵略他國的戰爭，很得人心。另一方面，遭到攻擊的那些國家，其人民也充分明白，他們必須爲自己的生存而戰。因此，每一個陣營裡的每一個人，都熱烈關注每一次戰鬥的後果。

德國在一八七一年兼併阿爾薩斯—洛林，這件事，並未使德國普通公民的個人財富或所得，產生任何變化。另一方面，在這個遭到兼併的原法國省分，居民保有他們原來的財產權。他們變成德意志帝國的公民，並選出自己的代表，進入帝國的國會。德國財政部，在新取得的領土上收稅，但，另一方面，它也承擔新省分的政府開銷。在自由放任的年代，事實就是這樣。

從前的自由主義者斷言，在自由民主的國家，不會有公民從勝利的戰爭中獲益；當時這說法一點也沒錯。但，在我們這個充斥移民與貿易障礙的時代，它不適用。每一個賺取工資者和每一個農民，都會因爲某個外國政府的政策，禁止他遷移到自然條件比他本國更爲有利於生產的地方，而受到傷害。每一個勞動者，都會因爲外國課徵進口關稅，使他的產品比較不好銷售，而受到傷害。如果來一場勝利的戰爭，將這些貿易與移民壁壘摧毀，對一般民眾的物質幸福，將很有利。國內勞動市場所承受的壓力，便能透過一部分勞工移民國外，而獲得緩解。這些移民，在他們的新國家，能賺得更多，而國內勞動市場的供給減少，也傾向提高本國的工資率。外國進口關稅的廢除，使本國的出口增加，從而使國內勞動市場的需求增加。國內最貧瘠的土地上，不再繼續進行生產活動，而相關的農民則遷移到仍有比較肥沃的土地可供耕作的國家。原本在勞動移出國最不利於生產的條件下，所進行的生產活動變少，而由自然條件比較有利的勞動移入國，其生產活動的擴張所取代，整個世界的平均勞動生產力因而提高。

但，另一方面，在人口相對稀少的國家，工人和農民的利益，則會遭到傷害，在勞工可以自由移動的世界裡，有一固有的趨勢，促使工資率與（每單位土地每人的）農作產值均等化，而這趨勢會導致移民接納國工人與農民的收入在近期內下降，無論勞工自由移動的長期後果是多麼有利。

對此，有人或許會提出異議說，在人口相對稀少的國家，其中首推澳洲和美國，目前有失業的情況，因此，勞工移入，將只會導致失業人數進一步增加，而不會導致移入的勞工生活情況改善。但，這種反對意見，其實是無效的。大規模失業的現象，總是由於強制最低工資率，高出未受阻撓的勞動市場原本會確立的水準，所造成的。如果工會沒一再力圖將工資率抬高到潛在的市場水準之上，市場上肯定不會有大量工人持續失業的現象。這裡的問題不在於，不同的國家其工會所訂的最低工資率不同，而在於潛在的市場工資率不同。如果沒有工會在操縱工資率，澳洲和美國無疑能夠吸收好幾百萬個工人移入，直到工資率和移出國拉平。不管是在製造業，或是在農業，澳洲、紐西蘭和北美的市場工資率，都是歐洲大陸的好幾倍。這是由於這樣的事實使然：在歐洲，許多貧礦現在仍有人開採，而在歐洲之外的國家，有許多蘊藏遠遠比較豐富的採礦場和設施，卻已遭閒置。歐洲的農民，目前還在阿爾卑斯山脈、喀爾巴阡山脈、亞平寧山脈和巴爾幹山脈裡，耕種多岩石的不毛之地，以及在德國東北部平原，耕種砂質土地，反觀在美國和澳洲，卻有數百萬英畝比較肥沃的土地，一直沒人耕種。所有這些歐洲人民，都被阻止遷移到他們的辛勞與努力將會更有收穫、能爲消費者提供更好服務的地方。

我們現在終於能夠理解，爲什麼每當比較貧窮的民族相信他們將會勝利時，國家至上主義必然導致戰爭。在我們這個國家至上主義的年代，現實的情況，剛好讓德國人、義大利人和日本人覺得，他們有可能從一場勝利的戰爭中獲益。日本之所以發動殘忍的侵略戰爭，原因不在於它有什麼世襲的武士階級，而在於——本質和外國工會的政策如出一轍的——工資政策的考量。澳洲的工會，爲了提高澳洲的工資率，希望關閉移民大門。日本的工人，爲了提高日本人的工資，希望打開澳洲的移民大門。

在國家至上主義的時代，和平主義注定失敗。從前在君主專制主義時代，慈善家對國王如是說：「憐惜一下苦難的人類吧；慷慨一點，慈悲一點。當然，你也許能從勝利與征服中獲利。但，請想一想寡婦和孤兒的悲傷，想一想因戰爭而傷殘者的淒涼，想一想房屋遭到摧毀者的痛苦！請記住聖誡說：不可殺人！放棄榮耀與擴權！保持和平！」他們這是在對聾人談經說法。然後來了自由主義；它沒出聲斥責戰爭，而只致力於建立特定的政經條件，好讓戰爭變得不划算，亦即，藉由肅清戰爭的原因，消弭戰爭。它沒成功，因為國家至上主義和它同時到來。當我們這個時代的和平主義者告訴各國人民：「戰爭不可能改善你們的物質生活」時，他們錯了。侵略國依然深信，勝利的戰爭，能改善它們本國人民的命運。

這些考慮的意思，並非祈求美國和英屬自治領打開門戶，接納德國、義大利和日本的移民。在目前的情況下，美國和澳洲，如果允許納粹黨人、法西斯黨人和日本人移民，將簡直是自殺；與其如此，或許不如乾脆向納粹元首和日本天皇投降。來自這些極權主義國家的移民，如今是這些國家的先鋒部隊，它們的一支第五縱隊，這支隊伍的入侵，將使所有國防措施失去作用。美國與澳洲，只有嚴格阻止這些獨裁者的臣民移入，才能保持它們自己的自由、文明與經濟制度。但，這些情況，是國家至上主義的結果。在從前的自由主義時代，來自國外的移民，不是母國侵略隊伍的前導，而是其所嚮往的新國家忠誠的公民。

然而，有一個事實，這裡如果不提，將是一個嚴重的疏漏。移民障礙，獲得我們當代許多人贊同，而這些人所持理由，從未指涉工資率和農作產值的問題。他們的目的，是要保持世界人種目前的地理隔離狀態。他們這樣論證：西方文明，是西歐與中歐的白人，以及他們的後裔在海外的國家，打拚所獲致的成就。如果這些現為西方人占多數的國家，因開放移民而擠滿了亞洲和非洲的土著人種，西方文明就會淪亡。亞洲和非洲人種的入侵，不僅傷害西方人，也將傷害亞洲人和非洲人。種族隔離，因為防止西方文明崩解，對所有人類都有利。如果亞洲人和非洲人留在他們已經生活了數千年的地方，他們將因白人文明的進一步發展而獲益；他們眼前將總是有一個文明模範，可以模仿，或加以修改，以適應他們自己的情況。或許在遙遠的未來，他們對於人類文化的進一步發展，將貢獻自己的一份力量。到了那個時候，把種族隔離的障礙移除，或許是可行的。但，在我們這個時代——他們說——這種計劃根本行不通。

前述觀點確實獲得絕大多數人贊同。對於這個事實，我們不能裝作看不見。否認人們討厭放棄目前地理上的種族隔離狀態，是沒用的。甚至那些在評估有色人種的品性與文化成就時，態度公允的人，並且對已經生活在白人社區裡的有色人種遭到任何歧視時，嚴厲反對的人，也反對有色人種大量移入。很少有白種人，在想像有數百萬黑人或黃種人生活在他們周圍時，不會不寒而慄。

詳細琢磨出一套辦法，以促進不同種族之間的和諧共存，以及在經濟與政治上和平的合作，是一項必須留給未來世代去完成的任務。但，人類如果沒徹底拋棄國家至上主義，肯定無法解決這個問題。且讓我們不要忘記，我們的文明目前實際面臨的這個威脅，並非源自白種人和有色人種之間的衝突，而是源自不同的歐洲民族，以及歐洲裔民族，它們之間的衝突。某些論述者早已預言，白種人與有色人種之間，早晚必定會有一次決定性的鬥爭。然而，我們這個時代的現實，是白人國家群體之間的戰爭，以及同是黃種人的日本人與中國人之間的戰爭。這些戰爭都是國家至上主義的結果。

第八節　社會主義與戰爭

社會主義者堅稱，戰爭只不過是資本主義所造成的許多災害當中的一個。他們說，在未來的社會主義天堂，將不再有任何戰爭。當然，在我們眼前和這個和平的烏托邦之間，還有一些血淋淋的內戰要打。但，隨著共產主義不可避免的勝利，所有衝突將會消失。

很明顯的，如果某個統治者征服了全世界，所有國家或民族之間的鬥爭將會消失。如果某個社會主義國的獨裁者，居然成功征服每一個國家，將世界統一，則只要它的國家政治保衛總局（O.G.P.U.），強大到足以阻止這個世界國家解體，便不再會有對外的戰爭。但，換作是其他任何征服者，也是同樣如此。如果蒙古的大可汗達成他們的目的，他們也肯定已經使這世界永保和平了。不妙的是，歐洲的基督徒太過頑固，不願意承認蒙古人自稱的世界霸主地位。[18]

然而，我們這裡正在考慮的，不是透過征服與奴役全世界而達到世界和平的計劃，而是如何達到一個不再有任何原因引起衝突的世界。這種可能性，隱含在自由主義所設想的，民主國家在資本主義下彼此順暢合作的計劃中。這計劃所以沒能成功，原因在於，世界不僅拋棄了自由主義，也拋棄了資本主義。

涵蓋全世界的社會主義體制，有兩種可能的形式：其一爲若干獨立的社會主義國並列共存，另一爲建立一個統一管理全世界的社會主義政府。

第一種形式的全球社會主義，將使既有的不平等固化，將會有比較富有的國家和比較貧窮的國家，以及人口相對稀少的國家和人口相對過多的國家。人類，如果早在

---

[18] Eric Voegelin, "The Mongol Orders of Submission to the European Powers 1245-1255," *Byzantion*, XV, 378-413.

一百年前引入這種形式的全球社會主義，便不可能開發墨西哥或委內瑞拉的油田，也不可能在馬來西亞闢建橡膠種植園，或在中美洲闢建香蕉種植園。這些國家欠缺所需的資本和技術人員，無法利用它們自己的自然資源。而另一方面，社會主義體制也不容許外國人投資、跨國貸款、還本付息，以及其他一切資本主義的規矩。

且讓我們仔細思量，若干社會主義獨立國並存的形勢下，將會發生的一些情況。有一些人口過度擁擠的國家，住著許多白色人種的工人。他們努力想改善自己的生活水準，但他們的努力遭到自然資源不足的阻礙。他們迫切需要的原材料和食物，能夠在其他資源稟賦較好的一些國家裡生產。但，這些資源得天獨厚的國家，人口稀少，並且缺乏所需的資本來開發它們的資源。它們的居民既不夠勤勉，也沒有足夠的技能，以致無法從上天厚賜給他們的那些資源中獲利。他們沒有主動創新的精神；他們堅持陳舊過時的生產方法；他們對改善與進步不感興趣。他們並不渴望生產更多的橡膠、錫、椰乾和黃麻，以便和外國製造品交換。他們這個心態，殃及主要長處在於技巧與勤勉的那些人民的生活水準。遭到上天忽視的這些國家，它們的人民會甘心忍受這樣的事態嗎？他們會因爲那些被上天垂愛的人民，頑固地不想以更有效率的方式，開發自己的天賜寶藏，而甘心忍受工作比較多、但收穫比較少的命運？

這不可避免導致戰爭與征服。人口相對過多區域裡的工人，入侵人口相對稀少的區域，征服這些國家，並且兼併它們。然後是征服者之間因戰利品分配而引起的戰爭。每一個國家都傾向於認爲，自己沒分到該分得的份額，而其他國家則分得太多，應該被迫放棄它們的一部分戰利品。獨立的社會主義國家並存，將導致無窮無盡的戰爭。

前面的考量，有助於揭穿馬克思主義學派各種帝國主義理論的荒謬本質。所有這些理論，無論它們多麼相互矛盾，有一個共同特徵：它們全都主張，資本家所以渴望在國外投資，除了因爲隨著資本主義的進展，國內生產所獲得的利潤傾向減少，也因爲在資本主義下，國內市場過於狹小，無法吸收全部的產量。資本家對國外市場與國外投資機會的熱望，據說會傷害無產階級的利益。除此之外，這種熱望也導致國際衝突與戰爭。

然而，資本家並非爲了不想供貨給國內消費市場，所以才到國外投資或將產品輸出。正好相反，他們所以這麼做，是因爲如果不這樣做，便完全無法取得供應國內市場所需的原材料和食物，或所取得的數量將不足以供應國內市場的需求，或成本相對較高。如果沒有出口貿易和國外投資，歐洲與美國的消費者，絕對享受不到資本主義所帶來的這個高生活水準。正是國內消費者的需求，促使資本家和企業家，尋求國外市場與國外投資機會。如果消費者向來比較渴望取得更多無須國外原材料的幫助，便能在國內生產的產品，而不是比較渴望取得進口的原材料與食物，則進一步擴大國內生產規模，就會比投資國外，更爲有利可圖。

馬克思教條主義者，面對這世界不同部分的自然資源不平等時，刻意閉上他們的眼睛。然而，自然資源的不平等，卻是國際關係的根本問題。[19]若非自然資源分布不平等，條頓民族以及後來的蒙古人，便不會入侵歐洲，而是會轉往廣袤空曠的苔原區域、或斯堪地那維亞半島的北部。如果不考慮自然資源和氣候方面的不平等，則除了某些魔咒，像是——馬克思主義者所說——資本家邪惡的陰謀，或像是——納粹所說——猶太集團的詭計，我們便發現不了任何戰爭的動機。

這些不平等是自然的，永遠不可能消失。它們也會讓統一全世界的社會主義國政府，面臨一個無法解決的問題。這個社會主義世界管理當局，當然能夠考慮某種對所有人都一視同仁的政策；它能嘗試把工人和資本，從某個地方搬運到另一個地方，完

[19] 截至目前，我們所討論的國外投資，僅限於旨在開發落後國家的自然資源，亦即，礦業和農業方面的投資，以及附屬設施的投資，譬如：交通設施、公共設施等等。國外製造業方面的投資，大多是由於經濟民族主義的緣故；這方面的國外投資，在一個自由貿易的世界裡，將不會發生。正是保護主義，迫使美國的汽車製造業者和德國的電機設備廠到國外設立分廠。

全不考慮不同地區，或不同語言族群的勞動團體，他們的既得利益。但，沒有任何理由，能讓任何頭腦清醒的人相信，人均所得與生活水準將被這種政策降低的勞動團體，會甘心忍受這種政策。沒有任何西方國家的社會主義者認爲，社會主義（我們姑且承認，社會主義生產體制將會增加勞動生產力，這個錯誤的預期）是一個必定導致西方國家生活水準下降的制度。西方國家的工人，努力追求的目標，絕不是要和亞洲與非洲，爲數超過十億極端貧窮的小農與工人拉平收入。就像他們在資本主義下反對外國移民那樣，他們也會基於同樣的理由，反對社會主義的世界管理當局，實施勞動轉移政策。他們將寧願暴力反抗，也不會同意世界管理當局廢除，人口相對稀少地區的幸運居民和人口相對過多地區的不幸居民，兩者之間現存的差別待遇。無論我們怎麼稱呼這種暴力反抗，內戰也好，或對外的戰爭也罷，都無關緊要。

西方國家的工人，所以支持社會主義，是因爲他們希望，藉由社會主義廢除他們所謂不勞而獲的收入，來改善他們的生活條件。我們這裡不處理這些期望當中的謬誤。我們只須強調，西方國家的這些社會主義者，不想和貧窮的東方世界廣大群眾分享他們的收入。他們不願意放棄，他們在國家至上主義和經濟民族主義下，所享有的最有價值的特權——排除外國勞動者競爭。美國工人支持維護他們自己所謂的「美國式生活」；他們並不支持某種世界性的社會主義生活方式，這種生活方式介於目前的美國人和亞洲苦力的水準之間，很可能比較更靠近後者，而不是靠近前者。這是赤裸裸的現實，是社會主義者的任何咒語，都揮之不去的現實。

那些曾經透過移民障礙，使所有民族、國家與個人和平合作的自由主義方案遭到挫敗的群體，它們自私的利益，同樣也會摧毀社會主義世界國內部的和平。社會主義有助於和平的論點，就像所有其他企圖證明社會主義可行且方便合宜的論點那樣，是錯誤的無稽之談。

第五章　對一些錯誤解釋的批駁

第一節 現行解釋的缺點

對於現代民族主義的興起，各種目前流行的解釋根本不承認，在我們這個國際分工的世界裡，民族主義是國家至上主義不可避免的結果。我們已經揭露，這些解釋當中，最流行的那個——馬克思學派帝國主義學說——的謬誤。現在，且讓我們依次檢視其他一些學說。

馬克思學派帝國主義學說的主要病根，在於此學派的經濟學很糟糕，而我們現在即將討論的這些學說，卻是大部分根本不考慮經濟因素。在它們看來，民族主義這個現象，屬於非經濟領域，亦即，不受通常所謂經濟因素影響的領域。其中一些學說，甚至進一步宣稱，民族主義的原始動機，在於刻意忽視經濟考量，矢志追求其他某些目標。

徹底檢視所有這些和我們不同的意見，將需要考察所有社會生活與社會哲學的根本問題。但，我們在此僅專注於民族主義，及其所激起的衝突，不可能進行那麼廣泛的考察，而必須以所研究的問題為限。

為了避免常見的誤會，這裡或許有必要強調，我們研究政策和政治行為，以及對其有影響的學說，而不研究沒有實際作用的觀點或見解。我們的目的，不是要回答這樣的問題：「屬於不同民族、國家、語言族群或其他社會群體的人民，他們彼此在什麼方面不同？」或回答：「他們彼此相愛？或彼此憎恨嗎？」我們想要知道，為什麼他們偏好經濟民族主義與戰爭的政策，而不喜歡和平合作的政策。彼此痛恨對方的國家，如果深信和平合作的政策最有利於增進自身的利益，甚至會堅持和平與自由貿易。

第二節　民族主義據稱的非理性

有一些人認為，只消確立民族主義的非理性性質，便已經完滿解釋了民族主義。他們說，一個常見於經濟學家的嚴重錯誤，是假定人的行為總是理性的。他們說，人，其實不是一個理性的存在。人的行為的最終目標，即使並非總是，也時常是非理性的。他們本民族、國家、種族、語言族群或社會階級等等的光榮與偉大，便是非理性的最終目標，而人們偏好增進這種目標，甚於增進自己的財富與福祉，或甚於改善自己的生活水準。人們不喜歡和平、安全、寧靜的生活，而渴望戰爭與征服的滄桑，渴望變化、冒險、危險。他們享受殺戮、搶奪、毀滅。他們渴望，隨著戰鼓敲響、號角齊鳴、旗幟飛揚，殺向敵方。

然而，我們必須認清，理性和非理性的概念，僅適用於手段，而絕不適用於最終目的。人們，在相互衝突的最終目的當中，據以做出選擇的價值判斷，既不是理性的，也不是非理性的，而是任意的、主觀的、個人觀點的結果。這世界不會有獨立於個人偏好之外的、客觀的、絕對的價值。保存生命，通常認爲是一個最終價值。但，向來總是有一些人，當只能在他們認爲不可忍受的條件下存活時，寧死不生。人的行爲，始終都是選擇，始終都是在視爲不相等的兩個好處或兩個壞處之間做出選擇。人，在價值完全相等的場合，保持中立，而這時便不會有進一步的行爲。但，至於什麼是好的和什麼是更好的，或什麼是壞的和什麼是更壞的，則是由個人按照自己主觀的標準加以判斷；不同的人有不同的判斷標準，而同一個人的判斷標準，也可能因時或因情況不同而發生變化。

我們一旦對價值判斷使用理性和非理性的概念，我們便是把目的降級成爲手段。這時，我們便是在指某一件事情，已經被我們設定爲暫時的目的，並且考慮到，當選擇這個暫時目的時，我們是根據它是否爲達成某一最終目的的手段。我們在指陳他人的行爲時，如果使用理性和非理性的概念，那便是在以我們自己的價值判斷，取代他們的價值判斷。我們在指陳自己過去的行爲時，如果使用理性和非理性的概念，那便是在以我們現在的價值判斷，取代我們實際行爲那一刻的價值判斷。[1]

理性和非理性始終意味：從所追求的目的觀點而言，合理或不合理。不存在絕對的理性或非理性。

現在，我們或許能理解，當人們將民族主義歸因於某些非理性動機時，他們眞正想說什麼。他們眞正的意思是：自由主義誤以爲，人們比較渴望增進自己的物質生活幸福，而比較不渴望達成其他目的，例如：民族榮耀、享受危險生活的刺激，或縱情於虐待狂的樂趣。他們說，人們所以拒絕資本主義和自由貿易，是因爲人們追求的目標，不同於資本主義認爲至高無上的那些目標。人們不想追求免於匱乏與免於恐懼的生活，人們不想有安全與財富穩步增加的生活，而想要獲得極權主義獨裁者所提供的那些特殊滿足。

這些陳述的眞假，哲學或先驗的思索是無法確定的，因爲它們是關於事實的陳述。我們需要問的是：我們當代人的心態，是否眞是這些「非理性」解釋要我們相信

---

[1] 譯者按：這裡隱含「所有行為，根據定義，都是理性的，因此理性的行為是一贅詞」的意思。注意：行為是理性的，並不等於行為不會犯錯。對於行為概念，本書作者在一九四九年出版的《人的行為》第一章，有更為充分的討論。

的那樣？

無可置疑，確實有一些人偏好達成其他目的，甚於改善他們自己的物質生活幸福。向來總是會有一些人，爲了做他們自己認爲正確和有道德的義舉，而自願放棄許多享樂與滿足。有些人選擇殉難，而不願拋棄他們所相信的眞理。他們選擇貧窮與放逐，因爲他們想要自由追尋眞理和智慧。在文明、福祉和啓蒙進步的過程中，一切最爲高貴的貢獻，都是某一類人的成就，他們敢於挑戰一切危險，無視強大君主與狂熱群眾的暴虐。史籍記述許多這樣可歌可泣的事蹟：有許多異端者被處以火柱刑；從蘇格拉底到焦爾達諾·布魯諾（Giordano Bruno），有許多哲學家被處死；許多基督徒和猶太教徒，無視凶殘的迫害，英勇堅持他們的信仰；還有其他許多堅守誠實與忠貞信念的人，他們的殉難，雖然比較不那麼震撼人心，但絕非比較不眞實。然而，所有這些慷慨犧牲和從容就義的例子，畢竟總是難能可貴的例外；它們是少數精英的特別待遇。

另外，總是會有一些人確實渴望權力與榮耀。但，這種渴望，和一般人對更多財富、更高收入，以及更多奢侈品的渴望，彼此並不衝突。對權力的渴求，並不意味拋棄改善物質生活。正好相反，有些人所以希望擁有強大的權力，是因爲他們無法以其他方法取得更多財富。許多人期待搶奪他人，以取得比他們藉由服務消費者所能取得的更多財富。許多人選擇冒險的生涯，因爲他們深信這樣能獲得更大的成功。希特勒、戈培爾和戈林等人，根本不適合任何誠實的工作。在資本主義社會和平的生意場上，他們是徹底的失敗者。他們爭取權力、榮耀和領導地位，從而變成當今德國最爲富有的人。斷言他們的「權力意志」和渴望更多物質幸福相互牴觸，純屬無稽之談。

研究現代民族主義與戰爭的起因，當分析進行到這一點，我們必須處理的解釋，不僅指涉國家的領導精英，而且也指涉他們的追隨者。關於這些追隨者，需要回答的問題是：人們——有投票權的選民，我們同代的絕大多數人——所以存心拋棄自由主義、資本主義和自由貿易，而轉向支持國家至上主義（干預主義或社會主義）、經濟民族主義、戰爭和革命，難道眞是因爲他們比較喜歡在貧窮中過著危險的生活，而不喜歡在和平與安全中過著比較富裕的生活？難道他們眞的比較喜歡窮一點，生活在一個誰也不比他們更爲富有的環境裡，而不喜歡富一點，生活在一個有人比他們更爲富有的市場社會裡？他們之偏好干預主義、社會主義和連綿不斷的戰爭所造成的混亂，難道是儘管他們明知，這混亂必然意味他們的生活會更爲貧窮和艱難，而仍然做出的選擇？只有欠缺一切眞實感或普通觀察能力的人，才會以肯定式回答這些問題。很明顯，人們所以拋棄自由主義，並攻擊資本主義，是因爲他們相信，干預主義、社會主義和經濟民族主義，將使他們變得更爲富裕，而不是變得更窮。社會主義者過去沒有，而現在也沒有，對廣大的民眾說：「我們要降低你們的生活水準。」保護主義者沒說：「你們的物質生活幸福，將因進口關稅而受損。」干預主義者在推薦他們的那些措施時，絕不會說它們的效果危害一般人民的福祉。正好相反，所有這些反自由主義團夥都再三堅持，他們的政策將使所有他們的追隨者變得更爲富有。人們心向國家至上主義，因爲他們相信國家至上主義將使他們更爲富有。他們貶斥資本主義，因爲他們認爲資本主義剝奪他們該得的財富份額。

一九一九年至一九三三年，納粹的宣傳重點是：「猶太集團和西方的資本主義，導致你們的苦難；我們將打擊這些敵人，從而讓你們生活變得更美好。」德國納粹黨和義大利法西斯黨，爲了取得原材料和肥沃土地而戰，他們許諾追隨者將享有富貴奢華的生活。義大利人神聖的自我中心主義（*Sacro-Egoism*），並非理想主義者的心態，而是強盜的心態。墨索里尼所以讚美危險生活，並非爲了享受危險生活本身，而是因爲危險生活是取得豐厚戰利品的一個手段。當戈林說槍炮比奶油更爲重要時，他的意思是：德國人在不久的未來，必須限制他們自己的奶油消費，以便取得所需的槍炮，去搶奪世界所有的金銀財寶。如果這是利他主義、自我犧牲或非理性的理想主義，則布魯克林殺手組合的那些先生們，便是最爲完美的利他主義者和理想主義者。

所有國家的民族主義者，已經成功說服他們的同胞相信：只有他們所建議的政策，才眞正有利於我們——整個國家和所有誠實國民——的福祉；而所有其他政黨都心懷不軌，準備將本國的命運出賣給他們——外國人。他們自稱爲「民族主義者」，以此影射其他政黨偏袒外國利益。在第一次世界大戰時，德國民族主義者以祖國的政黨自稱，從而給所有那些贊成和談、贊成眞誠宣告德國不想兼併比利時，或贊成不再以潛艇擊沉越洋定期班船的人，貼上心懷不軌的民族敵人標籤。他們不想承認，他們的政治對手也是眞誠的愛國者。在他們眼裡，凡不是民族主義者，都是變節者與叛國賊。

這就是當代所有反自由主義政黨的共同心態。例如：所謂「勞動黨」自以爲，他們所推薦的政策，是唯一有利於——當然是——勞動者物質利益的政策。凡是反對他們的方案者，都被他們視爲勞動者的敵人。他們不允許他人，就「他們的政策是否眞的合適增進工人的利益」進行理性討論。他們痴迷到完全不理會經濟學家所提出的反對意見。他們認定，凡是他們所推薦的，必定有利於勞動者，而凡是他們的批評者所敦促的，必定不利於勞動者。

這個執迷不悟的教條主義心態，並不表示民族主義者或勞工領袖嚮往其他目標，不想增進他們的國家或階級的物質利益，而只顯示我們這個時代的一個特徵——理性討論的空間，遭到各種無稽的多元邏輯說（polylogism）排擠殆盡的事實。我們將在後面某一章討論這個現象。

第三節　貴族統治學說

馬克思主義的哲學結構裡，有數不盡的謬誤陳述和事實錯誤，其中有兩個特別不像話。馬克思斷言，資本主義導致廣大群眾越來越貧窮；並且主張，無產者，不管是才智或道德，均優於思想狹隘、精神腐敗、自私自利的資產階級。這些神話，不值得我們浪費時間加以批駁。

倡議回歸寡頭統治的人士，見解和馬克思主義者相當不同。他們說，資本主義無疑給廣大群眾帶來富足的生活，儘管廣大群眾不知道自己爲什麼變得越來越富足。無產者一直竭盡所能，阻止或減緩技術創新的步伐——他們甚至曾經摧毀新發明的機器。他們的工會，如今仍舊反對生產方法的任何改善。企業家和資本家向來必須大費周章，催促心不甘情不願的廣大群眾，進入一個能使他們——廣大群眾——的生活，變得更爲舒適的生產體制。

倡議貴族統治的人士接著說，收入不平等，在一個放任自由的市場社會裡，有一強大的降低趨勢。儘管普通公民變得更爲富有，卻很少有成功的企業家獲得大幅超過平均水準的財富。高收入者只是一小群人，而這一群人的消費總額太過微不足道，對市場沒什麼影響。中上收入者的生活水準，高於一般民眾，但他們的需求，在市場裡也相對不重要。他們的生活，的確比大多數公民同胞更爲舒適，但他們不夠富有，消受不起某種和多數同胞截然不同的生活方式。他們的穿著，或許要比社會下階層名貴一些，但屬於同一款式，而且也追隨相同的流行時尚。他們的浴室和汽車比較優雅，但就功能而言，和社會下階層所擁有的同類生活配備，基本相同。從前的生活水準差距已經縮小，成爲大多屬於裝飾性質的品味差異。一個現代企業家或高階經理人的私生活，和他的雇員不同的程度，遠遠小於數世紀前，一個封建領主的私生活和他的農奴之間的不同。

在這些倡議貴族統治的批評者眼裡，收入均等化趨勢，和廣大群眾生活水準提高，有一個非常不好的後果，就是廣大群眾現在變得比較積極參與國家精神面和政治面活動。他們確立文學和藝術標準；他們的政治地位，也至高無上。他們現在有足夠的舒適與閒暇，可以在公共事務方面，扮演決定性的角色。但，他們的思想太過狹隘，無法領悟健全政治的意義。他們從生產過程中自身所在位置的觀點，判斷一切經濟問題。在他們看來，企業家和資本家，甚至大部分高階經理人，純粹是沒什麼作用的閒人，其所提供的生產服務，「任何有基本讀寫能力的人」都能輕易提供。[2]廣大群眾的心中，充滿嫉妒與怨恨；他們很想沒收資本家和企業家的財富，就因爲資本家和企業家錯在把他們服侍得太好。他們絕對沒有能力想像，他們所支持的政策措施，會有什麼比較遙遠的後果。因此，他們下定決心，要摧毀他們自身賴以滋養和繁榮的根源。民主的政策，是自殺的政策。騷動的暴徒，要求採取違背社會和他們自身最佳利益的行動。他們選出的國會議員，盡是道德敗壞的煽動家、冒險家和頌揚專利成藥與愚蠢解方的僞劣專家。民主政治已經導致文化劇變，國內滋養壯大、看似文明的野蠻人，群起反抗理智、健全政策和文明。在許多歐洲國家，廣大群眾已經牢牢確立獨裁政權。在美國，他們或許很快也會成功。自由主義和民主政治的偉大體制試驗，已被證明是自我倒閉清算的試驗。它已導致有史以來最爲惡劣的獨裁暴政。

不是爲了精英階層的利益，而是爲了拯救文明，以及廣大群眾的利益，需要一番徹底改革。主張貴族革命的人士說，必須削減無產者的收入；必須使無產者的工作變得更爲費力，也更爲冗長。勞動者在完成其日常工作後，應當疲累到擠不出閒暇時

[2] 這是列寧特有的關於企業家功能和企業管理階層的見解，請參見其著作的小冊子：*State and Revolution* (New York, 1917), pp. 83-84。

間，從事危險的思想和活動。他必須被剝奪選舉權。所有政治權力，必須歸屬於社會上層階級。然後，一般平民將變得人畜無害。他們將是農奴，但作爲農奴，他們是快樂的、感恩的、順從的。廣大群眾需要有人嚴格控制他們。如果放任自由，他們將很容易淪爲流氓惡棍獨裁野心的犧牲品。想要拯救他們，就必須及時建立家長式寡頭統治體制，由最好的精英貴族主政掌權。

這些就是我們同代的許多人，從伯克（Edmund Burke）、杜斯妥也夫斯基（Fyodor Dostoevsky）、尼采（Friedrich Nietzsche）、柏雷多（Vilfredo Pareto）和米歇爾斯（Robert Michels）等人的著作，以及從過去數十年的歷史經驗，總結出來的理念。他們說：「必須在人渣的專制暴政，和有智慧的國王與貴族的仁慈統治，兩者之間做出選擇。」歷史從未有過任何永垂不朽的民主政治體制。古代和中古世紀的共和國，不是眞正的民主政體；廣大群眾——奴隸和外邦人——從未參與統治工作。無論如何，這些共和國最後都因煽動和腐朽而告終。如果不可避免要由某個大審判官（Grand Inquisitor）來統治，但願他是一位羅馬紅衣主教、一位波旁王子，或一位英國領主，而不是一位出身和教養低劣的虐待狂冒險家。

前述推理的主要弱點，在於過分誇大社會下階層，在政策被推向如今對文明社會有害的過程中，所扮演的角色。寡頭統治之友視爲社會下等人的廣大群眾，居然被認爲有能力在思想上壓倒上層社會精英——企業家、資本家和知識分子，進而哄騙這些社會精英接納他們——廣大群眾——自己的意識型態，這毋寧是一個自相矛盾的悖論。

誰該爲過去數十年無數可悲的事件負責？新的學說難道是社會下階層——無產階級——發展出來的？答案顯然是否定的。沒有哪一位無產者，曾經對反自由主義學說的構建，有過任何貢獻。在現代社會主義者的家譜樹根部，我們會看到的一個名字，其人是法蘭西帝國最顯赫的一個貴族家庭的墮落後裔。幾乎所有社會主義的創建者，都是社會中上階層成員或自由業人士。比利時人，亨利·德·曼（Henri de Man），曾經是一位極端的左翼社會主義者，如今則是一位同樣極端、擁護納粹的社會主義者，他的斷言一點也沒錯：「任何人，如果接受有誤導性的馬克思學派表述方式，而把每一種社會意識型態都歸屬於某一特定社會階級，那就必須說，社會主義學說，甚至馬克思主義，出自資產階級。」[3]干預主義和民族主義，都不是出自「人渣」，而是富裕階級炮製出來的學說。

---

[3] De Man, *Die Psychologie des Sozialismus* (rev. ed. Jena, 1927), pp. 16-17. 寫這本書時，德·曼還是德國左翼社會主義的一個寵兒。

這些已被事實證明有害於和平的社會合作，並且此刻正在動搖我們的文明根基的學說，它們的壓倒性成功，並非社會底層活動的結果。在思想方面，無產者、工人和農民，無疑沒有罪。社會上層階級成員才是這些學說的始作俑者。事實是，知識分子成功說服廣大群眾，改信這些意識型態，而不是知識分子從廣大群眾口中，獲得這些意識型態。這些現代學說如今獨領風騷的事實，即便是知識衰退的一個證明，並不表示社會下階層已經征服上階層，而毋寧只顯示知識分子和資產階級自身的腐朽與墮落。廣大群眾，正因爲他們的心思遲鈍怠惰，從未創造出任何新的意識型態。「創造」始終是社會精英的特權。

我們現在面對的事實，是整個社會全盤的退化，而不只是社會某一部分出現局部的弊病。

當自由主義人士推崇民主政府，說它是唯一能在國內和國際關係上，保障永久和平的手段時，他們並不是像某些批評民主的人士所認爲的，在主張國家應由一群卑鄙的人、下賤的人、愚蠢的人或看似文明的野蠻人來統治。他們所以支持自由主義與民主，正是因爲他們希望由最適合的人來統治。他們主張：那些最有資格執行統治任務的人，必須透過成功勸說，獲得公民同胞的信任，來證明他們具有統治能力，從而使公民同胞自願委任他們執行統治。他們反對革命者共同擁護的軍國主義思想；他們不認爲，以暴力或欺詐手段成功取得統治地位，便是有資格執行統治的證明。他們認爲，欠缺說服力的統治者，不可能長久執政；說服力是必不可少的執政條件。只有沉迷於無聊幻想的人才會認爲，政府即使沒獲得輿論支持，只要本身夠好，便能長存。如果我們人類沒生出說服力夠強的人，從而無法使人民普遍接受健全的社會組織原則，那麼，無論採取什麼統治體制，我們的文明都注定消失。

另有人說，對於維持和平、民主、自由和資本主義社會生產體制，構成威脅的理念，根源於「廣大群眾的反叛」。這絕非事實。那些構成文明威脅的理念，其實是學者和知識分子、有錢人的子孫，以及被上流社會當作寶貝寵愛的文人與藝術家等等社會中上階層人士的產物。世界上的每一個國家，王室與貴族都和社會主義者與干預主義者合作，一起反對自由。幾乎所有基督教會和教派，都擁護社會主義和干預主義的原則。在幾乎每一個國家，神職人員都支持民族主義，甚至天主教教會也不例外，儘管天主教教義號稱擁抱全世界。愛爾蘭人、波蘭人和斯洛伐克人的民族主義，在很大程度上，是神職人員的成就。在法國，最有效支持民族主義的力量，來自天主教教會。

爲了解決這個普遍的弊病而嘗試回歸獨裁者與貴族統治，將是白忙一場。沙皇在俄國的獨裁統治，或波旁王室在法國、西班牙與那不勒斯的獨裁統治，都不是健全行政的保證。霍亨索倫王室和普魯士地主貴族在德國，以及英國的統治集團，已充分被事實證明他們不能勝任國家管理工作。

如果卑鄙無恥的小人如今控制許多國家的政府，那是因爲傑出的知識分子曾經推薦由這些小人來統治；這些小人行使權力時所遵循的原則，是上流社會的教條主義者先前制定的，並且獲得知識分子的贊同。這世界眞正需要的，不是憲政改革，而是健全的意識型態。很明顯，只要統治者勝任他們的工作，任何憲政體制都可以適應情況令人滿意地運作。問題是，要找到適合擔任統治工作的人。無論先驗的推理或歷史經驗，都未曾推翻自由主義與民主政治的基本原理——施行統治的主要先決條件，是被統治者的同意。如果沒有被統治者的同意，無論仁慈的國王、或開明的貴族、或無私的宗教家、或哲學家，都不可能成功統治。任何人若想長久確立優良的統治秩序，都首先必須提供公民同胞健全的意識型態，設法說服他們相信該意識型態。他如果訴諸暴力、強制與脅迫，而非說服，便只證明他自己沒有統治能力。長期而言，暴力與威脅不可能成功用來對抗大多數人民。如果廣大群眾贊成有害的政策，任何文明都不會有希望長存。精英應該憑藉說服力，而非行刑隊的協助，擁有至高權位。

第四節　遭到誤解的達爾文主義

現在很流行嘗試應用自然科學的方法和概念解決社會問題，然而，沒有什麼事比這樣的嘗試更爲糊塗。在自然的領域，對於可能用來解釋事件的目的因，我們一無所知。但，在人的行爲領域，我們知道，行爲人有他的目的。人，做選擇。他想達成一定的目的，而且他應用某些手段，以便達成所追求的目的。

達爾文主義是十九世紀最偉大的一項思想成就。但，通常稱爲社會達爾文主義的東西，卻把達爾文所提出的理念扭曲得面目全非。

這些僞達爾文主義者說，弱肉強食是一個不可避免的自然法則，每一個生物都吞噬比它弱小的生物，而當法則應驗到它頭上時，它也會被一個更爲強大的生物所吞噬。在自然界，沒有和平或彼此友好這種事。在自然界，始終有鬥爭，那些未成功保衛自身的生物會被無情地消滅。自由主義的永久和平計劃，是虛幻的理性主義的產物。自然法則不可能被人廢除。儘管自由主義人士抗議連連，我們正在目睹戰爭的重演。過去一直有戰爭，而將來也總是會有更多戰爭。因此，現代的民族主義是棄邪返正，是拋棄虛幻錯誤的理念，重返自然與生命的現實。

首先，且讓我們附帶指出，這個弱肉強食學說所提到的那種鬥爭，是不同種類動物之間的鬥爭。高等動物吞噬低等動物；動物大多不會吞噬同類。但，這個事實並不重要。

野獸鬥爭時所使用的唯一裝備，是牠們的體力、牠們的身體特徵，和牠們的本能。人，雖然在身體上遠比猛獸弱小，並且幾乎無力對抗比較危險的微生物，但透過其最珍貴的天賦——理性——人征服了地球。理性是人主要的生存鬥爭資源。將人的理性視為非自然的、甚或是違背自然的東西，是愚蠢的。理性為人完成一項基本的生物性功能——它讓人得以存活。理性是人的物種特性。當人抗爭時，人幾乎總是使用理性作為最有效的武器。人的理性，在人努力改善外在條件以增進自身的幸福時，指引人的每一個步驟。人是理性的動物，所以人是有理智的物種（homo sapiens）。

且說，理性的最大成就，就是發現社會合作——及必然與其相伴的分工——的好處。由於此一成就，人已經能夠使其後代增加了數百倍，並且仍然使每一個人的生活水準，遠高於自然界於數十萬年前給人的非人類祖先所提供的水準。就——現在有比從前多很多的人活著，而且他們每一個人所享有的生活，遠比其祖先來得富裕——這個意義來說，我們可以使用「進步」一詞。這當然是一個價值判斷，因此是任意武斷的。但，這個價值判斷是根據一個幾乎所有人都會接受的觀點做出的，即使所有人都——像托爾斯泰伯爵或聖雄甘地那樣——看似無條件地貶低我們的一切文明。人類文明並不是什麼違反自然的成就；人類文明毋寧是人的天性發生作用的結果。

長期而言，社會合作與戰爭並不相容。自給自足的人即便互鬥，也不致摧毀他們各自生存的根基。但，在合作與分工的社會體系裡，戰爭意味社會解體。社會的漸進發展，需要漸進消弭戰爭。在目前的國際分工狀態下，沒有戰爭的空間。涵蓋全世界彼此交換商品與服務的大社會，要求所有國家與民族和平共存。數百年前，爲了替國內生產體系的和平發展鋪平道路，必須消弭割據國內各地的貴族諸侯之間的戰爭。今天，爲了替涵蓋全世界的生產體系的和平發展鋪平道路，也一樣非消弭戰爭不可。消弭國際戰爭，並不比五百年前阻止土豪劣紳彼此爭鬥，或兩千年前阻止某人搶奪和殺害鄰人，更爲不自然。如果人們現在不能成功消弭戰爭，文明與人類便注定要消亡。

從正確的達爾文主義觀點，應該說：社會合作與分工，是人類最重要的生存鬥爭手段。朝向一個涵蓋全世界的交易體系發展的互利互惠關係不斷加強，已經大大改善人類的生存處境。這個交易體系的維護，需要持久的和平。因此，消弭戰爭是人類一項重要的生存鬥爭工作。

第五節　沙文主義的角色

混淆民族主義和沙文主義，或者把民族主義解釋爲沙文主義的一個後果，是一個常見的錯誤。

沙文主義是一種性格或心性，它不會導致行爲。民族主義，一方面，是一門推薦某種行爲的學說，另一方面，則是完成這種行爲的政策。所以，沙文主義和民族主義是兩個完全不同的概念，而且兩者並非必然相連。許多老一輩的自由主義者，也是沙文主義者。然而，他們不認爲加害其他民族是適當手段，可用來增進他們本民族的利益。

沙文主義者認定，他們本民族的品行與成就優於其他民族。在目前的情況下，在歐洲，沙文主義者認定他們自己的語言族群優於其他語言族群。這種傲慢自大的心態，是普通人的一個共同弱點。要解釋這個弱點的根源，並不難。

沒有什麼比共同語言把人更緊密地聯繫在一起，也沒有什麼比語言不同更有效地使人分離。我們也可以把這說法顚倒過來，從而斷言：彼此交往的人，使用同一種語言，而彼此沒有直接交往的人，則不使用同一種語言。如果英國和德國的下層階級彼此的共同點，多於他們和各自國家上層階級的共同點，則英國和德國的無產階級將會講同一種語言，一種不同於上層階級所講的語言。當在十八世紀的社會體制下，歐洲各國的貴族彼此的聯繫，比他們各自和本國平民的聯繫更爲緊密時，他們使用一種共同的上層階級語言——法語。

講外族語、聽不懂我們的語言的人，是一個「蠻夷」，因爲我們無法和他溝通。「外國」，是我們自己的語言那裡的人聽不懂的國家。生活在這樣的國家，是極其不愉快的事；它導致心理不安與思鄉情緒。當人們遇到講外國語的他人時，他們會把他視爲陌生人；他們傾向於認爲，那些講他們自己的語言的人，和他們關係比較密切，是他們的朋友。他們把語言的名稱，轉移到講該語言的人身上。所有那些以義大利語作爲日常生活主要用語的人，都稱爲義大利人。接著，該語言的名稱被用來指稱義大利人所居住的國家，而最終則用來指稱這個國家裡，一切和別的國家不同的東西。人們講義大利菜、義大利葡萄酒、義大利藝術、義大利工業等等。對義大利人來說，義大利的各種建制和慣例，自然比外國的同類事物更爲熟悉。就像他們稱自己爲義大利人那樣，他們在講到這些建制和慣例時，他們也使用「我的」和「我們的」這些所有格名詞。

就心理學觀點而言，個人高估他自己的語言族群，以及一切通常用這個語言的名稱加以形容的事物，並不比個人高估他自己的性格或低估他人的性格，更難解釋。

（與此相反的情形——個人低估他自己的性格和自己的國家，而高估他人或他國——雖然比較罕見，但有時候也會發生。）無論如何，必須強調的是，直到十九世紀初，沙文主義很難說是一個普遍的心理。當時只有極少數人知道外國、外國語、外國的建制與慣例，而這些少數人大多受過良好的教育，足以相對客觀地判斷外國的事物。廣大群眾對外國一無所知；對他們來說，外面的世界並不是比較差，而只是比較陌生。那時候，但凡是自大自負者，都是以他自己的社會地位，而不是以他自己的國家，而感到自豪。那時候，種姓階級的差異，比國籍或語言的差異更爲重要。

隨著自由主義與資本主義的興起，情況很快改變。廣大群眾的教育程度變得比較好；他們的本國語文知識提高了。透過閱讀，他們開始知道一些外國的情況與習慣。到外國旅遊變得比較便宜，而且也有更多外國人到訪本國。學校納入更多的外國語課程。但，儘管如此，對廣大群眾來說，外國人大致仍是一種他們只從書本和報紙得知的生物。甚至目前仍有數百萬生活在歐洲的人，除了在戰場上，從未有過任何機會遇到外國人，或和外國人講話。

自負和高估自己的國家，是相當常見的心理傾向。但，如果認爲憎恨和鄙視外國人是自然固有的人性，那就錯了。甚至在戰場上拚命殺敵的士兵，如果在戰場外和敵方個別的士兵不期而遇，並不會有憎恨的感覺。自負的戰士既不恨也不輕視敵人；他只想在眾人讚嘆的目光中，展現他自己的勇氣。當某個德國製造業者說，沒有其他國家能生產出像德國這樣優良又便宜的商品時，他的意思，和他斷言德國境內競爭者的產品都比他自己的產品差，沒有兩樣。

現代沙文主義是現代文學的一個產物。作家和演說家，力圖藉由奉承他們的受眾，爭取成功。因此，沙文主義隨著書籍、雜誌和報紙的大量生產，而四處散播。民族主義，基於自身宣傳的觀點，贊成沙文主義。儘管如此，沙文主義的政治影響畢竟相對輕微，因此，無論如何，必須和民族主義清楚地區別開來。

俄國人深信，只有在蘇聯的學校裡才會教物理學，而且莫斯科是唯一有地鐵運營的城市。德國人斷言，德國是唯一有哲學家的國家；他們形容巴黎是一處遊樂場的聚集地。英國人相信，通姦在法國相當常見，而法式同性戀是一種病態的德國人性癖（*le vice allemand*）。美國人懷疑歐洲人是否使用浴缸。這些是令人慨嘆的事實，但它們不至於導致戰爭。

法國的鄉巴佬，以笛卡兒（Descartes）、伏爾泰（Voltaire）和巴斯特（Pasteur）是法國人的事實爲榮，並且把莫里哀（Moliére）和巴爾札克（Balzac）的一部分榮耀歸於他們自己；這種事雖然荒唐，但政治上卻是無害的。一般人高估本國的軍事成就，以及歷史學家熱中把本國於數十年前、甚或數世紀前輸掉的戰爭解釋爲勝利，也是屬於同一性質。當匈牙利人或羅馬尼亞人，以即使《聖經》、《查士丁尼法典》、〈法國大革命的〉〈人權宣言〉，以及莎士比亞、牛頓、歌德、拉普拉斯、李嘉圖、達爾文等人的著作，都是以匈牙利語或羅馬尼亞語書寫的，也會顯得怪誕不經的名號，指稱他們各自的民族文明時，公正的旁觀者會有一種奇怪的感覺。但，這兩國之間的政治對抗，和他們各自的沙文主義自我吹噓毫無關係。

沙文主義從未生出民族主義。在民族主義的政策謀劃中，沙文主義主要用來點綴民族主義的表演和節慶場面。當官方的演講者招呼廣大群眾，說他們是人類的精英，並讚揚他們的祖先不朽的事蹟和他們的武裝力量攻無不克時，他們洋溢著喜悅與驕傲。但，當話音逐漸消失，慶祝會結束時，他們便各自回家上床睡覺。他們不會整裝上馬，趕赴沙場。

就政治觀點而言，人們如此容易被誇誇其談的空話所鼓動，無疑是危險的。但，現代民族主義的那些政治行動，不能用沙文主義來解釋或辯解；它們是冷靜的——儘管是遭到誤導的——推理結果。一些在有思想深度的學術著作裡獲得詳細闡述——儘管錯誤百出——的學說，導致了我們目前的民族衝突、血腥戰爭和破壞。

第六節　神話的角色

長久以來，「神話」一詞一直被用來表示純屬虛構的故事和教義。基督徒就這個意思把異教的教義和故事稱爲神話。而那些不信基督教的人，也就這個意思，把《聖經》裡的故事稱爲神話。但對基督徒來說，《聖經》裡的故事卻是眞理。

這個明顯的事實遭到某些撰述者扭曲，他們認爲，某些教義儘管經不住理性的批判，但如果視爲神話，則並非不正當，或者說，並非毫無存在的理由而必須摒棄。他們這是爲了挽救和保護認知錯誤，使之規避健全的理性批判，而想出一番虛幻的辯解。

一個說法如果能被證明是錯的，則誰也不可能以賦予它神話地位，從而讓它躲開理性的批駁，來爲它辯解。沒錯，許多如今普遍或大致已遭到駁斥，從而被視爲神話的虛構故事和教義，在歷史上曾產生重大影響。但，它們之所以產生影響，並不是因爲它們被當作神話，而是因爲它們被認爲是眞理。在它們的支持者看來，它們完全眞實；它們是他們眞誠的信念。在那些認爲它們是虛構的而且違背事實的人看來，它們便成爲神話，因此這些人是不會讓自己的行爲受到它們的影響的。

對喬治·索黑爾（Georges Sorel, 1847-1922）來說，神話是未來將成功的某個行動的意象。[4]但，我們必須說，要評估一個行動方案的價值，只有一點需要考慮，亦即，該行動方案是否適合達成所追求的目的。如果合理的審查顯示它不適合，它就必須被摒棄。賦予一個不適合的行動方案神話的性質，不可能使它變爲適合的方案。索黑爾說：「如果你讓自己站在神話的基礎上，你便禁得起任何批駁。」[5]但，眞正的問題，不是以詭辯的技巧鬥嘴勝利，而是相關的教義所指導的行爲，能不能達到所追求的目的。即使有人像索黑爾那樣認爲，神話的任務，是要武裝人們的思想，爲摧毀現行體制而戰，[6]他也不能規避這個問題：「這些神話是不是達成這個任務的適當手段？」另外，必須附帶指出的是，摧毀現存的情況，本身不能視爲一個目的；必須

[4] Sorel, *Réflexion sur la violence* (3d ed. Paris, 1912), p.32: "les hommes qui participent aux grands mouvements sociaux se représentent leur action prochaine sous formes d'image de batailles assurant le tromphe de leur cause. Je propose de nmmner mythes ces constructions."（英譯："The men who take part in the great social movements represent their imminent action in the form of images of battles ensuring the triumph of their cause. I propose to name these constructions myths."）「投身於偉大社會運動的人，在想像他們的偉大事業保證成功的戰鬥場景時，構思他們即將採取的行動。我建議把這種行動意象稱為神話。」

[5] 同上，p. 49。

[6] 同上，p. 46。

建立某個新東西，以取代遭到摧毀的東西。

如果合理的論證已證明社會主義，作爲一個社會體系，不可能實現人們希望或期待透過它實現的目的，或已證明全面罷工不是達成社會主義的適當手段，則這些事實是不可能因爲有人——像索黑爾那樣——宣稱社會主義和全面罷工是神話而有所改變的。堅持信仰社會主義和全面罷工的人，希望利用它們以達到某些目的。他們完全相信，利用這些方法，他們將獲得成功。數以百萬計的人所以支持社會主義和全面罷工，不是因爲他們認爲它們是神話，而是因爲他們認爲它們是正確的和有充分根據的教義或學說。

某些自由主義思想家說：基督教是一種荒謬的信仰，一種神話；然而，它是有用的，所以廣大群眾應該遵守基督教教義。但，這些思想家所期待的好處，有賴於廣大群眾實際上認爲基督教所傳播的福音是眞理。如果廣大群眾認爲《聖經》記述的戒律是神話，則自由思想家所期待的好處便不可能實現。

任何認爲某一政治學說不對而拒絕該學說的人，如果稱該學說爲神話，那是符合普遍接受的遣辭用句方式。[7]但，如果他想利用某個普遍的迷信，以便達到他自己的

[7] Perroux, *Les Mythes hitleriens* (Lyon, 1935); Rougier, *Les Mystiques politiques contemporaines* (Paris, 1935); Rougier, *Les Mystiques économiques* (Paris, 1938).

目的，他就必須注意自己不可公開宣稱該迷信爲神話，以致貶損該迷信的影響力，因爲只有當別人認爲該迷信爲眞理時，他才能利用它，來達成他自己的目的。我們不知道，十六世紀歐洲那些參加宗教改革運動的封建領主，他們眞正的信仰。如果他們之所以投入宗教改革，並非出於眞誠的信念，而是出於發財的渴望，他們便是爲了謀求自己的私利，而濫用他人的信仰。然而，如果他們稱新教信仰爲神話，他們便會損害他們自己的利益。列寧曾經算得上憤世嫉俗地說，革命必須用當時流行的口號來完成。而他也的確藉由——違背他的良心——公開肯定那些迷住輿論的流行口號，來成就他自己的革命事業。某些政黨領導人也許能被說服相信他們政黨的教條是謊言。但，教條只有在人們認爲正確無誤時，才有實際影響力。

社會主義和干預主義，國家至上主義和民族主義，在其提倡者心中，並非神話，而是指引他們採取適當辦法達到目的的學說。這些學說的影響力，來自於廣大群眾堅定地相信，他們的命運將因實際運用它們而獲得有效的改善。然而，它們其實是錯誤的；它們從錯誤的假設出發，而且它們的論證也充斥僞劣邏輯。那些看穿這些錯誤的人，稱它們爲神話，當然一點也沒錯。但，只要他們還沒成功說服他們的同胞相信這些學說是站不住腳的，這些學說仍將主導輿論，而政客與政治家也將繼續被它們牽著鼻子走。人們總是容易犯錯。他們過去犯過錯；他們未來也將犯錯。但，他們並非故意要犯錯。他們希望成功，而且他們很清楚，他們的行動若是選錯了手段，便達不到目的。人們並不企盼神話，而是企盼行得通的學說，能爲他們所追求的目的，指明努力的方向。

一般的民族主義，特別是納粹主義，既非故意的神話，亦非故意的神話所支持的主張。它們雖然是錯誤的政治信條與政策，但仍然是某些人信仰的政治信條與政策，甚至是意圖成爲「科學」的政治信條與政策。

如果有人準備把神話視爲，類似「我們是世上的鹽」或「我們是上帝的選民」，這一類所有民族與種姓階級都曾經這樣或那樣爲之沉醉的繞梁旋律的變奏曲，我們便必須提醒他注意上面關於沙文主義的討論。這一類沙文主義的話語，是爲了使社會群體著魔般的喜悅而響起的音樂，純粹是政治活動的餘興消遣。但，政治是積極的行動，是朝著目標挺進的行動；它不應該與僅僅沉迷於自我讚美和自我吹捧相混淆。

第三篇　德國納粹主義

第六章　德國民族主義的獨特性

第一節　覺醒

德國民族主義和其他國家的民族主義並無不同，直到——一八七〇年代末和一八八〇年代初——德國民族主義者有了一個他們視爲偉大的發現。他們發現德國是歐洲最強大的國家。他們據此得出的結論是：所以德國強大到足以征服歐洲，甚或全世界。他們的推理如下：

在歐洲，俄國除外，德國人是人數最多的民族。德國本身，在俾斯麥所劃定的國家邊界內，有比其他任何歐洲國家（俄國除外）爲數更多的居民。在德國邊界之外，有好幾百萬講德語的人生活著，而所有這些人，根據民族性原則，都應該加入德國。他們說，毋須考慮俄國，因爲它不是一個純一民族的國家，而是一個包含許多不同民族的大雜燴。俄國的人口，如果減去波蘭人、芬蘭人、愛沙尼亞人、拉脫維亞人、立陶宛人、白俄人、高加索族和蒙古族、喬治亞人、波羅的海省分和伏爾加河沿岸的德國人，以及特別是烏克蘭人，便只剩下爲數少於德國人的大俄羅斯人。另外，德國人口增長的速度，高於歐洲其他國家，甚至遠高於德國「世襲的」敵人——法國。

德國民族享有占據歐洲中央部分的巨大優勢，因此在戰略意義上，控制整個歐洲和一部分亞洲與非洲。在戰爭中，德國民族享有盤踞主場、以逸待勞的優勢。

德國人民年輕而充滿活力，西方國家的人民則年老而頹廢墮落。德國人勤奮，富有美德，並且隨時會挺身而戰。法國人道德敗壞，英國人崇拜財神和利潤，義大利人性格懦弱，俄國人則是尚未開化的野蠻人。

德國人是最英勇的戰士。法國人不是德國人的對手，這在羅斯巴赫（Rossbach）、卡茨巴赫（Katzbach）、萊比錫（Leipzig）、聖普利瓦（St. Privat）、滑鐵盧和色當（Sedan）等幾次戰役，已經獲得證明。義大利士兵一遇到敵人，拔腿就逃。俄國的軍事力量不行，在克里米亞戰爭和不久前與土耳其的戰爭，獲得證實。英國的陸權向來可以鄙視。英國所以是一個海上霸權，全因德國人過去政治不統一而忽視建立海權。從前漢莎同盟的偉大事業，清楚證明德國人的航海天賦。

所以很明顯，德國民族注定稱霸歐洲乃至全世界。神、命運和歷史賦予德國人以偉大的品性，便是揀選他們來治理這世界。但，不幸的是，這個得到上天祝福的民族尚未發現，它的權利和它的義務對它的要求。對歷史使命的無知，使德國人老是沉迷於民族內部的對抗。德國人自己互相爭鬥。基督教削弱了他們與生俱來的尚武熱情。宗教改革把德國民族分裂成兩個敵對陣營。哈布斯堡王朝的皇帝濫用其帝國力量，謀求王朝本身自私的利益。其他封建君主背叛民族利益，支持法國人入侵。瑞士人和荷蘭人已脫離德國民族而獨立。但，現在德國人的盛世終於要來臨。上帝已經給祂的選民派來他們的救主——霍亨索倫王室。該王室復興了真正的條頓精神——普魯士精神，使人民擺脫了哈布斯堡王朝和羅馬天主教會的壓迫；德國人民將繼續向前邁進，建立德國人主導的世界政府（The German imperium mundi）。對每一個德國人來說，竭盡所能支持霍亨索倫王室完成世界霸業，不僅是他自己的責任，而且也最有利於他自己。德國的敵人爲了削弱德國人的靈魂，妨礙它完成天賦使命，而提出的一切學說與教條，都必須予以根除。任何德國人，如果宣揚和平理念，便是一名叛徒，必須當作叛徒加以處置。

新政策的第一步，必須是重新整合目前生活在德國境外的德國人。奧地利帝國必須拆散，所有在一八六六年之前屬於德意志邦聯的奧地利省分（包括所有捷克人區和斯洛維尼亞人區）必須併入德國。荷蘭與瑞士必須和德國統一，比利時的佛蘭芒語區（Flemings），以及俄羅斯的波羅的海省分——因爲當地的社會上層階級講德語——也一樣必須和德國統一。德國的軍事力量必須加強，直到足以完成這些征服任務。德國必須建立一支強大的海軍，足夠粉碎英國艦隊。然後，必須兼併最有價值的英國和法國殖民地。荷蘭的東印度群島和（位於非洲的）剛果自由國，在它們的母國被征服後，將自動接受德國統治。在南美，德國必須占領一大片土地，至少可供三千萬德國人定居。[1]

---

[1] 為了證明最後這一項——唯有透過戰爭擊敗美國才能兌現的——要求，並非只得到躁進分子的支持，而是也獲得比較溫和，乃至遭到激進民族主義者輕蔑，視為過分寬容與冷淡的人士的背書，我們只消引述古斯塔夫・馮・史莫勒（Gustav von Schmoller, 1838-1917）的一段警語。史莫勒是公認的德國學院講壇社會主義領頭人，柏林大學的政治學教授，德國政府常任經濟事務顧問，普魯士上議院議員，和普魯士學院院士。史莫勒的同僚和整個德國官僚體系，認為他是當代最偉大的經濟學家和偉大的經濟史學者。我們引述的這些文字出自一九〇〇年於Stuttgart出版的一本書，書名為*Handels und Machtpolitik, Reden und Aufsätze im Auftrage der Freien Vereingung für Flottenvorträge*, I. 35,36，該書的編輯者，除了史莫勒本人，還包括Adolf Wagner和Max Sering，皆為柏林大學的政治學教授。它們是：「我不能詳述我們需要海軍去完成的那些商業與殖民任務的細節。只有一些要點，可以簡略地提一下。我們一定會不惜一切代價，在即將到來的世紀，於巴西南部建立一個有二至三千萬德國人的德語區。這德語區是否為德國的一部分並不重要。如果沒有戰艦持續保護（該德語區和母國的）交通聯繫，如果德國沒準備好隨時在這些地方進行武力干涉，在巴西建立德語區的計劃，其推展過程將面臨危險。」

比史莫勒更加直言不諱的，是他的同僚Adolf Wagner。這人的名氣和官方威望，幾乎和史莫勒不相上下。在談到為德國的過多人口尋求居住地的努力勢必導致的戰爭時，亦即，在談到即將來臨的「生存空間爭奪戰」時，他補充道：「像美國門羅主義這種虛張聲勢的主張……並非不能克服的障礙。」（*Agrar- und Industriestaat*, 2d ed. Jena, 1902, p. 83.）這些是老教授心平氣和的觀點，而非年輕人的毛躁吹噓。要引述上百條其他類似的評論，一點也不難。

這個計劃給生活在不同國家的德國移民指派了一項特殊任務。他們將由宣揚德國民族主義的使者組織起來，而德國領事館則應該在道義與財務上支持這些使者。在德國要征服的那些國家裡，他們將變成一支先鋒隊。在其他國家裡，他們要以政治行動促使所在國政府同情德國；這是專門給德裔美國人規劃的一個任務，因爲德國的計劃是要使美國盡可能長久保持中立。

第二節　大德意志主義的崛起

像上述那樣的大德意志主義是知識分子和論述家的一項成就。大學裡的歷史系、法律系、經濟系、政治系、地理系和哲學系教授，是大德意志主義最堅定的提倡者。他們使大學生改信他們的大德意志理念。這些學生畢業後，很快便使更多人變成大德意志主義的信徒。他們或者在著名的德國大學預備學校和同等教育機構裡成爲高等教育界的老師，或者走出學校成爲律師、法官、公務員和外交官，他們有充足的機會效力於他們的大德意志事業。

曾有一段時間，德國所有其他社會階層都抗拒這個新理念。他們不希望發生更多的戰爭和征服；他們希望過和平的生活。正如民族主義者輕蔑指出的，他們是自私自利的人，不熱中爲民族大業犧牲，而只希望享受自己的人生。

流行的理論違背事實而誤以爲，容克（貴族地主）和軍官群體，大企業和金融業群體，以及中產階級，是德國民族主義的始作俑者。其實，所有這些群體，起初都極力反對大德意志主義的熱望。但，他們的反對無效，因爲這反對欠缺有說服力的意識型態支持。德國不再有任何自由主義的論述家。因此，民族主義的論述家和教授輕易征服了德國思想界。很快，德國年輕人從大學和中學畢業時，已是堅定的大德意志主義信徒。到了十九世紀末，德國幾乎全國一致贊同大德意志主義。

商人和銀行家有好多年是大德意志主義的堅定反對者。他們比民族主義者更熟悉國外的情況。他們知道法國和英國並不頹廢，而且征服世界非常困難。他們不想讓他們的國外貿易與投資，因爲戰爭而受到傷害。他們不認爲，裝甲巡洋艦能完成商旅的任務，或給他們帶來更高的利潤。他們害怕增強軍備的財政後果。他們要的，是銷售額增加，而不是戰利品。但，民族主義者很容易讓這些財閥反對者噤聲。所有重要官職很快便落入那些受過大學教育，而充滿民族主義思想者的手中。在奉行國家至上主義的國家裡，企業家任憑官僚擺布。官員享有自由裁量權，可以隨意決定攸關個別企業存亡的事項。他們實際上可以隨意毀滅任何他們想毀滅的企業。他們不僅有權力讓這些反對者噤聲，甚且能強迫這些反對者捐款贊助民族主義政黨。在商人的同業公會裡，理事的地位至高無上。這些理事是提倡大德意志主義的大學老師從前的學生，他們競相試圖在民族主義思想的激進程度上超越同儕，企圖藉此取悅政府官員，以方便他們爲會員的利益進行關說，從而促進他們自己的職業生涯。

德國民族主義並不是，像馬克思學派所斷言的，「軍備工業自私的階級利益的意識型態上層結構」。一八七〇年代，除了克魯伯工廠，德國只有相對小規模，而且並不很賺錢的軍備工廠。沒有絲毫證據顯示，這些軍備企業曾資助民族主義自由投稿者。這些軍備企業也和大學老師更爲有效的民族主義思想宣傳活動，沒有任何牽連。軍備產業從一八八〇年代開始的大量投資，是德國擴大武裝備戰的結果，而不是原因。[2]每一個商人當然都贊成各種可能導致他的銷售額增加的需求傾向。「肥皂資本」希望人們更愛乾淨，「建築資本」希望人們需求更多住房，「印刷資本」希望人們需求更多更好的教育，而「軍備資本」則希望加強武裝備戰。每一個行業的短期利益考量，鼓勵這樣的心態。然而，長期而言，增加的需求導致更多資本流入景氣繁榮的行業，而新入行的企業家競爭則會削減此等行業的利潤。

[2] 一八七〇年普法戰爭時，德國所擁有的五艘鐵裝甲戰艦中，三艘是英國製的，兩艘是法國製的。德國直到很晚才發展國內的海軍戰備工業。

較大的一部分德國國民所得用於軍備支出，對應的事實當然是，個別消費者能用作自己消費的那部分國民所得變少。軍備支出增加，提高了軍備工廠的銷售額，但也按同一程度降低了所有其他產業的銷售額。有一些馬克思主義者想法比較微妙，他們並不認爲民族主義論述家被軍備資本收買了，而是認爲那些論述家「不知不覺地」支持軍備資本的利益。但，這個說法意味相關論述家，也按同一程度，「不知不覺地」傷害絕大部分德國企業家和資本家的利益。究竟是什麼因素使得「世界靈魂」（world soul）——據說，就是這一股神祕的力量，引導哲學家和論述家違背他們自己的心意、「不知不覺地」發揮作用，甚至迫使他們調整自己的思想順應不可避免的演化趨勢所要求的路線——如此偏袒某些行業而犧牲其他爲數更多的行業？

沒錯，從本（二十）世紀開始，幾乎所有德國資本家和企業家都是民族主義者。但，德國所有其他社會階層、社會群體和社會階級，甚至在更大程度上，也是民族主義者。這是民族主義教育的結果，是拉加德（Paul de Lagarde）、彼得斯（Carl Peters）、朗本（Julius Langbehn）、特雷奇克（Heinrich Treitschke）、史莫勒（Gustav von Schmoller）、休斯頓・斯圖爾特・張伯倫（Houston Stewart Chamberlain）和瑙曼（Friedrich Naumann）之流的論述家，他們的一項成就。

所謂柏林的宮廷、容克和貴族軍官自始便贊同大德意志主義，並非事實。霍亨索倫氏和他們的家臣追求的目標，是普魯士稱霸德國，以及提高德國在歐洲的威望。他們已經達到這些目標，而且覺得很滿足。他們沒想要更多。他們渴望保持德國的種姓制度，保持皇室和貴族的特權；對他們來說，這比爭霸世界更爲重要。他們並不熱中建立一支強大的海軍或殖民擴張。俾斯麥心不甘情不願地屈服於他人提出的殖民計劃。

但，宮廷和貴族無力抵抗知識分子所支持的群眾運動。他們早已完全喪失對輿論的影響力。他們得益於他們自身的特權的死敵——自由主義——遭到國家至上主義挫敗。但，他們本身對新興的國家至上主義的崛起毫無貢獻；他們只是坐享其成，獲得一般心態改變所帶來的好處。但，他們認爲民族主義人士的理念有點危險。大德意志主義人士滿口稱讚舊普魯士及其制度，稱讚保守黨在反對自由主義方面所發揮的作用，稱讚陸軍與海軍，稱讚委任軍官，以及稱讚貴族。但，民族主義人士的心態裡有一點，對容克來說，似乎意味民主和革命，所以並不討喜。他們認爲，信仰民族主義的平民干預外交政策和軍事問題，是一種對君主的不敬之舉。在他們看來，外交和軍事是君主的專屬領域，不容他人置喙。雖然民族主義人士對政府國內政策的支持，讓他們感到高興，但大德意志主義人士對於「高等政治」竟敢有自己的見解，在他們看來，卻是一種跡近反叛的僭越。宮廷和貴族甚至質疑一般人民有權利讚揚他們在這些獨占領域的成就。

但，心裡覺得這樣不舒服的，僅限於老一輩的人，亦即，那些在新德意志帝國成立前便已成年的人。威廉二世和所有他的同代人已經是民族主義的信徒了。年輕世代無法保護自己免受新思潮的影響。學校教他們相信民族主義。他們以民族主義者的身分進入政治舞臺。沒錯，當擔任公職時，他們不得不保持外交官式的矜持。因此，政府一再公開訓斥大德意志主義者，嚴詞拒絕一些它自己暗中贊同的建議。然而，由於官僚集團和大德意志主義者的最終目標完全一致，所以這種公開訓斥一點也不重要。

第三個反對激進民族主義的群體是天主教。但，天主教的政治組織，中央黨，既沒打算，而心態上也不合適，抗拒偉大的思潮。該黨的策略完全只是順應每一個流行的趨勢，並試圖加以利用，以顧全該黨自己的目的——保持和改善教會的社會地位。中央黨的唯一原則是天主教。至於其他方面，它既沒有任何原則，也沒有任何信念，而純粹是機會主義者。但凡可能有助於它在下一次選舉取得成功的事，它都幹。它按照時勢變化，有時候跟新教保守派合作，有時候則跟民族主義者合作，有時候又跟社會民主黨合作。一九一八年，它和社會民主黨合作推翻舊帝制，並在威瑪共和國成立後，繼續和該黨合作。但，一九三三年，中央黨意圖在第三帝國裡和納粹分享權力。納粹使這個意圖胎死腹中。當這個意圖遭到納粹拒絕時，中央黨不僅感到失望，還很憤慨。

中央黨曾組織一個強大的基督教工會系統，這是該黨最有價值的一股輔助力量，因此該黨不僅熱中於自稱爲工人黨，還認爲促進德國的出口貿易是該黨的責任。德國輿論普遍接受的經濟思想認爲，強大的海軍和充滿活力的外交政策，是增加出口的最佳手段。因爲德國的那些僞經濟學家認爲，每一筆出口都是占便宜，而每一筆進口都是吃虧，所以他們無法想像，除了「德國海軍實力令人印象深刻的展示」，有什麼辦法能促使外國人購買更多的德國貨。由於大多數德國教授教學生說，誰要是反對增加軍備，誰就是想擴大失業，同時想降低人民的生活水準，所以中央黨，作爲一個代表工人的政黨，不可能賣力抗拒民族主義極端分子的提議。何況還有其他考量。在大德意志主義的征服計劃中，首先要兼併的那些領土，其居民主要是天主教徒。將那些地方併入德國，肯定會增強德國天主教的勢力。如此這般，中央黨怎麼可能認爲這些征服計劃不妥當？

只有自由主義才有能力對抗大德意志主義。但，德國已經沒有了自由主義人士。

第三節　舉世皆國家至上主義中的德國民族主義

德國的民族主義和其他歐洲國家的民族主義不同之處，僅在於德國人民相信自己是歐洲最強大的民族。大德意志主義及其繼承者——納粹主義——是一般性的民族主義學說在某個特殊國家的應用，這個國家人口最多，武力最強，但不幸的是，其所需的糧食和原材料無法自給自足，必須仰賴進口。

德國的民族主義不是殘酷粗暴的條頓民族天性所結出的果實；它並非源自血脈或遺傳；它不是維京人的後代子孫返祖再現其祖先的心態；再說，德國人也不是維京人的後代。我們這個時代的德國人，其祖先是（沒有參與入侵羅馬帝國給古代文明最後一擊的）日耳曼部族、東北歐的斯拉夫部族與波羅的海部族，和阿爾卑斯山的凱爾特土著部族。當今德國人的血脈裡，非日耳曼人的成分多於日耳曼人。斯堪地那維亞人——維京人眞正的後裔——擁抱一種不同型態的民族主義，並使用一些和德國人不同的政治手段。誰也不可能知道，如果瑞典人像德國人這樣多，瑞典是否會採取納粹的辦法，以因應我們這個時代的世界性民族主義。但，要不是德國人遠遠多於瑞典人，德國人肯定不會一心想要征服世界。

德國人既沒發明干預主義，也沒發明國家至上主義，更不用說這兩者不可避免的結果——民族主義。他們從國外輸入這些學說。他們甚至沒發明他們自己的民族主義最顯眼的沙文裝飾——雅利安主義的神話。

根據行爲學和經濟學，以及源自這兩門理論科學的自由主義實用哲學，很容易揭露德國民族主義的根本錯誤、謬論和僞劣邏輯。但，當國家至上主義者想要駁斥大德意志主義和納粹主義的基本陳述時，卻是束手無策。針對德國民族主義的論述，國家至上主義者所能提出的不會自相矛盾的反對意見，只是斷言：德國人誤判實際情況，所以才會自以爲能夠征服全世界。國家至上主義者能用來反對納粹主義的唯一手段，是軍事手段。

對國家至上主義者來說，如果駁斥德國民族主義意味強制與脅迫，那就是在自打嘴巴，因爲國家總是意味強制與脅迫。雖然自由主義想方設法要將強制與脅迫的實施限制在某一狹窄範圍內，國家至上主義者卻不認爲需要這些限制。對國家至上主義來說，強制與脅迫是政治行爲的基本手段，甚至是唯一的手段。國家至上主義認爲，亞特蘭提斯國政府，爲了阻礙都樂國的公民在亞特蘭提斯國的市場裡出售商品，或在亞特蘭提斯國的工廠裡工作，而使用武裝人員——亦即，海關和移民局官員——是無可厚非的。既然如此，國家至上主義便提不出任何有效理由，說服都樂國政府放棄消滅亞特蘭提斯國的武裝力量，以免都樂國公民遭到該武裝力量傷害的計劃。面對都樂國這樣的計劃，亞特蘭提斯國唯一有效的反駁，是在戰場上擊退侵略者。

我們如果比較私有財產權和領土主權的作用，便能看清問題的關鍵。任何私有財產權或領土主權都能追溯到某個起始點——起初，都是有某個人或者占用無主的財物或土地，或者以暴力徵用某個原先占用者所擁有的財物或土地。法律和合法性不可能追溯到其他起源；「合法的」起源，是一個矛盾與荒謬的概念。實際的占用狀態，因為獲得其他人的承認，而變成合法的狀態。合法擁有的基礎，在於人們普遍接受如下的規則：今後將不再容許發生任意占用或暴力徵用的情事。為了和平、安全、進步，大家同意，今後的財產異動，每一次都將是直接當事人自願交換的結果。

這當然涉及承認過去的任意占用與暴力徵用。它無異於宣示，財產分配的現狀，固然是過去的歷史任意確立的，但現在必須視為合法，受到尊重。不會有其他行得通的選擇。試圖透過徵收所有財產和一次全新的分配，來建立某種公平狀態，將導致無休止的戰爭。

在市場社會的架構中，法律形式主義固然能把每一筆財產權追溯到任意占用或暴力徵用的起始點，但這種歷史事實已不再具有實質意義。在市場社會裡，現在的所有權和遙遠的私有財產權起源，不再有任何連結。遙遠的過去所發生的那些故事，隱藏在原始人類歷史的黑暗中，對我們現在的生活不再有任何影響。因為在未受阻撓的市場社會裡，消費者透過日常的購買或拒絕購買，天天決定誰該擁有，以及該擁有什麼。市場的運作天天將生產手段的所有權，重新分發給那些最清楚如何運用它們以滿足消費者需求的人。只有在法律形式意義下，才能將生產手段所有者視為占用者和徵用者的繼承人。事實上，生產手段所有者是消費者的受託人，他們受到市場法則的約束，必須盡力滿足消費者的需求、甚至任性的渴望。市場是一個民主體系。資本主義是消費者自決的極致體現。汽車大王亨利福特之所以比一般人更爲富有，是因爲他比一般人更爲成功地滿足消費者的需求。

但，所有這一切並不適用於領土主權。在這方面，遙遠的過去某支蒙古部族曾經占領西藏地區的事實，現在仍然具有其完整的重大意義。假使有一天人們在西藏發現了某些珍貴的資源，如果善加利用便可提高每一個人的生活水準，但人們是否被允許利用這些寶藏，端視達賴喇嘛個人如何裁量而定。他的自主裁決是西藏的最高權威；他的統治名分，源自幾千年前的一場血腥征服，至今仍是至高無上和個人獨占的。這種不盡如人意的情況，只能以暴力手段或戰爭來去除。於是，戰爭不可避免；它是最後的手段（*ultima ratio*）；除非人們採納自由主義原則，否則戰爭便是解決國際利益衝突的唯一方法。正是爲了使戰爭變得沒有必要，所以自由主義才建議世界各國採取自由放任的經濟政策，好讓政治邊界不至於妨害市場運作。一個奉行自由主義的西藏政府，將不會阻礙任何人好好利用該國的資源。如果要消弭戰爭，就必須消弭戰爭的原因。必須限制政府活動的範圍，讓政府只負責保障人民的生命、健康和私有財產安全，從而確保市場正常運作。國家主權不得用於傷害任何人，不管是本國的公民，或是外國人。

在國家至上主義的世界裡，國家主權再一次意味災難。每一個主權國家的政府都有權力使用其強制與脅迫機構，去傷害本國公民和外國人的利益。亞特蘭提斯國的警察對都樂國的公民施加脅迫。都樂國命令本國軍隊攻擊亞特蘭提斯國軍隊。每一個國家都稱對方爲侵略者。亞特蘭提斯國說：「這是我們的國家；在我們國家的邊界內，我們高興怎麼做，是我們的自由；你們都樂國無權干預。」都樂國回答說：「若非先前的征服，你們根本沒有主權的名分；可是，你們現在利用你們的主權，歧視我們的公民；但，我們足夠強大，可以動用優勢武力撤銷你們的主權名分。」

在這種情形下，只有一個辦法可以避免戰爭：你的武力必須強大到沒有任何國家膽敢侵略你。

第四節　對德國民族主義的批判

由於自由主義已經預先駁倒了民族主義所有的論點，所以這裡無須針對民族主義提出更多的批判。但，即使我們略而不提自由主義的那些論點，德國民族主義的那些計劃也必須視爲不切實際。德國人強大到足以征服世界之說，純粹是天方夜譚。再說，即使德國人成功征服世界，他們也享受不到任何好處。

德國建造了一部龐大的戰爭機器，而其他國家卻愚蠢地忽視組織自身的防衛能力。但，即使有盟國的支持，德國還是太過弱小，無法和全世界匹敵。大德意志主義者和納粹的傲慢自大建立在一個妄想上，他們妄想能夠一次攻打一個孤立的敵對國家，依次將各個敵國分別擊敗。他們沒考慮到那些受威脅的國家可能聯合起來對抗他們。

俾斯麥所以成功，是因爲他能夠首先攻打奧地利，然後再攻打法國，而其餘國家則保持中立。他有足夠的智慧意識到，這是非常幸運的情況所致。他沒期盼運氣將總是會以同樣的方式幫助他的國家；他坦率承認，歐洲列強聯盟的噩夢（*cauchemar des coalitions*）讓他輾轉難眠。相較之下，大德意志主義者就不是那麼謹慎。但，俾斯麥所憂慮的那種聯盟，在一九一四年成爲事實。而如今，它又再一次成爲事實。

德國沒學到第一次世界大戰的教訓。我們稍後在討論到反猶太主義的作用時，會說明納粹使用了什麼騙術，隱瞞該教訓的意義。

納粹深信他們最後必定征服全世界，因爲他們已經擺脫了道德與人性的枷鎖。他們如此這般地說服自己：「如果我們獲得勝利，這次戰爭將是最後的戰爭，而我們也將永久確立我們的世界霸權。因爲當我們勝利時，我們將徹底消滅我們的敵人，確保以後不會遇到任何報復性的戰爭或被征服者的叛亂。但，如果英國人和美國人獲得勝利，他們會給我們一個過得去的和平。由於他們覺得自己必須遵守道德律、神的誡命和其他一些無聊的禁忌，所以他們會強迫我們接受一個新的凡爾賽合約，這一份新合約可能比之前的合約對我們更好，也可能對我們更壞，但無論如何，絕不會消滅我們，而是一份將使我們在一段時間後能夠重新戰鬥的合約。因此我們將一次又一次地戰鬥，直到有一天我們終於達到我們的目標——徹底消滅了我們的敵人。」

爲了方便論證，且讓我們假定，納粹成功了，並且在全世界強制實施他們所謂的德意志和平。在這樣的世界裡，一個不是以互相諒解而是以壓迫爲其道德基礎的德意志國家，有可能令人滿意地運作？凡是在暴力與獨裁被奉爲最高統治原則的地方，將總是會有某些群體渴望以屈服其他同胞來爲自己牟取利益。德國人自己之間將發生永無休止的戰爭。被制服的非德意志人種奴隸，可能利用德國人內亂的時機，解放他們自己，並且反過來消滅他們的主人。納粹主義的道德律支持希特勒，以聽命於他本人的那種黑幫的武力，粉碎他的計劃在德國遇到的一切反對勢力。納粹黨的突擊隊，以他們曾在啤酒館、禮堂和後街裡打過的「戰役」爲榮，[3]以他們曾執行過的暗殺行動

---

[3] 以前的突擊隊員自豪地自稱為啤酒館鬥士（*Saalkämpfer*）。

和曾犯下的強暴毆打重罪爲傲。凡是自認爲足夠強大者，將來也會採取這樣的計策。納粹的道德律導致永無休止的內戰。

納粹說，強大者不僅有殺人的權利。強大者還有權利，使用欺詐、謊言、汙衊和造假，作爲合法的武器。一切有助於德意志民族利益的手段，都是正當的手段。但，該由誰決定什麼是對德意志民族有利？

面對這個問題，納粹哲學家很坦率地回答說：「正確和高尚的事，是我和我的同夥視爲如此的事，是德國人民健全的感覺（*das gesunde Volksempfinden*）覺得好的、對的和正當的事」。但，誰的感覺健全而誰的感覺不健全呢？納粹說，關於這個問題，眞正的德國人之間是不會有爭議的。但，誰是眞正的德國人？誰的思想和感覺才是眞正的德國人思想和感覺呢？誰的想法是德國人的想法——是萊辛（Lessing）、歌德（Goethe）和席勒（Schiller）的想法，還是希特勒和戈培爾的想法？希望永久和平的康德，是眞正的德國人嗎？抑或認爲和平主義者的想法最爲卑鄙的史賓格勒（Oswald Spengler）、羅森柏格（Alfred Ernst Rosenberg）和希特勒，才是眞正的德國人？事實上，在納粹自己並未拒絕稱爲德國人的人們當中，存在著思想紛歧。納粹試圖以承認有一些德國人不幸沒有德國人的想法，來逃脫這個困境。但，如果並非所有德國人都必然以眞正的德國人方式在思考和感覺，那麼，該由誰來決定哪些德國人的想法是眞正德國人的想法，而哪些德國人的想法不是？很明顯，納粹這是在繞圈子，說來說去總是繞回到原點。由於他們鄙棄多數決，說它顯然不是德國人的決斷方式，所以在他們看來，不可避免的結論便是：在內戰中獲勝的那一方德國人，所認爲的德國人想法，便是眞正德國人的想法。

第五節　納粹主義和德國哲學

曾一再有人斷言，納粹主義是德國唯心論哲學合乎邏輯的結果。這也是一個錯誤。德國的哲學思想在納粹主義的演化過程中有相當重要的影響。但，這影響的性質與程度被嚴重歪曲了。

康德的道德學說，以及他的定言令式（categorical imperative）概念，和普魯士主義或納粹主義沒有一丁點關係。定言令式不是普魯士軍隊紀律的哲學對應式。在某個偏遠的小鎭有一個像康德這樣的人擔任哲學講座教授，並不是舊普魯士的什麼德政。腓特烈大帝一點也不在乎他的這個偉大的臣民。他從未邀請康德參加他的哲學早餐會，在這種早餐會上閃亮的貴賓是法國人伏爾泰和達朗貝爾（Alembert）。他的繼任者——腓特烈．威廉二世——和康德的瓜葛，是以解僱要脅康德收斂過分傲慢的心態，不得再對宗教事務發表意見，而康德也選擇順從。認爲康德是納粹主義的先驅，是荒謬的。康德提倡各民族永遠和平相處。納粹讚美戰爭爲「永恆的高等人類存在形式」，[4]納粹的理想是「始終生活在戰爭狀態中」。[5]

認爲德國民族主義是德國哲學思想的結晶，這樣的見解之所以流行，主要源自桑塔亞那（Santayana）的權威著述。然而，桑塔亞那承認，他所謂的「德國哲學……不等於德國哲學界」，而且「有見識的德國人大多抱持眞正的德國哲學必定完全鄙視的想法」。[6]另一方面，桑塔亞那宣稱，德國哲學的第一原則「其實借自非德國人」。[7]且說，如果這個邪惡的哲學既不是德國人的原創，也不是大部分有見識的德國人的想法，那麼，桑塔亞那的論述便縮水爲只確立如下的事實：某些德國哲學家堅持一些首先由非德國人發展出來、[8]但遭到大部分有見識的德國人拒絕的學說，而桑

[4] Spengler, *Preussentum und Sozialismus* (Munich, 1925).

[5] Th. Fritsch in "Hammer" (1914), p. 541, as quoted by Hertz, *Nationalgeist und Politik* (Zurich, 1937), I. 467.

[6] Santayana, *Egotism in German Philosophy* (new ed. London, 1939), p. 1.

[7] Santayana, op. cit., p. 9.

[8] 桑塔亞那（前引著作，第21頁）說，費希特的哲學「建立在洛克（Locke）的一個錯誤上」。

塔亞那認爲，在這些學說當中，他發現了納粹主義的思想根源。但，桑塔亞那並沒解釋，這些學說，儘管不是源自德國本土，又和大部分德國人的想法相左，爲什麼恰恰就在德國，而不是在其他國家，生出了納粹主義。

然後，桑塔亞那在談到費希特（Fichte）和黑格爾（Hegel）時，又說「他們的哲學是一種天啓哲學。它承襲猶太教。它絕不可能，像希臘或文藝復興時期的哲學那樣，建立在自由觀察生活與自然的基礎上。它是被合理化的新教神學。」[9]但，同樣的話，用來表示英國和美國的哲學家，也一樣恰當。

根據桑塔亞那，德國民族主義的主要根源在於自我主義（egotism）。自我主義「不該和每一個生物固有的自然利己主義（egoism）或自我本位（self-assertion）傾向相混淆」。自我主義，「如果沒宣稱，也肯定假設，個體存在和其力量的根源在於它自身，意志和邏輯應當是無所不能的，而且除了心靈或良心自身，任何東西都不該控制心靈或良心。」[10]但，如果我們按照桑塔亞那所下的定義使用這個術語，自我主義也是亞當斯密（Adam Smith）、李嘉圖（Ricardo）、邊沁（Bentham）和穆勒

[9] Santayana, op. cit., p.11.
[10] Santayana, idem, p.151.

父子（The two Mills）等人的功利主義哲學的出發點。然而，這些英國學者並未從他們的第一原則得出任何納粹性質的結論。他們的哲學是自由主義、民主政府、社會合作、國際善意與和平的哲學。

德國民族主義的根本特徵，既不是利己主義，也不是自我主義，而毋寧是它自己對於什麼手段適合用來達成最終目的的想法。德國民族主義者深信，個別民族的利益和全世界所有民族的利益兩者之間存在無解的衝突。而這也不是德國人原創的想法。它是一個非常古老的想法，在歐洲普遍流行直到啓蒙時期，這時前面提到的那些英國哲學家才發展出一個全新的概念，指出所有個人，以及所有國家、民族和種族，正確了解的——或長期的——利益其實是和諧的。直到一七六四年，即便是伏爾泰這樣開明的人士，都還能在他的《哲學詞典》（*Dictionary of Philosophy*）中的「祖國」條目裡，輕快地寫下：「說某人是一個好的愛國者，意思是他希望他自己的國家，透過貿易取得財富，並透過武力取得權力。很明顯，一國不可能獲利，除非讓他國吃虧，而且一國也不可能勝利，除非使他國人民命運悽慘。」這樣把和平的人間合作，以及彼此交換商品與服務的作用，和戰爭與摧毀的作用混爲一談，也正是納粹學說的主要瑕疵。納粹主義既不是單純的利己主義，也不是單純的自我主義，而是被誤導的利己主義和自我主義。它是早經駁倒的錯誤認識的故態復萌、重商主義的回歸、赫伯特・斯賓賽（Herbert Spencer）所謂軍國主義的那種思想的復辟。簡而言之，納粹拋棄如今被普遍鄙視爲曼徹斯特式、自由放任哲學的自由主義哲學。而就這一點而言，納粹的想法不幸並非僅局限於德國。

對於納粹思想的得勢，德國哲學所發揮的作用，有一個和普遍認定的大相逕庭的性質。德國哲學界始終拒絕功利主義的倫理學和人間合作的社會學。[三]德國政治學界從來都不明白社會合作與分工的意義。除了費爾巴哈（Feuerbach），所有德國哲學家都鄙視功利主義，說它是一套卑鄙的倫理學。在他們看來，倫理的基礎在於直覺。人的靈魂裡有一個神祕的聲音，讓人知道什麼是對的和什麼是錯的。道德律是爲了成全他人或社會利益，而強加在人身上的約束。他們沒意識到，對每一個人來說，遵守道德律，以及表現有助於社會融洽的態度，比放縱於有害社會交往的活動，更有助促進於他自己正確了解的，或者說，長期的利益。因此，他們從來都不了解利益和諧的理論；他們從來都不知道，當個人爲了避免危害社會而放棄一些立即利

[三] 譯者注：米塞斯從一九四九年發表《人的行為：經濟學專論》開始，為了表明他所謂的社會學和涂爾幹（Émile Durkheim）之流的社會學不同，便一直以行為學（praxeology）取代他此前慣用的社會學（sociology）一詞。

益時，他所做出的犧牲只是暫時性的。在他們看來，個人的目的和社會的目的兩者之間存在著無解的衝突。他們沒看出，個人所以必須實踐道德，是爲了他自身的利益，而不是爲了他人的，或國家的，或社會的利益。德國哲學家的倫理學，是他律的（heteronomous）倫理學。這種觀點的倫理學說，某個神祕的力量命令人必須實踐道德，亦即，命令人拋棄他的自私，以成全某個比較高級的、比較高尚的和比較有力量的存在——社會——的利益。

任誰只要不了解道德律幫助所有人的利益，或不了解私人利益和社會利益兩者之間並不存在無解的衝突，便也不可能了解不同的集體單位之間並不存在無解的衝突。他的哲學合乎邏輯的結果便是，相信每一個國家和全人類社會之間的利益對立是無法消弭的。人必須在忠於自己的民族和忠於全人類之間做出選擇。凡是大大有助於國際大社會的事，便有害於每一個國家，反之亦然。民族主義的哲學家接著說，只有國家才是眞實的集體單位，而人類大社會的概念則是虛幻的東西。這人類大社會的概念，是創立基督教以及西方猶太功利主義哲學的猶太人，炮製出來的思想毒素，旨在使最優等的雅利安民族精神衰弱。道德的第一原則是幫助自己的民族和國家。凡是對德國民族有利的，都是對的。這隱含：凡是對頑固抗拒德國爭取世界霸權的種族有害的，都是對的。

這是非常脆弱的推理，要揭露其謬論，並不困難。納粹哲學家十分清楚他們無法合理批駁自由主義哲學、經濟學和社會學[12]的學說。因此，為了隱瞞他們的荒謬，他們訴諸多元邏輯說。

第六節　多元邏輯說

納粹沒發明多元邏輯說，他們只發展出他們自己的多元邏輯說品牌。

直到十九世紀中葉，從來沒人敢質疑這個事實：人心的邏輯結構是不可改變的，並且是人所共同的。一切人際關係都以這個統一的邏輯結構為基本假設。我們所以能互相交談，全因為我們能倚仗我們有某一共同的東西，亦即，共同的理性邏輯結構。某些人能想得比別人更為深邃也更為細膩。面對環環相扣的演繹推理長鏈，有一些人不幸無法掌握其中每一個環節。但，任何人只要還能思考，並且還跟得上思維推論的過程，則他必定總是堅持所有其他人都在運用的那些相同的終極推理原則。有些人無法演算大於三的數字；但，他們的演算，在進行得下去的程度內，和大數學家高斯

[12] 譯者注：同前注11。

（Gauss）或拉普拉斯（Laplace）的演算並無不同。從來沒有哪一位歷史學家或旅行家曾告訴我們說，有人分不清A和非A，或不知道肯定和否定的差別。沒錯，天天有人在推理時違反邏輯原則。但，凡是有能力檢視他們的推論的人，都能夠揭露他們的錯誤。

因爲每個人都認爲這些事實是無可置疑的，所以人們才會交流討論；他們相互交談；他們寫信和著書；他們試圖證明或反駁。如果不是這樣，人們便不可能進行社會或學術合作。我們人心甚至無法首尾一貫地想像，一個由某些邏輯結構不同的人、或不同於我們的人，所居住的世界。

但，到了十九世紀，這個不可否認的事實卻遭到質疑。馬克思和馬克思主義者——其中首推「無產階級哲學家」迪茨根（Peter Josef Dietzgen）——說，思想取決於思想者的階級地位。思想過程所產生的結果，不是眞理，而是「意識型態」。在馬克思學派的哲學脈絡中，「意識型態」這個字眼意指，思想者個人所屬社會階級自私利益的一種掩飾。所以，和另一個社會階級的人，討論任何問題都是沒用的。意識型態無須透過推理論證加以批駁，而是必須透過貶斥意識型態創作者的社會背景予以揭穿。於是，馬克思學派不討論物理學理論的優劣；他們只揭穿物理學家的「資產階級」淵源。

馬克思學派訴諸多元邏輯說，因爲他們無法以合乎邏輯的方法，駁倒「資產階級」經濟學所發展出來的各個理論，以及引申這些理論而得出的「社會主義實際並不可行」的推論。由於他們無法合理證明他們自己的理念健全，或他們的對手的理念不健全，所以他們便駁斥公認的邏輯論證方法。馬克思學派的這個計策空前成功。它讓馬克思學派僞經濟學和僞社會學的一切荒謬論述隔絕在一切合理批評之外。唯有透過多元邏輯說這個邏輯手腳，國家至上主義才得以擄獲現代人心。

多元邏輯說本質是如此荒謬，乃至絕不可能毫無矛盾地推演到極致。沒有哪一位馬克思主義者膽敢推演出他自己的認識論觀點所隱含的一切結論。根據多元邏輯說的原則，會有如下的推論：馬克思學說也並非客觀的眞理，而只是「意識型態的」論述。但，馬克思主義者拒絕這個推論。他們聲稱他們自己的學說擁有絕對眞理的性質。譬如：迪茨根便說，「合乎無產階級邏輯的理念，不是黨派的理念，而是單純的邏輯推演結果。」[13]當今那些把他們的學說取名爲「知識社會學」的馬克思主義者，也證明他們自己同樣在自打嘴巴。他們當中一位領頭人物，曼海姆

【13】Dietzgen, *Briefe über Logik, speziell demokratisch-proletarische Logik*, (2d ed. Stuttgart, 1903), p. 112.

（Karl Mannheim）教授，試圖證明存在一群所謂「獨立知識分子」（unattached intellectuals）的人，具有掌握眞理的天賦，絕不會陷入意識型態的謬誤。[14]當然，曼海姆教授確信他自己便是首屈一指的「獨立知識分子」。完全沒人能駁倒他。如果你不同意他，你就只證明自己不是「獨立知識分子」精英階層中的一員，所以你的話都是意識型態的廢話。

德國民族主義者恰恰必須面對和馬克思主義者一樣的問題。他們也一樣既無法證明他們自己的論述正確，也無法反駁經濟學與行爲學的理論。他們於是拿馬克思主義者爲他們準備好的多元邏輯說作爲掩體躲了進去。當然，他們炮製出自己的多元邏輯說品牌。他們說，不同民族或種族的心思邏輯結構彼此不同。每一個種族或民族都有它自己的邏輯，所以也都有它自己的經濟學、數學、物理學等等。但，蒂瑞勒（Lothar Gottlieb Tirala）教授——這是一位在提倡雅利安認識論方面，和鼓吹知識社會學的馬克思主義者曼海姆教授地位相當的領頭人——和曼海姆一樣，自打嘴巴地宣稱，唯獨雅利安的邏輯與科學才是眞實、正確和永恆的邏輯與科學。[15]在馬克

[14] Mannheim, *Ideology and Utopia* (London, 1936), pp. 190 ff.

[15] Tirala, *Rasse, Geist und Seele* (Munich, 1935), pp. 190 ff.

思主義者看來，李嘉圖、佛洛依德、柏格森（Henri Bergson）和愛因斯坦等人是錯的，因爲他們是資產階級分子；而在納粹看來，他們是錯的，因爲他們是猶太人。納粹的一個首要目標，是淨化雅利安的靈魂，清除笛卡兒、休謨和穆勒（John Stuart Mill）等西方哲學的汙染。他們在尋找德人種的科學（arteigen German science），亦即，一種適合德國人種族特性的科學。[16]

我們或許可以當作假說，假定人的心思能力取決於其身體特徵。我們當然無法證明這個假說正確，但同樣也沒人能證明與此相反的神學假說觀點正確。我們不得不承認，我們不知道生理過程如何導致思想。對於某些身體器官遭到創傷或其他損害的不利影響，我們有一些模糊的概念；我們知道這種損害可能限制或完全摧毀人的心思能力與功能。但，這就是我們所知道的一切。另外，關於人心邏輯結構所謂的多樣性與紛歧，要是有人敢宣稱自然科學已有了一些肯定的證據，那也將無異是目中無人的哄騙。從生理學、或解剖學、或其他任何自然科學，無法推導出多元邏輯說。

【16】「Arteigen」是納粹所創造的許多德國語詞中的一個。在他們的多元邏輯說當中，它是一個主要概念。和它相反的詞是「Artfremd」，表示和德國人的種族特性格格不入。科學與真理的標準，不再是正確或不正確，而是arteigen（德人種的）或artfremd（非德人種的）。

不管是馬克思學派的多元邏輯說，或是納粹的多元邏輯說，他們除了宣稱不同階級或種族的人心邏輯結構各自不同外，從未有更進一步的說明。他們從來不敢嘗試精確證明，無產階級的邏輯和資產階級的邏輯在哪方面不同，或雅利安人的邏輯和另一邊的猶太人與英國人的邏輯在哪方面不同。要全盤拒絕李嘉圖的比較成本理論或愛因斯坦的相對論，只揭露它們的創作者所謂的種族背景，是不夠的。需要的是，首先發展出一套有別於非雅利安人邏輯的雅利安人邏輯系統。接著必須逐項檢視這兩套互異的系統，找出它們在推理過程中的什麼地方，所做的推論——雖然就非雅利安邏輯的觀點而言是正確的——從雅利安邏輯的觀點來說，是無效的。而最後，還應該解釋，以正確的雅利安邏輯推論取代無效的非雅利安邏輯推論後，將導致何種結論。但，這一切動作從來沒人，也絕不可能有任何人嘗試過。對於雅利安和非雅利安邏輯究竟在什麼地方不同，聒噪多話的種族主義者和雅利安多元邏輯說的提倡者，蒂瑞勒教授，沒有任何說明。多元邏輯說，不管是馬克思學派的，或是雅利安人的，或是其他任何品牌的，從未交代自身的任何細節。

多元邏輯說採用一個奇特的辦法處理不同意見。當多元邏輯說的鐵粉未能揭穿某個異議者的背景時，他們就會乾脆給他貼上叛徒的標籤。馬克思學派和納粹一樣都只認得兩類異議人士。異類（aliens）——非無產階級成員或非雅利安人——是錯的，因爲他們是異類；無產階級背景或雅利安裔的異議者是錯的，因爲他們是叛徒。他們就這樣輕易甩開他們所謂自己的階級或種族成員當中的意見分歧問題。

納粹強調德國經濟學和另一邊的猶太人與盎格魯—撒克遜人的經濟學不同。但，他們所謂的德國經濟學，和外國的一些經濟思潮並沒有任何不同。他們所謂的德國經濟學，是從日內瓦人西斯蒙第（Sismondi）以及法國和英國的一些社會主義者的學說發展出來的。它的一些比較資深的代表性人物，只是原封不動地把國外的思想引進到德國。李斯特（Frederick List）把（美國人）亞歷山大・漢彌爾頓（Alexander Hamilton）的理念引進到德國，希爾德布蘭（Bruno Hildebrand）和布倫塔諾（Lujo Brentano）把英國早期社會主義的理念引進到德國。德人種的經濟學（arteigen German economics）和其他一些國家的經濟思潮，例如：美國的制度經濟學派，幾乎沒有兩樣。

另一方面，納粹所謂西方的——所以是和德國人格格不入的——非德人（artfremd）經濟學，其實在很大程度上，是納粹甚至無法否認其爲德國人的一些人的成就。納粹經濟學家浪費了不少時間，搜索卡爾・門格爾（Carl Menger）的族譜，想找出其中的猶太人祖先，但並未成功。將一邊的經濟理論，和另一邊的制度經濟學派與歷史經驗主義，兩邊之間的衝突，視爲種族或民族之間的衝突，是極其荒唐的事。

多元邏輯說並不是一門哲學或一門認識論方面的理論。它是心胸狹隘的狂熱者的一種心態，這種狂熱者無法想像任何人會比他們自己更爲合理或更爲聰明。多元邏輯說也不是一門科學：它毋寧是一種排斥推理與科學，並取而代之的迷信；它是混亂的年代特有的心態。

第七節　大德意志主義和納粹主義

納粹主義的根本理念，是由大德意志主義者和把持學院講座的社會主義者於十九世紀最後的三十年間發展出來的。早在第一次世界大戰爆發之前，該套理論體系便已完備多時，什麼都已不缺，除了後來加上一個新的名稱。納粹和其德意志帝國時期的前輩不同之處，僅在於納粹適應了一個不同的政治形勢。他們的最終目的——德國稱霸世界，以及達成該目的的手段——征服，並沒有改變。

近代史最令人驚奇的一個事實是，被德國的這種民族主義威脅到的外國人，居然沒有更早一點察覺到危險。少數幾個英國人看透這個危險，但他們被眾人嗤之以鼻。對盎格魯—撒克遜人的常識來說，納粹的計劃顯得太過異想天開，不值得認眞看待。

英國、美國和法國很少有人熟諳德語；他們不讀德文書籍和報紙。曾經以觀光客身分訪問過德國並且見過德國政治人物的英國政客，被他們本國人視爲德國問題專家。曾經參加過柏林宮廷舞會，或曾經和德國皇家衛隊駐紮於波茨坦的某個旅的軍官在專屬食堂裡共進過晚餐的英國人，興奮地將德國愛好和平、並且是英國的好朋友，這樣的好消息帶回英國。他們爲自己在現場獲得的知識感到自豪，傲慢地將持不同意見者斥爲「不切實際的理論家和迂腐的教條主義者」。

英王愛德華七世——他的父親是德國人，而他的母親（維多利亞女王）這邊的德國血親家人並未融入英國生活——對他的親外甥德皇威廉二世[17]的好戰心態高度起疑。英國的國防政策所以能在幾乎最後一刻改變方向，並尋求與法國及俄國合作，得歸功於這一位英國國王。但，即便是在改變政策時，英國也未意識到，並非只有德國皇帝一人，而是全體德國人都渴望征服。美國的威爾遜總統也犯了相同錯誤。他也相信，德國宮廷和容克（貴族地主）階級是侵略政策的煽動者，而一般德國人民則是愛好和平的。

【17】譯者注：德皇威廉二世是英王愛德華七世的大姊（維多利亞長公主）和德皇威廉一世的兒子普魯士王子腓特烈・威廉所生的兒子。

類似的錯誤如今依然盛行。受到馬克思學派成見的誤導，人們偏執地認爲，納粹是爲數相當少的一群人，透過欺詐和暴力，綁架並役使不情願的群眾。他們不了解，在那些轟動德國的內鬥中，爭鬥的雙方對於德國對外政策的最終目的並無任何紛歧。遭到納粹刺殺身亡的拉特瑙（Walther Rathenau），生前是德國社會主義和德國民族主義最傑出的文人寫手。遭到納粹貶損爲親近西方的施特雷澤曼（Gustav Stresemann），在第一次世界大戰時期，是所謂德國和平方案——在德意志帝國的東西兩邊兼併大片領土——的一個最極端的擁護者。他的羅加諾（Locarno）政策是一個解除西方國家心防的緩兵之計，目的是要讓德國騰出手腳以便集中在東面邊境大肆發揮。共產黨如果在德國奪得權力，所採取的對外政策將不會比納粹較不具侵略性。史特拉瑟（Gregor Strasser）、勞施寧（Hermann Rauschning）和胡根貝格（Alfred Hugenberg）等人所反對的，是希特勒這個人，而非德國民族主義。

第七章　德意志帝國時期的社會民主黨

第一節　傳說

對於德國和納粹的演變及其時下行爲的認識，受到一些關於德國社會民主黨傳說的影響，而變得含糊不清。

比較舊的，在一九一四年以前便已發展出來的相關傳說如下：德國資產階級背棄了自由，轉而投向軍國主義的懷抱。他們作爲剝削階級的地位，遭到勞方要求公平分配的威脅，因而託庇於帝國政府，冀望透過普魯士軍隊的保護，繼續維持他們對勞方的剝削。但，民主與自由的大業，雖然遭到資產階級背棄，卻在無產階級方面找到了生力軍。社會民主黨英勇地對抗普魯士軍國主義。德意志皇帝，及其貴族軍官，渴望保持封建制度。得利於軍備擴充的銀行家與實業家，僱用腐敗的文人寫手，散播民族主義的意識型態，希望外界相信德國統一團結在民族主義的旗幟下。但，無產階級絕不可能被大企業的御用文人所騙。他們由於得到社會民主黨的教導啓發，看穿了這個騙局。數百萬選民投票支持這個社會主義政黨，選出大膽反對軍國主義的人士擔任國會議員。德意志皇帝及其將軍們積極備戰，但他們沒考慮到人民的力量與決心。國會有一百一十位社會主義政黨的議員。[1]在他們的背後，是數百萬加入工會組織，鐵定投票支持社會民主黨的工人；除此之外，還有其他一些選民，雖然不是登記在案的黨員，也投票支持該黨。他們和國際工人協會（第二共產國際）站在一起，堅決不惜一切代價反對戰爭。這些眞正擁護民主並愛好和平的人士，值得毫無保留地被信任。他們——這些工人——才是決定性因素，而剝削者和寄生蟲——實業家和容克階級——則無足輕重。

社會民主黨領導人的一言一行，全世界的人都密切關注、充分知曉。每當他們在國會或黨代表大會演講時，人們都專心傾聽。他們的著作被譯成幾乎每一種語言，到處被人傳頌。在他們的領導下，人類似乎正邁向一個更美好的未來。

傳說很難泯滅。它們遮住人們的眼睛，封閉人們的心靈，讓人們聽不進任何批評，看不到任何事實。羅伯特・米契爾斯（*Robert Michels*）[2]和查爾斯・安德勒

[1] 於一九一二年德意志帝國舉行的最後一次選舉中當選。

[2] See the bibliography of Michels' writings in *Studi in Memoria di Roberto Michels*, "Annali della Facoltà di Giurisprudenza delle R. Università di Perugia" (Padova, 1937), Vol. XLIX.

（Charles Andler）[3]，曾試圖給人們描繪一幅更爲眞實的德國社會民主黨形象，但徒勞無功。甚至後來和戰爭相關的一些事件，也粉碎不了德國社會民主黨傳說中的虛假形象，反而在舊的傳說上，又加上了一個新的傳說。

這個新傳說是這樣的：第一次世界大戰爆發前，該黨的大老，貝貝爾（August Bebel）和威廉・李卜克內西（Wilhelm Liebknecht），不幸過世。他們的繼任者，主要是知識分子和其他非無產階級背景的職業政客，背棄該黨的原則。他們和德意志皇帝的侵略政策合作。但，身爲無產階級，從而自然且必然是社會主義的、民主的、革命的和有國際意識的工人們，拋棄這些叛徒，選擇已故的威廉・李卜克內西的兒子卡爾・李卜克內西和羅莎・盧森堡（Rosa Luxemburg）作爲該黨的新領導。是工人們，而非他們以前那些不誠實的領導，發動了一九一八年的革命，並推翻了德意志皇帝和其他封建君主。但，資本家和容克階級（貴族地主）不肯棄械投降；他們甚至得到古斯塔夫・諾斯克（Gustav Noske）、弗里德里希・艾伯特（Friedrich Ebert）和菲利普・謝德曼（Philipp Scheidemann）等一干奸詐的黨領導的支持。嗣後，工人

[3] Andler, *Le Socialisme impérialiste dans L'Allemagne contemporaine, Dossier d'une polémique avec Jean Janurés* (1912-1913)(Paris, 1918).

們爲了民主與自由而拚死拚活，奮戰長達十四年。但，由於一次又一次遭到他們自己的領導背叛，他們注定失敗。資本家精心設計了一個極其邪惡的陰謀，以致最後獲得勝利；他們的武裝幫派奪得權力，而現在則委由阿道夫・希特勒，這位大企業和大金融資本的傀儡，統治這個國家。但，人民群眾鄙視這位該死的打手。他們心不甘情不願屈服於壓垮他們的恐怖主義，不過，他們正勇敢準備發起新的決定性反抗。眞正無產階級的共產主義勝利的日子，眞正解放的日子，就在眼前。

這些傳說的每一句話都歪曲事實。

第二節　馬克思主義和勞工運動

馬克思在還不認識經濟學——而且也因爲不認識經濟學——的時候，改信社會主義。後來，當一八四八年和一八四九年革命失敗迫使他逃離德國時，他去了英國。在那裡，在大英博物館的閱覽室裡，他於一八五〇年代發現了——注意，不是他自吹自擂的資本主義演化法則，而是——英國政治經濟學的一些著作，英國政府出版的一些報告，以及早期英國社會主義者，利用古典經濟學所闡釋的價值理論作爲基礎，聲稱勞方的權利主張具有道德正當性的宣傳小冊子。這些就是馬克思用來建構其社會主義之「經濟基礎」的材料。

在移居倫敦之前，馬克思曾相當幼稚地主張某一干預主義方案。在一八四七年發表的《共產黨宣言》裡，他闡述十點可以立即爭取推動的措施。這些被他描述爲「相當普遍適用於最爲先進國家」的措施，被他定義爲「對財產權和資產階級生產方法的暴虐性侵蝕」。馬克思和恩格斯說，它們「就經濟觀點而言，並非足夠充分而且也非長久可靠，然而在施行過程中，它們將不斷自我超越，使施行更多侵蝕舊社會秩序的措施成爲勢所必然，因此作爲徹底顛覆整個（資本主義）生產模式的一個手段，它們是不可或缺的。」[4]這十點中已有八點被德國納粹付諸實施，而且其激進程度，肯定會讓馬克思喜不自禁。剩下的兩點建議——亦即，剝奪所有私人的土地財產，並將所有土地租金用於公共支出，以及廢除所有遺產繼承權——納粹尚未完全採納。然而，納粹的課稅方法、農業規劃，以及限制租金水準的政策，正一天天向馬克思訂下的目標接近。《共產黨宣言》的作者，建議以社會改革措施，逐步實現社會主義。他們就

[4]《共產黨宣言》，第二節末了。在他們於一八七二年六月二十四日為新版的《共產黨宣言》所寫的前言裡，馬克思和恩格斯宣稱，由於情況已經改變，所以「第二節末了所提出的革命性措施，已經不再是重點了。」

是這樣建議後來被馬克思和馬克思主義者定性爲社會改革者之欺詐（socio-reformist fraud）的社會主義實現方法。

一八五〇年代，馬克思在倫敦學到非常不同的理念。在研究了英國的政治經濟學之後，馬克思學到，這種對市場運作進行干預的政府措施，達不到它們想要的目的。從那時開始，他便鄙棄這種因爲對資本主義演化法則的無知而衍生出來的干預措施，稱其爲「小資產階級的荒唐舉措」。覺悟的無產階級不該將他們的希望寄託在這種改革措施上。他們不該，像心胸狹隘的小資產階級妄想的那樣，去阻礙資本主義的演化。相反的，無產階級應該歡呼資本主義生產體系的每一步進展。因爲除非資本主義已經完全成熟，已經達到它自身最高的演化階段，否則它將不會被社會主義所取代。「任何社會體系，絕不會在其架構還有空間容納的生產力全部發展完畢之前消失；而新的、比較高級的生產關係，也絕不會在其存在所需的物質條件已經在舊社會子宮裡孕育完成之前出現。」[5]所以只有一條途徑通往資本主義的崩塌——亦即，資本主義本身漸進的演化。經由剝奪資本家而實現的社會主義化過程，是一個「藉由資本主義

---

[5] Marx, *Zur Kritik der politischen Oekonomie*, edited by Kautsky (Stuttgart, 1897), p. xii.

生產模式內在法則的運作而自動執行的」過程。時候一到，「資本主義私有財產權的喪鐘就會響起」，[6]社會主義就會來臨，而「人類社會的初期歷史……就會結束。」[7]

從這個觀點來看，不僅社會改革者渴望對資本主義加以限制、調節和改善的努力，必須視爲白費工夫。工人自身，透過組織工會和罷工，期盼在資本主義架構內，提高工資率和生活水準的計劃，看來也一樣和其目的背道而馳。「現代產業發展本身，必然不斷使分配形勢更有利於資本家而不利於工人」，「從而資本主義生產模式的一般趨勢，不是提高，而是降低平均生活水準。」既然這就是資本主義體系內客觀的形勢傾向，則工會運動充其量只可能試圖「充分利用偶然的機會，暫時改善工人的處境。」工會應該了解這一點，並且徹底改弦易轍。工會應該「拋棄保守的座右銘：『合理的每天工資換取合理的每天工作量！』而應該在他們的旗幟上寫下革命的標語：『廢除工資制度！』」[8]

馬克思的這些說法，或許會讓浸淫於辯證法的黑格爾信徒倍感心有戚戚焉。這一

[6] Marx, *Das Kapital* (7th ed. Hamburg, 1914), I. 728.
[7] Marx, *Zur Kritik der politischen Oekonomie*, p. xii.
[8] Marx, *Value, Price and Profit*, edited by Eleanor Marx Aveling (New York, 1901), pp. 72-74.

類教條主義者傾向於相信，資本主義生產模式，將「以自然法則不可擋之勢」，招致「其自身的否定」，辯證地實現「否定的否定」；[9]他們從而傾向於坐等，「隨著經濟基礎的改變」，「整個龐大的上層結構遲早將很快完成其革命」。[10]一個以奪取政權為目的的政治運動，正如馬克思所預見的那樣，不可能建立在這種信念的基礎上。工人不可能變成這些信念的支持者。在這些信念的基礎上，馬克思主義者想獲得早就存在、無須從零開始的勞工運動合作，那是毫無希望的。這個勞工運動基本上是一個工會運動。組成工會的勞工，滿腦子都是馬克思所鄙棄的小資產階級荒唐理念，矢志追求較高工資率和較短工時；他們要求勞動立法、消費品價格管制和房租限制。工人們贊同的，不是馬克思的學說和從中推衍出來的方案，而是干預主義者和社會改革者的計劃。他們不想放棄此等計劃，不甘心只靜靜等待，直到遙遠的將來某一天，希望屆時資本主義必將變成社會主義。當馬克思主義宣傳家向這些工人解釋，說不可避免的社會演化法則已經注定他們前程遠大時，說他們已被揀選要來取代資本主義社會腐爛的寄生蟲時，說未來屬於他們時，他們很是高興。但，他們想要為他們的當下而

[9] Marx, *Das Kapital*, op. cit., p. 729.

[10] Marx, *Zur Kritik der politischen Oekonomie*, p. xi.

活，而不想爲某個遙遠的未來而活，所以他們憑藉他們將來要繼承的財富，要求立即獲得一筆現金支付。

馬克思主義者必須在這兩者之間做出選擇：或者選擇僵硬、毫不妥協地堅持他們首腦的學說，或者鑑於工人們能夠給他們帶來榮譽、權力、影響力，以及最後但並非最不重要的是，給他們提供不錯的生活收入，而選擇變通、適應工人們的觀點。他們無法抗拒後一選項的誘惑，所以屈服了。他們繼續私下在他們自己的圈子內討論馬克思的辯證法，更何況馬克思主義原本就有某種神祕主義的性質。但，在公開場合，他們以一種不同的方式言談和寫作。他們所領導的勞工運動，比較重視爭取提高工資、勞動立法和社會保險條例等議題，而不在意「平均利潤率之謎」這類傷腦筋的詭辯課題。他們組織消費合作社和住房協會；他們支持所有反資本主義的政策，儘管在他們的馬克思主義專門著作裡，此等政策都被他們冠以小資產階級議題的汙名。他們的馬克思主義理論斥爲荒唐的事，每一件他們都做；他們的原則和信念，每一條他們都準備犧牲，只要這犧牲可望在下一次國會選舉中，提高他們的得票率。在他們那些深奧的專門著作裡，他們是絕不妥協的教條主義者，而在他們的政治活動上，他們卻是毫無原則的機會主義者。

德國社會民主黨把這種兩面派作風制度化發展成一套完美的組織體系。在該黨裡面，一邊是一極小圈經過入門認證的馬克思主義者，負責監視馬克思正統信條的純潔性，並透過僞劣邏輯和謬誤的推論，爲該黨不符合馬克思正統信念的政治行爲進行辯護。馬克思過世後，恩格斯是正宗馬克思思想的詮釋者。恩格斯過世後，該權威地位由考茨基（Karl Kautsky）繼承。任何人只要稍微偏離正確的教條，都必須卑屈順從地悔過認錯，撤回原先的見解，否則就會遭到無情的整肅，逐出該黨的組織行列。對所有那些不是靠自有資金過活的人來說，遭到這樣的放逐，意味失去生活憑藉。另一邊則是人數眾多而且還不斷增加的黨官僚人員，忙著組織勞工運動的政治活動。對這些人來說，馬克思主義的用語，只不過是他們進行宣傳時的點綴。他們一點也不在乎歷史唯物論和價值理論。他們是干預主義者和社會改革者。任何能讓他們受到群眾——他們眞正的衣食父母——歡迎的事，他們都做。這個機會主義非常成功。黨員人數以及黨費收入和其他獻金、該黨控制的工會、合作社和其他協會，穩步增加。該黨發展成爲一個強大的團體，有龐大的預算經費和數千個雇員。它有旗下的報紙、出版社、印刷廠、大會堂、寄宿所、合作社，和供應這些合作社需求的工廠。它經營一所學校，專門培訓該黨新生世代的領導幹部。它是德意志帝國政治結構中最爲重要的機構，並且是第二國際工人協會中至爲重要的組織。

對這個雙元性——同一組織裡，有兩個根本不同、彼此衝突、絕無可能融合在一起的行動原則與傾向並存——視而不見，是一個嚴重錯誤。因爲這個雙元性，是德國社會民主黨，以及國外所有其他仿效它組成的政黨，最具特色的特徵。黨內人數非常少的一群狂熱的馬克思主義者——在整個德意志帝國內，其人數很可能從未超過數百人——完全和其餘黨員隔離。他們和他們的外國朋友交流，特別是和奧地利的馬克思主義者、流亡的俄國革命家，以及某些義大利團體，往來密切。那時候，在盎格魯–撒克遜人的國家裡，馬克思主義幾乎不爲人所知。這些正統的馬克思主義者，和該黨的日常政治活動，幾乎沒有任何交集。他們的觀點和他們的感覺，不僅一般人民群眾，連他們黨內的許多官僚也認爲奇怪，甚至覺得噁心。數百萬投票支持社會民主黨候選人的工人，完全不理會這些馬克思主義者連篇累牘，關於資本集中、資本主義崩潰、金融資本、帝國主義，以及馬克思唯物論和康德批判論兩者之間的關係，等等課題的理論性討論。他們容忍這幫迂腐的學究，因爲他們看到：這幫人動搖並嚇唬那個由政治家、企業家和神職人員所構成的「資產階級」世界，而且由政府任命的大學教授們——德國的婆羅門階級——認眞對待這幫人，還寫了不少關於馬克思主義的長篇大論。但，他們自行其是，同時也讓這幫知識淵博的學究自行其是。

關於德國與英國的勞工運動兩者之間據稱的根本差異，曾有許多人談了很多。但，這許多人都沒提到的是，很多這些差異只是偶然的與外表性質的差異。這兩國的勞工政黨都希望實施社會主義，都想在資本主義社會架構內，透過改革逐步實現社會主義。這兩國的勞工運動基本上都是工會運動。對德意志帝國時期的德國勞工來說，馬克思主義只是一個點綴。馬克思主義者只是一小群無足輕重的文人。

馬克思主義者的心態，和組織在社會民主黨及其附屬工會旗下的勞工的心態，兩者之間的對立，在該黨必須面對一些新的問題時，變得至關重要。當思想教條和實際政策之間的衝突，擴散到此前沒有任何實際意義的領域時，馬克思主義和勞工干預主義之間虛假的妥協便破裂了。戰爭（第一次世界大戰）使該黨據稱的國際主義受到考驗，一如戰後時期的諸多事件，也使該黨據稱的民主傾向及其社會主義化政綱受到考驗。

第三節　德國工人和德國這個國家

要了解社會民主黨的勞工運動在德意志帝國時期所扮演的角色，必須先正確理解工會主義及其方法的基本特徵。人們通常從工人有集會結社之權利的觀點，討論這個問題。但，這根本不是問題的關鍵。從來沒有哪一個自由主義政府，曾拒絕過任何人享有集會結社的權利。再說，法律是否授予受僱者和賺取工資者隨意（*Ad libitum*）

毀約的權利，其實也無關緊要。因爲即使工人依法必須賠償相關雇主的損失，務實的考量也將使雇主求償的權利變得毫無價值。

工會能夠而且也實際用來實現其目的——更有利的勞動條件——的方法，是罷工。這裡我們無須再討論，工會究竟能否成功，持久爲所有的工人將工資提高到未受阻撓的市場所決定的水準之上；我們只消指出這個事實：經濟理論——無論是舊的古典經濟理論，包括其中的馬克思學派分支，或是現代的經濟理論，包括其中的社會主義學派分支——斷然以否定方式回答這個問題。[三]我們這裡只關心工會在和雇主交涉時，採用何種殺手鐧的問題。事實是：工會的集體談判，一向在停工的威脅下進行。工會的發言人強調，黃色工會（或企業工會）是假工會，因爲這種工會反對拿罷工當手段。如果工會沒拿罷工威脅雇主，則工會集體談判所得到的結果，將不會優於每一個工人分別和雇主談判的結果。但，罷工可能因某些工人拒絕參與罷工，或因企業家僱用罷工破壞者，而遭到挫敗。工會因而使用恐嚇和脅迫手段，對付每一個試圖和罷工者作對的人。他們訴諸暴力，傷害罷工破壞者及試圖僱用罷工破壞者的企業家或企

[三] 參見前文第三章第六節。

業管理人的人身和財產。在十九世紀，所有國家的工人所以享有這種傷害他人的特權，與其說因爲已有法律明文認可，不如說因爲警察機關和法院有意的通融配合。輿論已轉向支持工會的要求。輿論贊同罷工，詆毀罷工破壞者爲背信棄義的流氓，贊同工會對不願意配合的雇主和罷工破壞者施加懲罰，並且在政府當局試圖介入保護受攻擊者時，反應激烈。膽敢反對工會的人，實際上已是不法分子，得不到政府保護。一個賦予工會權利，可以訴諸脅迫與暴力的習慣法，已經牢牢確立。

政府這種不作爲的情形，在盎格魯—撒克遜人的國家，和普魯士及德國其他地方相比，較爲不明顯，因爲前者的習慣法總是允許個人在較大的範圍內，平反其私人的委屈，而後者的警察權力廣大無邊，習慣於干預生活的每一方面。在霍亨索倫氏的領域裡，有多如牛毛的法令和「禁忌」，任何人但凡被發現違犯了其中的一條，無論情形如何輕微，便有大難臨頭。警察到處忙著干涉，法院的判決也非常嚴苛。只有三種違規的情形被允許。決鬥，刑法雖然禁止，但對於正式軍官、大學生和該社會等級的人來說，在一定範圍內，實際上是自由的。警察也會縱容時髦的大學生社團團員酒後鬧事、騷擾無辜，或以其他脫序行爲取樂。然而，比較重要的是，和罷工有關的一些偏激行爲，通常獲得縱容。在一定範圍內，罷工者的暴力行動是被容忍的。

每一個暴力行動，由於本質使然，都傾向逾越可以容忍視爲合理的界限。最嚴明的紀律也防止不了警察下手過重超出情況的需要，或防止獄卒虐待囚徒。只有脫離現實的形式主義者才會陷入幻覺，誤以爲能夠誘導戰鬥中的士兵嚴格遵守戰爭規則。通常給工會暴力指定的行動範圍，即使有更爲精確的界定，越界的情形也難免發生。試圖爲工會的這項特權劃定界限的努力，一再導致官員和罷工者之間的衝突。由於當局一次又一次不得不介入罷工所引起的衝突，有時候甚至使用武器，以致越來越多人產生錯覺，誤以爲政府是站在雇主這一邊的。由於此一緣故，對於雇主和罷工破壞者在廣泛的範圍內宛如魚肉任憑罷工者擺布的事實，公眾乃視而不見。於是，哪裡有罷工，那裡的工會反對者，在一定範圍內，便得不到政府的任何保護。工會實質上變成一個行使公權力的機構，有權利使用暴力實現工會的目的，就像後來沙俄的（反猶）大屠殺幫和納粹的突擊隊那樣。

在德國歷史的變遷過程中，德國政府授予工會這些特權，意義非常重大。就因爲享有這些特權，從一八七〇年代開始，罷工便有可能成功達到目的。沒錯，在此之前，普魯士曾有過幾次罷工。但，那時的情況不同。在工廠所在的小鎮附近，雇主找不到罷工破壞者；而落後的交通設施發展狀態，限制國內人口自由移動的法律，以及其他地方勞動市場情況的訊息缺乏，阻止雇主從遠方招來工人。在這些情況改變後，罷工若想成功，唯有訴諸威脅、暴力和恐嚇。

德意志帝國政府從來沒當眞想要改變其偏袒勞工的政策。一八九九年，看似屈服於雇主和非工會工人的要求，它在國會提出一個保護非罷工者的法案。這只是一個障眼法。那些願意工作的人所以得不到保護，原因不在於現行的刑法規定不足或有缺陷，而在於警方和相關當局刻意漠視有效的法律。在這方面，法律和法院的裁決都沒有任何實際作用。由於警方不介入，而檢察官也不起訴，所以法律並未執行，而法院也沒有機會做出判決。只有當工會逾越警方實際訂下的界限時，才會有訴訟案件移交給法院審理。帝國政府堅決不想改變這樣的狀況；它並不熱中勸誘國會同意它所提的法案，而事實上國會也將其退回。如果帝國政府認眞看待該法案，國會的作法肯定大大不同。帝國政府很清楚如何能讓國會順從它的意思。

德國近代史的一個突出的事實是：帝國政府和所有對資本主義、自由貿易及不受阻撓的市場經濟採取敵視態度的群體，形成實質的同盟關係，而且確實也進行了合作。霍亨索倫王朝的軍國主義，試圖結合勞工、農業和小企業方面的壓力團體，一起對抗「資產階級的」自由主義和「財閥的」議會制。它想要以政府干預企業，以及在某個時候，實施全面性的國家計劃，取代它所謂不公平的剝削體系。

該套干預及計劃制度的意識型態和理論臆測基礎，已被講壇社會主義者——一群在德國的大學裡壟斷社會科學系所的教授——鋪設就緒。這些人——他們的信念和後來的英國費邊社（Fabians）及美國的制度經濟學派（Institutionalists）幾乎一致——宛如是德國政府的智囊團。該套制度本身被它的支持者稱爲*Sozialpolitik*（社會政策）或*das soziale Königtum der Hohenzollern*（霍亨索倫王朝的社會政策）。這兩個詞都不適合直譯。它們或許應該譯爲New Deal（新政）；因爲它們的主要特點——勞動立法、社會保障、種種試圖提高農產品價格的努力、對合作社運營的鼓勵、對工會運動持同情態度、對股市交易的限制、對公司企業課徵重稅等等——相當於美國從一九三三年開始實施的政策（新政）。[12]

德國的這個新政策於一八七〇代末期開始實施，並於一八八一年十一月十七日在皇帝給國會的通知裡被莊重地宣告。俾斯麥的目標是，在有利於勞工的措施方面，超越社會民主黨。他那老派的專制傾向，促使他和社會民主黨領導人進行沒有希望成功的鬥爭。他的繼任者放棄了歧視社會主義者的法律，但堅定不移地繼續實施Sozialpolitik（社會政策）。早在一八八九年，在談到英國的政策時，雪梨・韋伯（Sidney Webb）便說：「現在可以公允地宣稱，當今社會主義者的哲學，不過是有

【12】Elmer Roberts使用「國王的社會主義」（Monarchical Socialism）一詞。見其所寫*Monarchical Socialism in Germany* (New York, 1913)一書。

意識並明確主張一些大多已於無意間被採納的社會組織原則罷了。本世紀的經濟史是一部幾乎不間斷的社會主義進步記錄。」[13]然而，在那些年，德國的Sozialpolitik（社會政策）其實遠比當時的英國社會改良政策先進。

德國的講壇社會主義者以他們國家的社會進步爲榮。他們自豪於德國在偏袒勞工的政策上領先全球。他們沒注意到的是，德國所以能在社會立法和工會運動方面讓英國相形見絀，完全是因爲德國的保護性關稅和產業卡特爾，把國內價格抬高到世界市場價格之上，而英國仍然堅持自由貿易。德國的實質工資升幅，其實並未超過勞動生產力的升幅。其實，既不是德國政府的Sozialpolitik（社會政策），也不是工會運動，而是資本主義企業的演進，導致一般生活水準上升。既不是政府的功勞，也不是工會的努力，而是企業家完善生產方法，使市場充斥越來越多也越好的商品。德國工人所以能夠比其父親和祖父消費更多的商品，乃是因爲新的生產方法使他的工作比較有效率，生產出比較多也比較好的商品。但，在這一群德國教授的眼中，死亡率下降和每人平均消費水準上升，是霍亨索倫氏體制賜福的證明。他們把德國出口增加，歸

---

[13] Sidney Webb in *Fabian Essays in Socialism* (American ed. New York, 1891), p. 4.

功於德國現在是一個最爲強大的國家，強大的帝國海軍和陸軍讓其他國家在德國面前顫慄。德國輿論完全相信，若非政府干預企業，現在工人的處境肯定不會比五十年或一百年前更好。

當然，工人們傾向於怪罪政府行動太慢，認爲政府偏袒勞工的政策步伐可以進行得更快一些。每一項新的偏袒措施都只是激勵他們要求更多偏袒的誘因。然而，儘管批評政府行動緩慢，他們並未反對國會裡社會民主黨議員的態度——這些議員總是投票反對政府所提出、並且獲得「資產階級」議員支持的法案。工人們不僅和社會民主黨人同聲，譴責每一項偏袒勞工的新措施都是資產階級對勞工的無恥欺詐，而且也和政府所任命的御用教授一起，稱頌同一措施是德國文化最有益的成就。他們很高興自己的生活水準穩步上升，而且他們也將此情況歸功於工會和政府的行動，而非資本主義的運作。他們不敢引起大的社會動亂。他們喜歡社會民主黨人的革命詞藻，因爲這革命詞藻讓資本家大感驚惶。但，帝國的榮耀和輝煌令他們著迷。他們是帝國忠誠的公民，皇帝的忠誠反對者。

這忠誠是如此堅定，以致即使政府頒布法律打擊社會民主黨人，也無法使它動搖。該等法律不過是俾斯麥在其國內政策方面所犯下的一長串愚蠢錯誤當中的一個環節。像梅特涅（Metternich）那樣，俾斯麥完全相信警察力量能夠成功打敗理念。

但，結果卻是非他所願。社會民主黨歷經這些年的打壓考驗後，益發生氣勃勃，這情況一如一八七〇年代的中央黨和天主教會，在經歷大規模的反天主教文化運動（*Kulturkampf*）後，益發有活力。在反社會主義法生效的那十二年間（一八七八至一八九〇），社會主義者獲得的選票大幅增加。這些法律只對那些積極參與政治的社會主義者有影響；它們並沒有太過爲難工會和投票給社會主義者的群眾。正是在那些年，政府的親勞工政策向前邁出其最大的步伐；政府想要超越社會主義者。工人們意識到，國家越來越是他們的國家，越來越支持他們與雇主之間的鬥爭；政府任命的工廠檢查員便是此一合作的活生生體現。工人們沒有理由，只因國家騷擾政黨的領導階層，便敵視這個國家。[14]在反社會主義法實施的那幾年，每一個社會民主黨員經常準時收到從瑞士走私進來的報紙和文宣小冊，也可以讀到該黨議員在國會的演講文。他是一個忠誠的「革命者」，同時也是一個稍微有點批判性和詭辯的君主主義者。馬克思和德意志皇帝兩人都誤以爲，這些安靜的同胞渴望君主的鮮血。但，早在他們之前便已勾勒霍亨索倫王室和社會主義無產階級未來合作計劃的拉薩爾（Ferdinand

[14] 在一八八〇年代那些快樂的日子裡，人們時常談到「迫害」。但，和後來的布爾什維克及納粹對其反對者的所作所為相比，這些所謂迫害不過是令人生厭的騷擾而已。

Lassalle），無疑是對的。

無產階級這種絕對的忠誠，使軍隊成爲其指揮官手中一個相當合用的工具。自由主義曾動搖普魯士專制主義的基礎。在自由主義鼎盛時期，普魯士國王和其助手不再信任他們的大部分軍隊；他們知道他們的軍隊不能用來打擊國內的敵人，或投入赤裸裸的侵略戰爭。社會主義和干預主義——德意志皇帝的新政（New Deal）——恢復了軍隊的忠誠；現在軍隊可以用於任何目的。對於這一點，那些負責推動新政的政治家和教授們十分清楚。正因爲他們追求這個目的，所以他們支持Sozialpolitik（社會政策）的啓動和強化。軍官們確信社會民主黨員是完全可靠的士兵。所以，他們並不贊同皇帝對社會民主黨人的輕蔑與鄙視，一如早些年他們也不贊同俾斯麥抵制社會民主黨（以及天主教）的措施和政策。他們厭惡社會民主黨國會議員的挑釁言論，但信任社會民主黨的平民士兵。他們自己對富有的企業家憎恨的程度，不亞於工人對企業家的憎恨。一八八九年，在反社會主義運動中，他們的抒情詩人發言人，德特烈夫・利連克隆（Detlev von Liliencron），便坦率承認這一點。[15]一邊的容克（貴族

[15] See his letter of September 17, 1889, published in *Deutsche Rundschau*, XXI (Berlin, 1910), p.663.

地主）和軍官們，以及另一邊的勞工階級，就是被這個致命的共同憎恨——這個製造最穩固聯合的工具——牢牢地連結在一起，形成實質的同盟。當社會民主黨人上街示威時，穿著便衣在一旁觀看遊行隊伍的軍官們，會笑著指手畫腳地說：「看吧，正是我們自己教會這些孩兒們怎樣正確地排隊行進；當動員日到來時，在我們的命令下，他們將會很好地完成所交付的任務。」後來的歷史證明這是正確的預期。

一九一四年八月三日，德意志帝國總理貝特曼—霍爾韋格（Bethmann-Hollweg），在一個研討會上，接見所有國會議員黨團主席。事後，謝德曼（Philipp Scheidemann）同志報告說：「總理和我們每一個人握手。在我看來，他以一種令人驚訝的方式和我握手，握得很緊也很久，然後他說：『你好，謝德曼先生』，當時我覺得他彷彿是要讓我了解：『好了，現在我希望我們長久以來的爭吵要平息一段時間了。』」[16]這就是社會民主黨內很受歡迎的大領導對於該黨過去和政府對抗五十年的看法。並不是過去該黨黨員大會上官方發言人聲稱的，什麼覺悟的無產階級反抗剝削者與帝國主義戰爭販子的歷史鬥爭，而是一次握手便能解決的爭吵罷了。

---

[16] Scheidemann, *Der Zusammenbruch* (Berlin, 1921), p. 9.

第四節　德國種姓階級制度裡的社會民主黨人

資本主義改善受僱工人的社會與經濟地位。受僱於德國現代產業的工人，人數年復一年增加。勞工的收入和生活水準年復一年上升。工人們或多或少覺得滿足。他們當然羨慕中上階級的財富（但不羨慕君主和貴族的財富），並且渴望獲得更多。但，回顧他們父母曾經生活的情況，以及他們自己兒時的經驗，他們不得不承認，事態的發展畢竟差強人意。德國欣欣向榮，而勞動群眾也分享到德國的繁榮。

德國此時仍存在爲數不少的貧窮。在一個輿論、政府和幾乎所有政黨都渴望阻礙資本主義發展的國家，不可能不是這樣貧窮。在東部，農業、煤礦業，以及某些未能調整其生產方法適應情況變化的產業，生活水準很差。但，對於不幸受僱於這些產業的工人弟兄的命運，本身和這些產業無關的工人並不怎麼關心。所謂階級團結不過是馬克思主義者的一個幻覺。

但，有一件事讓比較富有的工人覺得困擾，而這件事的起因就在於他們比較富有。作爲賺取工資者，他們在德國社會裡沒有明確的階級地位。他們這個新階級沒得到舊有階級的承認。小資產階級——小貿易商、小商店主和工匠——以及無數在帝國政府、州政府、自治市擔任次要職位的公務員階級，對他們嗤之以鼻。這些小資產階級的收入不會比工人高；他們的工作還往往比一般工人乏味；但，他們傲慢自大，瞧不起賺取工資者。他們不願意讓工人加入他們的保齡球社，也不允許工人和他們的女兒跳舞，或在其他社交場合碰面。最糟糕的是，市民不讓工人加入他們的退役戰士協會（ex-warriors' associations）。[17]在星期日和國家慶典場合，這些退役戰士身穿正式的罩袍外套，頭戴高絲帽，脖繫黑領帶，嚴格遵守軍隊行進的規則，一板一眼在街上遊行。不能參加這種遊行，讓工人很苦惱。他們覺得遭到羞辱。

對於這些委屈，社會民主黨的各種組織提供了一個有效的補救辦法。社會民主黨給工人組織了保齡球俱樂部、舞會和工人自己的戶外集會。有覺醒階級意識的無產者金絲雀繁殖人協會、集郵社、象棋社、世界語之友社等等。有獨立的工人運動會，以及工人錦標賽。有敲鑼打鼓和旗幟飛揚的無產階級遊行。有無數的委員會和會議；有主席和代理主席、名譽祕書長、名譽司庫、委員、工會代表、監督員，和其他黨員幹部。於是，工人抖掉他們身上的自卑感和孤獨感。他們不再是社會的繼子；他們被牢牢整合到某個大社群裡；他們是肩負責任與義務的重要人士。他們的正式發言人，頂

[17] 這些社交團體的正式名稱是戰士協會（*Kriegervereine*）。會員是曾經在帝國軍隊服役的人。

著學術頭銜帶著眼鏡的學者，說服了他們，讓他們確信：相比於無論如何注定要消失的小資產階級，他們不僅一樣好，甚至更好。

社會民主黨眞正的成就，並不是在勞動群眾身上注入某種革命精神，而是相反地使勞動群眾適應了德國的種姓制度。工人們在既有的德國氏族體系裡取得一個地位；他們自己變成一個階級，也和所有其他社會階級一樣，有它自己的小肚雞腸和偏見。他們並未停止爭取較高工資、較短工時和較低食物價格，但相比於諸如農夫和工匠等其他壓力團體的成員，他們絕不是比較不忠誠的公民。

德意志帝國的一個矛盾現象是，社會民主黨的工人時常公開談論煽動騷亂，但內心裡依舊完全忠誠，而另一方面的中上階級和專業人士，雖然浮誇吹噓他們對國王和祖國的忠誠，私底下卻抱怨連連。讓他們心煩的一個主要事物，是他們和軍方的關係。

馬克思主義者的傳說，歪曲了德國生活的各個方面，也歪曲了這一點。他們說，資產階級因爲渴望獲授後備部隊的官階，所以向軍國主義投降。沒錯，對中上階級人士的榮譽與名氣來說，不是一名後備部隊的軍官，是一個嚴重的打擊。對公職人員、專業人士、企業家和高階經理人來說，如果沒取得後備部隊的官階，非常不利於他們的職業生涯和事業活動。但，獲授與保有後備部隊的官階，也會帶來一些麻煩。後備部隊的軍官固然不准和反對黨有任何牽連，但並非這個禁忌讓渴望生涯進步的中上階級滿腹牢騷。法官和公職人員畢竟是支持政府的政黨黨員；如果不是，他們自始便不會獲得任命。而迫於干預主義制度運作的壓力，企業家和高階經理人也不得不保持政治中立，或加入支持政府的政黨。但，有其他一些難處。

拘泥於容克的偏見，軍方要求後備部隊的軍官，在其私人生活與事業上，應該嚴格遵守軍方認定的紳士行為準則。企業家或高階經理人，若在工廠裡親自動手做任何體力活，即便只是為了給某個工人示範該如何執行經指定的任務，都會被視為有辱其作為軍官的身分。企業家的兒子，若是曾經為了熟悉自家的事業而在機臺上工作了一段時間，便沒有資格擔任後備部隊的軍官。大商店的老闆，即便只是偶爾招呼上門消費的客人，也一樣失去任官資格。某個恰巧是世界知名建築師的後備役中尉，曾經被他的上校長官訓斥，只因為有一天，在監督某個大城市市政廳接待室的重新裝修工程時，他脫下外套，親自把一幅舊畫掛到牆壁上。有一些人因為沒獲得後備部隊的官階而苦惱不已，但有一些後備部隊的軍官卻因為他們的長官態度而怒火中燒。簡言之，對平民來說，在普魯士的後備部隊裡擔任軍官，並不是一件令人高興的事。

社會下層階級當然不熟悉後備役軍官的這些難處。他們睜眼只看到這些人過度補償其自卑感而流露的傲慢無禮。但，他們也注意到，部隊裡的軍官和士官都喜歡騷擾所謂充員兵，亦即，只須服一年兵役的高中畢業生。當軍官或士官斥責他們老闆的兒子時，他們歡欣鼓舞高喊：「在軍隊裡，教育、財富和老爸的大事業，都沒有任何意義。」

中上階級的社會生活氣氛，因貴族軍官和資產階級之間雙方自負的不斷磨擦，而遭到傷害。但，平民對此無能爲力。他們已在重整德國的奮鬥過程中被擊敗。

第五節　社會民主黨和戰爭

馬克思不是一個和平主義者，而是一個革命家。他蔑視皇帝與國王的戰爭，但他爲一個偉大的內戰而努力，在這個內戰中，全世界的無產者據說將會團結起來對抗剝削者。像所有這一類的空想家那樣，他相信這個戰爭將是最後的戰爭。當無產者獲勝並建立起永恆政權時，將沒人能夠奪走他們手中勝利的果實。在這最後的戰爭中，恩格斯給自己指派了總司令的角色。他研究策略，以便時間一到自己可以勝任這個角色。

基於所有無產者將合作進行最後的解放鬥爭這樣的構想，第一國際工人協會（或第一共產國際）於一八六四年成立。該協會幾乎不過是一群教條主義者的圓桌會議。

它從未有過任何實際的政治行動。它的消失，和它先前的存在一樣，沒引起多少人注意。

一八七〇年，北德國會的兩名社會民主黨議員，貝貝爾（August Bebel）和李卜克內西（Wilhelm Liebknecht），反對和法國開戰。他們的反對，正如法國的社會主義者赫爾（Gustave Hervé）的評論，是「既沒有實質意義，也得不到任何響應的個人姿態。」赫爾說，德、法兩國人民的「全副心思都在戰場上。巴黎的（共產）國際主義者是最爲狂熱的血戰到底的支持者。……普法戰爭標誌共產國際的道德破產。」[18]

成立於一八八九年的第二國際工人協會（或第二共產國際），是眾多在世界博覽會舉辦城市乘便召開的國際會議之一的成果。在第一共產國際成立二十五年後，世界大革命的構想，已不再具有多少號召力。因此，新組織不再能以協調，各國無產階級武裝力量的行動，作爲其成立的由頭，而必須爲其活動另找一個目標。這件工作相當困難。各國工黨已分別在其本國的國內政策上扮演非常重要的角色。它們正在處理無

[18] Hervé, *L'Internationalisme* (Paris, 1910), pp. 129 ff.

數干預主義和經濟民族主義的問題，並且不準備讓它們自己的政治策略屈從於外國人的監督。不同國家的無產階級之間明顯的利益衝突，產生許多嚴重的問題，而且並非總能避開討論這些惱人的問題。有時候甚至必須討論移民障礙；結果是不同意見的激烈衝突，以及馬克思主義者的教條——所謂全世界無產者的利益具有不可動搖的共同一致性——神話破滅的醜聞曝光。對於無產階級之間已經顯現的一些利益裂痕，馬克思主義的權威專家，若要差強人意地加以掩蓋，有其困難。

但，他們可以爲第二共產國際的會議議程，找到一個中性、無害的主題：和平。會議的討論很快便清楚顯示，馬克思主義者的口號是多麼空洞。在巴黎的會議上，恩格斯宣稱，無產者的責任是不惜任何代價阻止戰爭，直到他們自己在最重要的一些國家取得政權。[19]會議根據這個原則討論種種阻止戰爭的行爲：全面罷工、全體拒絕服兵役、破壞鐵路等等。但，會議的討論不可能不觸及：摧毀自己國家的防衛體系，眞的有利於工人自己？馬克思主義者說，工人無祖國；工人沒有什麼可失去的，除了他自己身上的鎖鏈。很好！不過，對德國工人來說，把自己身上的德國鎖鏈換成沙俄

【19】 Kautsky, *Sozialisten und Kreig* (Prague, 1937), p. 300.

的鎖鏈，眞的無關緊要？法國工人應該讓法國淪入普魯士軍國主義的魔掌嗎？德國的社會民主黨人說，法國第三共和只是財閥共和，是一個虛假共和；爲它而戰，不是法國無產階級的事。但，這樣的理由說服不了法國人。他們堅決反對霍亨索倫王室的統治。而參加會議的德國人則不滿他們所謂的法國式頑固和小資產階級心態，儘管他們自己表明立場，說社會民主黨人將無條件保衛德國對抗俄國。貝貝爾甚至誇口說，如果德國和俄國開戰，他自己儘管已經老了，也將毅然扛起槍上戰場。[20]恩格斯在一篇爲一八九二年法國工黨年鑑而寫的文章裡宣稱：「如果法國人幫助全俄羅斯的獨裁者沙皇陛下，德國的社會民主黨人儘管會後悔和法國人戰鬥，但仍然會和他們戰鬥。」[21]恩格斯在這篇文章裡向法國人提出的要求，和德國民族主義者的幼稚要求如出一轍。後者也認爲，法國應該在外交上自我孤立，應該在德、奧、義三國同盟和俄羅斯之間的戰爭中保持中立，或者說應該在與德國的戰爭中發現自己沒有盟友。

第二共產國際的會議討論中，充斥妄想和虛僞，其分量之大著實令人驚奇。更爲令人驚奇的是，人們熱烈關注這些喋喋不休的討論，並且深信會議裡的演講和決議具

---

[20] Kautsky, *op. cit.*, p. 307.
[21] Idem, p. 352.

有極其重大的意義。只有輿論偏向社會主義和馬克思主義，才能解釋此一現象。凡是沒有這種意識型態偏向的人，都能輕易理解這些討論只是沒什麼意義的閒聊。這些勞工會議裡，慷慨激昂的演講，不會比君主見面的場合，君主之間的祝酒詞更有意義。德國皇帝和俄國沙皇也常常在這種場合，談論將他們聯繫在一起的同志關係和傳統友誼，並且互相保證他們只在乎維持和平。

在第二共產國際裡，德國社會民主黨的勢力最大。在所有社會主義政黨中，它是最有組織而且人數也最多的政黨。因此，共產國際的代表大會完全複製這個德國政黨裡的情況。大會裡的政黨代表是馬克思主義者，他們在大會上的演講經常穿插引述一些馬克思國際主義的話語。但，他們所代表的政黨是工會的政黨，而在自認爲受惠於經濟民族主義的工會看來，所謂國際主義只是一個空洞的概念。德國工人不僅對俄羅斯，而且也對法國和英國等西方資本主義國家心懷偏見。他們和所有其他德國人一樣確信，德國有正當的權利獲得英國和法國的殖民地。他們不覺得德國的摩洛哥政策有什麼錯，除了沒成功。[22]他們批評軍事政務；但，他們關切的是軍隊的戰備狀況。他

[22] Andler, *op. cit.*, p. 107.

們也和所有其他德國人一樣認為，船堅炮利是外交政策的主要工具。並且他們也確信，英國和法國因為嫉妒德國欣欣向榮，所以計劃侵略德國。

人們沒認清德國一般民眾的軍國主義心態，是一個嚴重的錯誤。相對地，對於席普爾（Max Schippel）、希爾德布蘭德（Gerhard Hildebrand），及其他一些社會主義者寫文章，建議社會民主黨應該公開支持德皇的侵略政策，人們又太過重視。社會民主黨畢竟是一個反對黨；投票贊成政府不是他們該做的事。不過，社會民主黨的包容態度，對於激勵德國外交政策的民族主義趨勢，確實足夠有效。

帝國政府十分篤定，一旦發生戰爭，社會民主黨的工人會支持它。至於該黨內少數幾個正統的馬克思主義者，政府高層就不太放心；但，他們十分清楚有一道鴻溝隔開這些教條主義者和該黨的群眾，而且他們也確信該黨大部分黨員會容忍，政府對該黨內馬克思主義極端分子採取的預防性措施。所以，在戰爭爆發時，他們冒險關押了幾位該黨的領導人；後來，他們意識到沒這個必要。但，消息一向不靈通的該黨執委會，此時依然不知道當局已經改變了主意，不用再害怕當局採取什麼不利於他們的動作。於是，該黨主席艾伯特（Friedrich Ebert）和司庫布勞恩（Otto Braun）於一九一四年八月三日攜帶該黨資金逃亡到瑞士。[23]

說社會民主黨領導人投票贊成戰爭貸款乃背叛群眾之舉，是無稽之談。德國民眾一致支持德皇發動戰爭。少數幾位反對戰爭的國會議員和報紙編輯，甚至不得不尊重選民大眾的意志。在這次志在征服與霸權的戰爭中，社會民主黨的士兵是鬥志最爲激昂的戰士。

後來，當然，事情發生了變化。盼望的勝利並沒有到來。數以百萬計的德國士兵在攻打敵人的戰壕時失敗喪生。後方的婦女與兒童在挨餓。這時，甚至工會成員也發現，他們過去認爲戰爭是改善其生活水準的一個有利機會，是不對的。於是，德國人民接受激進主義宣傳的時機已經成熟。但，這些激進分子並不提倡和平；他們想以階級戰爭——內戰——取代攻打外敵的戰爭。

【23】 Ziekursch, *op. cit.*, III, 385.

第八章　反猶太主義和種族主義

第一節　種族主義的角色

常有人誤以爲，納粹主義主要是一個種族主義的理論。

德國沙文主義聲稱，德國人的血統高貴，是北歐雅利安優等種族的後裔，而且人類文明全是該種族以往的成就積累而成。北歐的這種人，身材高挑，金髮碧眼，天資聰穎，英勇無畏，鬥志昂揚，不懼犧牲，充滿「浮士德」的熱情。其餘人類都是堪比類人猿的廢物。希特勒說：「最低級的所謂人類和我們這種最高貴的種族，兩者之間的那一道鴻溝，比最低級的人類和最高級的類人猿之間的那一道更爲寬廣。」[1]這希特勒口中的高貴種族，顯然有獨霸世界的正當權利。

這樣的北歐神話滿足了德國人的民族虛榮。但，政治行動上的民族主義和自誇自滿的沙文主義完全不一樣。德國民族主義者，不是因爲他們自視血統高貴，而致力爭取世界霸權。德國種族主義者並不否認，他們那些自我吹捧的神話，用來吹捧瑞典人或挪威人更爲恰當。儘管如此，如果瑞典人或挪威人膽敢採取德國民族主義者給他們

[1] 一九三三年九月三日在紐倫堡黨代表大會上的演說，*Frankfurter Zeitung*, September 4, 1933。

自己的民族建議的那些政策，他們肯定會說瑞典人或挪威人是瘋子。因爲瑞典人和挪威人完全不具備德國侵略主義的兩個基本條件：高人口數和優越的戰略地理位置。

爲了解釋印歐語系語言的相似性，曾經有人提出一個假說，宣稱所有屬於印歐語系的語言族群有一共同的祖先——雅利安（Aryan）族。但，這個雅利安假說早已遭到科學推翻。雅利安族只是一個幻象。科學的人類學並不承認雅利安神話。[2]

舊約《聖經》〈創世紀〉說，諾亞（Noah）是所有現存人類的祖先。諾亞有三個兒子，其中之一名爲閃（Shem），是摩西（Moses）從埃及人的奴役中解救出來的古希伯來人（Hebrews）的始祖。根據猶太教的基本教義，所有信奉猶太教的人都是古希伯來人的後裔。無法證明這個關於血緣的臆測；也從來沒人嘗試加以證明。沒有任何歷史文件，記述猶太人從巴勒斯坦移入中歐或東歐，倒是有一些歷史文件，提及歐洲的非猶太人改信猶太教。儘管如此，這個關於猶太人血源的假說仍普遍被接受，視爲不可動搖的教條。猶太人堅持這個教條，因爲它是猶太教的一個基本教義；而其他人也堅持這個教條，則是因爲它能辯解歧視猶太人的政策正當。猶太人被稱爲

---

[2] Houzé, *L'Aryen et l'Anthroposociologie* (Brussels, 1906), pp. 3 ff.; Hertz, *Rasse und Kultur* (3d ed. Leipzig, 1925), pp. 102 ff.

來自亞細亞的異鄉人，因爲根據相關的血源假說，他們大約在一千八百年前才移入歐洲。這個血源假說，是閃族或閃米特人（Semites）一詞所以被用來指稱猶太教信徒及其後裔的緣由。在語言學裡，閃族語或閃米特語（Semitic languages）一詞，指希伯來語——舊約《聖經》的用語——所屬的那個語系。當然，希伯來語事實上是猶太教所使用的語言，就像拉丁語是天主教用語，或阿拉伯語是回教用語。

人類學家從開始研究各個種族的身體特徵，迄今已超過一百年。這些科學研究所獲致的毫無爭議的結論是：白皮膚的民族——含歐洲本地的白皮膚族群和歐洲之外歐洲移民後裔的白皮膚族群——呈現一幅各種身體特徵混雜的景象。有人曾嘗試把這個事實解釋爲，原始純粹血統成員之間通婚的結果。無論這個解釋是眞是假，可以肯定的是，如今在白皮膚的人種中，沒有血統純粹的種族。

另有人曾嘗試把特定的身體特徵——種族特徵——和特定的心理與道德特徵聯繫起來。但，所有這樣的努力也都以失敗告終。

最後，特別是在德國，有人嘗試探索，據稱的猶太族或閃族，在哪些身體特徵上，和歐洲的非猶太人有所不同。但，這方面的探索也完全失敗。事實證明，無法從人類學觀點，區分猶太裔德國人和非猶太裔德國人。在人類學領域，既沒有猶太族，也沒有猶太人的種族特徵。反猶太的種族學說僞稱是自然科學。但，它所根據的資料，並非觀察自然現象所得到的結果，而是舊約《聖經》〈創世紀〉所記述的家譜，以及猶太教經師——拉比（rabbis）——聲稱「所有猶太教會成員都是從前大衛王子民的後裔」云云的教條。

人，持續生活在一定情況下，常常在第二代，有時候甚至在第一代，便養成某種特殊的身體或心理型態。當然，這個規則有許多例外。但，貧窮或富裕，都市或鄉村環境，室內或戶外生活，山頂或平地，久坐不動的習慣或粗重的體力勞動，往往會在人的身體上烙下它們的特殊印記。屠夫和鐘錶師傅，裁縫師和伐木工，演員和會計師，往往能從他們的表情或體態辨識出來。種族主義者刻意忽略這些事實。然而，僅憑這些事實，便可以說明那些在日常用語中稱爲貴族、平民、官員、學者或猶太人等等類型的起源。

納粹所頒布的歧視猶太人及其後裔的法律，和眞正的種族考量沒有任何關係。歧視某一特定種族成員的法律，首先必須精確列舉該種族的生物學和生理學特徵。然後，必須規定以什麼合法程序和適當手續，正式給每個人確定其身上是否存在這些特徵。接著，此類程序有效執行後的最終判定，必須是所有歧視的唯一依據。但，納粹選擇了不同的方式。他們說，沒錯，他們要歧視的對象，不是信仰猶太教的人，而是屬於猶太種族的人。然而，他們卻把後者定義爲信仰猶太教的人或其後裔。在所謂紐倫堡的種族立法中，法律定義的猶太種族特徵，是相關個人或其祖先為猶太教會的成員。如果某條法律宣稱它旨在歧視近視者，卻將近視定義為禿頭，則熟悉一般通用名詞意義的人，將不會稱其為一條不利於近視者的法律，而會稱其為一條不利於禿頭者的法律。如果美國人想歧視黑人，他們不會去檔案室研究相關人等的種族歸屬；他們會在個人身上尋找黑人血統的跡證。黑人和白人有不同的種族——亦即，身體——特徵；但，無法根據任何種族特徵，分辨猶太裔德國人和非猶太裔德國人。

納粹不停地講種族和種族純淨化。他們說他們的政策是現代人類學的一個結論。但，真要在他們的政策裡尋找種族方面的考量，那是白費工夫。他們認為，所有講德語的白人，除了猶太人及其後裔，都是雅利安人。他們並未根據身體特徵區分這些所謂的雅利安人。在他們看來，講德語的人都是德國人，即使其中有些人無疑是斯拉夫族、羅馬尼亞族或蒙古族（馬札爾族或芬蘭烏戈爾族）祖先的後裔。他們聲稱他們正在打一場北歐優等種族和人類次等種族之間的決定性戰爭。然而，在這場鬥爭中，他們尋求結盟的對象，卻是他們自己的種族學說稱為雜種的義大利人，以及狹長眼、黃皮膚、黑頭髮的蒙古種日本人。另一方面，他們瞧不起斯堪地那維亞半島上的北歐人，因為這些人不贊同他們自己獨霸世界的計劃。納粹自稱為反閃族主義者（anti-Semites），但他們幫助阿拉伯諸部族抵抗他們自己認為是北歐人的英國人。阿拉伯人講一種閃族語系（Semitic）的語言，而且納粹學者也稱其爲閃族人。那麼，在巴勒斯坦的衝突中，誰更有資格擁有「反閃族主義者」的稱號？

雅利安種族神話本身，甚至不是德國人的發明，而是源自法國。該神話的諸位創始人，尤其是阿蒂爾・德・戈比諾（Arthur de Gobineau），想爲法國貴族享有特權的正當性進行辯護，乃炮製神話企圖證明法國貴族系出從前法蘭克族（Franks）中的名門。因而在西歐產生了一個錯誤的想法，認爲納粹也承認王公貴族有權利主張政治領導權和種姓特權。然而，德國民族主義者其實認爲，全體德國人民——猶太人及其後裔除外——爲一均勻的高貴種族，其族人之間並沒有貴賤尊卑之分，而且也無法想像有比德國人更爲高級的貴族身分。在納粹的法律下，所有講德語的人都是同志（*Volksgenossen*），因此都是平等的。在德國人當中，納粹只按照，他們在展現所謂眞正的德國人品性時，所秉持的熱情強弱，分爲三六九等。每一個非猶太裔德國人，無論是王公、貴族或平民，都有相同的權利服務他的國家，並在這種服務行列中脫穎而出、位居人上。

沒錯，在第一次世界大戰之前，德國民族主義者也固執一個在德國曾經相當普遍的偏見，認爲普魯士容克在軍事領導方面具有非凡的天賦。古老的普魯士傳奇只有這一點殘存至一九一八年。普魯士軍官在一八〇六年的戰役中慘敗的教訓早已被忘光光。沒人理會俾斯麥心中的懷疑。俾斯麥——他本人是一個平民母親的兒子——注意到，普魯士當時培育出來的團級（含）以下的低階軍官，其品質沒有任何其他國家比得上；但就比較高階的軍官而言，普魯士當地的血脈，在培育能幹的領導者方面，便不再像腓特烈二世時期那樣的多產。[3]但，普魯士的歷史學家向來歌頌普魯士軍隊的豐功偉績，直到所有批評者都不敢出聲反駁。儘管大德意志主義者、天主教徒和社會民主黨人都一致討厭傲慢的容克，但完全相信這些容克特別適合擔任軍官，領導軍隊作戰。人們抱怨皇家衛隊和許多騎兵團排除任用非貴族出身的軍官，以及非貴族軍官在其餘部隊裡受到輕蔑的對待；但，他們從來不敢質疑容克身具無出其右的軍事資格。甚至社會民主黨人，對普魯士軍隊裡的現役軍官也信心十足。一九一四年德國所有階層的人民，所以堅信該次戰爭將導致德國大獲全勝，主要便是因爲他們過於高估容克的軍事天才。

人們沒注意到，早已不在政治生活占有領導地位的德國貴族，現在也即將失去掌控軍隊的地位。在科學、藝術和文學方面，德國貴族從來沒有什麼出色的表現。他們在這些領域的貢獻，無法和英國、法國、義大利的貴族相比。然而，沒有哪一個現代

[3] Bismarck, *op. cit.*, I. 6.

國家比德國對貴族的人生更爲有利，而對平民更爲不利。在其生命與成功都達到顛峰時，歌德（Goethe）滿心苦澀地寫道：「我不知道國外的情況如何，但在德國只有貴族才能在個性上達到一定程度的全面完美。平民可以養成一些片面的優點，他充其量可以陶冶他的心靈；但，無論他怎麼努力，他的個性總會走偏。」[4]然而，卻是平民而非貴族的作品，導致德國被稱爲「詩人與思想家之國」。

在形成德國政治思想的著述家行列中，沒有一個是貴族。普魯士保守分子的意識型態，甚至得自斯塔爾（Friedrich Julius Stahl）、洛貝爾圖斯（Johann Karl Rodbertus）、瓦格納（Friedrich Wilhelm Hermann Wagener）和華格納（Adolf Wagner）等平民人士。在發展德國民族主義的人士中，幾乎沒有貴族成員。就這個意思來說，大德意志主義和納粹主義，就像社會主義、馬克思主義和干預主義那樣，是「資產階級」運動。非貴族成分穩定滲透政府高階文官的隊伍。

軍隊方面的情形也是一樣。總參謀部、技術兵種和海軍的辛苦工作，不適合容克的品味和願望。總參謀部的許多重要職位由平民擔任。第一次世界大戰前，德國軍國主義的領軍人物，是直到一九〇〇年才獲得貴族身分的海軍元帥鐵必制（Alfred

---

[4] Goethe, *Wilhelm Meister's Lehrjahre*, Book V, chap. iii.

von Tirpitz）。魯登道夫（Erich Ludendorff）、格勒納（Karl Eduard Wilhelm Groener）和霍夫曼（Max Hoffmann）也是平民。

但，最後將容克的軍事威望摧毀殆盡的因素，是德國在第一次世界大戰中的失敗。現在德國的軍隊裡，還有許多貴族位居高層，因爲在第一次大戰前最後幾年獲得官職的那些軍官現在已爬升到軍階頂層。然而，德國現在已不再偏愛貴族出身的軍官。在納粹運動的政治領導人物中，只有少數幾位是貴族，甚至這些人的貴族頭銜也往往值得懷疑。

德國的君主和貴族一向堅定貶低自由主義和民主，並且直到一九三三年還頑固地爲維護他們自己的特權而奮鬥，但如今已完全臣服於納粹主義，並默認其權利平等的原則。現在可以在最爲狂熱的納粹元首崇拜者隊伍裡找到他們。嫡系的君主以幫助惡名昭彰兼任納粹黨職的敲詐者作惡爲榮。我們也許無法斷定，他們這麼做是出於眞誠的信念，或是出於怯懦和恐懼。但，無可置疑的是，許多英國貴族成員普遍認同的，所謂恢復德國諸王室的地位，將會改變德國人的心態和政治氣質云云，是一個完全錯誤的想法。[5]

---

[5] 薩克森—科堡—哥達（Saxe-Coburg-Gotha）王朝的最後一位君主公爵，在英國出生和長大的

第二節　反猶太心態的鬥爭

納粹主義想消滅猶太心態，但迄目前爲止，納粹並未成功定義猶太心態的特徵。猶太心態是一個虛構成分不亞於猶太種族的神話。

德國早期的民族主義者曾嘗試以「條頓—基督徒」的世界觀對抗所謂猶太心態。然而，基督徒和條頓人是一個怪誕的組合。不管怎樣搬弄解釋聖經的技巧，都無法辯護德國人有資格聲稱，他們在基督國度裡享有某一首選的地位。福音書並沒有提到德國人。福音書認爲上帝面前人人平等；那些不僅要歧視猶太人，還要歧視猶太裔基督徒的人，用不上福音書。條理一貫的反猶太主義者必須拒絕基督教。

我們在這裡無須確定基督教本身是否可以稱爲猶太人的宗教。[6]無論如何，基督教是從猶太人的信仰發展出來的。基督教承認十誡是永恆的律法，並且承認舊約是聖

維多利亞女王的孫子，查爾斯・愛德華（Charles Edward），是第一位——早在一九三三年以前——擔任納粹黨職的德意志帝國君主。

[6] 教宗庇護九世據稱曾說：「精神上，我們是猶太人。」G. Seldes, *The Catholic Crisis* (New York, 1939), p. 45.

經。基督的使徒和原始基督教會的成員是猶太人。有人可能會反駁說，基督所傳的道和猶太經師——拉比（rabbis）——所講的道並不相同。但，事實仍是：上帝差遣救主到猶太人那裡，而不是到（德國人的先祖）汪德爾人（Vandals）那裡；並且聖靈啓發了以希伯來文和希臘文而非德文寫就的聖經。如果納粹想認真看待他們的種族神話，而不只把該神話當成一套點綴黨員大會的陳腔濫調，他們就必須同樣以根除自由主義與和平主義時的殘暴手段根除基督教。他們沒能進行這項根除工作，並非因為他們認為沒希望成功，而是因為他們的政治行動方案和種族主義毫無關係。

這實在很奇怪：在一個當局正式以汙言穢語侮辱猶太人和猶太教的國家，在一個以信仰猶太教為由取締猶太人的國家，在一個如果著述者被懷疑為「非雅利安人」，則其所著述的數學定理、物理學假說或醫療程序便會遭到杯葛的國家，其國牧師卻在成千上萬座不同基督教派的教堂裡，繼續讚美上帝給猶太人摩西啓示的十誡，說它們是道德律的基礎。這實在很奇怪：在一個任何猶太著述者的隻言片語都不許付印或傳閱的國家，人們卻可以吟詠《聖經詩篇》及其德文翻譯、改編和模仿作品。這實在很奇怪：當德國軍隊在東歐像懦夫那樣，興高采烈地屠殺了數以千計手無寸鐵的猶太婦女與兒童時，一旁卻有手持聖經的隨軍牧師陪同。但，納粹德國確實充斥如此這般的矛盾。

當然，納粹並不遵守福音書的道德教誨，而其他征服者和戰士也一樣。納粹不會比其他侵略者更願意容忍基督教妨礙他們的政治行動方案。

納粹不僅未能明確拒絕基督教；它還鄭重宣稱它本身是一個基督教政黨。該黨「不可改變的黨綱」第二十四條宣稱，該黨代表積極的基督教，和各個不同的基督教會與教派沒有任何關聯。這個所謂積極的意思，指它對各個不同教會或教派之間的衝突，保持中立。[7]

沒錯，納粹著述家以譴責和嘲笑基督教爲樂，並且草擬計劃想要建立一個新的德國宗教。然而，納粹黨本身並不反對基督教，而是反對以獨立自治機構存在的基督教會。任何機構如果沒完全臣服於納粹元首的統治，納粹的極權主義都無法容忍其存在。任何德國人都不得享有特權，都不可以引用某個獨立權威抗拒國家命令。政教分離牴觸集權主義原則。納粹主義因此必須設法恢復，威瑪共和國成立之前，德國路德教會及普魯士聯合教會普遍遵守的那種教會治理方式。那個時候，民政當局也是教會方面的至高權威；國家統治者，在其領土內，是路德教會的最高主教；他是教會事務

[7] 關於「積極」的另外一個意思，請見支持納粹主義的天主教名人Bishop Alois Hudal所著*Die Grundlagen des Nationalsozialismus* (Leipzig, 1937), p. 59。

的最高權威（jus circa sacra）。

和天主教的衝突，也屬於類似性質。納粹不會容忍德國公民與外國人或外國機構之間有任何聯繫。他們甚至解散德國扶輪社，只因該社和總部設在芝加哥的國際扶輪社連結在一起。德國公民只許向他的元首和國家效忠；任何形式的國際主義都是一種無法容忍的邪惡。只有在教宗是一位德國居民並且是納粹黨組織的一個下屬時，希特勒才可能容忍天主教。

除了基督教，一切源自猶太人的東西，都被納粹視爲屬於猶太心態而遭到排斥，這包括斯塔爾（Frederick Julius Stahl）、拉薩爾（Ferdinand Lassalle）、龔普洛維奇（Ludwig Gumplowicz）和拉特瑙（Walther Rathenau）等猶太裔著述家的著作，儘管這些人對納粹主義的基本理論體系貢獻卓著。但，按照納粹的說法，所謂猶太心態並非僅限於猶太人及其後裔。許多「雅利安人」也充滿猶太心態——例如，詩人、作家與藝文批評家戈特霍爾德·埃弗拉伊姆·萊辛（Gotthold Ephraim Lessing），及社會主義者恩格斯（Frederick Engels）、作曲家布拉姆斯（Johannes Brahms）、作家湯瑪斯·曼（Thomas Mann）、神學家卡爾·巴特（Karl Barth）。這些人也遭到納粹詛咒。然後有一整派、一整派的思想、藝術與文學，被視爲猶太心態而遭到排斥。國際主義與和平主義是猶太心態，但好戰也是。自由主義和資本主義，以及馬克思主義者和布爾什維克黨人等「虛假的」社會主義，也是猶太心態。「猶太的」和「西方的」，被納粹用來形容笛卡兒（Descartes）和休謨（Hume）的哲學，也被用來形容實證主義、唯物論和經驗批判主義，乃至被用來形容古典的經濟理論和現代主觀主義的經濟理論。無調性音樂、義大利風格的歌劇、輕歌劇和印象主義的畫作等等，也被視爲猶太心態。簡而言之，任何爲納粹所不喜的東西，都被稱爲猶太人的東西。如果把一切曾遭到不同的納粹黨人誣指爲猶太人的東西湊在一起，就會得到這樣的印象：整個人類文明只是猶太人的成就。

另一方面，許多德國種族主義的捍衛者試圖證明，所有非德意志民族裡的傑出人士，都是具有德意志種族血統的北歐雅利安人。例如：前馬克思主義者沃爾特曼（Ludwig Woltmann）聲稱，他已在佩脫拉克（Francesco Petrarca）、但丁（Dante Alighieri）、阿里奧斯托（Ludovico Ariosto）、拉斐爾（Raffaello Sanzio）和米開朗基羅（Michelangelo）等歐洲文藝復興時期的名人身上，找到德意志種族的特徵，而這些人的天賦則是遺傳自他們的條頓祖先。沃爾特曼完全相信，他本人證明了「整個歐洲文明，甚至斯拉夫和拉丁國家的文明，是德意志種族的一項成就。」[8]

[8] 見沃爾特曼所著下列諸書：*Politische Anthropologie* (Eisenach, 1903)：*Die Germanen und die*

細究這種陳述，根本是浪費時間。只消指出如下的事實就夠了：德國種族主義的各個代表性人士，在確立其所謂優等種族的種族特徵時，以及在分辨相同的一些個人所屬的種族時，互相矛盾。很多時候他們自己甚至前言不對後語。優等種族的神話眞是粗製濫造透了。[9]

所有擁護納粹的人都一再強硬主張，馬克思主義和布爾什維克主義是猶太心態的精髓，而納粹偉大的歷史使命，便是要像剷除害蟲那樣，剷除猶太心態。然而事實是，這個主張既未阻止德國民族主義者和德國共產黨合作，一起破壞威瑪共和政體，也未阻止德國民族主義者於一九二三年至一九三三年間在俄國的砲兵與航空營裡訓練他們的黑衫軍，或阻止他們從一九三九年八月起直到一九四一年六月，和蘇俄在政治與軍事上密切同謀、狼狽爲奸。儘管如此，輿論卻支持如下的見解：納粹主義和布爾什維克主義是水火不容的兩種不同的人生哲學——世界觀（Weltanschauungen）。事實上最近這幾年，全世界的政黨主要分爲兩個陣營：反法西斯陣營，亦即，俄國的朋友（包括共產主義者、其同路人、自詡的自由主義者和進步主義者）；以及反共陣

---

[9] Hertz, *op. cit.*, pp. 159 ff.

Renaissance in Italien (Leipzig, 1905)；*Die Germanen in Frankreich* (Jena, 1907)。

營，亦即，德國的朋友（包括各種不同顏色襯衫的政黨，被他們的對手不是很準確地稱爲「法西斯」陣營）。這幾年很少有眞正的自由主義者和民主主義者。那些如此自稱的人士，大多樂意支持一些實際上是極權主義的措施，而且其中許多人還狂熱讚美俄國的獨裁方法。

這兩大陣營彼此爭鬥的事實，並不必然證明兩者的哲學和基本原則有所不同。向來總是有堅持相同信仰與哲學的人之間的戰爭。左派政黨和右派政黨發生衝突，因爲雙方志在唯一的最高權位。（神聖羅馬皇帝和西班牙國王）查理五世曾說：「我和我的表哥，法蘭西國王（法蘭西一世），想法完全一致；我們互鬥，因爲我們兩人的目標相同：（義大利的）米蘭。」希特勒和史達林的目標相同；他們兩人都想在波羅的海三國，在波蘭，以及在烏克蘭，取得統治地位。

馬克思主義者並不準備承認納粹也是社會主義者。在他們看來，納粹主義是所有邪惡的資本主義中最爲邪惡的資本主義。而另一方面，納粹則把俄國體制描述爲所有型態的資本家剝削中最爲卑鄙的剝削型態，並且是猶太集團爲了主宰非猶太人的命運而進行的一個邪惡的陰謀。但很明顯，德國和俄國這兩種制度都必須從經濟觀點視爲社會主義制度。而在爭論某個政黨或制度是否爲社會主義時，眞正要緊的也唯有這個經濟觀點。社會主義一直被認爲是社會的一個經濟組織方式；在此方式下，政府完全掌控生產與分配。只要僅施行於個別國家內的社會主義可以稱爲眞正的社會主義，則俄國與德國未始不能稱他們自己的制度爲社會主義。

至於納粹和布爾什維克自稱爲工人政黨是否正當，則是另一個問題。《共產黨宣言》說：「無產階級運動是絕大多數人自覺的獨立運動」，而且舊馬克思主義者過去便是按這個意思定義工人政黨的。他們解釋說，無產階級是國家的絕大多數；是無產階級自己，而不是某一仁慈的政府或某一善心的少數團體，奪取政權並建立社會主義體制。但，布爾什維克拋棄這個建立社會主義政權的方式。一個少數團體宣稱自己是無產階級的先鋒隊，奪取獨裁政權，強行解散全民投票選出的國會，憑藉自己的名義和力量進行統治。當然，這個掌權的少數聲稱，它爲許多人甚至整個社會的最佳利益服務，但這向來總是寡頭統治者自矜之言。

布爾什維克開創了先例。列寧黨的成功激勵了墨索里尼幫和希特勒派。義大利的法西斯和德國的納粹都採納蘇俄的政治方法。[10]納粹主義和布爾什維克主義兩者之間

---

[10]很少人意識到，義大利法西斯的經濟方案——所謂社團國家主義（*stato corporativo*）——和第一次世界大戰期間及其後幾年，英國最著名的和歐洲大陸的一些社會主義者，所宣揚的英國基爾特社會主義方案，並無不同。關於基爾特社會主義，最為高明的闡述是西德尼・韋伯

唯一的差別是：納粹在其發動政變前的選舉中所獲得的少數選票，比例大於布爾什維克在一九一七年的俄國選舉中所獲得的少數選票。

納粹不僅模仿了布爾什維克奪取政權的手法，還複製了更多東西。納粹從俄國輸入：一黨制，和此黨及其黨員在公共生活中的特權角色；祕密警察至高無上的地位；在國外組織附屬政黨，對其提供公共資金和外交及領事機構的保護，用來攻擊其所在國家的政府，並從事破壞和間諜工作；以行政手段處決與監禁政治對手；集中營；懲罰流亡者的家人；各種宣傳方法。納粹甚至從馬克思主義者那裡，借來了諸如黨的同志（*Parteigenosse*）——源自馬克思主義的同志（*Genosse*）——這種荒謬的稱呼方

夫婦（Sidney and Beatrice Webb）——帕斯菲爾德勳爵夫婦（Lord and Lady Passfield）——所寫的一本名為*A Constitution for the Socialist Commonwealth of Great Britain*，於一九二〇年出版的書。和該書相較，墨索里尼的演說和義大利眾多社團經濟學（*economia corporativa*）教授的著述，便顯得拙劣不堪。當然，無論是英國左翼社會主義者或是義大利法西斯，都從未認真嘗試施行這個被廣為宣揚的經濟方案。實施該方案將導致社會完全混亂。法西斯義大利的經濟體制，實際上是德國統制經濟（Zwangswirtschaft）的一個失敗的仿製品。參見：Mises' *Nationalökonomie* (Geneva, 1940), pp. 705-715。譯者注：或請參見：米塞斯，《人的行為：經濟學專論》下冊（臺北，二〇二〇年），第三十三章。

式，並且在公民與經濟生活的所有事項上使用軍事術語。[11]因此，眞正的問題，不是納粹和布爾什維克兩者有何相似之處，而是兩者有何不同。

前文已經指出俄國和德國的社會主義模式在哪些方面不一樣。[12]這些差異不是由於兩國的基本哲學觀點有任何差別，而是兩國的經濟條件不同必然會有的後果。俄國的模式不適合德國，因爲德國人口無法在自給自足的狀態下存活。德國模式，與效率遠比它更高的資本主義制度相比，顯得非常沒效率，但還是遠比俄國模式更爲有效率。俄國人的生活水準非常低，儘管他們擁有極爲豐富、幾乎用不完的自然資源。

德、俄兩國都存在收入與生活水準的不平等。然而，試圖確定戈林（Hermann Goering）同志和一般納粹黨同志之間的生活水準差距，究竟大於或小於史達林同志和其黨同志之間的生活水準差距，將是徒勞的。社會主義的特徵，不在於收入的不平等，而在於政府全方位控制企業活動，在於政府壟斷一切生產手段的使用權。

納粹所以拒絕馬克思主義，不是因爲馬克思主義志在建立社會主義，而是因

---

[11] 關於納粹和布爾什維克兩者的一個有趣的比較，讀者可參閱：Max Eastman, *Stalin's Russia* (New York, 1940), pp. 83-94。

[12] 見前面的第三章第五節。

爲——按照納粹的說法——馬克思主義主張國際主義。[13]但，馬克思的國際主義只不過是照抄十八世紀關於戰爭根源的想法：君主們所以相互爭戰，是因爲他們想透過征服來擴大其個人權力，而人人自由的國家卻不會覬覦他國的領土。馬克思從來沒想到，這個和平傾向有賴於存在一個不受干預的市場社會。無論是馬克思本人，或是馬克思學派，從來都未能把握，在一個奉行國家至上主義和社會主義的世界裡，國際衝突的意義。他們只是滿足於斷言：在社會主義的樂土裡，根本不會再有任何衝突。

我們已經在前文指出，維持和平的議題，在第二共產國際中，扮演了什麼曖昧的角色。對蘇聯來說，第三共產國際向來只是其永不厭倦用來與所有外國政府爭鬥的一個工具。蘇聯和過去的任何征服者一樣，渴望征服。除了被迫不得不然，蘇聯未讓出任何一寸歷任沙皇所征服的土地。一有機會，蘇聯便會用來擴大其領土。當然，蘇聯不再使用從前的沙皇到處征服時的藉口；蘇聯還爲此發展出一套新術語。但，該套新術語並不會使被制服者的命運變得稍微好受。

當納粹指控猶太心態懷抱國際主義時，他們心裡想到的，其實是宣揚自由貿易與

---

[13] 與此類似的情形是，許多信仰基督教的著述家，只因為布爾什維克主義反對基督教，而拒絕布爾什維克主義。見Berdyaew, *The Origin of Russian Communism* (London,1937), pp. 217-225.

國際分工互利的自由主義理論。他們說，猶太人想用和平有好處的謬論，來腐蝕雅利安人與生俱來的英雄主義精神。幾乎不可能有比這更爲誇張的方式，高估猶太人對現代文明的貢獻了。國家之間和平的合作，當然不僅僅是猶太人陰謀的結果。自由主義、資本主義和國際貿易，不是猶太人的發明。

最後，納粹稱營商心態是猶太心態。塔西陀（Publius Cornelius Tacitus）告訴我們，他那個時代的日耳曼部族認爲，以汗水獲得可以透過流血贏得的東西是笨拙和可恥的。這也是納粹道德的第一原則。他們鄙視所有渴望以服務他人來獲利的個人與民族；在他們眼中，搶劫是最高尚的謀生方式。維爾納·桑巴特（Werner Sombart）曾區分兩類人：商販（*Händler*）和英雄（*Helden*）。英國人是商販，德國人是英雄。但，商販的稱謂更常指定給猶太人。

納粹把一切和他們自己的學說與信條相左的東西，一概稱爲猶太人與共產主義者的東西。當在淪陷國處決人質時，他們總是宣稱他們懲罰了猶太人和共產主義者。他們稱美國總統爲一名猶太人與共產主義者。凡是不準備向他們投降的人，無疑就是猶太人。在納粹的字典裡，猶太人與共產主義者的意思，和非納粹者相同。

第三節　干預主義和法律對猶太人的歧視

在自由主義興起以前的年代，信奉一定宗教信仰的人，形成他們自己的社會群體或種姓階級。個人的宗教信仰決定個人屬於哪一個社會群體，而根據所屬的社會群體，個人便享有某些特權，但同時也喪失從事另外一些活動的資格（*privilegia odiosa*）。自由主義只在少數幾個國家掃除了這種狀況。在許多歐洲國家，儘管人民在其他任何方面享有良心與宗教信仰自由，而且所有公民在法律面前一律平等，但每一個宗教族群的家庭婚姻法，以及出生、婚姻與死亡登記，仍然是分開的。因此，教會或宗教群體的成員身分便保留了某種特殊的法律性質。每一個公民都必須屬於某個宗教群體，並且將此一身分賦予他的兒女。改變宗教信仰時，相關身分變更及其程序必須按公法（或行政法）的規定辦理。對於不想屬於任何宗教群體的人，另有特別的法律規定。在這種狀況下，便可能在法律上精確地確定個人及其祖先的宗教信仰，就像能在遺產繼承的場合不容置疑地確定親屬關係。

這個事實的意義，拿它和個人屬於某個語言族群的情況相比，最能說明清楚。屬於某個語言族群的身分，從來不具有種姓或社會階級的性質。身在某一語言族群，不管是過去或是現在，都僅僅是一個事實，而不是一個法律上的身分。[14]通常不可能確定某個人已過世的祖先所屬的語言族群；除非那些祖先曾經是所屬語言族群中的傑出人士、作家或政治領袖。再則，大多不可能確定某個人是否在過去某個時候改變了他所慣用的語言。一個講德語又聲明自己一直是德國人的人，幾乎無須擔心存在什麼正式文件，能夠揭穿他的父母或他本人過去不是德國人。即使他的德語帶有某種外國人的口音，也不一定會出賣他。在各種不同語言族群雜居的地方，每一個語言族群的口音和語調都會影響其他語言族群。德國東部省分，以及奧地利、捷克斯拉夫和其他東歐國家的德國民族主義領導者當中，有許多人所講的德語帶有清晰的斯拉夫、匈牙利或義大利口音，他們或者有非德語發音的名字，或者剛在不久前才把原來的名字改成以德語發音的名字。甚至有納粹衝鋒隊隊員，他們仍然在世的父母不懂德語。兄弟姊妹分屬不同語言族群是司空見慣的事。不可能試圖在法律上歧視這些剛學會講德語的人，因爲不可能以某種在法律上無可置疑的方式，確定他剛學會德語的事實。

在一個未受干預的市場社會裡，不會有針對任何人的法律歧視。每個人都有權

[14] 這裡我們可以忽略舊奧地利曾偶爾嘗試要讓個人的語言屬性也具有法律地位。

利，在社會生產體系中，獲得他能夠在其上成功工作與謀生的位置。消費者只要準備付出代價，便有歧視的自由。某個捷克人或某個波蘭人，可以偏愛按較高的成本，光顧某個斯拉夫人擁有的商店，而不願意在某個德國人擁有的商店裡，買到更好更便宜的東西。某個反猶太主義者，可以放棄使用「猶太藥」灑爾佛散（Salvarsan）治療醜陋的梅毒，而採用某個比較沒有功效的治療方法。這個任意選擇的權力，就是經濟學家稱爲消費者主權的概念。

干預主義意味強制的歧視，這歧視以犧牲多數人爲代價，增進少數人的利益。儘管如此，在民主社會裡還是可能實施強制的歧視。各式各樣的少數群體結成聯盟，從而形成某一多數群體，以便爲聯盟中的每一個群體取得特權。例如：一國的小麥生產者、畜牧業者和葡萄酒生產者結盟形成一個農民黨；他們成功獲得歧視國外競爭者的立法，從而爲這三群體中的每一個爭取到特權。葡萄酒生產者所獲得的特權，其成本由社會其餘民眾——包括畜牧業者和小麥生產者——承擔；而其他每一個群體所獲得的特權，也同樣會增加其餘民眾的負擔。

凡是從這個角度看這些事實的人——而邏輯上，這些事實也不能從其他角度來看——都會知道，那些用來支持這種所謂生產者政策的論證是站不住腳的。一個少數群體單獨無法取得任何這種特權，因爲多數群體不會容忍這種特權。但，如果所有或足夠多的少數群體都取得某項特權，則每一個群體，只要所獲得的特權沒比其他群體所獲得的更有價值，便會蒙受損失。干預主義所以享有政治優勢，全因人們大多未能認識這個明顯的事實。人們支持歧視和特權，因爲他們沒意識到他們自己是消費者，而身爲消費者他們必須承擔他人享有特權的成本。例如：在保護主義的場合，人們誤信只有遭到進口關稅歧視的外國人才受到傷害。沒錯，外國人確實受到傷害，但受到傷害的卻不只是外國人；必須支付較高價格的消費者，也和外國人一起受到傷害。

且說，凡是在猶太人只占少數的地方——而猶太人在每一個國家又都只占少數——很容易在法律上像歧視外國人那樣歧視猶太人，因爲某人是否爲猶太人，能依某個合法有效的方式予以確定。歧視這個無助的族群，表面上似乎很合理；它似乎增進所有非猶太人的利益。人們沒意識到這歧視其實傷害所有非猶太人的利益。如果猶太人被禁止從事醫療工作，非猶太醫生會獲益，但病人會受害。病人在選擇自己信任的醫生時，自由受到限制。那些不想找猶太醫生看病的人，沒獲得任何好處，但那些想找猶太醫生看病的人，受到傷害。

在歐洲多數國家，要在法律上歧視猶太人及其後裔，技術上是可行的。再則，政治上也是可行的，因爲猶太人通常是無足輕重的少數人，他們的選票不至影響選舉結果。最後，這個時代的人們普遍認爲，政府干預市場，以袒護比較沒效率的生產者，對抗比較有效率和比較便宜的競爭者，是一項有益的政策，所以也認爲，歧視猶太人，就經濟觀點而言，是理所當然、錯不了的。非猶太雜貨商問道，爲什麼不也保護我？政府保護製造業者和農夫，對抗品質比較好而成本也比較低廉的外國生產者；政府保護工人，對抗移民工的競爭；政府應該保護我，對抗我的鄰居猶太雜貨商的競爭。

歧視並不必然意味對受歧視者心懷仇恨或反感。瑞士人和義大利人並不憎恨美國人或瑞典人；但，他們還是歧視美國人和瑞典人的產品。人們總是不喜歡競爭者。然而，對消費者來說，供給他商品的外國人，不是競爭者，而是供應商。非猶太醫生也許憎恨其猶太競爭者，但其所以要求政府禁止猶太人從事醫療工作，恰恰是因爲許多非猶太病人不僅不憎恨猶太醫生，還喜歡猶太醫生甚於非猶太醫生，進而要找猶太醫生看病。納粹的種族法律對猶太人和「雅利安人」之間的性交處以重罰，但此法律事實並不表示這兩族群之間存在仇恨。如果人們彼此憎恨，那就無須以外力阻止他們性交。然而，本書專注於研究民族主義與納粹主義的政治問題，所以我們在此無須處理相關的性病理學議題。研究自卑感與性變態怎樣促使納粹實施所謂種族淨化的法律，以及如何造成其虐待狂的獸性大發，肆意屠戮與拷打猶太人，是精神病學的任務。

在人們掌握了市場社會的意義，從而崇尚消費者政策的世界裡，不會有歧視猶太人的法律。在這樣的世界裡，凡是不喜歡猶太人的人，都可以避免光顧猶太商家、猶太醫生和猶太律師。反觀在干預主義的世界裡，卻是唯有奇蹟才能長久阻止法律歧視猶太人。保護比較沒效率的國內生產者對抗比較有效率的外國生產者，保護傳統工匠對抗現代製造業者，以及保護小商店對抗百貨公司和連鎖商店等等，如此這般的保護政策，如果沒保護「雅利安人」對抗猶太人，未免不夠完備。

好幾十年密集的反猶太主義宣傳，並未成功阻止德國的「雅利安人」到猶太人擁有的商店裡買東西、找猶太醫生看病、諮詢猶太律師的意見，或閱讀猶太人的著作。這些「雅利安人」並非在不知不覺中光顧了猶太人——「雅利安」競爭者一次又一次正告他們，那些人是猶太人。任何人若想驅除他的猶太競爭者，便不能只寄望顧客據稱憎恨猶太人；他不得不要求法律歧視猶太人。

這種歧視不是民族主義或種族主義的結果。基本上，這種歧視——和民族主義一樣——是干預主義，特別是以犧牲消費者的利益為代價袒護比較沒效率的生產者，這樣的政策所導致的結果。

幾乎所有處理反猶太主義問題的著述者都曾嘗試證明，猶太人以某種方式，透過他們的行為或態度，引發了反猶太主義。甚至猶太著述者和反對反猶太主義的非猶太著述者也認同此見解；他們也在尋找促使非猶太人趨向反猶太主義的猶太人過失。

但，如果反猶太主義的根源眞的在於猶太人的某些顯著特徵，則這些特徵必定是一些使猶太人有資格稱爲人類精英的超凡美德與功績。事實是：有一些人以永恆的戰爭與流血作爲其志向，他們崇拜暴力，渴望摧毀自由，並且認爲猶太人是其志向最危險的反對者。如果猶太人本身該爲此事實負過失之責，那必定是因爲猶太人是捍衛自由、正義和國際和平合作的佼佼者。如果猶太人是以他們自己的所作所爲而招惹了納粹的憎恨，那無疑是因爲德國民族過去一切偉大高貴的東西，所有德國從前不朽的成就，若不是猶太人完成的，就是和猶太心態意氣相投。由於那些試圖摧毀現代文明回歸野蠻世界的政黨，把反猶太主義列爲其政綱的頭條，所以這個文明看來是猶太人締造的。對某個人或某一群人來說，沒有什麼是比說「文明的死敵有充分理由迫害他們」，更爲奉承的話語了。

事實是：猶太人雖然是反猶太主義的標的，但對於激發並傳播現代版的反猶太主義，猶太人的品行並不是一個決定性因素。因爲猶太人到處都是一個可以在法律上以某一精確方式予以定義的少數族群，所以在干預主義的時代，歧視猶太人變得很誘人。對於現代文明的興起，猶太人當然曾做出貢獻；但，現代文明既不完全是，也主要不是猶太人的成就。和平與自由，民主與正義，理性與思想，並非猶太人特屬的東西。在這地球上發生的許多好事和壞事，猶太人並未參與。反猶太主義者過分誇大其實，認爲猶太人是現代文化的主要代表；認爲只有猶太人該爲這世界已經變得和野蠻人剛入侵羅馬帝國時不再相同的事實負責。[15]

在歐洲黑暗時代，異教徒、基督徒和回教徒因爲猶太人的信仰而迫害猶太人。這個動機已經失去大部分動力，目前只對爲數相當少的天主教徒和原教旨主義者仍然有效，這些人認爲猶太人該爲自由思想——離經叛道——的傳播負責。但，這也是一個錯誤的想法。休謨（Hume）和康德（Kant），或拉普拉斯（Laplace）和達爾文（Darwin），都不是猶太人。聖經高等批判學是新教神學家發展出來的東西。[16]猶太教經師多年來強烈反對聖經高等批判學。

自由主義、資本主義或市場經濟，都不是猶太人作成的。有一些人試圖爲反猶太

---

[15] 我們在這裡只討論中、西歐和美國的情況。許多東歐國家的情況與此不同。在那裡，現代文明真的主要是猶太人的成就。

[16] 胡達爾主教（Bishop Alois Hudal）說，德國高等批判學界的傑出人物，大衛・史特勞斯（David Friedrich Strauss），是一名「非雅利安人」（*op. cit.*, p. 23）。這是不正確的：史特勞斯沒有猶太人的血脈（見其傳記，著者為Th. Ziegler, I, 4-6）。另一方面，納粹陣營裡的反天主教徒說，耶穌會創始人——依納爵・羅耀拉（Ignatius of Loyola）的祖先是猶太人（Seldes, *op. cit.*, p. 261）。這個說法也沒有任何依據。

主義的正當性辯護，譴責猶太人是資本家和自由放任政策的擁護者。其他一些反猶太主義者——還往往是一些和前面相同的人——譴責猶太人是共產主義者。這些矛盾的指控相互抵銷。但，反資本主義的宣傳大大有助於反猶太主義的流行，則是不爭的事實。頭腦簡單的人不了解資本與剝削——或資本家與剝削者——此等抽象術語，便以猶太集團和猶太人代替這些術語。然而，即使猶太人比實際所見更不受某些人歡迎，如果猶太人不是一群在法律上可以和其他人明顯區分開來的少數人，猶太人也不至於遭到歧視。

第四節　「背後捅刀子」

第一次世界大戰的結局，明顯拆穿德國民族主義教條的核心。德國民族主義者的偶像，魯登道夫（Erich Ludendorff），本人不得不承認，戰爭輸了，德國慘敗。戰敗的消息出乎全體德國人民的意料之外。四年多來，德國政府一直告訴輕信的人民，德軍連戰皆捷。德軍無疑已占領比利時幾乎所有領土和法國好幾個省分，而同盟國一方只占領小幾平方英里的德國領土。德軍征服了布魯塞爾、華沙、貝爾格萊德和布加勒斯特。俄國和羅馬尼亞已被迫簽署德國指定的合約。德國的政治家說，誰勝誰負一看地圖便知。他們吹噓說，英國海軍已被逐出北海，此刻正龜縮在港口裡；英國商船很容易成爲德國潛艇的獵物。英國人就要餓死了。倫敦市民因爲害怕齊柏林飛艇而夜不成眠。美國人救不了協約國；美國人沒有陸軍，而且即使有，也缺乏船隻，無法把美軍送到歐洲戰場。事實已證明德國將領用兵巧妙：興登堡（Hindenburg）、魯登道夫和馬肯森（Mackensen）三人，可以和歷史上最著名的將領相埒；在德國軍隊裡，每一個人都是英雄，特別是視死如歸的飛行員和不知畏縮的潛艇官兵。

可是現在，一切宛如幻象坍塌！一定發生了某件極其可怕的事情，而這件事情唯一的緣由，只可能是背叛。再一次有人從某個安全躲藏的角落伏擊了勝利者。再一次發生了哈根（Hagen）謀殺齊格菲（Siegfried）的事件。[17]勝利的德軍遭人在背後捅刀子。當德國男兒在外和敵人作戰時，國內的奸人煽動人民犯下有史以來最爲臭名昭著的罪行——一九一八年十一月的叛變。失敗的不是前線而是後方。導致德國戰敗的罪魁禍首，既不是士兵，也不是將軍，而是文官政府和國會那一群未能平抑叛變的懦夫。

【17】譯者注：這個典故出自德國經典神話《尼伯龍根之歌》（*Nibelungenlied*）。

對於一九一八年十一月的事件，貴族、軍官和知名的民族主義人士，比別人感到更大的羞愧與悔恨，因爲他們自己很快便不得不承認，他們當時的所作所爲實在可恥。有幾名戰艦上的軍官曾試圖制止抗命的士兵，但幾乎所有其他軍官都向叛逆低頭。二十二個德國王座在沒有任何嘗試抵抗下被粉碎。宮廷要員、副官、勤務官和衛士，安靜地袖手旁觀他們個人曾誓死效忠的君主被罷黜了王位。曾經爲路易十六及其配偶犧牲的瑞士衛兵所樹立的榜樣無人仿效。當群眾攻擊各個國王與公爵的城堡時，完全看不到祖國黨（Fatherland party）和民族主義者有任何反應。

某些將軍和民族主義領袖爲此找到了一個理由和藉口：一切都是猶太人作的孽，這讓所有灰心喪氣的靈魂得到了救贖、恢復了自尊。在地面、在海上、在空中，德軍都是勝利的，但猶太人在勝利的德軍背後捅刀子。任何人若敢駁斥此傳說，都被認爲是猶太人，或是被猶太人收買的傭人而遭到斥責。一切理性的論證都無法撼動此傳說。儘管它已被證明一無是處；儘管它的每一點都已被檔案證據證明是不正確的；儘管有海量的材料曾被用來反駁它——結果都徒勞無功。

有一點必須知道：德國民族主義全靠這個背後捅刀子的傳說，才勉強得以在第一次世界大戰失敗後倖存。如果沒有這個傳說，德國民族主義者將被迫拋棄他們的計劃，因爲該計劃完全建立在德國武力超強的論點之上。爲了維持該計劃，必須告訴全體德國人民；「我們已經再次證明我們是無敵的。但我們的勝利並沒有給我們帶來成功，因爲猶太人破壞了我們國家。如果我們清除猶太人，我們的勝利將帶來應有的報償。」

在此之前，反猶太主義不過是德國民族主義教條結構裡的一個小角色罷了。它只是配角戲、小插曲，不是一個政治議題。那時各種歧視猶太人的措施，就像民族主義那樣，源自干預主義。但，在德國的民族主義政治體系裡，這些歧視猶太人的措施，當時並非必要的成分。現在，反猶太主義卻變成民族主義信仰的焦點，民族主義的主要政治議題。這就是反猶太主義在德國國內政治裡的意義。但，反猶太主義很快便在德國的外交事務中取得同等重要的地位。

第五節　作爲一個國際政治因素的反猶太主義

是幾股政治力量很奇怪地湊在一起，使反猶太主義成爲影響世界局勢的一個重要因素。

在第一次世界大戰後的那幾年，馬克思主義一路凱歌席捲盎格魯—撒克遜人的國家。在英國，輿論受到新馬克思帝國主義學說的迷惑；按照該學說，戰爭全是爲了資本自私的階級利益而發生的。對於英國參與世界大戰，知識分子和左派政黨覺得很慚愧。他們深信，逼迫德國支付戰爭賠款並限制其軍備，不僅道德上不公平，而且政治上也不明智。他們下定決心絕不再讓英國打仗。他們對於國際聯盟的無所不能，懷有天眞的信心，而對於一切可能動搖此信心的不愉快事實，則刻意閉上眼睛。他們過度高估國際制裁和非戰公約（The Briand-Kellogg Pact）此等禁止戰爭辦法的功效。他們贊成他們的國家實施裁軍政策，儘管在一個不屈不撓爲新的戰爭做準備的世界裡，該政策使大英帝國幾乎無力自保。

但，同一時候同一批人卻要求，英國政府和國際聯盟窮盡戰爭以外的一切手段，遏止「很有活力的」強國的野心，並保障弱國的獨立。他們一味以強烈言詞譴責日本和義大利；但實際上，他們以反對加強軍備和支持絕對的和平主義，鼓勵這些國家的帝國主義擴張政策。他們促使英國拒絕美國國務卿史汀生（Stimson）關於遏止日本在中國擴張勢力的提議。他們竭力阻撓至少可以讓一部分阿比西尼亞（Abyssinia）保持獨立的霍爾—賴伐爾協定（The Hoare-Laval Plan）；當義大利占領整個阿比西尼亞時，他們悶不吭聲、毫無動作。當希特勒取得政權，並立即著手準備戰爭，意在使德國首先在歐洲大陸，然後在全世界，成爲霸主時，他們依然故我，沒有改變原來的政策。在英國有史以來最嚴重的挑戰面前，他們採取鴕鳥政策。[18]

右派政黨的原則和左派政黨並無不同。右派只是在言詞上比較溫和，並且比較熱中爲左派無憂無慮不計後果給予默許的懶散與不作爲政策，尋找合理化的藉口。右派寄望德國只計劃攻打蘇聯但不攻打法國，以此來安慰他們自己。這只是一廂情願的想法，完全不理會希特勒在《我的奮鬥》（*Mein Kampf*）裡所揭露的計劃。左派忿怒叫囂：「我們這邊的反動分子正在幫助希特勒，因爲他們把自己的階級利益置於全民福祉之上。」然而，希特勒得自英國的鼓勵，與其說在於英國某些上層階級成員的反蘇聯情結，不如說主要在於英國的軍備狀態，而對此軍備狀態的形成，左派比右派該負更多責任。英國若要遏止希特勒，唯一辦法是趁早花大筆錢重整軍備，並恢復徵兵制。但，全體英國人民，不單是貴族階層，強烈反對此等措施。在這種情況下，一小群英國貴族和有錢的平民試圖改善英、德兩國之間的關係，並非不合理。當然，這是

【18】這種心態的一個叫人稱奇的展現，是羅素（Bertrand Russel）所寫的一本於一九三六年出版的書，*Which Way to Peace?*，對於英國工黨的外交政策，*Nineteenth Century and After*, No. 769（March, 1941, pp. 209-229），在一篇名為〈愚民政策者〉（*The Obscurantists*）的社論裡，有毀滅性的批評。

一個不可能成功的嘗試。一些英國社會知名人士發表一些安撫德國人的話語，是勸阻不了納粹一意孤行的。在納粹的計劃中，英國民眾普遍反感重整軍備與徵兵，是一個重要因素，而十幾位英國貴族同情德國並不是。不少人心知肚明，在新的戰爭爆發時，英國將無法像一九一四年那樣，立刻派遣一支由七個師組成的遠征軍到法國；英國空軍在數量上遠次於德國空軍；甚至英國海軍也不像一九一四至一九一八年那樣強大。納粹很清楚許多南非政客反對該英屬自治領參與新的戰爭；在東印度、埃及和阿拉伯國家，納粹都和當地反對英國的政黨有密切接觸。

英國必須面對的問題就是這個：允許德國征服整個歐洲大陸，是否符合國家利益？希特勒的大計，是不惜一切代價使英國保持中立，直到他完成征服法國、波蘭、捷克斯洛伐克和烏克蘭的工作。英國應該幫他完成該工作嗎？凡是以「不」回答這個問題的人，都必須採取行動，而不是徒託空言。但，英國政客把頭埋在沙堆裡。

鑑於英國的輿情，法國應該已經清楚它已被孤立，必須獨自面對納粹的威脅。法國人對德國心態和德國政治情況所知甚少。然而，當希特勒取得政權時，每一個法國政客應該都已經知道，他的計劃重點是要消滅法國。法國左派政黨當然和英國左派有相同的偏見、幻想和錯誤。但，法國有一個很有影響力的民族主義群體，而該群體一直不信任德國，並主張積極對抗德國。如果法國民族主義者在一九三三年和隨後幾年，認眞提倡阻止德國重新武裝的措施，他們肯定會獲得除了固執的共產主義者外，所有法國人的支持。德國在威瑪共和時期便已開始重整軍備。儘管如此，在一九三三年，以及隨後的數年間，它還沒準備好與法國開戰。因此，它肯定會被迫向法國的威脅屈服，或被迫打一場沒有希望獲勝的戰爭。那時候，還可能透過威脅遏止納粹的野心。即便導致戰爭，當時法國也足夠強大可以獲勝。

但不久發生了令人訝異和意想不到的事。那些六十多年來一直狂熱仇視德國、那些一直鄙視德國人的一切、那些一直要求採取積極政策對付威瑪共和國的法國民族主義者，一夜之間改變了他們的心態。那些曾把一切嘗試改善法德兩國關係的努力視爲猶太伎倆予以貶損、那些曾把道威斯與楊格計劃（The Dawes and Young Plans）以及羅卡諾協定（The Locarno Agreement）視爲猶太詭計加以攻擊、那些曾認爲國際聯盟疑似猶太機構的法國民族主義者，突然開始對納粹同情起來。他們拒絕承認希特勒渴望徹底消滅法國的事實。他們暗示，希特勒比較不是法國的敵人，反而比較是猶太人的敵人；他們暗示，希特勒身爲一名第一次世界大戰的老兵，會同情他的法國戰友。他們沒把德國重新武裝當成一回事。此外他們還說，希特勒重新武裝，只爲了對抗猶太人的布爾什維克主義。納粹主義是歐洲抵禦猶太集團及其主要代表——布爾什維克主義——攻擊的盾牌。猶太人很想推促法國對納粹開戰。但，法國足夠明智，不會爲猶太人火中取栗。法國不會爲猶太人流血。

法國民族主義者像這樣把他們的反猶太主義置於他們的愛國主義之上，在法國歷史上不是第一次。在一八九四年的屈里佛斯事件中（The Dreyfus Affair），他們奮力包庇某位奸詐的軍官，使其得以悄悄躲過懲罰，而讓某位無辜的猶太人在獄中憔悴。

曾經有人說，納粹腐化了法國民族主義者。法國的某些政客也許眞的拿了賄賂。但，這在政治上並不重要。德國將只是浪費它的公帑。在法國，以反猶太主義爲其宗旨的報紙和期刊，有廣泛的銷路和發行量；它們不需要德國補貼。希特勒退出國際聯盟；廢除凡爾賽條約的裁軍條款；占領萊茵河畔的非軍事區；在北非煽起反法風雲。法國的民族主義者，大多只爲了把所有責任歸咎於他們國內的政治對手，才批評希特勒的這些行動：犯錯的是國內的政治對手，因爲這些人採取了敵視納粹主義的態度。

然後，希特勒入侵奧地利。七年前，法國還奮力反對德奧兩國成立關稅同盟。但，現在法國政府急忙承認德國對奧地利的暴力兼併。在慕尼黑，法國——和英國及義大利合作——強迫捷克斯洛伐克屈從德國的主張。所有這些都得到大多數法國民族主義者的贊同。當墨索里尼在希特勒的唆使下，宣布義大利對薩伏依（Savoy）、尼斯（Nice）、科西嘉（Corsica）和突尼西亞（Tunis）的企圖時，法國民族主義者的抗議顯得畏畏縮縮。看不見德摩斯提尼（Demosthenes）挺身警告國人提防菲利普（Philip）。但，如果出現一個新的德摩斯提尼，民族主義者肯定會公開抨擊他，說他是某個猶太拉比的兒子，或是羅斯柴爾德（Rothschild）的外甥。

沒錯，法國左派並未反對納粹，他們在這方面和他們的英國朋友並無不同。但，這不是法國民族主義者免責的理由。法國民族主義者有足夠影響力，可以促使法國採取積極反抗納粹的政策。但，對法國民族主義者來說，任何認真抵抗希特勒的呼籲，都是某種形式的猶太背叛。

法國人民以往愛好和平，甚至寧可吃虧也要避免戰爭，這無疑值得尊敬。但，問題不在於法國人民是否值得尊敬。德國已公開準備開戰，要徹底消滅法國。納粹的意圖，毫無疑問。在這樣的情況下，唯一適當的政策，是不惜一切代價阻撓希特勒的計劃。任何人如果在討論法德兩國關係時，還把猶太人扯進來，那就是在背棄民族大義。希特勒究竟是猶太人的朋友或敵人，是一個不相干的問題。事關法國的存亡。只有這一點需要考慮，至於法國店主或醫生想要擺脫猶太競爭對手的願望則無須考慮。

法國之所以沒及時防堵希特勒，之所以長期忽視軍事準備，而當戰爭不可避免時，之所以沒準備好戰鬥，都是反猶太主義的過錯。法國的反猶太主義者給希特勒幫了大忙。如果沒有他們攪局，這次新的戰爭也許可以避免，或至少會在比較有利於同盟國的條件下進行。

當戰爭爆發時，法國右派責難它，說它是爲猶太人而打的戰爭，而法國共產主義者也責難它，說它是爲資本主義而打的戰爭。法國民眾普遍反戰，綁住了軍方高層的手腳，減緩了軍備生產速度。從軍事角度來看，一九四〇年六月的情況並不會比一九一四年九月上旬更糟，也不會比一八七〇年九月更不利於法國。甘必大（Léon Gambetta）、克里孟梭（Georges Clemenceau）和白理安（Aristide Briand）肯定不會不戰而降。喬治・孟德爾（Georges Mandel）也不會。但，孟德爾是一名猶太人，所以沒有資格擔任政治領導職務。於是不可思議的事情發生了：法國否定它的過往，將其歷史上最值得自豪的一些記憶，定性爲猶太人的罪孽，並且歡呼其政治獨立地位的喪失，視爲一次民族革命及其眞正精神的再生。

反猶太主義不僅在法國，而且也在世界各地，助長納粹主義的聲勢。干預主義及其歧視傾向的有害影響，就是這個：許多人，除了出於嫉恨與渴望成功的競爭者遭到歧視傷害，無法從其他任何觀點理解外交政策的問題。他們一心一意希望擺脫某個猶太人的競爭，以致忘了其他一切，諸如，他們國家的獨立地位、自由、宗教信仰和文明等等。世界各國，過去和現在一樣，都有親納粹的政黨。歐洲每一個國家都有它的奎斯林（Vidkun Quislings）——通敵者和賣國賊。這些奎斯林指揮軍隊，其任務在於保衛他們自己的國家。但，他們可恥地不戰而降；他們和侵略者合作；他們厚顏無恥地把他們的變節背叛，稱爲眞正的愛國主義。在每一個城鎮或村莊，只要那裡有一個人渴望擺脫某個猶太人的競爭，納粹便有一個盟友。希特勒的祕密武器，就是好幾百萬店主和雜貨商、醫生和律師，及教授和作家的反猶太主義傾向。

如果不是反猶太主義盛行，此次戰爭絕不會發生。若非反猶太主義，納粹絕不可能恢復德國人民的信心，以爲德國武裝力量不可戰勝，從而將德國再次推向侵略政策和稱霸全世界的鬥爭。唯因大部分法國輿論糾纏於反猶太主義，這才阻止了法國，在無須訴諸戰爭仍能阻卻希特勒時，阻卻希特勒。正是反猶太主義幫助德國軍隊，在每一個歐洲國家，找到了準備對他們敞開大門的人。

人類確實爲反猶太主義，付出了高昂的代價。

第九章　威瑪共和政府及其倒塌

第一節　威瑪憲法

支持霍亨索倫氏軍國主義的一個主要理由，是其據稱的效率。鼓吹民族主義的教授說，民主政治可能是一個適合某些小國的政府形式，這些小國的獨立地位，因爲若干強國相互制衡而獲得確保，也適合像英國與美國這樣因地理位置而安全無虞的國家；但德國的情況不同，並不適合民主。德國周圍盡是一些對它懷有敵意的國家；它孤伶伶地獨立建國；它的邊界沒有天然屏障的保護；它的安全憑藉是它的軍隊，而這支軍隊正是霍亨索倫王室特有的成就。只有愚蠢的人才會把這支無敵的軍隊交給議會——一群聒噪無能的平民組成的一個團體——指揮。

但現在，第一次世界大戰導致德國慘敗，並摧毀了王室、容克、軍官與文官的威望。西方的議會制已經以事實證明，它的軍事能力優越。這場被美國的威爾遜總統定名爲保障民主安全的戰爭，似乎是民主所經歷的一次的火的考驗（ordeal by fire）。德國人開始修正他們的政治信條。他們轉向民主。幾乎已被遺忘長達半世紀的民主術語，在第一次世界大戰結束前幾週，再次流行起來。在德國人的心目中，民主意味戰爭期間遭到暫停的公民自由與人權要恢復了，尤其意味以議會制取代君主半專制。正如每一個德國人都知道的那樣，這些政治信念都隱含在國會議員人數最多的政黨——

社會民主黨——的正式綱領中。人們預期社會民主黨現在將落實其綱領中的民主原則，因而準備好支持該黨進行政治重建工作。

但是從馬克思主義者的行列中，卻傳來一個出人意料的回應，一個除了一小撮職業馬克思專家外，任何人都不可能預料到的回應。馬克思主義者宣布，我們這些覺醒階級意識的無產者，和你們資產階級的自由、議會制與民主概念毫無瓜葛。我們要的不是民主，而是無產階級專政，也就是由我們獨裁的專政。我們不準備授予你們這些資產階級寄生蟲任何人權，不準備授予你們選舉權和議會代表。以後只許由馬克思主義者和無產者來統治。如果你誤解了我們對民主的意見，那是你的過錯。如果你更仔細地研究了馬克思的著作，你早先就會更了解我們的意思。

在革命的第二天，柏林的社會民主黨人便爲德國任命了一個新政府，所謂人民託管政府（The Mandataries of the People）。這是一個由社會民主黨專政的政府，只由該黨的代表組成，它沒有和其他政黨分享政權的安排。[1]

[1] 有一個事實很重要，必須知道，社會民主黨雖然是德意志帝國國會裡的第一大黨，但其議員席次遠少於其他政黨合起來的議員席次。社會民主黨從來沒獲得德國大多數選民的支持。在威瑪共和時期，所有馬克思主義的政黨合起來，從未在選舉中獲得絕對多數選民的支持，或贏得絕對多數的國會席位。

在第一次世界大戰結束時，舊的社會民主黨分裂成三派：多數社會主義者、獨立社會主義者，和共產主義者。一半的政府決策成員屬於多數社會主義者，另一半屬於獨立社會主義者。這三派中最激進的共產主義者並未參與組建政府。他們厭惡與溫和的多數社會主義者合作，他們抨擊這些人是社會的叛徒。這些激進分子——斯巴達克斯派（Spartacus group）或共產主義派——要求立即消滅資產階級。他們的方案經過濃縮即爲：所有權力必須掌握在工人與士兵組成的蘇維埃手中。他們嚴厲拒絕每一個要把政治權利授予黨外人民的計劃，他們狂熱反對議會制。他們要按照蘇維埃模式組織德國，並且要以俄國方式「清算」資產階級。他們堅信，全世界已處於無產階級大革命前夕，即將摧毀資本主義，並建立永恆的共產主義天堂；他們渴望爲這個光榮的歷史偉業貢獻他們的一份力量。獨立社會主義者贊同共產主義者的觀點，但他們比較不是那麼心直口快。就是這個含蓄寡言的態度，使他們依賴共產主義者，讓其激進的言詞表達他們的基本心聲。多數社會主義者既沒有自己的意見，也不清楚自己應該採取什麼政策。他們的猶豫不決，並非由於他們改變了自己的社會主義信念，而是由於他們意識到，德國大部分支持社會主義的工人已當眞看待社會民主黨黨綱裡的民主條目，反對拋棄議會制。他們仍然相信社會主義和民主是相容的，甚至認爲社會主義只有在民主國家裡才可能實現。他們既沒意識到社會主義和民主並不相容，也不理解爲什麼德國應該選擇俄國的獨裁方式，而拋棄西方國家的民主原則。

共產主義派渴望以暴力奪取政權。他們相信俄國一定會提供援助，但他們覺得自己足夠強大，即使沒有這個國外的援手，也能獲勝。因爲他們完全相信絕大多數德國人支持他們。所以他們認爲，要消滅資產階級，無須預做特殊準備。只要對手保持安靜，便沒有必要先發制人。如果資產階級開始有任何動作，要打敗他們很容易。而最初的幾起事件也證實了這個觀點。在一九一八年聖誕節時，新政府和一支好鬥的共產主義派隊伍——所謂人民的海軍士兵師——在柏林發生了衝突。這支海軍士兵隊伍反抗政府。慌張的人民託管政府連忙招喚一支尚未解散、駐紮在柏林近郊的舊軍隊前來幫忙；這是一支前皇室衛隊下了馬的騎兵，其指揮官是一位貴族將軍。發生了一次小規模的戰鬥；然後政府便命令這些前皇室衛隊的士兵撤退。這些士兵已取得些許戰術上的成功，但政府仍撤回它的力量，因爲它對自己出兵鎮壓反抗的名義缺乏信心；它並不想和自己的「同志」戰鬥。這次不重要的戰鬥使獨立社會主義者確信，誰也阻擋不了共產主義的勝利推進。獨立社會主義者一來擔心失去政治聲譽，二來擔心自己來不及參加即將成立的共產主義政府，乃從人民託管政府撤回他們的代表。於是人民託管政府裡，現在只留下多數社會主義者，須爲發生在德國的一切負責，爲日趨嚴重的無政府狀態，爲食物與其他生活必需品供應短缺，以及爲迅速蔓延的失業狀況，單獨挨罵。在激進分子眼中，多數社會主義者就是反動與不公不義的後衛。

對於這些激進分子的計劃，任何人都用不著懷疑。他們將占領政府廳舍，監禁甚或可能殺害政府官員。被人民託管政府任命爲軍隊總司令的諾斯克（Gustav Noske），曾試圖招募多數社會主義者組成一支軍隊，結果徒勞無功。沒有哪一位社會民主黨人願意和共產黨作戰。當一九一九年一月五日共產黨聯合獨立社會主義者在柏林的街道上展開戰鬥，並控制了首都的主要市區時，人民託管政府似乎陷入了絕境。但在這最危險的時刻，出現了意料之外的援手。

馬克思主義者如此這般報導後來的事件：廣大群眾一致支持激進的馬克思主義領導者，並且一致渴望實現社會主義。但不幸的是，他們太過信任完全由舊的社會民主黨首腦所組成的政府，誤以爲這個政府不會阻礙他們實現社會主義。然而，艾伯特（Friedrich Ebert）、諾斯克（Gustav Noske）和謝德曼（Philipp Scheidemann）背叛了他們。這些叛徒渴望拯救資本主義，他們和殘餘的舊軍隊及資本家所僱用的幫派——所謂自由軍團（The free corps）——密謀。這些反動隊伍突然撲向毫無戒心的共產主義領導者，刺殺了他們，然後驅散群龍無首的群眾。從此開啓了一項反動政策，終於導致威瑪共和倒塌及納粹主義興起。

這樣的事實陳述忽略了德國人民的政治心態，在一九一八年最後幾週發生了根本的改變。在一九一八年十月和十一月初，絕大多數德國人民眞誠地準備好支持一個民主的政府。由於社會民主黨被認爲是一個民主的政黨，而且該黨也是國會議員席次最多的政黨，所以德國人民幾乎一致準備好託付該黨，帶頭籌組未來的人民政府體系。但，這時忽然晴天霹靂，發生令人震驚的事。這個馬克思主義政黨裡有頭有臉的人物拒絕民主，宣布他們支持無產階級專政。簡而言之，他們五十年來所宣稱的一切都是謊言。所有這些謊言一直都只有一個目的，就是要以羅莎・盧森堡（Rosa Luxemburg），一個外國人，來取代霍亨索倫家族。德國人民終於睜亮了眼睛。他們過去怎麼會讓自己被社會民主黨的口號所迷惑？他們終於醒悟，民主顯然是爲了欺騙傻瓜而發明的一個術語。事實上，正如保守分子一向斷言的那樣，民主倡導者希望建立暴民統治和煽動家專政。

共產黨嚴重低估了德國人民族的智力。他們沒意識到，要同樣以那些在俄國成事的辦法對付德國人民，是行不通的。當他們吹噓說，在長達五十年煽動民主的宣傳中，他們從來沒眞誠倡導過民主；當他們告訴德國人說：「你們這些笨蛋，騙你們的時候，我們多聰明啊！現在我們套住你們了！」這不僅對其餘德國人民，即便對大部分舊社會民主黨黨員來說，也實在太過分了。幾週之內，馬克思主義和馬克思社會主義——這不是指作爲一個經濟體系的社會主義——失去它們以前所有的聲望。民主概念本身變得徹底不可信。從那時開始，民主一詞，對許多德國人來說，等同詐騙。一九一九年初，共產主義派的人數已經遠少於他們的領導者相信的人數，而絕大多數有組織的勞工也堅決反對他們。

民族主義者很快就領會到這種心態變化。他們把握住這個機會。幾週之前，他們還感到絕望。現在他們知道如何強勢回歸。「背後捅刀子」的傳說已經恢復了他們先前失去的自信。現在他們知道他們未來的政策必須是什麼。首先他們必須阻撓紅色獨裁政權成立，防止共產黨消滅全部的非無產者。

前保守黨和某些附屬團體已於十一月將其黨名改爲德國民族主義人民黨（*Deutsch-nationale Volkspartei*）。在其發表於十一月二十四日的第一份宣言裡，他們要求「從只有一個階級的專政，回歸議會制政府，因爲鑑於最近的事件，議會制政府是唯一適合的體制。」他們還要求個人與良心自由、言論與學術自由，以及選舉權平等。德國歷史上第二次有一個基本上反對民主的政黨，純粹基於戰術上的理由，向選民提出一個自由主義和民主的政綱。馬克思主義者的方法找到了高足；民族主義者從列寧與布哈林（Nikolai Bukharin）的著作中獲益良多。他們現在已經爲他們未來的奪權行動制定了一個精確的計劃。他們決定先暫時支持議會制政府、自由和民主等政治主張，以便稍後能夠把它們推翻。爲了執行這計劃的第一部分，他們不僅準備和天主教徒合作，也準備和多數社會主義者及其正在威廉街政府大樓裡瑟瑟發抖的舊領導合作。

爲了防堵布爾什維克主義，以及暫時保住議會制和自由，必須打敗共產黨和獨立社會主義者的武裝力量。尚未解散的舊軍隊殘部，在能幹的指揮官領導下，足夠強大，可以成功阻撓共產黨。

但是這樣的指揮官不可能在將軍的行列裡找到。興登堡（Hindenburg）已是一個老人；他在第一次世界大戰中的角色，只是放手讓魯登道夫（Ludendorff）自由發揮；現在，由於魯登道夫不在身邊，他什麼事情都做不了。其他將軍在等待興登堡的命令；他們缺乏進取心。但，軍隊紀律已經瓦解到這些將軍的冷漠不再能阻礙軍隊行動的地步了。比較年輕的軍官，有時候甚至是中尉軍官，補上了軍隊指揮系統的缺口。這些軍官當中有人聚集了一些復員的士兵——這些士兵不太熱中回去老實工作，反而喜歡士兵的冒險生活甚於正常工作——組成一些自由軍團；他們領導這些軍團爲自己的利益而戰。其他一些軍官則把比較謹愼的總參謀部長官晾在一旁，有時候甚至不太尊重到強迫將軍們參與內戰。

就在人民託管政府已絕了得救的希望時，救援突然出現。軍隊開入柏林，鎭壓了共產黨的反叛。卡爾・李卜克內西（Karl Liebknecht）和羅莎・盧森堡（Rosa

Luxemburg）被捕入獄後被殺。內戰並未因此勝利而終止；它在一些省分裡持續了好幾個月，並且一再在柏林街頭重新爆發。然而，軍隊於一九一九年一月取得的勝利，保障了制憲會議的選舉、該會議的召開，和威瑪憲法的頒布。威廉二世曾說：「凡在我的衛士踏足的地方，便不會再有民不民主的問題。」威瑪民主是一種特殊的民主。德國皇室衛隊的騎兵爲此民主而戰，並且贏了。威瑪憲法所以能經過研議、通過票決，全因反對民主的民族主義者寧可要它，而不要共產黨的獨裁專政。德國人民從自由的死敵手中，作爲一項禮物，獲得了議會制政府，但該自由的死敵在給出該項禮物前，便已在琢磨將它收回的時機。

多數社會主義者及其附庸黨派——民主黨——爲了掩蓋這些不幸的事實，徒然發明了另一個傳說。他們說，在十一月革命之後的最初幾個月裡，馬克思主義者在他們黨內討論哪一種形式的政府對德國勞工最爲有利。其中的爭議有時候非常激烈，因爲某些激進分子試圖干擾討論。但最後，經過仔細研議，工人議決代議制民主將是最適當的政府形式。這個寬宏大量、放棄專政的決定，是自願選擇的結果；它爲德國勞工的政治成熟，提供了新的證據。

他們對事件的解釋，小心翼翼地迴避了主要問題。在一九一九年一月初，德國的政治問題只有一個：究竟是選擇羅莎·盧森堡和卡爾·李卜克內西兩人共同專政下的布爾什維克極權主義，或是選擇議會制。這個政治鬥爭不可能透過和平的民主方法得到解決。共產主義者並不準備向多數社會主義者屈服。他們是一幫武裝團夥；他們控制了大部分的首都和其他許多省市。若不是遇到民族主義的幫派和團夥，以及舊軍隊殘餘力量的抵制，他們本可以在全國各地奪得政權，成功在德國建立布爾什維克主義。只有一個因素可以阻止他們奪取政權，而且也確實阻止了他們奪取政權，那就是右派的武裝力量。

溫和的馬克思主義者的說法是正確的；他們斷言，不僅資產階級和農夫，而且大部分有組織的勞工，都反對獨裁專政，而比較喜歡議會制政府。但那個時候，問題不再是一個人是否準備好投票給某個黨，而是他是否準備好爲自己的信念賭上自己的生命。共產黨當時只是一個很小的少數派，但對付他們的手段只有一種：使用致命的武器。任何人若想要民主——無論是基於他自己的世界觀，或只是基於兩害相權取其輕的觀點——就必須攻擊共產主義派的據點，擊潰其武裝隊伍，好讓人民託管政府控制首都和全國其他地區。每個人都知道實際事態就是如此。多數社會主義者這一方的每一個人都十分明白，不拿起武器和共產主義者作戰，無異向共產主義投降。但，只有少數幾個該負責的政府官員嘗試——甚至只是笨拙地嘗試——組織反抗力量；他們的努力沒有成功，因爲所有他們的政治盟友都拒絕合作。

了解究竟是哪些想法，在那些對未來有重大影響的日子裡，塑造了多數社會主義者的態度，是非常重要的一件事。這些想法源自馬克思思想的精髓。無論在這世界上的什麼地方，也無論什麼時候，每當被灌輸了馬克思教條的人必須面對與此時類似的情況，這些想法就會出現。其中的一個主要想法，可以用來解釋爲什麼馬克思主義——姑且不談它在經濟行爲領域的失敗——即便僅就政治行爲領域而言，也是人類有史以來最顯著的失敗。

德國的馬克思主義者——記住，不是共產主義者，而是那些眞心拒絕獨裁專政者——心裡是這麼想的：若要走向民主的社會主義，非擊潰共產主義派不可。（在一九一八年十二月和一九一九年一月的那些日子裡，共產主義派之外的德國馬克思主義者仍然沉浸在一個幻覺中，自以爲大多數德國人民支持他們的社會主義方案。）必須透過武裝抵抗，擊敗共產主義派的造反。但，那不是我們該做的事。任何人都不能期待身爲馬克思主義者和無產者的我們，拿起武器對抗我們的階級和我們黨的同志。有一個骯髒工作必須完成，但完成該項工作不是我們的任務。我們的信條和這樣的行動互相牴觸。我們必須堅持階級及黨的團結原則。此外，該政策會損害我們的聲望，危及我們在即將到來的選舉中獲得成功的希望。我們的處境確實非常不幸。因爲共產主義者並不覺得他們自己受到和我們一樣的理念約束。他們能攻擊我們，因爲他們享有巨大優勢：他們能譴責我們是社會叛徒和反動者，而我們卻不能以其人之道還治其人之身。他們攻擊我們的時候，他們是革命者，但如果我們還手攻擊他們，我們便似乎變成了反動者。在馬克思主義這個思想領域，比較激進者如果輕視並攻擊比較謹慎的黨員，總是無可反駁的。如果我們還嘴稱他們是叛徒和變節者，沒人會相信我們。在這個處境下，我們身爲馬克思主義者，不得不採取不抵抗的態度。

這些過於世故老成的馬克思主義者並未看出德國人民——其中有數百萬社會民主黨舊黨員——非常清楚地意識到：這個不抵抗政策意味拋棄德國的馬克思主義。如果某個執政黨必須承認：這件事現在必須完成；這是當務之急；但這件事我們不能做，因爲它不符合我們的信條；其他人必須代替我們來做這件事——該黨便永遠徹底拋棄其政治領導的資格。

非共產主義陣營的馬克思主義者，嚴厲譴責艾伯特、諾斯克和陣營裡的其他某些領導，說這些領導不該和那些將共產主義派的武裝力量擊垮的民族主義者合作。但，這個所謂合作只不過是幾次碰頭諮詢。這些驚惶失措的人民託管者及其助手，在和民族主義者的指揮官商談時，很可能沒掩飾好他們的驚惶與無助，同時又洩露他們很高興被救。但，在那些堅定支持階級團結原則的人看來，這已經意味背叛了。

在這一切當中最爲突出的事實是：德國的共產主義被右派獨力打敗，而非共產主義陣營的馬克思主義者則渴望保持中立。如果民族主義者沒有以武力介入，德國便會在一九一九年轉向布爾什維克主義。一九一九年一月事件的結果是，民族主義者的聲望大大提高；拯救了國家是屬於他們的光榮，而社會民主黨則變得卑鄙可恥。共產黨的每一次新動亂，都重複同樣的經驗：民族主義者單獨和共產黨作戰，而社會民主黨人則躊躇不前，不想反對他們的「共產主義同志」。社會民主黨統治普魯士——德國最重要的自治邦——以及德國一些較小的自治邦；但，他們之所以能統治，全因他們得到了威瑪自衛軍（The Reichswehr）中的民族主義者和自由軍團的支持。從那時開始，社會民主黨便仰人鼻息，任憑右派擺布。

威瑪共和被民族主義者和共產主義者雙方視爲只是他們爭取獨裁專政的一個戰場。雙方都爲了內戰而武裝起來；雙方都曾多次發動攻擊，試圖消滅對方，而且都必須被對方以武力擊退。但，民族主義者日漸強大，而共產主義者的力量則逐漸削弱。這無關選票和國會席位的多寡。這些政黨已將其活動重心擺在國會議事之外。民族主義者能夠自由行動。他們獲得大多數知識分子、受薪階級、企業家、農夫，以及一部分技術工人的支持。他們熟悉德國人的生活環境與問題。他們能調整他們的行動，因應全國以及各個省分的政經情況變化。相對地，共產主義者必須遵守蒙昧無知、不熟悉德國情況的俄國首長的命令，所以每當莫斯科的黨中央命令他們改變時，他們便被迫在一夜之間修改他們的政策。沒有哪一個有才能或誠實的人受得了這樣被人頤指氣使。因此，德國共產黨領導人的智力和道德素養，遠低於德國政客的平均水平。他們不是民族主義者的對手。共產黨在德國政壇上只扮演破壞者和陰謀家的角色。在一九一九年一月之後，他們不再有任何成功的機會。當然，這十年納粹暴政的倒行逆施，已經使德國共產主義復甦；希特勒垮臺的那一天，他們將是德國最強大的政黨。

如果德國人民在一九一八年有民主這個選項，他們肯定會決定選擇民主。但實際的情況卻是，他們當時僅有的兩個選項都是獨裁專政：要麼是共產主義專政，要麼是民族主義專政。在這兩個志在獨裁的政黨之間，沒有第三團體想支持資本主義及其必然的政治安排——民主。無論是多數社會主義者及其附庸團體——民主黨，或是天主教中央黨，都和「財閥」民主及「資產階級」共和主義不對頭。他們的過往和他們的意識型態，強烈反對採納民主與共和主義。霍亨索倫氏失去他們的王位，因爲他們拒絕英國的議會制。威瑪共和政府倒塌，因爲它拒絕法國，在一八七五年至一九三〇年的第三共和時期，所體現的那種共和主義。威瑪共和政府沒有任何政治方案，除了採取在兩個志在獨裁的團體之間左右搖擺的中庸路線。在政府的支持者看來，議會制不是最好的政府體制，而只是一個緊急措施，一個權宜安排。多數社會主義者想成爲溫和的馬克思主義者與溫和的民族主義者，亦即，想成爲民族主義的馬克思主義者與馬克思主義的民族主義者。天主教中央黨想要結合民族主義、社會主義和天主教，而且還要維持民主。如此這般的折衷主義注定失敗。它對年輕人沒有吸引力。因爲，一旦與堅定的對手發生衝突，它總是選擇屈服。

在民族主義之外，只有一個選項可供採納：沒有限制的自由貿易。但在德國沒有任何人考慮恢復自由貿易。這個選項需要拋棄社會政策（Sozialpolitik）的一切措施、政府管制和工會強制。那些自認爲正在與激進的民族主義爭鬥的政黨——社會民主黨及其附庸，然後是共產黨、天主教中央黨，以及某些農夫團體——反而是國家至上主義與超級保護主義的狂熱支持者。但他們的見識太過狹隘，以致看不出這些政策給德國帶來了自給自足的大問題。他們只是閉上眼睛。我們不該過分高估德國群眾的智力。但他們還不至於愚笨到看不出：自給自足是德國的核心問題，而對於如何處理該問題，只有民族主義者有一個——儘管是很不可靠的——想法。當其他政黨迴避討論自給自足的種種危險時，只有民族主義者提出了一個解決方案。由於這個征服世界的方案是提交給德國人民的唯一方案，所以獲得他們的贊同。沒人告訴他們還有其他解決辦法。馬克思主義者和中央黨的天主教徒甚至提不起勁，說不出納粹稱霸世界的軍事計劃注定失敗的話語；他們提心吊膽唯恐傷了德國人民堅信自己無可匹敵的虛榮心。但，即使侵略計劃的反對者充分揭露了新戰爭的危險與風險，德國一般民眾仍然會選擇支持納粹。因爲比較細心和狡猾的納粹分子說：我們有一個拯救德國的精確計劃；這計劃有很大的風險，我們無法保證成功。但無論如何，它給我們一個機會，而其他人完全不知道如何處理德國所面對的嚴峻問題。如果你游移不定，你的命運就完了；如果你追隨我們，至少還有成功的希望。

德國左派的作法，和英國及法國左派的作法相比，是一種毫不遜色的鴕鳥政策。一方面，德國左派提倡國家萬能，從而主張超級保護主義；另一方面，它完全不考慮，在一個自給自足的世界裡，德國注定要挨餓的事實。逃離德國的馬克思主義流亡者吹噓說，他們的政黨做了一些——實際上是非常笨拙和膽小的——努力，試圖阻止德國重新武裝。但，這只證明他們自相矛盾，以及他們無法看清事實。凡是想維持和平的人，都必須奮力反抗國家至上主義。然而，德國左派支持國家至上主義，其狂熱程度不亞於右派。德國人全部贊成政府干預企業經營的政策，而該政策必將導致統制經濟（Zwangswirtschaft）。但，只有納粹掌握到這樣的事實：在一個自給自足的世界裡，俄國能生存，但德國不能。所以，納粹成功了，因爲他們沒碰到任何政黨主張自由放任，亦即，主張市場經濟。

第二節　流產的社會化方案

社會民主黨向來把生產手段社會化（*Vergesellschaftung*）列爲其黨綱的首要主張。如果人們已準備好將此社會化解釋爲國家強行徵用生產手段，從而由政府管理一切經濟活動部門，則這個社會化的要求便很清晰明確。但，社會民主黨特別強調，這完全不是他們基本主張的意思。他們堅稱，國有化（*Verstaatlichung*）與社會化是兩個完全不同的概念。他們說，德意志帝國及其成員邦，自從一八八〇年代以來，一直將各種工廠與企業的國有化和市有化，視爲其基本的社經政策措施，但這些措施既不是社會化，也不是邁向社會化的第一步，而是資本主義的政策措施，對勞工極爲不利。所以，這些國有化與市有化企業令人不快的表現，與社會主義對社會化的要求無關。然而，馬克思主義者並未解釋他們的社會化究竟是什麼意思，究竟和國有化有何不同。他們做了一些笨拙的嘗試，但很快就不再討論這個尷尬的問題。這個話題被列爲禁忌。沒有哪一個體面的德國人會魯莽到打破禁忌提出這個問題。

第一次世界大戰帶來了戰時的社會化趨勢。一個又一個產業部門被集中化，亦即，被強行置於某個管理委員會之下，但這種委員會的委員——相關產業部門裡的企業家——不過是政府特派專員的諮詢顧問。於是，政府完全控制了所有重要的產業部門。興登堡方案主張將德國所有貿易與生產部門全面納入這個政府控制體系。該方案的執行將使德國變成一個統制經濟型的純社會主義國家。但興登堡方案尚未完全實施，德意志帝國便倒塌了。

戰時社會主義在德國非常不受歡迎。人們甚至把一些不屬於它的過錯歸罪於它。德國人挨餓不該全怪它。敵軍的封鎖、因爲參軍而少了數百萬名勞工，以及一大部分生產活動必須導向生產武器和彈藥，甚至比社會主義生產方式的弊病，更有效果使人民生活艱苦。社會民主黨也應該指出這些事實。但，他們不想錯過任何機會扭曲事實，以利煽動。他們譴責統制經濟本身。他們說，統制經濟是最惡劣的資本主義剝削與虐待模式；它證明了以社會主義取代資本主義刻不容緩。

戰爭結束帶來戰敗、革命、內戰、飢荒和滿目瘡痍。數百萬復員士兵，其中許多人保留了手中的武器，成群結隊湧回家鄉。他們搶劫軍火庫。他們擋下火車搜尋食物。他們與那些被迫於一夜之間停產軍需品的工廠所解僱的工人結夥，在鄉間野外掠奪麵包與馬鈴薯。村民們武裝反抗。情況非常混亂。奪取了政府，但沒有統治經驗又無知的社會主義者，對此束手無策。對於如何處理這種情況，他們毫無概念。他們的朝令夕改癱瘓了整個政府機構。挨餓的民眾要求食物，卻被餵以誇誇其談的演說。

在這個緊急時刻，資本主義證明了它的調適能力與效率。企業家終於無視統制經濟多如牛毛的法令，努力使他們的工廠再度運轉。當務之急是恢復生產出口品，以便從中立國與巴爾幹半島買進食物和原料。如果沒有這些進口品，德國就完了。企業家的努力獲得成功，從而拯救了德國。人們一邊罵他們是攫取暴利的奸商，一邊爭先恐後搶購他們推出的商品，很高興獲得這些迫切需要的生活必需品。失業者再度找到了工作。德國開始恢復正常。

社會主義者並不怎麼介意統制經濟體系的鬆懈。在他們看來，統制經濟絕對不是社會主義的體系，而是資本主義的一種禍害，必須盡快廢除。現在必須啓動眞正的社會化。

但社會化是什麼意思？馬克思主義者說，社會化既不是國營鐵路、國營礦山等國有化所代表的那種東西，也不是統制經濟那種戰時社會主義。但，它還能是什麼？所有黨派的馬克思主義者必須承認他們不知道。五十多年來，他們一直倡議社會化，置爲他們黨綱的核心。現在他們既然取得了權力，就必須開始執行他們的黨綱。現在他們必須推動社會化。但馬上變得很明顯：他們不知道社會化是什麼意思。這眞是尷尬極了。

所幸社會主義的領導階層記得有一群人——無所不知的教授們——知曉一切正是他們的工作。政府任命了一個社會化委員會。大多數委員是社會民主黨人；不過，被期待破解社會化謎題的，不是這些人，而是教授們。政府所任命的教授委員不是社會民主黨人。他們以前是社會政策（Sozialpolitik）的倡導者——該政策在早些年曾支持各種企業的國有化和市有化——而近些年則一直支持計劃（統制）經濟。他們一向支持的理念，正是遭到正統馬克思主義者斥責，視爲資本主義的一個花招，對無產階級利益有害的修正主義。

社會化委員會愼重其事地研議了好多年，在細枝末節上糾纏不休，整理出一些過度複雜的定義，起草了一些虛假的計劃，叫賣非常糟糕的經濟學。它的會議記錄和報告，裝訂成厚厚的卷冊塞滿好幾座書架上，存放在圖書館裡，以啓迪後代。它們是馬克思主義和國家至上主義所導致的智力衰退的一個象徵。但，它們沒有回答，除了國有化（Verstaatlichung）或計劃（統制）經濟（Zwangswirtschaft）之外，社會化還能是什麼意思。

只有兩種社會化的方法，而且這兩種方法昔日的德意志帝國政府都採用過。一方面是徹底的國有化，如今的蘇維埃俄國便是採用此法；另一方面是中央（經濟）計劃，與登堡的統制經濟方案和納粹的方法都屬於這一類。德國的馬克思主義者，沉溺於他們僞善的煽動性話術，自絕於僅有的這兩條社會化道路。威瑪共和政府裡的馬克思主義者，不僅未曾推進社會化趨勢，反而容忍昔日帝國政府所啓動的一些最有效的社會化措施遭到實質廢棄。後來，他們的政敵，尤其是天主教中央黨的布呂寧（Heinrich Bruening）擔任威瑪共和政府總理時，恢復了計劃經濟政策，其相關措施在納粹建立全面計劃經濟——統制經濟型的德國社會主義——後，被進一步完善。

德國工人，不管是社會民主黨黨員或是共產黨黨員，並不怎麼關心社會化。對他們來說，正如考茨基（Karl Kautsky）所言，革命的意義僅在於它是提高工資的機會。相較於社會化，比較高的工資、比較好的失業救濟金，和比較短的工時，對他們更有意義。

這種情況，不是社會主義領導階層背叛社會主義的結果，而是社會民主黨信條內在的矛盾所致。馬克思主義者倡議一個其實現必然會使國家變爲全能與極權的政治方案；但他們還不厭其煩地談論「徹底甩掉國家這個垃圾」，談論「國家的凋零消亡」。他們倡議社會化，但拒絕僅有的兩個達成社會化的辦法。他們暢談工會主義——作爲改善工人處境的一個辦法——不可能成功；但他們讓工會政策成爲他們的政治行動焦點。他們教導人們說，在資本主義完全成熟之前，不可能實現社會主義；他們還將所有旨在遏制或延緩資本主義發展的措施，貶損爲小資產階級的迷思。但他們自己既強烈又狂熱要求推行這些措施。是這些內在矛盾與表裡不一，而不是資本家或企業家的陰謀詭計，導致了德國馬克思主義的沒落。

沒錯，社會民主黨的領導人無能；其中有些人既腐敗又不誠實。但，這並非偶然。沒有哪一個聰明人看不出馬克思學說的根本缺陷。腐敗是每一個不受警覺的輿論監督的政府固有的邪惡。那些準備認眞看待社會化要求的人，脫離馬克思主義的行列，加入了納粹主義的陣營。因爲納粹雖然在道德上更加腐敗，但毫不含糊致力於實現中央計劃經濟型的社會化。

第三節　手持武器的政黨隊伍

一九一八年十一月的革命，使一個早已從德國歷史消失的現象再度出現。軍事冒險家成群結隊，組成有武裝的兵團或自由軍團（*Freikorps*），爲他們自身的利益而戰。共產主義革命家率先採用這個辦法，但民族主義者很快便跟上，並且予以完善。被解職的舊德軍軍官召來復員的士兵和適應不良的男孩組成兵團，爲遭到挨餓的城鎮居民搶奪威脅的農民，以及遭到波蘭與立陶宛游擊隊入侵劫掠的東部邊境居民，提供保護。地主和農民提供他們食物與住所，交換他們的保護。當情況發生變化使他們的介入不再顯得有用時，這些自由軍團便開始向地主、商人和其他富人敲詐勒索錢財。他們於是成了巨大的公共禍害。

威瑪政府不敢解散他們。其中某些自由軍團曾英勇和共產黨作戰。其他自由軍團成功保衛東部邊境省分，擊退波蘭與立陶宛的游擊隊。他們吹噓這些成就，而民族主義陣營裡的年輕人毫不掩飾對他們的同情。但，年長的民族主義政黨領導人，對這些自由軍團的首領懷有極大的敵意，因爲這些首領難以駕馭，往往無視他們的建議，輕率採取行動，和他們深思熟慮過的計劃產生衝突。自由軍團的勒索是地主與農民沉重的負擔，而爲了防範共產黨暴動，也不再需要這些自由軍團了。因爲按照凡爾賽條約的規定而組成的新軍隊，威瑪自衛軍，現在足以勝任該任務。民族主義陣營的大老很有理由懷疑，組成這些自由軍團的年輕人希望取代他們在民族主義運動中的領導地位。他們想出一個聰明的方案來壓制這些年輕人。自衛軍將把自由軍團納入編制，從而使這些年輕人不再具有威脅性。自由軍團的隊長們由於越來越難以爲他們的手下提供資金維持生計，所以準備接受此一方案，併入自衛軍並服從其領導。

然而，這個方案違反凡爾賽條約關於自衛軍人數不得超過十萬人的規定。因此與法國和英國代表發生衝突。協約國要求完全解散所謂黑衫自衛軍。威瑪共和政府遵從協約國的要求，決定解散最重要的黑衫部隊——由海軍士兵組成的埃爾哈特旅（The Ehrhardt brigade），這個決定加速了卡普（Kapp）政變的爆發。

戰爭與內戰，以及馬克思主義者與民族主義者的革命心態，創造出一股野蠻殘忍的精神，促使各政黨賦予其組織一種類似軍隊的性質。民族主義的右派和馬克思主義的左派都有他們自己的武裝力量。當然，這些政黨的部隊完全不同於暴躁的民族主義分子，以及激進的馬克思主義者，所組成的自由軍團。他們的成員是有正常工作，從週一忙到週六中午的人。在週末，他們穿上制服，跟著銅管樂隊與旗幟遊行，並且時常扛上他們的槍枝。他們以這種結社成員的身分為榮，但他們並不熱中戰鬥；鼓舞他們的，並不是一股要攻擊什麼的精神。他們的存在、他們的遊行、他們的耀武揚威，和他們的隊長意在挑撥的演說，對國內和平是一種討厭的攪擾，但不是嚴重的威脅。

在一九二〇年三月卡普領頭的革命、一九二三年十一月希特勒與魯登道夫領頭的革命，以及共產黨的多次起義——其中影響最大的一次是一九二一年三月霍爾茨（Max Hölz）領頭的暴動——皆以失敗告終後，德國開始恢復正常狀態。自由軍團和共產主義武裝團夥開始慢慢退出政治舞臺。他們彼此之間，以及針對警察，仍然有一些游擊攻伐。但，這些攻伐越來越變成是流氓團夥的火拼打鬧。這樣的暴動和少數冒險家的陰謀，並不會危及社會秩序的穩定。

但社會民主黨及其旗下媒體犯了一個錯誤：他們一再譴責少數仍在運作的民族主義自由軍團，並強烈要求解散這些武裝團夥。對民族主義政黨來說，這種態度是一個挑戰；儘管民族主義政黨不喜歡這些武裝團夥，程度不輸社會民主黨，但不敢公開拋棄他們。於是民族主義的政黨便反過來要求將共產主義武裝團夥一併解散。但對於共產主義武裝團夥，社會民主黨有著類似民族主義政黨之於自由軍團的態度。社會民主黨既討厭又害怕共產主義武裝團夥，但就是不想公開鬥爭他們。

威瑪共和時期的德國，和俾斯麥時代的德意志帝國一樣，主要的民事行政權力不歸於中央政府，而歸於成員邦政府。普魯士是面積最大且最富有的成員邦；它的人口最多；它是德國的重心，或者正確地說，它就是德國。保守黨過去因爲統治普魯士，所以才獲得主宰德意志帝國的霸權。威瑪共和時期，社會民主黨同樣因爲統治普魯士，才得以在共和國政壇上居於至高地位。當巴本（Franz von Papen）總理於一九三二年七月二十日發動政變推翻普魯士的社會民主黨政權時，德國中央政權花落誰家的政治鬥爭，實質上便已蓋棺論定。

巴伐利亞政府不願意解散邦內的民族主義武裝團夥。決定此一態度的，不是它對民族主義者的同情，而是它的地方特殊主義。不服從中央權威，對它來說，是一個原則問題。威瑪共和政府對此束手無策，因爲它只有一個辦法可以逼迫不聽話的成員邦服從它的意志，亦即，內戰。在這樣的困境中，社會民主黨掌控的普魯士政府採取了一個致命的措施。一九二四年二月二十二日，它在馬德堡（Magdeburg）創立了黑紅金國旗團（*Reichsbanner-Rot-Gold*）。這並不是一支和其他政黨的武裝隊伍一樣的私人隊伍。它是普魯士執政黨的一支軍隊，得到普魯士政府的全力支持。一位顯赫的普魯士官員，薩克森省（Saxony）的省長，被任命爲該國旗團的團長。國旗團據稱是一支沒有黨派屬性的隊伍，由所有忠於共和政府體制及威瑪憲法的人組成。然而，它實質上是社會民主黨的一個組織。它的領導者堅稱，歡迎其他忠於共和政府的政黨黨員加入其行列。但，國旗團絕大多數的團員其實是社會民主黨黨員；這些團員從前一直是各地方與各省的社會民主黨武裝力量的成員。因此，國旗團的成立，並未增強社會民主黨的軍事力量，而只是讓它有了一個新的、比較集中化的組織，以及讓它得到普魯士政府的正式許可。在國旗團裡，天主教中央黨的黨員從來都不是很多，而且很快便完全消失。國旗團裡第三個所謂忠誠的政黨，民主黨，只是社會民主黨的一個微不足道的附庸。

社會民主黨說，自衛軍——組成德國軍隊的那十萬名士兵——懷有民族主義偏見，它試圖以這個理由正當化國旗團的成立。但，卡普叛亂事件已經證明，社會主義者手中握有全國大罷工，這一把非常有效的利器，足以打敗民族主義者。唯一嚴重威脅威瑪共和體制穩定的因素，是有組織的勞工隊伍中，有不少人傾向同情民族主義者。社會民主黨的領導階層，沒有辦法成功對抗這種同情傾向；他們當中有許多人還暗地裡同情這些工人。

國旗團成立一事當中的不祥之兆，在於它爲希特勒的東山再起，提供了一個很好的契機。一九二三年十一月希特勒領頭的慕尼黑政變，以徹底失敗告終。當他於一九二四年十二月走出監獄時，他的政治前景看起來黯淡無光。國旗團的成立，正是他想要的轉機。所有非馬克思主義者，亦即，大多數德國人民，被國旗團領導階層的挑釁言論，以及在其成立後的第一年底，成員已增至三百萬的事實——多於所有右派戰鬥聯盟（*Wehrverbände*）的總成員數——嚇壞了。[2]和社會民主黨一樣，他們高估了國旗團的力量及其戰鬥意志。因此，許多德國人準備幫助納粹衝鋒隊。

但，這些衝鋒隊非常不同於其他政黨——無論是左派或右派——手持武器的隊伍。它們的成員並非過去曾參與第一次世界大戰，而現在渴望保有他們的工作，以便養家活口的年長者。納粹衝鋒隊，如同以往的自由軍團，其成員是沒有工作而以打架爲生的男孩。他們每一天每一小時都有空，而不是僅在週末和假日才有空。其他政黨——無論是左派或右派——手持武器的隊伍，在遭到攻擊時，是否會立即反擊，或許值得懷疑。可以肯定的是，他們永遠不會主動出擊。但希特勒的衝鋒隊好鬥成性；他們是專業的好勇鬥狠者。倘若納粹的反對者未曾在一九三三年毫無抵抗地屈服，他

[2] Stampfer, *Die vierzehn Jahre der ersten Deutschen Republik* (Karlsbad, 1936), p. 365.

們肯定會在內戰中爲他們的元首戰至血流成河。

希特勒在其生涯的第一階段從大企業那裡獲得資金補助。在他爭奪霸權的第二階段，他從大企業那裡勒索來更多的錢。蒂森（Thyssen）和其他大企業家給他錢，但並非要賄賂或收買他。希特勒拿走他們的錢，就像國王拿走其臣民的貢品。如果他們拒絕給他所要求的錢，他就會破壞他們的工廠，甚或殺害他們。不過，沒必要採取如此激烈的手段。企業家寧願遭到納粹主義貶謫成爲商店經理，也不願意遭到共產主義以俄國的方式清算。擱在德國當時的情況，他們沒有第三條路可選。

金錢與武力都不足以對抗理念。納粹所以成功征服德國，既不是由於他們從大企業那裡獲得了幾百萬馬克，也不是由於他們是殘忍的戰士。絕大多數德國人民已經有許多年，既是社會主義者，也是民族主義者。社會民主黨的工會成員同情激進的民族主義，其程度不亞於農民、天主教徒和商店主對同一民族主義的同情。共產黨所獲得的選票，有一大部分是因爲相關選民認爲，共產主義是使德國稱霸歐洲進而打敗西方資本主義的最佳辦法。德國的企業家和商人貢獻了他們的一份力量幫助納粹取得勝利，但德國所有其他階層也和他們一樣有所貢獻。甚至教會，無論是天主教或新教，也不例外。

重大的意識型態變化，很少是說某某人的錢被灑在其上便解釋得了的。共產主義如今在美國流行，無論怎麼說，不會是俄國政府大方補助，或某些富豪補貼左派報紙與期刊的結果。雖然有一些猶太銀行家確實被納粹的反猶太主義嚇到了，從而捐錢給社會主義政黨；雖然迄今爲止，最豐厚的一筆在德國支持社會科學研究的捐贈，確實是一位猶太糧食商人爲設立法蘭克福大學馬克思研究所所捐贈的基金；但，德國的馬克思主義仍舊不是納粹所聲稱的，猶太商人的產物。

在德國，「民族團結」（*Volksgemeinschaft*）的口號如此擄獲人心，以致當納粹發動最後一擊時，沒有人敢反抗。納粹粉碎了許多曾經支持者的希望。大企業、地主與農夫、工匠與商店主，以及教會，全都大失所望。但，納粹的主要信條——民族主義和社會主義——其威望仍然壓倒一切，以致這些人儘管心生不滿卻沒採取任何重大的行動。

只有一件事能終結納粹的統治：戰敗。封鎖，以及英國與美國飛機對德國城市的轟炸，最後將說服德國人相信，納粹主義不是德國民族追求繁榮的最佳辦法。

第四節　凡爾賽條約

凡爾賽（Versailles）和約、聖日耳曼（Saint Germain）和約、特里阿隆

（Trianon）和約，以及色佛爾（Sèvres）和約，一起形成了外交史上最爲拙劣的爭端解決方案。它們將留名青史，作爲政治失敗的顯例。它們想帶來永久和平；結果先是一連串小規模戰爭，最後是一場新的且更爲可怕的世界大戰。它們意在保障小國獨立；結果是奧地利、阿比西尼亞（Abyssinia）、阿爾巴尼亞（Albania）和捷克斯洛伐克（Czechoslovakia）的消失。它們旨在使這世界中的民主政體安全；結果出現史達林、希特勒、墨索里尼、佛朗哥和霍爾蒂（Miklós Horthy）。

然而，凡爾賽條約通常遭到的一項指責卻是毫無根據。德國的宣傳成功說服了盎格魯—撒克遜國家的輿論，以爲該條約對德國極爲不公平，給德國人帶來的苦難使德國人陷入絕望，納粹主義和當前的戰爭是該條約虐待德國的結果。這樣的宣傳完全不是事實。四和約給歐洲安排的政治秩序非常不令人滿意。意在解決東歐問題的和約，未顧及眞實情況，以致造成混亂。但，凡爾賽條約對德國並非不公平，也沒有使德國人民陷入苦難。如果該和約的規定得到執行，德國便不可能重新武裝並再次發動攻擊。有問題的，不是該和約對德國而言不好，而是勝利國允許德國無視其中一些最重要的條款。

凡爾賽條約要求德國割讓普魯士所征服的一些非德國領土，這些土地上主要居住著不講德語並且堅決反對德國統治的人民。先前的征服是德國主張擁有這些地方的唯一理由。德國被迫歸還霍亨索倫王朝先前攫取的土地，不是——德國宣傳家向來說的——有史以來最無恥的搶劫。德國最喜歡的宣傳話題是波蘭走廊。納粹發言人和他們的外國朋友怒問，如果從英國或法國的領土中切割出一塊土地，使整個國家分成兩個不相連的部分，以便爲其他國家提供一個通道，英國人或法國人會怎麼說？這樣的言語讓全世界的輿論深受感動。波蘭人自己對這個話題極少提出澄清。在那些年裡，他們被一個無能與腐敗的寡頭集團統治，而這個統治集團缺乏對抗德國宣傳的智力。

眞正的事實是：在中世紀，條頓騎士團征服了如今稱作普魯士的東普魯士省的地方。他們也試圖征服一九一四年時稱作普魯士的西普魯士省的那一塊土地，但沒成功。因此，東普魯士和德意志帝國沒有接壤。在東普魯士的西部邊界和德意志（神聖羅馬）帝國的東部邊界之間有一塊土地，由波蘭國王統治，是波蘭的一部分，居住著波蘭人。這塊土地，也就是西普魯士，在一七七二年第一次瓜分波蘭時被普魯士兼併。有一點很重要必須記住，西普魯士——和普魯士的波森省（Posen）一樣——是被普魯士兼併的，而不是被德意志帝國兼併的。這些省分既不屬於神聖羅馬帝國——該帝國於一八〇六年瓦解，也不屬於德意志邦聯（German Confederation）——該邦聯是德意志民族在一八一五年至一八六六年間的政治組織。可以說西普魯士和波森一樣都是普魯士國王的「私人財產」。普魯士國王，身爲布蘭登堡（Brandenburg）選帝侯和波美拉尼亞（Pomerania）公爵，是神聖羅馬帝國及德意志邦聯的一個成員；這個事實，在法律與憲政上，對這些東部省分的意義，不會大於英格蘭國王，身爲漢諾威（Hanover）選帝侯（後來稱號改爲漢諾威國王），是神聖羅馬帝國的一位君主，而後來則是德意志邦聯的一個成員，對大不列顛曾經具有的意義。在一八六六年之前，這些東部省分和德國的關係，一直就像一七一四年至一七七六年間維吉尼亞州或麻薩諸塞州和德國的關係，以及一七一四年至一八三七年間蘇格蘭和德國的關係。它們是外國人（不講德語）的地方，但統治它們的君主湊巧在同一時間也統治著某個德國人（講德語）的地方。

直到一八六六年普魯士國王才依據他個人的主權決定，把這些省分納入北德意志聯邦（Norddeutscher Bund），並於一八七一年依據類似的決定，納入德意志帝國（Deutsches Reich）。生活在這些地方的人民沒被問是否同意這些決定。事實上，他們不同意。他們把講波蘭語的議員送進德國國會，他們時刻不忘保存他們的波蘭語，他們堅定忠於波蘭人的傳統文化。五十年來，他們抗拒普魯士政府一切企圖將他們同化的努力。

當凡爾賽條約重申波蘭獨立並將波森省和西普魯士省歸還波蘭時，它並沒給波蘭一個走廊。它只是撤銷先前的普魯士——注意，不是德國——征服的效果。條頓騎士團征服了一個沒和德國接壤的地方，並不是凡爾賽條約議定者或波蘭人的過錯。

凡爾賽條約把阿爾薩斯－洛林（Alsace-Lorraine）歸還給法國，把石勒蘇益格（Schleswig）北部歸還給丹麥。它並沒在這些安排上搶了德國的領土。這些地方的人民強烈反對德國統治，渴望擺脫德國奴役。德國只有一個理由可以壓迫這些人——征服。戰敗的必然後果是吐出先前征服所得到的戰利品。

凡爾賽條約第二項曾遭到嚴厲批判的規定涉及戰爭賠償。德國人摧毀了大部分比利時和法國西北部。誰該付錢重建這些地方？是遭到攻擊的法國和比利時，還是侵略他們的德國？是勝利的一方，還是戰敗的一方？凡爾賽條約決定德國應該付錢。

年度	人均所得（馬克）	人均賠款（馬克）	賠款占所得比例
1925	961	16.25	1.69
1926	997	18.30	1.84
1927	1,118	24.37	2.18
1928	1,185	30.75	2.60
1929	1,187	38.47	3.24
1930	1,092	26.10[3]	2.39

[3] 人均所得：*Statistiches Jahrbuch für das Deutsche Reich*。人均賠款：數字得自賠款總額除以六千五百萬人。由於德國人口在此期間稍有增加，所以實際比值應該稍微低於表列數字。

我們不需要詳細討論賠償問題。只消確定賠款，對德國來說，是否眞的意味貧困與挨餓，就夠了。且讓我們看看一九二五年至一九三〇年間德國的所得與賠款。

如果斷言這些賠款使德國變貧窮，並使德國人挨餓，那就是對事實的嚴重扭曲。即使德國人自掏腰包支付這些賠款，而不是如他們實際所做的，以國外借款來支付，這些賠款也不至於嚴重影響德國人的生活水準。

下面是一九二五年至一九二九年間德國資本增加的統計數，其單位爲百萬馬克[4]。

1925	5,770
1926	10,123
1927	7,125
1928	7,649
1929	6,815

在道威斯（Dawes）和楊格（Young）計劃下，德國從一九二四年九月至一九三一年七月間總共支付一百零八億二千一百萬馬克。然後完全停止支付賠款。相對於此資本流出，德國民間與公共外債總額——其中大部分產生於此期

[4] "Zuwachs an bereitgestelltem Geldkapital," *Vierteljahrshefte fuer Konjunkturforschung*, Special number 22 (Berlin, 1931), p. 29.

間——略大於二百零五億馬克。在此項資本流入之上，德國獲得約五十億馬克的外人直接投資。很明顯，德國當時沒有資本缺乏的問題。如果還需要更多證明，可以由德國同一期間對外投資約一百億馬克的事實提供。

賠款並未給德國帶來經濟困頓。但如果協約國堅定要求德國支付賠款，則德國重新武裝的步伐將會遭到嚴重阻礙。

反對賠款的運動，導致協約國徹底失敗，拒絕賠款的德國獲得圓滿成功。德國人實際支付的賠款都是他們從外國人那裡借來的，而事後他們又拒絕償還這些借款。因此，賠款的負擔完全落在外國人身上。

對於未來可能會有的賠款，了解先前相關失敗的原因，極其重要。和約談判一開始，協約國便因執迷於當今國家至上主義經濟學的虛假貨幣學說而處處礙手礙腳。他們堅信，德國支付賠款將不利於維持德國國內貨幣穩定，而且除非德國享有貿易「順差」，否則無法支付賠款。他們這是在擔心某個虛假的「移轉」問題（transfer problem）。他們傾向於接受德國的論點，認爲「政治性」的貨幣支付具有與源自商業交易的貨幣支付截然不同的影響。糾纏於重商主義的各種謬論，導致協約國沒在凡爾賽條約本文中確定德國該付的戰爭賠款總額，而是把這個議題推遲到後來的談判解決。同一謬論的糾纏，還促使他們於和約規定實物賠付、載入「移轉保護」

（transfer protection）條款，並且最後同意美國胡佛總統於一九三一年七月發表的「展延債務宣言」，乃至取消所有賠款的支付。

事實是：貨幣穩定與通貨體系維持健全，和國際收支及貿易餘額毫無關係。只有一件事會危及貨幣穩定——通貨膨脹（或者說貨幣數量不斷增加）。某個國家如果既沒發行額外的紙幣，又沒擴張銀行體系的貸款，它就不會有任何貨幣方面的麻煩。出口餘額並非支付賠款的先決條件。這當中的因果關係恰好相反。某個國家如果支付了賠款，則此一事實必然傾向創造出相應的出口餘額。沒有「移轉」問題這回事。如果德國政府以向其公民徵稅的方式收取支付賠款所需的（德國馬克）金額，則每一個德國納稅人必定相應減少對國內產品或進口品的消費。當進口品消費減少時，原本用來購買這些進口品的外匯便留了下來。當國內產品消費減少時，國內產品的價格下降，傾向增加出口，從而增加可以動用的外匯餘額。因此，只要在國內徵收支付對外賠款所需的德國馬克，便會自動提供「移轉」賠款所需的外匯數額。所有這一切，當然和國際支付是「政治性的」或「商業性的」，毫無關係。

沒錯，支付賠款，肯定會傷害德國納稅人，會迫使他縮減消費。無論如何，有人必須爲戰爭所造成的破壞支付代價。侵略者沒支付的代價，必須由侵略的犧牲者來支付。但，全世界沒人同情犧牲者，卻有數以百計的文人與政治家爲德國人流下了虛僞的，以及眞正的眼淚。

選擇另一種方法決定德國每年該付的賠款金額，就政治觀點而言，也許比較聰明。例如：可以讓每年支付的賠款，和德國當年的軍費支出總額，維持一定的比例關係。對應德國花在陸軍與海軍的每一馬克，德國必須按期支付某一倍數的賠款。但只要協約國執迷於重商主義的謬論，賠款方案無論怎樣設計終歸無用。

德國賠款的流入，必然使賠款收受國的貿易收支轉爲「逆差」。這些國家的進口超過出口，就因爲他們收到賠款。從重商主義的觀點來看，這個效果似乎令人震驚。協約國既想要德國支付賠款，同時又不想收到賠款。他們簡直不知道他們想要什麼。但德國人很清楚他們自己想要什麼。他們不想支付賠款。

德國抱怨，他國的貿易壁壘使其支付賠款的努力更不容易。這一類難處確實存在。如果德國人眞的試圖以增加出口來提供支付賠款所需的現金，他們的抱怨便有道理。但事實上，他們用以支付賠款的現金，全來自外國人的貸款。

協約國不該怪罪德國未履行和約的賠償條款，反倒應該譴責他們自身的重商主義偏見。如果協約國這一方有足夠多具有影響力的發言人，知道怎樣駁斥德國民族主義者所提出的反對賠款的理由，和約的賠償條款便不會失效。

外國觀察家完全誤解了凡爾賽條約在納粹的煽動中所扮演的角色。納粹宣傳的核心，並非和約對德國不公平，而是「背後捅刀子」的傳說。納粹經常說：「我們是歐洲，甚至是全世界，最強大的民族。上一次戰爭再度證明了我們舉世無敵。如果我們願意，我們便能擊潰所有其他民族。但，猶太人在我們背後捅刀子。」納粹提起和約，全是為了證明猶太人十惡不赦。

納粹說：「我們這個得勝的民族，因為他人在（一九一八年）十一月分所犯下的罪行，而被迫投降。我們的政府支付賠款，儘管沒有誰強大到足以迫使我們支付賠款。統治我們的猶太人和馬克思主義者，遵守和約的裁軍條款，因為他們想讓我們把省下來的軍費交給猶太集團。」希特勒攻擊的，不是和約本身，而是那些在德國國會裡贊成和約，以及反對單方面撕毀和約的德國人。至於德國是否強大到足以廢除和約，在民族主義者看來，「背後捅刀子」的傳說已給出明確的答案了，無庸置疑。

在協約國與中立國裡，有許多批評凡爾賽條約的人過去常說，和約的一個錯誤，是留給德國訴苦的理由。這是一個錯誤的見解。即使和約讓德國在歐洲的領土保持完整，沒迫使德國割讓殖民地，沒要求支付賠款和限制軍備，新的戰爭也避免不了。德國的民族主義者決意要征服更多的生存空間。他們渴望達成經濟獨立自給自足。他們深信他們的軍事勝利前景極佳。他們的侵略性民族主義不是凡爾賽條約的一個後果。納粹據稱的冤屈與凡爾賽條約沒多少關係。他們所謂的冤屈指涉生存空間。

有人時常拿凡爾賽條約與一八一四年至一八一五年間的外交斡旋結果相比。維也納體系成功保障了歐洲和平許多年。該體系對戰敗的法國人所採取的寬容處置方式，據稱阻止了法國人籌劃復仇的戰爭。有人辯稱，如果依類似方式處置德國，協約國會得到比較好的結果。

一百五十年前，法國是歐洲大陸首屈一指的強國。無論是就人口、財富、文明水準或軍事能力而言，其他國家和它相比都黯然無光。如果那個時候的法國人是現代意義的民族主義者，他們會有很好的機會在歐洲大陸取得並保有霸權好多年。但對革命時期的法國人而言，民族主義是一個陌生的概念。沒錯，他們是沙文主義者。他們——也許有比其他某些民族更好的依據——自認爲是人類的菁華。他們爲自己新取得的自由感到自豪。他們相信，幫助其他民族反抗專制統治是他們的義務。他們是沙文主義者、愛國者和革命者。但他們不是民族主義者。他們並不熱中征服。他們沒發動戰爭；是外國的君主先攻打他們。他們打敗了侵略者。然後是一些野心勃勃的將領，其中主要是拿破崙，把他們推向領土擴張的旅途。對此，法國人起初無疑是默認姑息的；但當他們意識到，他們這是在爲波拿巴（Bonaparte）家族的利益而流血時，他們便越來越猶豫了。滑鐵盧戰役之後，他們解脫了。他們終於不再需要擔心他們兒子的命運。很少有法國人抱怨失去了萊茵蘭（Rhineland）、荷蘭或義大利。

沒有哪一個法國人，因為約瑟夫（Joseph Bonaparte）不再是西班牙國王，或因為熱羅姆（Jerome Bonaparte）不再是西發里亞（Westphalia）國王而哭泣。奧斯特里茨（Austerlitz）和耶拿（Jena）變成了歷史的回憶；從讚美已故的皇帝及其戰役的詩歌中，法國公民的自負得到薰陶，但不再有人渴望征服歐洲。

後來，一八四八年六月的事件再度將法國人的注意力導向該位皇帝的侄子。許多人期待他能像他的伯父處理第一次革命後的亂局那樣，撫平國內新的政治紛擾。毫無疑問，這第三位拿破崙所享有的名氣完全得自於他的伯父過往的光榮。在法國，沒人認識他，而他也不認識任何人；他只透過監獄的鐵窗見過法國，而且他講的法語還帶有德國口音。他只是身為侄子，繼承了一個偉人的名字，如此而已。法國人選擇他，肯定不是因為他們想要新的戰爭。他說服他們相信他的統治將保障和平，從而獲得他們相挺。「法蘭西帝國意味和平」，是他的宣傳口號。塞瓦斯托波爾（Sevastopol）和索爾費里諾（Solferino）的戰事，對他的聲望無益，反倒有害。法國文豪雨果（Victor Hugo）為文讚揚第一位拿破崙的光榮事蹟，但堅定不移地痛罵該光榮名號的繼承人。

簡而言之，維也納會議的成果所以能歷久不衰，是因為歐洲當時愛好和平，將戰爭視為邪惡。凡爾賽和會的結果，在侵略性民族主義獨領風騷的時代，注定失敗。

凡爾賽條約眞正想要達到的目標，包含在它的軍事條款裡。限制德國軍備和萊茵蘭（Rhineland）地區非軍事化，對德國無害，因爲沒有哪一個國家敢冒險攻擊德國。但，如果法國與英國眞的下定決心要阻止德國再次發動侵略，和約裡的軍事條款能讓其成功阻止侵略。勝利國無意執行和約的條款，不是和約本身的過錯。

第五節　經濟蕭條

著名的德國大通貨膨脹，是講壇社會主義者的貨幣學說所導致的結果。它和軍事或政治事件的演變沒多少關係。本書的作者早在一九一二年便已預測到它。美國的經濟學家安德森（B. M. Anderson）於一九一七年肯定了這個預測。但，大多數在一九一四年至一九二三年間對德國的貨幣與銀行政策有影響的人，以及所有討論相關問題的記者、著述者和政客，陷於幻覺，認爲鈔票數量的增加不會影響商品價格與外匯匯率。他們譴責經濟封鎖與奸商圖利導致商品價格上漲，他們怪罪國際收支逆差導致外匯匯率上升。他們未曾動過一根手指頭去阻止通貨膨脹。像所有贊成通貨膨脹的政黨那樣，他們只想制止通貨膨脹中不受歡迎但不可避免的後果，亦即，商品價格上漲。他們對經濟問題的無知，把他們推向價格管制與外匯限制的措施。他們永遠不可能理解爲什麼這些措施注定失敗。通貨膨脹既不是天災，也不是凡爾賽條約所造成的人禍，而是同一種已經產生了民族主義政策的國家至上主義思想實際應用的結果。德國所有政黨必須共同爲通貨膨脹負責。他們執迷不悟，以爲貨幣貶值的原因，不在於銀行貸款增加，而在於國際收支發生逆差。

通貨膨脹導致中產階級窮困潦倒。受害者加入希特勒陣營。但，他們這麼做，並非因爲他們受苦了，而是因爲他們相信納粹主義會解救他們。某個人患了消化不良的毛病，這個事實解釋不了爲什麼他去找某個庸醫看病。他去找這個庸醫看病，因爲他以爲那個人會治好他的病。如果他有其他的想法，他就會去找正牌的醫生看病。同理，德國發生經濟困頓的事實，解釋不了爲什麼納粹會成功。其他政黨，例如：社會民主黨和共產黨，也各自推薦了他們自己的成藥。

德國從一九二九年開始便受到經濟大蕭條的打擊，但受害的程度並不比其他國家大。恰好相反。在經濟大蕭條那幾年，德國進口的食物與原料價格下跌，幅度大於它出口的製造品價格下跌。

經濟蕭條肯定會導致工資率下降。但，由於工會不允許削減工資，於是失業率上升。社會民主黨和共產黨都深信，失業率上升會增強他們的力量。但，實際上，民眾失業使納粹聲勢大漲。

大蕭條是國際性的。然而，它只在德國導致，一個把重整軍備與戰爭作為靈丹妙藥推薦給人民的政黨，成功取得政權。

第六節　納粹主義與德國勞工

一個讓幾乎所有研究納粹問題的論述者，感到困惑的費解難題是這個：德國有好幾百萬人組織在社會民主黨、共產黨和天主教中央黨旗下；他們是這些政黨附屬工會的會員。納粹怎可能成功推翻這些堅定反對他們的勞動群眾，並建立起他們的極權統治？難道這好幾百萬人一夕之間變心了？或者他們是懦夫，向納粹衝鋒隊的恐怖手段屈服，等待旁人伸出援手？德國工人還是馬克思主義者嗎？或者他們是納粹體制的忠誠支持者？

這樣提出問題隱含一個根本的錯誤。人們理所當然地認為，各個政黨小組和工會的成員都是虔誠的社會民主黨人、共產黨人或天主教中央黨人，都完全贊同其領導階層的信念與政綱。人們普遍沒有意識到，宣誓加入政黨與工會實際上是強制性的。雖然閉鎖工場的工會制度（closed shop system），在威瑪共和時期，尚未發展到像它目前在納粹德國及國外某些產業部門那樣極端的程度，但也已經夠成熟的了。在德國大部分地方和大部分生產部門，工人要避開所有大型的工會團體幾乎是不可能的事。如果他想要有一份工作或不想被解僱，或者如果他想領到失業救濟金，他就必須加入某個大型工會。這些大型工會行使的經濟與政治壓力足以迫使每一個工人屈服。對工人來說，加入工會實際上是一件例行公事。他加入工會，因爲每一個人都加入，也因爲不加入有風險。探詢他的工會秉持什麼樣的世界觀（Weltanschauung），不是他該做的事。而工會的幹事們也不會自找麻煩，去過問會員的信念或人生觀是什麼。他們的首要目標，是吆喝盡可能多的工人加入他們的工會行列。

這好幾百萬被組織起來的勞工，被迫在口頭上稱頌所屬政黨的信條，被迫在國會與工會選舉時把票投給所屬政黨的候選人，被迫訂閱所屬政黨發行的報紙，被迫避免公開批評所屬政黨的政策。但是日常的經驗卻向他們證實，他們所屬的政黨有點不對勁。他們每天都得知，某個外國又針對德國製造品——亦即，針對他們自己的辛勞所生產出來的產品——設下新的貿易障礙。由於各工會，很少有例外，不同意削減工資，所以每一個新增的貿易障礙都立即導致新增的失業。工人們對馬克思主義政黨和天主教中央黨失去信心。他們意識到，這些政黨不知道怎樣解決他們的問題，就只會徒託空言，一味指控資本主義。德國勞工基本上敵視資本主義，但他們覺得在這個狀況下，譴責資本主義解決不了問題。如果出口額下降，工人們便無法指望生產維持不變。他們因此對納粹的論點感到興趣。納粹說，這種情況是我們不幸依賴外國市場、依賴外國政府反覆無常的政策，從而產生的毛病。如果德國沒成功征服更多領土並達成經濟自給自足，德國便注定完蛋。只要我們繼續被迫充當外國資本家的工資奴隸，一切改善勞工處境的努力都是白費工夫。這些話語打動工人們的心。出於恐懼與惰性，他們仍然把選票投給社會民主黨、共產黨或天主教中央黨。但他們變得不在乎馬克思和天主教的社會主義，並且開始同情民族主義這一邊的社會主義。早在一九三三年以前，德國工會的行列裡，便充斥暗中同情納粹主義的人了。因此，當納粹最後強行把所有工會成員併入納粹的勞工陣線時，德國勞工並不覺得特別不妥。他們轉向納粹主義，因爲納粹有一個計劃，處理他們最感迫切的問題——國外貿易障礙。其他政黨沒有這樣的計劃。

不受歡迎的工會幹事遭到移除，讓工人們心喜的程度，不亞於企業家和企業管理人遭到納粹羞辱。企業老闆們被降格塞進店長和廠長的行列。他們不得不對權力無邊的黨領導低頭。工人們歡欣鼓舞於雇主的不幸遭遇。對他們來說，看到他們的老闆怒氣沖沖被迫隨著他們在國家慶典的遊行隊伍裡遊行，是一種勝利。這種景象讓他們心裡頗感安慰。

然後來了重新武裝所造成的景氣繁榮。不再有人失業。納粹成功解決了一個社會民主黨從來無法克服的問題。於是工人們更加熱烈支持納粹了。

工人們現在很可能已經完全意識到這幅景象的陰暗面。他們的幻想破滅了。[5]納粹並沒帶領他們走進滿眼牛奶與蜂蜜之地。在什麼都得排隊按配給卡領取的沙漠裡，共產主義的種籽正在茁壯成長。勞工陣線在納粹戰敗的那一天，將像馬克思主義和天主教的政黨所屬的工會於一九三三年那樣倒塌。

第七節　納粹主義的國外批評者

希特勒及其黨羽，以殘酷的暴力，以謀殺和犯罪，征服了德國。但，早在此之前，納粹主義的學說便已擄獲德國的人心。是勸服，而不是暴力，使絕大多數德國人改信了好戰的民族主義教條。如果希特勒沒成功贏得獨裁比賽，就會有其他人贏得。他得擊敗這一大票選手：卡普（Kapp）、魯登道夫（Ludendorff）將軍、埃爾哈特

[5] 然而，倫敦《時報》直到一九四二年十月六日還從莫斯科傳來報導說，俄羅斯當局對德國戰俘的審訊顯示，某一多數的技術工人，特別是二十五歲至三十五歲年齡層，以及來自魯爾區和其他舊工業中心的技術工人，仍然強烈支持納粹。

（Hermann Ehrhardt）上尉、帕布斯特（Pabst）少校、護林員埃舍里奇（Forstrat Escherich）、史特拉瑟（Strasser），以及其他許多人。希特勒無所顧忌，所以他打敗了那些比較有教養或比較有良心的競爭者。

納粹主義征服了德國，因爲它在知識界從未遭遇任何有力的抵抗。如果在法國淪陷之後，英國和美國沒開始認眞和它戰鬥，它將已征服了全世界。

當代知識界對納粹計劃的批評沒到位。批評者忙於處理納粹教條的一些零附件，從未充分討論民族社會主義教條的核心。原因很明顯。納粹意識型態的根本信條，與知識界如今普遍接受的社經意識型態並無不同。不同之處僅在於，這些社經意識型態被應用於處理德國特殊的問題。

下面這些是當今「非正統的」正統意識型態教條：

一、資本主義是一個不公平的剝削體系。它傷害絕大多數人，使一小群人獲益。生產手段私人所有制，阻礙了自然資源與技術進步的充分利用。利潤與利息，是廣大人民群眾被迫向一小群無所事事的社會寄生蟲繳納的貢品。資本主義是貧窮的原因，必定導致戰爭。

二、因此，人民政府的首要職責，是以政府管控取代資本家與企業家管理企業。

三、價格上限與最低工資率，不管是直接由行政部門或間接縱容工會強制執行，是一個適當手段，可以增進消費者福利與永久提高所有賺取工資者的生活水準。它們是邁向（最後建立社會主義）徹底解放人民群眾免於資本奴役的步驟。（在這裡我們或許可以順便指出，馬克思本人在其晚年激烈反對這些主張。然而，當今的馬克思主義完全贊同這些主張。）

四、寬鬆的貨幣政策，亦即，信用擴張，是一個有效辦法，可以減輕資本強加在人民群眾身上的負擔，並使國家更爲繁榮。它和經濟蕭條的循環發生毫無關係。經濟危機是未受阻撓的資本主義一個固有的禍害。

五、有一類人否定前面的陳述，並斷言資本主義最有利於人民群眾，而要永久改善所有社會階層的經濟處境，唯一有效的方法是漸進累積新資本；這一類人全是不懷好意且心胸狹隘，專爲剝削者自私的階級利益辯解的人。回歸自由放任、自由貿易、金本位制和經濟自由，是絕不可能的事。天可憐見，人類將永遠不會回到十九世紀維多利亞時代的理念與政策。（且讓我們附帶一提：最有資格稱爲「十九世紀維多利亞時代」之理念與政策者，非馬克思主義與工會主義莫屬。）

六、對外貿易的好處全來自於出口。進口是不好的，應盡可能阻止。一個國家所能達到的最爲幸福的處境，是讓自己不需要依賴任何來自國外的進口品。（沒錯，當今所謂「進步分子」對此教條並不熱中，有時候甚至斥之爲民族主義的錯誤；然而，他們的政治行爲完全聽命於此教條。）

就贊同這些教條而言，當今英國所謂的自由主義者與英國工黨這一方，和另一方的納粹，兩者之間其實沒有差別。儘管英國人稱這些教條爲自由主義與經濟民主理念的延伸，而德國人，顯然更有道理，稱其爲反自由主義與反民主；但，不管它們叫什麼都不重要。同樣不會更爲重要的是，在德國沒人可以自由發表不同的意見，而在英國意見不同者，僅被視爲傻瓜，遭到嘲笑與鄙視。

我們這裡不需要批駁這六則教條中的謬論。那是闡釋經濟理論基本問題的專著該做的工作，而該項工作也已經完成。我們只須強調，凡是缺乏勇氣或洞見，駁斥這些基本教條的人，都無法挑剔納粹根據這些教條所得出的結論有什麼毛病。納粹也希望政府管控企業。他們也盼望他們自己的國家經濟自給自足。他們的政策與眾不同之處，在於他們拒絕默認，同一套經濟管控辦法也被其他國家接受時，將給他們造成的困境。正如他們所言，他們不想永遠「被禁錮」在一個人口相對過多，從而勞動生產力低於其他國家的地方。

在反抗納粹的思想戰場上，納粹在德國和外國的對手都被打敗了，因爲這些對手陷入和納粹相同的一套頑固與偏激的教條主義中。英國的左派和美國的進步分子，希望他們的國家全面管控企業。他們欽佩蘇聯的經濟管理辦法。他們自相矛盾地拒絕德國的極權主義制度。在英國放棄自由貿易與金本位制一事上，從前的德國知識分子看到，德國的學說與方法其實比較優越的一個證明。現在他們看到，盎格魯—撒克遜人，幾乎在每一方面，模仿他們自己的經濟管理制度。他們聽到這些國家裡的傑出人物宣布，這些國家在戰後將堅持相同的經濟管理政策。當面對這一切時，納粹為什麼不該相信，他們是一個新的並且更好的經濟與社會秩序的先驅？

納粹黨的首腦和他們的衝鋒隊是虐待狂流氓。但，德國知識分子和德國勞工容忍納粹統治，因為他們贊同納粹基本的社會、經濟與政治教條。在這次戰爭爆發前，任何人若是為了避免戰爭（而不只是為了趕走當今湊巧在德國掌權的人渣），而要和納粹主義的本質抗爭，就必須改變德國人民的想法。但，國家至上主義者沒有這方面的能耐。

挑剔納粹教條中的矛盾與不一致，是沒有用的。納粹的那些教條確實自相矛盾與不一致；但它們的基本錯誤，是當今所有品牌的國家至上主義共同的錯誤。

一個最常見用來指責納粹的理由，是關於其人口政策據稱的矛盾。人們常說，納粹一方面抱怨德國人口相對過多，並要求更多的生存空間，而另一方面還努力提高生育率，是自相矛盾的。但是在納粹看來，這些作法一點也不矛盾。他們所知唯一克服人口過多問題的辦法，就存在於這個事實當中：德國的人口夠多，足以發動一場奪取更多生存空間的戰爭，而同樣受困於人口相對過多問題的小國，則太過弱小難以自救。德國能夠徵集的士兵越多，便越容易擺脫人口過多的詛咒。他們所依據的基本教義雖然是不對的，但如果不攻擊這整個基本教義，便不可能令人信服地指責，努力生育盡可能多的炮灰有什麼錯。

抨擊納粹獨裁及其所犯殘暴罪行，之所以效果甚微的一個原因，是許多批評者自身傾向原諒蘇聯的種種作法。因此，德國民族主義者能夠振振有辭地說，國內外的批評者對納粹不公平，因爲一些遭到批評者嚴厲譴責的納粹作法，換成俄國人來做便被寬容看待。當盎格魯—撒克遜人抨擊納粹的種族教條時，被納粹譏笑爲假話和僞善。他們反駁說，難道英國人和美國人自己遵守了所有種族平等的原則？

外國批評者譴責納粹制度是資本主義的制度。在這個狂熱反資本主義、狂熱擁護社會主義的時代，在時尚的意見看來，似乎沒有什麼指控，比「擁護資本主義」的批評，更爲徹底使一個政府名譽掃地。但，這一項對納粹的指控毫無道理可言。我們已經在前文指出，統制經濟是一個以政府全面管控企業的方式實現的社會主義體制。

沒錯，在德國，現在仍然可以看到利潤。某些企業家現在賺得的利潤，甚至還比威瑪共和時期最後幾年賺得多很多。但，這個事實的意義，和批評者所理解的，大不相同。私人支出有嚴格管制。沒有哪一個德國資本家或企業家（店經理），或其他任何人，可以自由爲了自己的享受，而花錢消費超過政府認爲和他在爲國家服務的行列中的等級與職位相配的水準。剩餘的錢必須存入銀行，或投資於國內債券，或購買完全由政府控制的德國公司股票。嚴禁私藏貨幣或鈔票，違者以叛國罪論處。甚至在這一次戰爭發生前，德國便沒有了自國外進口的奢侈品，而在此之前德國國內也早已停止生產奢侈品。沒人可以自由購買比分配到的份額更多的食物和衣服。房租被凍結，家具和所有其他東西都買不到。只有辦政府差事，才准許到國外旅行。直到不久前，某一數量有限的外匯，被分配給想到瑞士或義大利度假的旅遊者。納粹政府很不想因爲阻止它的公民到義大利旅遊，而激怒它當時的義大利盟友。瑞士的情況與此不同。瑞士政府，屈服於其經濟結構中一個最重要部門的要求，堅決主張支付德國對瑞士出口所需的一部分款項，應該用德國觀光客的花費來抵銷。由於德國對瑞士出口及瑞士對德國出口，總額是由雙邊交換協定確定的，所以德國不關心瑞士怎樣分配剩下的出口份額。分配給德國觀光客到瑞士旅遊的款項，從準備用於償還德國欠瑞士銀行債務的款項中扣除。因此，其實是瑞士銀行的股東，支付了德國觀光客到瑞士旅遊的花費。

德國公司不得自由分配它們的利潤給股東。依據某一極爲複雜的法律程序，股利分配受到嚴格限制。有人曾斷言，這不算是什麼嚴重的限制，因爲公司可以自由給其股本灌水。這是一個錯誤的想法。公司只可以自由把以前年度已賺得、已宣告、已課完稅、但未分配給股東的利潤，轉列爲其名義上的股本。

由於一切私人消費都嚴格受到政府限制與管控，一切未消費掉的收入都必須用於投資，而這投資實質上又意味把錢借給政府，所以高利潤無異是一種微妙的課稅方法。消費者必須支付高物價，而企業名目上賺很多錢。但，企業賺的錢越多，政府可以花用的錢便越多。政府透過徵稅或貸款取得這些錢。而每一個人必然都知道，這些貸給政府的錢，將來有一天會被賴掉。德國企業已經有好多年，無法更新它們的生產設備。在這次戰爭結束後，德國公司與私人企業的資產，主要將是一些老舊的機器，和各種可向政府提出、但兌現有問題的金錢請求權。交戰中的德國吃它的老本過活，亦即，吃名目上似乎由它的資本家擁有的老本過活。

納粹把其他國家對原料問題的態度，解釋爲它們也承認納粹自己的主張是公平的。國際聯盟已經確認，目前的事態不僅很難令人滿意，而且傷害了那些自稱爲窮國的國家利益。英國與美國政府的首腦，爲了讓全世界知道「他們各自國家的政策所共同秉持的、一些他們希望據以建立一個更好的未來世界的原則」，而於一九四一年八月十四日聯合發表大西洋宣言，其中的第四點內容如下：「他們（兩國）將在適當尊重他們現有的義務下，努力促進所有國家，無論大小、戰勝或戰敗，平等享有貿易及在全世界範圍內取得經濟繁榮所需原料的機會。」

在世界大戰中，羅馬天主教教會超然於交戰雙方之上。雙方都有天主教徒。教宗的地位能夠公正看待衝突。所以，當教宗覺得，這一次戰爭的根源，在於「一種冷酷與精於計算的自我主義心態，這種心態傾向囤積大自然要供大家使用的經濟資源與原料，直到自然條件比較不好的國家不再有機會取得它們」，並進而宣稱「已有許多國家承認，有必要確立地球上的自然資源原則上應由所有人共享；甚至有在該共享原則的實踐上屬於『施予者』那一類而不屬於『收受者』這一類的國家，也承認該原則」[6]時，納粹深受感動。

納粹說，好了，現在每一個人都承認，我們的抱怨與不滿是有道理的。接著，他們又說，在這個眾多極權主義國家都一致追求經濟自給自足的世界裡，要平反他們的委屈，唯有重新分配領土主權這個辦法。

對此，時常有人反駁說，納粹所擔心的那些自給自足的危險還很遙遠，德國還能擴大它的出口貿易，它的人均所得還能持續增加。但德國人對這些反駁理由不以為

[6] Christmas Eve broadcast, *New York Times*, December 25, 1941.

然。他們要實現經濟平等，亦即，德國的勞動生產力要和其他國家一樣高。他們提出異議說，盎格魯—撒克遜國家的勞工如今也享有一個遠高於從前的生活水準；儘管如此，英美的「進步分子」並不認爲該事實證明資本主義正當，反而贊同勞工要求提高工資與廢除工資制度。納粹說，反對德國人的主張，卻沒反對盎格魯—撒克遜人同樣的主張，是不公平的。

各種提出來反對納粹主義的理由中，最沒有說服力的，當屬和平主義者的口頭禪：「戰爭解決不了任何問題」。因爲無可否認的是，當今的領土主權與政治組織，是過去戰爭的結果。戰爭使法國擺脫英國國王的統治，成爲一個獨立的國家，把美國和澳洲變成白人的國家，並確保美洲的共和國獨立自主。血腥的戰役，使法國與比利時現在大多是天主教徒，使北德與荷蘭現在大多是新教徒。內戰捍衛了美國以及瑞士的統一。

有兩個有效且無可辯駁的理由，原本可以提出來反對德國的侵略計劃。一是德國人自己竭盡所能地使力，已促成了如今他們視爲極其難堪可嘆的事態。二是戰爭與國際分工並不相容。但，「進步分子」和民族主義者，沒有立場以這些理由責備納粹。他們自己並不在乎維持國際分工秩序；他們主張政府管控企業，而這必然走向保護主義，最後導致經濟孤立與自給自足。

納粹主義的那些荒謬教條，禁不起健全的，如今被貶損爲正統的，經濟學原理的批評。但，任何人只要執著於流行的新重商主義教條，從而擁護政府管控企業，便沒有立場駁倒它們。費邊社和凱因斯學派的「非正統學說」，導致思想混淆者接受了納粹主義的信條。這種「非正統學說」在實際政策上的應用，使一切想要把所有遭到納粹主義威脅的國家團結起來，組成統一戰線共抗納粹野心的努力，無法成功。

第十章　納粹主義是一個世界問題

第一節　歷史的範圍與限制

歷史研究的功用或責任，是給歷史事件追本溯源。歷史學家必須證明，任何歷史情況如何從先前存在的——自然與社會——情況發展出來，以及人們的行爲和超出人力掌控的事件，怎樣把任何先前的事態變成後來的事態。這種分析性的回溯，不可能無止境地進行下去。歷史分析遲早會到達某一點，在那裡，歷史的解釋方法不再有用。這時歷史學家除了確認有某一因素發揮了作用，從而導致事情的發生外，不可能有別的話好說。爲了表述這種情況，歷史學家通常稱此類因素爲個性或獨特性（individuality or uniqueness）。

各種自然科學的情形基本上也是一樣。它們也遲早無可避免碰到某一個，它們必須單純視爲基本經驗事實（datum of experience）或「給定」（given）的因素。它們的工作範圍，是把正在發生的變化，解讀爲（或者，按照人們曾經比較喜歡講的：解釋爲）一些作用於全宇宙的力量所產生的結果。它們將某一事實溯源至先前的事實；它們向我們證明，a、b和n是x的結果。但，有一些x，至少現在，無法追溯至其他來源。未來的世代可能成功把我們的知識範圍進一步往外或往後推。然而，無可置疑，將來總是仍然會碰到某些無法溯源至其他事物的事物。

一切事物的終極原因？對於這樣一個概念，人心甚至無法達到邏輯一貫的理解。自然科學的工作，當推進到須確認某些無法加以分析與追溯至其來源、根源或原因的終極因素時，便已進行到底了。

歷史學家所使用的個性一詞，意思是：這裡我們碰到一個無法溯源至其他因素的因素。個性一詞所表述的，並不是什麼解讀或解釋。恰恰相反。使用它，只是要確認，我們必須面對一個無法加以解釋的歷史經驗事實。為什麼凱撒越過盧比孔河（Rubicon）？歷史學家能找出各種對凱撒的這項決定可能有影響的動機，但他們不能否認，凱撒並非不可能做出不同的決定。也許西塞羅（Cicero）或布魯特斯（Brutus），在面對類似情況時，作法將和凱撒不同。唯一正確的答案是：因為他是凱撒，所以他越過盧比孔河。

解釋某一個人或某一群人的行爲時，如果訴諸他或他們的性格，是會讓人迷失的。性格的概念等同個性的概念。我們稱爲某一個人或某一群人之性格的東西，是關於他們的行爲我們所知的一切。如果他們過去的行爲和他們實際做過的不一樣，則關於他們的性格，我們便會有不同的看法。把拿破崙讓自己成爲皇帝，以及他以一種相當愚蠢的方式試圖闖入歐洲舊皇室社交圈等事實，解釋爲他的性格所致，是一個錯誤。如果他沒稱帝而仍繼續保有其終身執政的尊榮，如果他沒和一位女大公結婚，則按照同一種解釋方式，我們就必須說，這是他的性格的一項特徵。訴諸性格的解釋，不會比著名的，以鴉片「具有使人感覺想睡的根本性質」（*virtus dormitiva qui facit sensus assoupire*）解釋鴉片使人昏昏欲睡的效果，解釋得更多。

所以，不用指望從心理學，無論是個人心理學或群體心理學，獲得任何幫助。心理學不會引領我們越過個性概念所劃下的界限；它不會解釋，爲什麼同樣的情場失意，使某些人成爲醉鬼，使其他某些人自殺，使另外某些人寫下笨拙的詩句，卻啓發佩脫拉克（Petrarch）和歌德（Goethe）創作不朽的詩篇，鼓舞貝多芬譜出神聖的樂章。將人們分類歸入不同的性格類型，不會是一個很有收穫的權宜辦法。人，按照其行爲被分成若干類型，然後人們便天真地以爲，從某個人所屬的類型推斷出其行爲，是關於該行爲的一個解釋。再說，每一個人或每一群人都有一些，和削足適履的分類標準所不合的特徵。

生理學也解決不了這個問題。生理學無法解釋，外在的事實與情況如何在人的意識裡，引發一定的理念和行爲。即使我們眞的知道關於腦細胞與神經系統如何運作的一切，我們依然無法解釋——除了訴諸個性——相同的環境事實，爲什麼在不同的個人，以及在相同個人但不同的時候，引發不同的理念和行爲。看到一顆蘋果從樹上掉下，引發牛頓發現萬有引力定律；爲什麼沒引發他之前的人呢？爲什麼某個人成功得出某一條方程式的正解，而其他人卻沒成功？導致正確解答某個數學問題的那個生理過程，和沒有導致正確解答的生理過程，究竟有何不同？在白雪覆蓋的山區如何移動的問題，導致挪威人發明了滑雪的技巧；爲什麼同樣的問題，沒讓阿爾卑斯山上的居民獲得這個靈感？

任何歷史研究都無法避免引用個性概念。不管只是論述某個名人生活的傳記類著作，還是論述民族與國家的歷史，在分析推進到個性這個因素時，便不可能有更進一步的論述。

第二節　「民族性」概念的謬誤

性格概念，當用作一個解釋時，主要的缺陷在於它被想成具有永久性。個人或群體被視爲具有某一穩定的性格，而所有他們的理念與行爲都是此性格的結果。罪人所以是罪人，不是因爲他犯罪；他犯罪，因爲他是罪人。因此，如果某個人曾經犯了一次罪，則這個事實不僅證明他是一個罪人，而且也使得他很有嫌疑，很可能犯了他遭到指控的其他罪行。這個教條深深影響歐洲大陸的刑事訴訟程序。代表國家的檢方，渴望證明被告過去曾經犯過其他罪行；而被告這一方，則同樣渴望證明被告過去清白無瑕，以此來爲被告脫罪。[1]然而，一個曾經犯了數宗謀殺案的人，可能沒犯下他正在受審的謀殺案，而另一個人，在過了六十年絲毫沒有偏差行爲的生活後，可能犯下了令人髮指的罪行。

民族性這個概念，是從一些在若干人身上發現的特徵，概括而來的東西。它主要是從數量不足且類型混合不當的樣本，倉促與考慮不周歸納出來的結論。很久以前，在波西米亞地區的德國市民，很少遇到廚子和女僕以外的捷克人。因此，他們推斷捷克人性格卑屈、順從、畏縮。而一個研究捷克政治與宗教史的學者，則可能偏向形容捷克人，具有叛逆性，是自由的愛好者。但，我們憑什麼認爲，在一群包含傑出的揚・胡斯（John Huss）與揚・傑式卡（Žižka of Trocnov），以及尋常的馬夫與女僕等形形色色的人身上，可以找到某些共同的特徵？用來形成「捷克人」這個族群概念的標準，是其中所有人都講捷克語。如果認爲某個語言族群的所有成員，除了講同一種語言，必定會有其他一些共同特徵，那就犯下了「假定了結論」（*petition principii*）這種邏輯謬誤。

[1] 這些陳述不適用於美國的刑事訴訟程序。

對於納粹主義的興起，最流行的解讀是，把它解釋爲德國民族性的一個結果。持此理論者，在德國的文獻與歷史裡，尋找一些意味侵略性、貪婪心與征服欲的文章、語錄和事蹟。根據這些片斷的知識，他們推斷德國的民族性；然後根據如此推斷而來的民族性，推斷納粹主義的興起。

要蒐羅許多德國的歷史事實和許多德國作家的語錄，用來證明德國人天生具有侵略他人的性向，確實很容易。但，要在其他語言族群，例如：義大利人、法國人和英國人的歷史與文獻裡，發現同一特徵，並不會比較不容易。德國從未有過，比（英國的）卡萊爾（Thomas Carlyle）與拉斯金（John Ruskin）更爲卓越與更爲滔滔不絕一味稱頌軍事英雄主義和戰爭的人，或比（英國的）吉卜林（Rudyard Kipling）更爲出色的沙文主義詩人與作家，或比（英國的）華倫・黑斯廷斯（Warren Hastings）與克萊武勛爵（Lord Clive）更爲冷酷無情與不擇手段的征服者，或比（英國的）威廉・霍德森（Hodson of Hodson's Horse）更爲殘忍的戰士。

很多時候，相關語錄被斷章取義地引述，因此其真正的意思完全被扭曲了。在第一次世界大戰時，英國宣傳家曾一遍又一遍引述歌德的《浮士德》劇作裡的幾句話。但，他們略而不提，劇作中說出這些話的角色，歐福里翁（Euphorion），所影射的人物就是拜倫勛爵（Lord Byron）；在同時代的詩人中，歌德最欽佩的，除了席勒

（Schiller），就是拜倫，儘管拜倫的浪漫主義和他自己的古典主義不對味。英國宣傳家所引述的《浮士德》詩句，表達的完全不是歌德自己的信條。《浮士德》是在對卓有成效的努力大加讚美的聲音中落幕的；它的中心思想是：只有給同胞提供了有用的服務，而得到的自我滿足，才能使人眞正快樂；它頌揚和平、自由，以及——遭到納粹輕蔑，稱爲「資產階級」的——安全。歐福里翁—拜倫代表另一種理想：焦躁不安的渴望人力無法達到的目的，嚮往導致失敗與英年早逝的冒險、戰鬥和光榮。以引述歐福里翁，在回應其雙親稱許和平時，吟詠的那些熱情讚美戰爭與勝利的詩句，來證明德國人天生具有軍國主義思想，實在荒唐。

德國，和所有其他國家一樣，有謳歌侵略、戰爭與征服的文人。但，德國也有其他不一樣的人。最偉大的德國人不會出現在讚美獨裁與德國稱霸世界的行列裡。海因里希・馮・克萊斯特（Heinrich von Kleist）、理察・華格納（Richard Wagner）和德特萊夫・馮・利林克龍（Detlev von Liliencron），會比康德、歌德、席勒、莫札特和貝多芬等人，更能代表德國的民族性？

一個民族的性格，或民族性，顯然是一個任意武斷的概念。它源自一個拙劣的判斷，一個忽略一切不想看到的、與先入爲主的教條相牴觸的事實，而作成的判斷。

使用統計方法推定一國的民族性，是行不通的。我們的問題並不是想知道，如果德國人過去必須以公民投票，來決定國家該採取什麼樣的政策走向時，他們會怎樣投票。即使我們能成功進行這種統計調查，所得到的結果，也不會提供我們任何對推定德國的民族性有用的訊息。每一時期的政治情況，都有它的獨特形勢，有它的個性。我們沒有任何站得住腳的理由，可以從過去的事件得出適用於現在的結論。即使我們知道多數哥德人（Goths）是否贊成入侵羅馬帝國，或知道十二世紀時多數德國人，是否支持綽號紅鬍子（Barbarossa）的腓特烈一世對待米蘭人的方式，對我們的問題也不會有任何啓示作用。因爲現在的情況和過去的情況，幾乎沒有共同之處。

通常採用的方法，是挑出該民族過去和現在的一些名人，拿他們的意見和行爲代表整個民族。即使採用此方法者盡心盡力比較了這些被任意挑出來的人和其他持相反意見與行爲表現不一樣的人，它依然是一個錯誤的方法。賦予康德的信條，和某位乏味的哲學教授的信條，相同的代表分量，是不行的。

一邊，認爲只有名人才具代表性而忽略其他人，同時甚至認爲這些被隨意視爲名人而挑出來的人是一群不分軒輊同等重要的人，是互相矛盾的作法。這群名人中的某個人和其他人的差距，可能和這整群人與整個民族的差距一樣大。成千上百位打油詩人加起來，不會比單獨一個歌德更有分量。

如果我們將民族心態一詞理解爲某民族多數人的心態，那麼我們講某民族在某一歷史時期的民族心態，便不會有問題。民族心態是會改變的。德國人的心態，在中世紀封建時代、在宗教改革時代、在啓蒙時代、在自由主義時代，以及在我們這個時代，並非一成不變。

如今所有講德語的歐洲人當中，很可能有百分之八十是納粹。如果我們略去猶太人、奧地利人和講德語的瑞士人，我們或許能說，超過百分之九十的德國人支持希特勒爭奪世界霸權。但，這個事實不能用塔西佗（Tacitus）所刻劃的他那個時代的德國人性格來解釋。這樣的解釋，不會比納粹以引述聖女貞德遭到處決、塔斯馬尼亞（Tasmania）原住民遭到英國殖民者盡數屠戮，和《湯姆叔叔的小屋》（*Uncle Tom's Cabin*）所描述的殘酷暴行，來證明當今盎格魯—撒克遜人據稱的野蠻，更有說服力。

沒有穩定的民族性這種東西。以聲稱德國人固有採納納粹主義信條的性向，來解釋納粹主義的興起，是一個惡性循環的論證。

第三節　德國的盧比孔河

本書一直想要闡明納粹主義所以興起的原因；它想要表明：從現代工業主義與當

今流行的社會與經濟學說及政策環境中，如何發展出這樣一個情況，讓絕大多數德國人民看不出有什麼辦法，除了納粹黨綱所揭示的那些手段，能使他們避免災難，並使他們的命運獲得改善。一方面，他們看到，在一個快速趨向經濟自給自足的時代裡，一個無法倚賴國內自然資源讓人民衣食無虞的國家，前途黯淡。另一方面，他們相信他們本身武力足夠強大，可以透過征服足夠多的生存空間，來避免這個災難。

這個對納粹所以興起的解釋，盡到了任何歷史研究所能盡到的責任。它必須止步於研究歷史事件的努力不會再有任何進展的地方。它最後必須訴諸個性與不可能重複的獨特性這樣的概念。

要處理當今德國面臨的問題，納粹主義並非唯一想得到的辦法。一直有另一個辦法：自由貿易。當然，如果採取自由貿易原則，就需要放棄干預主義和社會主義，並建立一個沒有運行障礙的市場經濟。但，爲什麼這個辦法被擱在一旁，視爲絕不可行？爲什麼德國人未能意識到干預主義無效和社會主義不切實際？

若說所有其他國家也堅持國家至上主義與經濟民族主義，那可不是一個充分的解釋，也不是一個有效的藉口。德國比其任何國家更早，也更嚴重，遭到經濟自給自足趨勢影響的威脅。這問題起先有一段時間只是一個德國問題，雖然後來它變成也是其他大國的問題。德國被迫須找到一個解決辦法。爲什麼德國選擇納粹主義而非自由主義？選擇戰爭而非和平？

如果從四十年或六十年前開始，德國便一直採取無條件的自由貿易，英國、英國直轄的殖民地、英屬印度，和一些較小的歐洲國家，便不至於也拋棄自由貿易。自由貿易的大業，肯定會得到一股巨大的推進力。世界局勢的發展，肯定會大大不同。保護主義、貨幣特殊主義、歧視外國勞工與外國資本等等的進展，肯定會遭到遏制。反自由貿易的浪潮，肯定會遭到阻止。其他國家並非不可能模仿德國樹立的榜樣。無論如何，德國的繁榮肯定不會遭到其他國家進一步趨向經濟孤立自給自足的威脅。

但，德國人甚至沒考慮這個政策選項。屈指可數的幾個倡議國內外無條件自由貿易的人，被嘲笑爲傻瓜，被鄙視爲食古不化的反動分子，被威脅要求保持沉默。在上一世紀九〇年代，德國便已幾乎全民一致，支持各種旨在爲即將來臨的生存空間與世界霸權爭奪戰做好準備的政策。

納粹打敗所有其他社會主義、民族主義和干預主義的德國國內政黨，因爲納粹不怕把他們的黨綱邏輯貫徹到底。德國人確信，納粹是認眞的。納粹提出了一個激進的外貿問題解決辦法；納粹就是以這種激進方式勝過了其他政黨；其他政黨所主張的辦法，基本上和納粹相同，但有所節制，還有一點搖擺不定與折衷妥協的意味。其他問題方面，情形也是一樣。例如：在凡爾賽條約的領土條款方面。德國所有政黨，無一例外，都譴責這些領土條款是德國有史以來蒙受的最大恥辱，也是德國經濟困頓的一個主要原因。共產主義政黨並未特別提到這些領土條款，但整個和約，包含這些領土條款，遭到他們貶損，稱爲最爲可恥的資本帝國主義產物。和平主義的政黨也沒有什麼不同。但，只有納粹足夠誠實與邏輯一致地宣告，除非以一場勝利的戰爭，否則沒有希望拿回失去的德國領土。因此，似乎只有納粹，爲遭到眾人一致譴責的所謂邪惡，提出了一個解決辦法。

但，我們無法解釋爲什麼德國人，在所有這些關鍵的年頭，從未認眞考慮民族主義之外的這個選項：自由主義與自由貿易。不選自由貿易與和平，而選民族主義的致命決定，我們無法解釋。在一個獨特的、不可能重複的歷史情境中，德國民族選擇了戰爭，拒絕了和平的解決辦法。這是一個無法進一步分析或解釋的個別歷史事件。德國人越過了他們的盧比孔河。

我們可以說，他們這麼做，因爲他們是民族主義時代的德國人。但，這什麼也沒解釋。

如果美國北方默認南方分離，美國南北戰爭便不會發生。如果殖民者不想進行一場危險的獨立戰爭，美洲革命便不會發生。一七七六年和一八六一年美國人的這些特徵，是無法進一步解釋的最終事實、個別的歷史事件。

我們無法解釋，爲什麼某些人，在面對某個二者擇其一的問題時，選了a而沒選b。

當然，德國所選的方法，不僅傷害了其他每一個人，也傷害了德國人自己。德國人將達不到所要追求的目的。生存空間爭奪戰的結果，對德國人來說，將是一場大災難。但，我們不知道，爲什麼美國人，在前面提到的兩個歷史場合中，做出了一個後來的歷史證明不僅有益於他們自己、也有益於西方文明的選擇，而德國卻選了走向浩劫的道路。

對於受到德國侵略計劃威脅的那些國家的選擇，我們也同樣無法解釋。目前的世界局勢，不僅是由於德國民族主義者惡毒的野心，在同一程度上，也是由於世界上其他國家未能以適當辦法阻撓他們所致。如果受害國過去以密切的政治與軍事合作，取代它們彼此之間的齟齬磨擦，德國肯定會被迫放棄它的計劃。每一個人都知道，要制止侵略與避免戰爭，只有這一個辦法：集體安全。爲什麼那些遭到威脅的國家沒採取這個辦法？爲什麼它們寧要堅持它們的經濟民族主義政策，而使一切想要把所有愛好和平的國家團結起來、形成統一戰線的計劃變得徒勞無功？爲什麼它們不拋棄國家至上主義，以便能夠廢除貿易障礙？爲什麼它們，和德國人一樣，沒考慮回歸自由放任的經濟政策呢？

國家至上主義不僅導致了一個困境，使德國民族主義者，除了征服，看不到其他出路，也使所有試圖及時制止德國侵略的努力徒勞無功。當德國忙著重新武裝以便「行動」時，英國主要關心的，卻是怎樣攔阻法國和所有其他國家的出口品輸入英國，以便傷害它們的利益。每一個國家都熱中於使用它的主權，以建立政府對企業活動的管控。這樣的心態必然意味傾向與外界隔絕的政策和經濟民族主義。每一個國家都在針對其他每一個國家，發動一場持續不斷的經濟戰。每一個國民，當聽到最近的統計報告，顯示本國的出口增加或進口下降時，都喜孜孜容光煥發。當來自荷蘭的進口減少時，比利時人興高采烈；當荷蘭政府成功減少荷蘭觀光客到比利時旅遊時，荷蘭人歡欣鼓舞。瑞士政府補貼法國觀光客到瑞士旅遊；法國政府補貼瑞士觀光客到法國旅遊。波蘭政府懲罰到國外旅遊的波蘭公民。如果某個波蘭人、捷克人或羅馬尼亞人想到維也納看醫生，或想把他的兒子送到瑞士上學，他必須先向外匯管制當局申請特別許可。

每個人都會毫不猶豫地稱這些爲瘋癲——除非這些是他本國政府的行爲。報紙每天都報導經濟民族主義措施一些特別矛盾的例子，並且給予嚴厲的批評。但，沒有哪一個政黨準備拆除它自己國家的貿易壁壘。每個人都贊同所有其他國家實施自由貿易，同時支持他自己的國家實施超級保護主義。每個人似乎都沒想到，自由貿易從國內開始。幾乎每一個人都贊同政府管控國內的企業活動。

對於這種心態，歷史分析也無法提供任何比訴諸個性或獨特性概念更好的解釋。面對一個嚴重的問題，許多國家選擇了通往災難的道路。

第四節　二者擇其一

納粹主義的實際存在，迫使其他每一個人面對一個二者擇其一的情況：他們或者必須粉碎納粹主義，或者必須放棄他們的自決權利，亦即，放棄他們的自由、放棄像人那樣存在。如果他們屈服，他們將成爲奴隸，被納粹統治。他們的文明將會淪亡；他們將不再有自由，將不再得以按照他們自己的意願去選擇、行爲與生活；他們將凡事必須服從。元首——「德國人之神」的代理人——將成爲他們至高無上的主人。如果他們不想默許這樣的事態，他們就必須拚命戰鬥，直到完全摧毀了納粹勢力。絕不可能逃避這二者擇其一的抉擇；沒有第三選項。協議的和平——雙方相持不下的結果——將只不過是暫時休戰。納粹絕不會放棄稱霸世界的計劃。除了納粹主義的決定性勝利或最終失敗，沒有什麼能停止戰爭。

如果把這一次戰爭視爲宛如一場，和過去幾個世紀西方文明國家之間的許多次戰爭，一樣的戰爭，那將是一個致命的錯誤。這一次戰爭是總體戰。輸贏的不僅僅是一個王朝、或一個省、或一個國家的命運，而是所有西方民族與文明的存亡。自十三世紀韃靼人入侵以來，歐洲從未必須面對和這一次戰爭類似的危險。戰敗者的命運，將比遭到土耳其人奴役的希臘人與塞爾維亞人的命運更爲惡劣。土耳其人未曾試圖消滅戰敗的希臘人與塞爾維亞人，或剷除他們的語言和他們的基督教信仰。但，納粹爲被征服者準備了其他一些東西：頑強抵抗德意志所謂優等民族者將遭到滅絕，自願屈服者將遭到奴役。

在這樣的戰爭中，絕不可能有維持中立的問題。中立國清楚知道，如果納粹征服了同盟國，他們將會有什麼樣的命運。他們吹噓說，如果納粹攻打他們，他們將毫不猶豫爲他們的獨立而戰；但，這不過是空話。如果同盟國戰敗，瑞士或瑞典所採取的軍事行動，將只不過是一個象徵性的姿態，不會有任何實質意義。在目前的情況下，保持中立等於實質支持納粹主義。

對說德語的男男女女來說，無論他們是不是德國公民，前面那些話也同樣適用。有一些德國公民，爲了保住面子，聲稱他們不是納粹，但他們不得不和他們的同胞並肩作戰。他們說，無條件忠於自己的語言族群，無論族群是否站在正義這一方，是每個人的責任。正是這個想法，使奧地利、瑞士和若干美洲國家的一些公民，或者傾向支持納粹，或者傾向他們自以爲的中立。

但，語言族群的所有成員必須無條件團結一致的教條，正是民族主義的一個主要惡習。對於其他群體，沒有人會毫不猶豫地主張這樣團結相挺的原則。如果某個鎮或某個省的多數居民決定和國內其餘地方打仗，很少有人會認爲，道義上，該鎮或該省的少數居民必須站在多數居民這一邊，並支持其行爲。在納粹主義和其餘人類的鬥爭中，對應的問題是：語言族群是否爲人們在道義上該效忠的唯一社會集體，或者至高無上的道義地位必須賦予包含全人類的大社會。這場戰爭是人類全體和一味固執特殊主義的一群人之間的抗爭。納粹以語言族群團結的名義，否定奧地利人和瑞士人，擁有道德與政治自主的權利，以及不受限制的國家主權；相比之下，人類社會的成員，更有道理必須否定各語言族群擁有這些權利。如果人們把忠於特定群體，擺在忠於人類、忠於道德律，和忠於每一個人的道德責任感與自律此等原則之上，則人與人之間的合作與持久和平便無法想像。赫南（Ernest Renan）曾斷言，問題在於，人究竟是屬於某個特定群體，還是屬於他自己。[2] 誠哉斯言！

[2] 見前文第四章第三節。

納粹他們自己清楚意識到，在國際分工與現今工業化狀態所導致的情況下，民族或國家已不可能孤立自存。他們不想退出世界，徹底與世隔絕生活在他們自己的土地上。他們不想把包括全世界的大社會摧毀。他們想把它組織成一個寡頭統治政體。他們要獨自統治這個寡頭政體；其他人必須服從，必須是他們的奴隸。在這樣的鬥爭中，誰不參與反抗納粹的鬥爭，誰就是在促進納粹主義的目標。

今天的許多和平主義者和（以良心不允許爲由而）拒絕參戰者便是如此。我們可以欽佩他們的動機高貴、他們的心地誠實。但，他們的心態無疑導致他們和納粹主義同謀。不抵抗和消極服從，恰恰是納粹爲了實現他們的侵略計劃所需要的對方態度。康德說得對，他說，一個原則具有道德價值的證明，就在於它是否能當作普遍的行爲準則來實踐（實用主義者會說，就在於它是否「行得通」）。非納粹主義者如果普遍實踐不抵抗與服從的原則，將會摧毀我們的文明，把所有非德國人變成奴隸。

只有一個辦法能拯救我們的文明和保存人性的尊嚴。那就是毫不留情地徹底消滅納粹主義。只有在徹底消滅納粹主義之後，世界才能重新開始努力改善社會組織，以建立優良的社會。

只有兩個互斥的選項：人性或獸性，和平的人人合作或極權主義的暴政。所有第三選項的設想，都是虛幻的。

第四篇　西方文明的未來

第十一章　世界計劃的幻想

第一節 「計劃」這個術語

在這個國際分工的時代，但也是政府干預企業的時代，若是每一個國家都有不受限制的主權，顯然必定會導致經濟民族主義，從而導致國際衝突。誰也不會否認，經濟民族主義與國際和平並不相容。所以，所有想要使世界事態變得令人比較愜意的方案，都會包含一些提議，希望以某種國際合作，取代各國經濟民族主義之間的永久對抗。這些提議當中，最爲流行的，稱爲世界計劃或國際計劃。計劃是我們這個時代的專利成藥。人們深信它會治好一切國內外事務的弊病。「計劃」這個標語的威望如此巨大，以致人們只要一聽到它，便以爲一切經濟問題就都得解了。

在討論國內事務時，「計劃」被人們用作「社會主義」的同義詞。有時候，只有德國模式的社會主義——統制經濟（Zwangswirtschaft）——被稱爲計劃，而社會主義一詞，則專門保留給俄國模式的社會主義。無論如何，計劃的意思，總是指由政府當局來計劃，以及透過有警察力量做後盾的政府命令來執行。計劃的意思，和自由企業及生產手段私人所有權，正好相反。計劃和資本主義完全不相容。在一個計劃體系裡，生產活動是按照政府命令，而不是按照渴望以提供最能滿足消費者需求的服務而獲利的資本家與企業家的計劃來進行。

認爲計劃和自由企業可以調和，是一種錯覺。這兩種安排生產活動的方式，絕不可能折衷妥協。如果各個企業可以自由決定生產什麼和如何生產，那就是資本主義。如果是由政府當局來指揮生產活動，那就是社會主義的計劃經濟。在後一種情況下，各家廠商不再是資本主義企業，而是必須服從政府命令的國家下屬機關。先前的企業家於是變成一名商店經理，就像納粹德國裡稱爲Betriebsführer的職位。

將屬於各個生產部門的廠商組織起來，進行有計劃的生產，在某些企業人士之間是一個很受歡迎的想法。這等於是以強制性卡特爾（Cartel）取代自由企業與競爭。它擱置資本主義，而以企業家的工團主義（syndicalism）代之，彷彿複製了歐洲中世紀那種公會（guild）體制。它不會帶來社會主義，而是帶來全面獨占及其一切有害的後果。它會抑制生產與供給，嚴重阻礙技術進步。它不會保存自由企業制度，而是會給那些現在擁有與經營工廠的人一種特權地位，保護他們免於有效率的企業新手競爭。它意味國家拋棄一部分權力，以便讓一小群富人得利。

在指涉國際事務時，「計劃」一詞有時候意謂：由某一個世界管理當局，統一指揮的世界社會主義。然而，「計劃」一詞更多時候意謂：由所有或許多國家政府合作的干預主義，以取代每一個國家政府獨立的干預主義。我們稍後會進一步討論前述這兩個概念。

但，在開始對相關問題進行經濟分析與檢討之前，值得就計劃的想法所以如此受歡迎的心理根源，說幾句。

第二節　獨裁情節

人，天生是一個不喜社會與反社會的存在。新生兒是一個野蠻人。自大自負的自我主義，是他的天性。只有生活經驗和他的父母、兄弟姊妹、玩伴，以及後來其他人的教導，才迫使他承認社會合作的好處，從而改變他的行爲表現。新生的野蠻人，於是逐漸趨向文明與平民心態。他學到，他的意志並非萬能，他必須使自己適應他人，必須調整他的行爲，適應社會環境；他學到，他人的目的與行爲，是他必須顧及的事實。

神經質者欠缺這個調整他自己，以適應所處環境的能力。他不喜歡社會；他永遠不會和事實和睦相處。但，不管他喜不喜歡，現實總是自行其是。神經質者完全沒有能力消除其同胞的意志與行爲，掃除他眼前的一切。他於是躲進白日夢裡。神經脆弱者，因爲欠缺包容現實生活的精神力量，沉溺在個人獨裁、其他每一個人都得順從的權力夢想中。他夢想中的國度，是他的意志獨自決定一切的國度，是只有他這個人獨自發號施令而其餘眾人盡皆順從的國度。在這個夢想天堂裡，只有他希望發生的事情，才會發生。一切都是正常合理的，亦即，一切都完全按照他的想法與希望，所以，從他的理性觀點看來，都是合理的。

在白日夢的祕境裡，神經質者給自己指派了獨裁者的角色；他自己就是凱撒。但是，當他和同胞應對時，他必須比較謙遜。他描繪一幅由其他某個人操作的獨裁景象。但，這個獨裁者只是他的替身和勤務工——他只做神經質者要他做的事。一個白日夢者，如果不懂得這樣小心謹慎，乃至自薦擔任這個獨裁者的角色，便很可能被他人當作瘋子來處理。精神科醫師會把他的精神錯亂稱爲自大狂。

永遠不會有人推薦，爲了落實非他本人贊同的目的，而成立的獨裁專政。倡議獨裁專政的人，總是在倡議他自己的意志不受限制的統治，儘管他所倡議的獨裁專政，要由某個中間人——某個傳聲筒——來操作。他希望有一個按照他自己的形象塑造出來的獨裁者。

現在我們或許能抓住，「計劃」所以這麼受歡迎的原因。人做的每一件事，都必須經過計劃，都是計劃的實現。就此意義而言，所有經濟活動都意味計劃。但，那些貶損無政府主義生產活動而倡議計劃經濟的人，渴望排除其他每一個人的計劃。只有一個意志才是正當的意志，只有一個計劃，亦即，神經質者所核可的那一個、他自認爲唯一合理的計劃，才應該實現。一切障礙都該排除，所有他人的權力都該粉碎，不該有任何東西，阻止可憐的神經質者，按照他的幻想來安排這世界。任何手段，如果有助於使這個白日夢者的理性登上王座、統治這世界，都是正當的手段。

我們這一代人，對於「計劃」的贊同，只是在表面上一致。支持「計劃」的人，彼此的計劃並不一致。他們只在駁斥他人所提的計劃上一致。

許多相當普遍、和社會主義相關的謬論，便是源於誤認爲，所有支持社會主義者，都支持同一套社會主義制度。事實恰恰相反。每一個社會主義者，都想要他自己的社會主義，都不要其他同路人的社會主義。他駁斥其他社會主義者沒有資格自稱爲社會主義者。在史達林看來，孟什維克黨和托洛斯基主義者不是社會主義者而是叛徒，反之亦然。馬克思主義者稱納粹爲資本主義支持者；而納粹則稱馬克思主義者爲猶太人資本的支持者。任何人口中的社會主義或計劃，總是他自己那一個品牌的社會主義，或他自己的計劃。因此，事實上，「計劃」一詞，並不意味準備進行和平的合作，而是意味衝突。

第三節　世界政府

建立一個超越國家的世界政府，是和平主義者的一個舊想法。然而，如果世界各國都實施民主政治和不受阻撓的市場經濟，便不需要這樣的世界政府來維持和平。在自由的資本主義和自由貿易下，要保障世界和平，不需要特別的國際條約或國際機構。當世界各國對外國人沒有歧視，當每個人都可以自由在自己喜歡的地方生活與工作，便不再會有理由發生戰爭。

我們可以向社會主義者承認，如果全世界組成一個社會主義國家，則只要這個世界國的統治者，對任何種族、語言族群或宗教都不歧視，這世界同樣也不再會有理由發生戰爭。但，相反的，如果還有歧視，則只要那些遭到歧視傷害的人，認爲他們自己足夠強大，可以掃除歧視，那便沒有什麼安排能阻止戰爭爆發。如果享有特權的群體或民族不準備放棄特權，那麼所有關於建立一個世界權威機構，在一支世界警察部隊協助下，防止武裝衝突的言論，便都是空談。如果還要維持某些族群所享有的特權，則這個想像中的世界國，便只可能是那些特權民族對弱勢民族的專制統治。一個由若干自由民族所組成的民主國，和其中某些人數眾多的群體遭到歧視，並不相容。

一個由所有成年人普遍享有平等選舉權所選出來的世界國議會，顯然絕不會默許移民與貿易障礙存在。如果認爲亞洲各族人民將準備容忍澳洲和紐西蘭的移民法，或認爲主要是工業國的歐洲各國將同意原料與糧食生產國採取保護主義，那就是在犯糊塗。

在個別國家裡，某些少數群體曾成功獲得一些有利於他們自己，而傷害其國內大多數人的特權。但，任何人都不應該讓自己被這個事實所誤導。我們已經充分討論過這種現象。假設我們認爲，保護主義的經濟後果問題是如此錯綜複雜，搞得國際會議的立法者昏頭轉向，以致那些遭到貿易障礙傷害的國家所派出的代表，暫時被騙而撤回他們的抗議。這雖然不太可能，但畢竟有可能發生。但，無可置疑的是，在世界國議會裡，那些因移民障礙發揮作用而受傷害的民族所派出的代表，將會結合成一個扎實的多數，他們絕不會同意那些移民障礙永久存在。就是這些難以迴避的事實，使得雄心勃勃成立世界民主國或世界邦聯的計劃成爲幻想。在目前的情況下，迷戀這種計劃是不切實際的。

前文已經指出，爲了政治與軍事自衛，對志在征服世界的極權主義民族，維持移民障礙，是絕對必要的。在目前的情況下，斷言一切移民障礙，都是自私的勞工階級利益遭到誤導的結果，無疑是錯的。然而，針對如今幾乎普遍接受的馬克思帝國主義學說，我們在這裡必須強調，對於建立移民障礙，身爲雇主的資本家與企業家是完全不感興趣的。即使我們同意馬克思主義錯誤的學說，認爲利潤與利息所以出現與存在，乃是因爲企業家與資本家扣留了一部分該付給工人的收入，但顯然的，無論是短期或長期的利益考量，也都不會促使資本家和企業家，去推動會提高國內工資率的措施。資本階級不喜歡移民障礙，就像它不喜歡其密不可分的結果爲保護主義的社會政策。如果大企業自私的階級利益，眞如馬克思所言，在這世界居於至高無上的地位，那麼便不會有貿易障礙。最有效率的企業主——在國內經濟自由下——對保護主義不感興趣。如果不是爲了彌補偏袒的勞工政策所導致的成本上升，他們將不會要求對進口品課徵關稅。

只要存在移民障礙，在自然生產條件比較有利的那些國家裡——例如：美國——勞動市場所決定的工資率，便會維持在高於自然生產條件比較不利的那些國家裡的水準。當工人的移動受阻，工資率均等化的趨勢便不存在。在自由貿易與移民障礙並存下，總生產成本中工資所占比重相對較小的那些生產部門，在美國，傾向擴張的趨勢，便相對比較強勁。而那些需要相對比較多勞動投入的生產部門（例如：成衣業）則會萎縮。（這些部門生產萎縮）所導致的進口，既不會造成（美國）國內不景氣，也不會產生失業。這部分的進口，將因那些（在美國）最具生產優勢的產品出口增加，而得到抵償。這些進、出口貿易，將使美國和國外的生活水準，雙雙提高。雖然某些企業的生存會遭到自由貿易威脅，但絕大多數產業和整個國家的利益卻不會。人們提出來支持美國保護主義的那個主要論調，略謂需要保護國內產業以維持該國生活水準云云，其實是不對的。是美國的移民法，保護了美國的工資率。

偏袒勞方的立法和工會的談判謀略，使工資率提高到移民法所確保的水準之上。這樣的方法所帶來的所謂社會利益，只是表面上的利益。如果沒有關稅，它們或者導致工資率下降，或者導致失業，因爲國內產業的競爭力被它們削弱了，以及因爲競爭力下降使國內產業的銷售量也跟著下降。如果有保護性關稅，它們會提高生產成本增加以致需要關稅保護的那些商品的價格。因此，工人以其作爲消費者的身分遭到傷害。

即使拒絕給國內產業提供保護，投資者也不會受害。他們可以自由投資在獲利機會看來最好的那些國家。只有已經投入某些產業部門的資本，才會得到保護的好處。

大企業沒從產業保護政策獲得任何好處，對於這一點，規模最大的一些廠商都在各個不同國家經營工廠，便是最好的證明。在這個超級保護主義的時代，跨國經營正是大規模企業的特徵。[1]然而，如果它們能把它們所有的生產，集中到生產條件最好

[1] 例如：美國的汽車製造商或大型石油、人造奶油與香皂企業。美國的汽車製造商並不支持產

的一些地方的工廠，對它們會更爲有利（當然，同時對消費者也更有利）。眞正阻礙生產力被充分利用的因素，不是馬克思主義者所指責的資本或資本主義，而是那些被馬克思本人貶損爲小資產階級意識、旨在改革與遏制資本主義的政策。這些政策同時也產生了經濟民族主義，使國際衝突取代了國際分工下和平的合作。

第四節　計劃生產

在世界計劃方面，比較實際的提議並未隱含建立一個世界國及其國會。熱中計劃者提議簽訂生產、對外貿易、貨幣與信貸，乃至外國貸款與投資方面的國際協定與規章。

熱中計劃者有時候將他們的提議，描述爲打擊貧窮與匱乏的措施。這樣的描述很讓人糊塗。一切經濟政策，都意在挽救貧窮。自由放任也是一個消滅貧窮的方法。歷

業保護政策。在德國，（直到一九三三年）唯有機械製造商協會這一個組織，有勇氣公開反對一些民族主義政黨所提出產業保護計劃。

史和經濟理論都已證明，這個方法比其他任何政策都更爲成功。當日本人嘗試以低價拋售的方式，擴大他們的出口時，也是志在改善日本民眾的命運。如果經濟民族主義未曾在他國阻礙日本人的努力，日本人不僅將已達到這個目的，而且同時，由於給進口國提供了更爲便宜的商品，也會提高進口國人民的生活水準。

這裡有必要強調，我們此刻不是在討論國際慈善計劃。如果某些國家準備無償分發衣食援助貧窮國家裡挨餓的民眾，這無疑會緩解許多痛苦。但，這一類行爲不在嚴格的經濟考量範圍內。它們是某種消費模式，而不是生產模式。

且讓我們先檢討種種——透過各國政府之間的國際協定，或以專責國際機構的命令——管制商品生產的提議。

在未遭到阻撓的市場裡，價格是生產活動的指南針與調節器。所生產的商品，如果能獲利，便有人會去生產，而如果將招致虧損，便不會有人去生產。可望獲利的產業傾向擴張，而預期虧損的產業傾向萎縮。如果生產者能獲得的產品價格，不足以抵償產品生產所需支出的原料與勞動成本，則生產者所在的產業便是一個無法獲利的產業。消費者就這樣以他們的購買或不買，決定各個產業部門應該生產多少。生產出來的小麥數量，取決於消費者準備支付的小麥價格。生產擴張超過消費者所決定的界限，將意味某些按照消費者的需求，須用於生產其他商品的生產要素（勞動與資本），被挪用於滿足消費者認爲比較不迫切的需要。在未遭到阻撓的資本主義生產體制下，有一股強大的趨動與調節力量，把每一個行業的生產數量，固定在邊際生產者或生產者們——亦即，那些在最不利生產的條件下進行生產的企業——既沒獲利、也沒虧損的那個水準。

因此，如果政府或國際當局沒補貼邊際以下的生產者，以補償他們投人生產所招致的虧損，則擴大商品生產的規定，便不會有效。但，這種爲擴大生產某項商品而進行的補貼，將導致其他商品的產出受到對應的限制。生產要素將被挪出其他生產部門，而用於擴大得到補貼的產業。身爲納稅人而提供這些補貼所需資金的消費者，必須限縮他們的消費。他們現在得到數量比較少他們想得到的那些商品，同時有機會得到數量比較多他們的需求比較不強烈的其他商品。政府的干預不符合他們個人的願望。歸根究柢，他們不會認爲，補貼的結果使他們的處境獲得改善。

政府無法增加某項商品的供給，而不會導致消費者比較迫切需要的其他商品供給相應減少。政府當局能降低某項商品的價格，但唯有透過同時提高其他商品價格這樣的辦法。

當然有數以億萬計的人，如果價格低一點，準備要消費更多小麥、蔗糖、橡膠或錫。每一項商品的銷售量，都隨著價格下跌而增加。但，任何政府干預都不可能使這些商品變便宜，又不致提高其他商品，譬如：肉類、木材或紙漿的價格。要普遍增加生產，唯有透過生產技術進步、新的資本累積和比較有效率的利用所有生產要素，別無其他辦法。任何計劃——無論是國家的或國際的——都不可能使商品的實質價格普遍降低，以撫平那些無法負擔高價者心中的不滿。

但，大多數國際計劃的支持者，心裡一點也沒有要使原料與糧食變得更便宜的意思。恰恰相反。他們心裡眞正想的，是提高價格和限制供給。他們認爲，各國政府曾經——主要是在過去二十年間——試圖以限制生產與抬高價格，嘉惠某些特殊生產者群體，而不利消費者的那些政策，最有發展前途。其實，在這些旨在嘉惠生產者的方案當中，有一些只運作了很短的一陣子，然後便以失敗收場，另外許多這類方案則完全行不通。但，在這些熱中計劃者看來，這是技術執行失誤所致。他們爲戰後的經濟計劃所提出的一切項目，其精髓就在於，他們將這樣或那樣改善過去曾採用過的方法，使它們將來可以成功。

危險的事實是：雖然政府努力要以干預手段使商品變便宜時，會遭到阻礙，但政府的確有能力使商品變得更貴。各國政府都有權力創造獨占；它們能迫使消費者支付獨占性價格；它們也毫無節制使用了這種權力。

在國際經濟關係方面，不會有什麼更大的災難，比得過這些獨占計劃的實現。這種計劃會把世界各國分為兩類——剝削他國的國家，和被他國剝削的國家；那些限制產出、索取獨占性價格的國家，和那些被迫支付獨占性價格的國家。獨占計劃的實現，會產生無解的利益衝突，最後不可避免會導致新的戰爭。

倡議這些獨占方案的人，指出原料與糧食生產者的處境令人心酸，試圖以此理由正當化他們的提議。他們一口咬定這些部門生產過剩，市場價格偏低，以致生產者虧損連連。他們說，他們的計劃，目的是要使生產再度可以獲利。

沒錯，有許多生產這些商品的事業入不敷出。世界各國經濟自給自足的趨勢，使工業國越來越難在國外銷售它們的製造品；從而使它們不得不限縮糧食與原料的採購。因此，糧食與原料的生產必須緊縮；邊際以下的生產者必須退出生產行列。他們很不幸，但他們所能怪罪的對象，只有他們本國的政客；就是這些政客所推動實施的超級保護政策，導致了他們的不幸。在一個沒有獨占的市場上，要增加咖啡的銷售量，並使價格上揚，唯一的辦法是購買更多來自特定某些國家的產品，只要這些國家的出口增加，其國內的咖啡消費量便會跟著擴大。但，咖啡生產者所組成的壓力團體拒絕這個辦法，並使勁爭取獨占性價格。他們希望以獨占性計劃，取代不受阻撓的自由市場。生產國的保護主義政策，不可避免導致的原料與糧食生產限縮，在一個沒遭到阻撓的市場上，會透過淘汰邊際以下的生產者——亦即，那些按照市場價格入不敷出的生產者——自動進行。但，生產國政府現在為了建立獨占性價格，還要實施更大程度的生產限縮。

時常有人說，資本主義的市場機制，在目前的情況下，不再發揮作用。他們辯稱，邊際以下的生產者沒退出市場；這些生產者還在繼續生產；因此價格下降到所有生產者都入不敷出的水準。所以需要政府出面干預。

所陳述的事實沒錯；但，對於該事實的解讀，以及從解讀得出的結論，完全錯了。邊際以下的生產者所以沒停止生產，其原因是他們相信政府干預，將使他們的生意可以再次獲利。他們繼續生產，使市場供過於求，以致價格甚至低到讓其他生產者也不敷成本的地步。在這個場合，就像在其他多場合那樣，先前的政府干預所產生的令人不喜的效果，被提出來當作論據，要求更多的政府干預。由於進口因政府干預而遭到抑制，所以出口銷售量下降；從而出口品的價格也下跌；然後便有生產者團體施壓政府，促其採取干預措施使價格上升。

且讓我們再回顧一下美國農業的情況。從最早期的殖民時代開始，美國農業便不斷從比較不肥沃的地區，移往比較肥沃的地區發展。向來總是會有一些邊際以下的農場必須停止生產，因為來自生產成本比較低的農場的競爭，使它們無法獲利。但，隨著新政（New Deal）的到來，美國農業出現了新的演變方向。政府干預幫助邊際以下的農夫獲利。所有農夫都必須服從按比例限縮產出的規定。政府啓動了一個龐大的計劃，藉以限制農業產出、抬高農產品價格，並補貼農夫。美國政府爲了邊際以下農夫的特殊利益而做出的干預，傷害了每一個食物與棉花的消費者，以及每一個納稅人的利益。爲了支付獎勵金給某些群體，它給其餘國民增加了負擔。它就這樣把美國人民分裂爲兩個彼此衝突的類別——一類爲獎勵金接收者，另一類爲人數更多的獎勵金支付者。這是干預主義不可避免的結果。政府只能賜給某一個群體，它取自另一個群體的東西。

這種政策所產生的國內衝突確實很嚴重。但，若和它們在國際關係方面將產生的衝突與災難相比，那就宛如小巫見大巫。在糧食與原料索取獨占性價格的情況下，自然資源匱乏的國家有正當理由表示不滿。

這樣的衝突，就是原料與糧食生產方面的國際或世界計劃可以預見的前景。很難想像有什麼方案落實後，會更有助於產生未來的衝突與戰爭。

第五節　對外貿易協定

在自由放任的年代，人們認爲，簽訂通商條約是將貿易障礙及所有其他歧視外國人的措施，逐步撤除的一個手段。那個時候，最惠國待遇是此類條約的一個必要條款。

然後風向變了。隨著干預主義的興起，進口被認爲會嚴重損害進口國的經濟繁榮。歧視外國人於是被認爲是一個好辦法，相信可以促進本國人的福祉。通商條約的意義，於是和從前根本不同。各國政府變得熱中於條約談判中，彼此用盡心機要占對方便宜。所簽訂的條約，越是有礙於他國出口、同時又看似有利於本國出口，便被認爲越是有價值。最惠國待遇讓位給懷有敵意的歧視條款。

長期而言，不可能有「溫和的」保護主義這回事。如果人們認爲進口是一種傷害，他們就會一路走到自給自足的地步，絕不會半途而廢。如果看似有辦法甩掉一個禍害，爲什麼還要容忍它？保護主義勢必演變爲進出口許可與配額制，以及外匯管制。如今，幾乎每一個國家的外貿政策，都是要阻止一切進口。

關於外貿事務的國際談判，期待從所使用的談判方法在純技術方面的改變，能獲得什麼實質的進展，結果將是枉然。如果亞特蘭提斯國執意要阻止國外製造的布匹進口，則它的談判代表是否必須直接和都樂國的代表談判，或所談的議題能拿到有他國代表列席的某個國際委員會上討論，便無關緊要。如果亞特蘭提斯國準備接納某一限量——某一配額——的都樂國布匹，只因它想把某一對應配額的小麥賣到都樂國，則對於它最好將一部分布匹進口配額分給其他國家的提議，它便不太可能讓步。如果對它使用壓力或暴力，迫使它改變進口管制辦法，以便讓更多的布匹能夠進口，則它肯定會採取其他干預主義的方法。在政府干預企業活動被視為常態的體制下，政府有無數的手段可以懲罰進口。這些手段也許比較不容易運用，但它們能變得和關稅、配額或完全禁止進口一樣有效。

在目前的情況下，負責外貿計劃的國際機構，將是執著於超級保護主義理念的各國政府，所派代表聚在一起空談的大會。如果認為這樣的機構，對於促進國際貿易會有任何真正或持久的貢獻，那就是幻想。

某些人堅定認為，儘管普遍的自由貿易與全世界分工是錯誤的想法，但至少相鄰國家彼此應該有更為緊密的經濟合作。據他們說，相鄰國家如果形成區域經濟集團，它們的經濟便能彼此互補。這個首先由德國民族主義者發展出來的學說，其實是一個錯誤的學說。

相鄰國家通常有相似的自然生產條件，特別是在農業方面。它們的經濟體系比較不可能彼此互補，反而比較可能使它們成為世界市場上的競爭者。西班牙與葡萄牙之間、或保加利亞與南斯拉夫之間、或德國與比利時之間的關稅同盟，不會有什麼實質意義。主要的外貿問題，不是區域內貿易問題。西班牙的葡萄酒出口情況，不可能透過和葡萄牙自由貿易而獲得改善，反之亦然。對德國與比利時的機械生產來說，或對保加利亞與南斯拉夫的農業生產來說，情形也是一樣。

第六節　貨幣計劃

以黃金為貨幣單位標準的金本位制，過去是國際間通用的貨幣本位制。它保障外匯匯率穩定。它是自由貿易與國際分工發展的一個必然結果。因此，那些嚮往國家至上主義與極端保護主義的人，便貶損它，並倡議將它廢除。他們的遊說活動很成功。輿論即便是在自由主義高峰期，政府也沒放棄推行各種試圖使貨幣寬鬆的計劃。輿論並不準備了解，利息是一個市場現象，一個不可能因政府干預而消失的現象。對每一個人而言，一條可供今天消費的麵包，價值高於一條十年或一百年後才拿得到的麵包。只要存在這樣的時間遠近價值差距，每一項經濟活動便都必須將它納入考量。甚至社會主義國的經濟管理當局，也不得不充分重視這種價值差距。

在市場經濟裡，利率的高低，傾向反應未來財與現有財價值差距的大小。沒錯，在短期內，政府能降低利率。它們能發行額外的紙幣。它們能開通銀行信用擴張之路。它們能如此創造出人為的景氣暴漲與表象繁榮。但，這樣的景氣暴漲，注定遲早要坍塌，遲早要導致蕭條。

金本位制限制了政府的貨幣寬鬆計劃。政府不可能縱情於信用擴張，同時還堅持法定永久不變的黃金平價。所有政府都必須在金本位制和它們的——長期而言，必將導致災難的——信用擴張政策兩者之間做出選擇。金本位制不是因為自身失敗而倒塌。政府摧毀了它。金本位制，就像自由貿易那樣，和國家至上主義互不相容。各國政府拋棄了金本位制，因為它們熱中促使國內價格與工資率高於世界市場水準，同時也因為它們想刺激出口並阻礙進口。在它們看來，外匯匯率穩定是一件壞事，而不是一件好事。[2]

任何政府若想回歸金本位制，根本不需要國際條約或國際計劃。每一個國家，無論富裕或貧窮、強大或虛弱，任何時候都能立即再次採取金本位制。唯一需要的條件是，放棄貨幣寬鬆政策，以及放棄致力於貶值以打壓進口。

這裡所涉及的問題，不是一個國家是否應該恢復它曾經一度確立、但很久以前便已拋棄的，那一個特別的黃金平價。現在如果採取這樣的政策，當然將意味通貨緊

---

[2] 這就是凱因斯勛爵的貨幣學說的精髓。凱因斯學派熱烈主張，外匯匯率不該穩定。

縮。但，每一國政府都可以自由地，把它本國通貨單位和黃金之間的兌換率，穩定在現行水準，並且使這個兌換率保持穩定。如果沒有進一步的信用擴張，及進一步的通貨膨脹，則金本位制或金匯兌本位制將會再度運作。

然而，所有政府現在堅決不想拋棄通貨膨脹與信用擴張。它們全都將它們的靈魂賣給了寬鬆貨幣這隻魔鬼。對每一任政府來說，能夠以公家支出使其公民快樂，是很舒服的事。因爲輿論會把公家支出所導致的景氣暴漲，歸功給現任的執政者。而不可避免的景氣暴跌，以後才會發生，則讓繼任者去負責處理。這是典型的「我們死後哪怕洪水滔天」（*après nous le déluge*）政策。這種政策最出名的捍衛者，凱因斯勳爵說：「長期內，我們全死光了。」[3]但，不幸的是，我們幾乎每一個，在短期後——因此在長期內——還會活著。我們於是注定要花數十年，償還短短幾年寬鬆貨幣狂歡的後果。

通貨膨脹基本上是反民主的。民主的控制，是預算的控制。政府只能有一個收入

[3] 凱因斯勳爵造出這一句名言，原先並不是為了推薦短視近利的短期政策，而是為了批評貨幣理論裡一些不甚妥當的方法與論述（Keynes, *Monetary Reform*, New York, 1924, p. 88）。然而，這一句名言，最能代表凱因斯勳爵及其學派所主張的政策精神。

來源——徵稅。除非事先徵得國會同意，否則任何徵稅措施都是非法的。但，如果政府有其他收入來源，它便能擺脫國會的預算控制。

如果戰爭變得不可避免，一個眞正民主的政府將不得不告訴全國這個事實。它必須說：「我們被迫要爲我們的獨立而戰。你們公民們必須扛起戰費的重擔。你們必須繳納更高的稅金，所以必須緊縮你們的消費。」但，如果執政黨不想因爲向人民課徵了重稅而危害到它的聲望，它便會訴諸通貨膨脹這個反民主的手段。

大多數當權者認爲外匯匯率穩定是一項優點的時代，已經一去不復返了。一國通貨的貶值，現在已變成限縮進口與沒收外國人資本的正常手段。它是經濟民族主義的一個方法。很少有人希望他們自己國家的外匯匯率穩定。在他們看來，他們自己的國家此刻正和他國的貿易壁壘及他國通貨體系的累進貶值搏鬥。爲什麼他們應該冒險拆除他們自己的貿易壁壘？

目前有一些人倡議一種新的國際通貨；他們所以認爲黃金不適合作爲國際通貨，就因爲黃金確實會抑制銀行信用擴張。他們的構想是一種通用的紙幣，由某個國際性的世界權威機構，或某個國際通貨發行銀行發行。個別國家將有義務維持它們本國的通貨和這個世界通貨平價。唯有該世界權威機構，才有權利發行額外的紙幣，或授權世界銀行擴張信用。於是，一方面，各個國家的本國通貨體系彼此之間的匯率將是穩定的，而另一方面，通貨膨漲和信用擴張這些據稱的好事又得以繼續進行。

然而，這些計劃都沒考慮到問題眞正的關鍵。在每一個通貨膨脹或信用擴張的實例中，都有兩組人，一爲贏家組，另一爲輸家組。債權人是輸家；他們的損失，正是債務人的獲利。但，這並非全部。通貨膨脹比較致命的後果源自這個事實：對各種不同的商品與勞動來說，通貨膨脹所導致的價格與工資上漲，按不同幅度，在不同時候發生。某些種類的價格與工資比較快上漲，漲幅也比其他種類大。當通貨膨脹正在進行時，某些人享受到好處，因爲他們所出售的商品與服務價格已變得比較高，而他們所購買的商品與服務價格，或者還完全沒上漲，或者漲幅比較小。這些人因爲處境幸運而得利。對他們來說，通貨膨脹是好事。他們所獲得的利益，來自他人的損失。輸家是那些處境如此不幸的人：他們所出售的服務與商品，其價格或者還完全沒上漲，或者漲幅小於他們買來供自己消費的東西。兩個世界上最偉大的哲學家，大衛・休謨（David Hume）和約翰・穆勒（John Stuart Mill），曾煞費苦心，想要設計出一個通貨膨脹的方案，讓所有商品與服務的價格與工資，按同一幅度、同時上漲。他們兩人的努力都失敗了。現代的貨幣理論已經給我們提供了不可辯駁的證明，確立物價這種不成比例與非同時性的變動，是任何貨幣與信用數量變化不可避免的特性。[4]

在一個注定會有世界性通貨膨脹或世界性信用擴張的體制下，每一個國家都將渴望屬於贏家組，而不屬於輸家組。每一個國家都將要求，盡可能多分配到額外發行的紙幣或信貸數量。由於沒有辦法消除上面提到的那些不平等，而且也找不到任何公正的分配原則，所以一定會產生無法滿意解決的國際衝突。例如：人口眾多的亞洲窮國，將會主張按人頭分配——一個會導致比較早提高它們所生產的原料價格，而比較晚提高它們所購買的製造品價格的分配辦法。比較富有的國家，將會要求按照各國的國民所得，或按照各國國內市場交易總額，或其他類似標準，來分配增發的世界通貨與信貸數量。沒有希望達成任何協議。

第七節　計劃國際資本交易

國際計劃方面最叫人驚奇的建議，是關於外國人貸款或投資的建議。這些建議的

---

[4] 見Mises, *Theory of Money and Credit* (New York, 1934), pp. 137-145，及*Nationalökonomie* (Geneva, 1940), pp. 375-378。

目標，是公平分配尙待運用的資本。

且讓我們假設某些美國資本家，準備貸款給委內瑞拉政府，或準備投資在一座智利的礦場。在這樣的場合，一個國際機構能做什麼？它肯定沒有權力強迫美國資本家，把錢借給中國而不是借給委內瑞拉，或把錢投資到波斯的鐵路項目而不是投資到智利的礦場。

或者，美國政府可能基於種種理由，想要補貼墨西哥建設行駛汽車的道路。該國際機構能命令美國政府改爲補貼希臘的紡織工廠嗎？

國際資本市場，和經濟國際主義的任何其他部門一樣，已經被經濟民族主義瓦解了。由於投資與貸款意味生意買賣、希望獲利，不是慈善散財活動，資本家已經失去了投資國外的動機。重建國際貨幣與資本市場，將是一項艱鉅的工作，而且需要很長時間的努力。國際權威機構的干涉，不會增強這些努力，反而比較可能妨礙它們。

各個工會可能敵視資本輸出，因爲它們渴望盡可能提高國內勞動邊際生產力。許多國家全面禁止資本輸出；除非獲得政府特別許可，否則不准對外貸款或投資。戰後不可能立即發生這方面的政策改變。

比較貧窮的國家已經盡其所能促成了國際資本市場瓦解。在盡其可能傷害了外國資本家與企業家之後，它們現在急於獲得新的外國人資本。然而，如今面對它們的，只是一片的不願意。資本家迴避不可靠的債務人，而勞工則不願意讓資本出走。

第十二章　和平方案

第一節 軍備控制

如果認為現在有任何國家準備放棄保護主義，那將是幻想。由於各國的執政黨目前都贊成政府干預企業與國家計劃，所以它們不會拆除自己國家所築起的貿易壁壘。因此，戰爭與征服的誘因，不會消失。每一個國家必須準備好擊退外來的侵略。備戰將是避免戰爭的唯一辦法。古語云「如果你想要和平，那就做好戰爭的打算」（si vis pacem para bellum），將再次被驗證為眞理。

但，如果沒一併拆除移民障礙，即使拆除了貿易壁壘，也不會確保和平。人口相對過多的國家，將不會默許一個導致了他們的生活水準較低的情況，長期存在。另一方面，對於志在征服的極權國家公民，沒有哪一個國家能開放邊境，而不危及其自身獨立。因此，我們不得不承認，在當前情況下，任何方案都消除不了戰爭的根本原因。在即將到來的戰後時期，希望國際關係變得更為友好，前景並不樂觀。

甚至很值得懷疑，在德國戰敗後，與德國締結正式和平條約，是否有任何價值。現在的情況和三十年前大不相同。一般國際條約，特別是和平條約，不再具有以前那種莊嚴的意義。事情所以變成這樣，責任並非全在那些誇口說條約不過是廢紙的德國人身上。協約國未嘗沒有過失。

協約國於一九一九年犯下的一個最嚴重過失，是和談的程序安排非常不得體。好幾個世紀以來，和談一向是按照君子以禮相待的方式進行。戰勝國與戰敗國雙方代表見面時，像是面對面談生意的文明人。戰勝國代表，既不會糟蹋，也不會侮辱戰敗國代表；他們把對方視爲和他們同等尊嚴的紳士。他們彼此以溫文有禮的語言，討論共同的問題。這就是古老的外交規矩與禮儀。

協約國打破這個慣例。他們以蔑視和侮辱德國代表爲樂。德國代表被監禁在分配給他們的屋子裡；門口有衛兵站崗；所有德國代表都沒有權利離開屋子。他們像囚犯那樣，從火車站被帶到他們的住宿處，從住宿處被帶到會議廳，並按同一方式被帶回去。當他們踏入會議室時，戰勝國代表以明顯不屑的表情回應他們的問候。德國代表和戰勝國代表之間不允許有任何對話。德國代表被遞交一份和約草案，並被要求在規定的日期以書面回覆。

這樣的作法不可原諒。如果協約國不想遵守久已確立的國際法規定、雙方代表之間須進行口頭討論的規則，他們便應該事先告知德國政府此事。德方便用不著派出一個全是著名人士的代表團。因爲就協約國所選擇的和談程序而言，只要有一個信差作爲德國代表就夠了。但，塔列朗（Charles-Maurice de Talleyrand-Périgord）和迪斯雷利（Benjamin Disraeli）的繼任者，這次想要盡情享受他們的勝利。

當然，即使協約國安排以比較不侮辱人的方式進行和談，凡爾賽條約的內容，基本上也不會有什麼不同。如果戰爭的結果並非雙方相持不下，而是其中一方獲勝，則和約總是由勝利的一方決定。戰敗的一方同意，在其他情況下，絕不會接受的條款。和約的本質是強迫。戰敗方對戰勝方所決定的和約屈服，因爲他們沒有能力繼續戰鬥。公民之間的契約，如果其中一方能證明，這是他在脅迫下不得不簽下的，便可訴請法院令其作廢。但，這些民法的概念，並不適用於主權國之間的條約。在這場合，最爲強大者的拳頭，就是法律。

德國的宣傳，混淆了這些明顯的事情。德國民族主義者堅持這樣的論點：凡爾賽條約無效，因爲它是由協約國單方面決定的，而不是德國自動自發接受的。他們說，亞爾薩斯—洛林（Alsace-Lorraine）、波蘭諸省和北石勒蘇益格（Northern Schleswig）的割讓無效，因爲德國在脅迫下屈服。但，他們的邏輯不一致，他們沒把同一論點應用在普魯士，自一七四〇年起，藉以取得其西里西亞省（Silesia）、西普魯士省（West Prussia）、波森省（Posen）、薩克森省（Saxony）、萊茵蘭省（Rhineland）、西發里亞省（Westphalia）和石勒蘇益格—霍爾斯坦省（Schleswig-Holstein）的那些條約上。他們略而不提普魯士曾經征服，而且在沒有任何條約下，兼併了漢諾威（Hanover）王國、黑森（Hessen）選侯國、拿索

（Nassau）公國和法蘭克福（Frankfort）共和國等事實。在一九一四年，構成普魯士王國的十二行省中，有九省是一七四〇年至一八六六年間，成功侵略而來的戰利品。而且一八七一年，法國把亞爾薩斯－洛林割讓給德國，也不是出於自願。

但，無論是誰，簡直不可能跟民族主義者講道理。德國人完全相信，強制脅迫，由他們施加給他國，是公正合理的，而由他國施加給他們自己，則是犯罪。任何和約，如果沒滿足他們要求更多生存空間的胃口，他們絕不會勉強同意。他們是否會發動新的侵略戰爭，並不取決於他們是否已正式簽署了和平條約。如果情況有利於發動新的侵略，期待德國民族主義者遵守任何和約的條款，一定會落空。

如果同盟國沒成功確立一個世界秩序，杜絕德國人及其盟友重新武裝，新的戰爭便不可避免。只要經濟民族主義存在，同盟國就必須日日夜夜看緊它們的堡壘與城牆。

戰勝國同盟必須變成永久的團結組織。德國、義大利和日本必須被徹底解除武裝。他們必須被剝奪保有陸軍、海軍和空軍的權利。可以允許他們保有少數僅配備來福槍的警察。不應容許他們生產任何種類的軍備。他們的警察所需的槍枝與彈藥應由同盟國發給。不應允許他們飛行或建造任何航空器。他們國家的商業航空事業，應該由外國公司僱用外國飛機與外國機師來經營。但，阻礙他們重新武裝的主要手段，應該是由同盟國嚴格管制他們的進口。如果侵略國將一部分生產要素投入軍備生產，或試圖囤積進口原料，同盟國便不應允許他們進口任何東西。這樣的進口管制很容易設立。任何國家，如果以中立爲藉口，而不準備無條件配合同盟國對侵略國的進口管制，那就必須對該國使用同一進口管制辦法。

任何代用品的生產，都不可能使這個進口管制辦法的效能受挫。即使科技可能性的變化，危及這個管制辦法的作用，也很容易迫使相關國家屈服。禁止一切糧食進口，是一個非常有效的武器。

這樣的進口管制，不是一個非常令人愉快的辦法，但只要戰勝國能在戰後保持團結，它卻是唯一能有效解決問題的辦法。

認爲單方面解除武裝，對戰敗國不公平，那是不對的。如果他們沒計劃發動新的侵略，他們便不需要武器。如果他們夢想發動新戰爭，但因爲缺乏武器而受阻，則單方面解除武裝，對他們來說，是和戰勝國一樣受惠的事。即使他們被剝奪了攻擊他國的武器，他們的獨立和自治權利，將維持不變。

我們必須看清眞正的情況，而不應只看到我們希望看到的情況。如果這次戰爭結果，沒讓德國人永遠不可能再發動新戰爭，他們遲早將再次點燃新戰火。由於戰勝國不會讓給他們想要的世界霸權，所以只要高人口數和內線作戰，這兩項戰略優勢保持不變，他們就不會放棄他們的侵略計劃。納粹主義將會以某一新的形式與新的名稱復辟。

戰後的和約，還必須做出特別規定，以懲罰那些對殺害與折磨無辜人民，負有責任的納粹分子。和約必須迫使德國全體人民，爲其統治者與暴民所犯下的搶劫行爲，支付賠償金。這將不會使那些遭到殺害者復活；而在事隔多年後，也不可能發給每一個受害者公平合理的賠償金。但，必須讓德國人爲他們的所有行爲負責，這事至爲重要。放過他們的一切暴行不予懲罰，是荒謬的；納粹將會認爲，這不僅意味他們的行爲獲得成功，也意味他們的行爲合理。他們將會這樣想：「我們畢竟已至少獲得一部分成功；因爲我們已經削減了『劣等』民族的人口與財富；而這次戰爭的主要負擔，又落在他們頭上，不是我們頭上。」如果德國人爲他們的侵略所蒙受的後果，還比那些遭到他們攻擊的人不痛苦，那就眞是令人不齒的醜聞了。

凱洛格（非戰）條約（Kellogg Pact）規定戰爭爲非法。德國、義大利、日本、匈牙利和羅馬尼亞，都簽署了這份文件。如果這個條約還有任何意義，那就是侵略者犯下非法的行爲，必須爲此等行爲付出代價。這些國家裡，未曾公開反對獨裁者的那些公民，不能申辯自己無辜。

除非人們放棄錯誤的英雄崇拜，並且不再比較憐憫戰敗的侵略者而輕忽受害者的苦難，否則任何想使和平持久的努力，都將徒勞無功。十九世紀幾乎普遍存在於歐洲的拿破崙崇拜，是對常識的侮辱。拿破崙當然沒有理由入侵西班牙與俄羅斯；他不是烈士；他流放在聖赫勒拿島（St. Helena）的歲月裡，他的舒服享受，和無數因他而斷臂截肢或傷重致殘的人相比，無限優渥。那些該為一九一四年冒犯了比利時的中立而負責的人，居然逃脫了懲罰，實在令人氣憤。這個事實，後來給德國人多了一個理由，使他們得以輕蔑國際條約稱為廢紙。對於凡爾賽條約中有關德國賠款的規定，法國與比利時之外的輿論態度，是一個嚴重錯誤。它鼓勵了德國民族主義。未來必須避免這些錯誤。

第二節　對其他一些和平方案的批評

期待戰敗會使戰敗國改變心態，轉而愛好和平，將是徒然。戰敗國，只有在無望征服的情況下，才會堅守和平。任何和平方案，如果其設想基礎，是假定所有德國政黨，在德國戰敗後，將立即改弦更張，放棄侵略，並自願執行與他國真誠合作的政策，那是不可能成功的。哪怕新的侵略只有一丁點成功機會，任何反戰的德國政治家，都將遇上埃茨貝格爾（Matthias Erzberger）或拉特瑙（Walther Rathenau）的命運。

德國人有一天會恢復他們的理智。他們將會記得，現代文明，在某一程度內，是他們自己的成就。他們將會找到重返席勒（Schiller）與歌德（Goethe）理想的道路。但，這個恢復理智的過程，必須出自內部。不可能以戰勝的軍隊，或外國老師的強制教育灌輸，強迫德國——或義大利與日本——接納這個恢復理智的過程。德國人必須自己學會知道，他們的侵略性民族主義，無異自取滅亡，而且確實已經使他們自己蒙受了無法彌補的禍害。他們將會自動自發拒絕他們現在的信條，並且再次擁抱所有他們今天視爲基督教的、西方的、猶太人的而予以鄙棄的理念。從他們內部，必須有人挺身而出，以聖雷米吉烏斯（Saint Remigius）爲克洛維國王（King Clovis）施洗時所說的話，對他們說：「崇拜你曾經燃燒的東西，燃燒你曾經崇拜的東西。」

某些智囊團已擬好了一個支解德國政體的計劃。他們回憶說，在德意志邦聯（*Deutscher Bund*）的時代（一八一五年至一八六六年），德國大約分爲四十個主權邦，而那個時候，德國人並未冒險侵略他國。在那些年裡，德國民族欣欣向榮。如果所有德國的君主都履行了維也納和會給他們規定的義務，授予他們的公民透過議會參政的權利，德國人當時便不會有理由，改變他們自己的政治組織。德意志邦聯，一方面保障他們免於外國侵略，而另一方面則防止他們發動征服戰爭。事實證明，該政治體系不僅有益於德國，也有益於整個歐洲。

這些過了很久才禮讚梅特涅王子（Prince Metternich）的人，忘了德國歷史中一些最重要的事實。他們沒意識到，那時候的德國人擁抱自由主義，而且對於民族偉大的想法，和現代民族主義的想法根本不同。那時候的德國人，珍視席勒所讚揚的價值。在其未完成的詩作《德國的偉大》裡，席勒說：「德意志帝國和德國人民，是不同的兩回事。德國的榮耀，從來不存在於德國領導者個人身上。德國人已確立他自己的價值，而這個價值和政治價值大不相同。即使帝國傾頹，德國人的尊嚴仍將保持不變。這尊嚴存在於德性的卓越，存在於不以政治興替爲依歸的民族文明與民族性。」[1]這就是十九世紀初期德國人的想法。在一個往眞正的自由主義大步邁進的世界中，德國人也熱烈擁抱自由主義。德意志邦聯，如果不是在暴君專制統治之下，會被他們認爲，是一個差強人意的政治安排。如今，在這個民族主義的時代，德國人也是民族主義者。他們必須面對一個非常嚴峻的問題，而他們的國家至上主義偏見，阻止他們看見任何——除了征服更多生存空間之外——解決辦法。他們崇拜席勒曾經盼

[1] Cassirer, *Freiheit und Form, Studien zur deutschen Geistesgeschichte* (Berlin, 1916), pp. 475ff。

望清除的「蠻力」。在這種情況下，即使把德國劃分為二十餘獨立的國家，德國的民族主義也不可能被打倒。在每一個這些國家裡，民族主義的熱情將會爆發；即使形式上它們每一個，直到重新動員作戰的那一天，都保持獨立，然而實質上，在戰爭動員之前，好戰的精神也會協調與統一它們的政治和軍事行動。

中歐的歷史也許會有與事實不同的發展。如今以經典德語——學校裡教的，或家裡學的，並且當不以本地方言和人交談時，所使用的那種德語——得到教育的那些人，其中的一部分，也許會使用另一種現代的語言，或某種他們自己的語言。一群過去使用低地德語（*Platt*）的人，已經創造出現代的荷蘭語；而另一群講低地德語、擁為數更多的人，現在則已經融入講高地德語的族群。那種使荷蘭人成為一個民族、擁有它自己的語言的政治與經濟發展過程，也許會更為顯著減少現在的德語族群人數。如果反宗教改革運動及耶穌會教義，過去沒在巴伐利亞（Bavaria）和奧地利，嚴重損害了一切精神、知識與文學追求上的自由，薩克森（Saxony）總理府所在地的方言——由於路德版本的聖經，以及宗教改革運動最初兩個世紀的新教著作，都使用了這種方言，所以使它變成了至為通用的德語——也許會遇到一種從巴伐利亞的方言發展出來的文學語言，旗鼓相當的競爭。我們甚至可以沉溺於更多這方面的遐想，無論是關於施瓦本（Swabia）方言的遐想，或關於歐洲東北方的斯拉夫方言與波羅的海方言的遐想。但，這種遐想改變不了歷史事實和政治現實。講德語的人，現在是歐洲人數最多的語言族群。國家至上主義與民族主義的時代，必須承認這個事實的重要性。大部分講德語的人，肯定民族性原則；他們想要一個統一德國人的國家，包含所有講德語的人。奧地利人和瑞士人拒絕這些民族統一計劃，他們渴望繼續獨立於德國之外；對此，英國與法國沒有任何正面的貢獻。恰恰相反。在自取滅亡的痴迷中，法國人，和後來的英國人，出了不少力量，削弱奧地利，並增強普魯士的野心。波旁王朝的國王們，在和奧地利作戰時，不僅和普魯士結盟，甚至和土耳其人聯合。在七年戰爭中，英國是普魯士的盟友。拿破崙三世有什麼理由攻打奧地利？應該注意的是，當今的軸心國組合，不過是一八六六年聯盟的再現，當時普魯士和義大利聯合攻打奧地利，匈牙利的民族主義者在俾斯麥的援助下準備暴動，而羅馬尼亞的霍亨索倫氏王子，則試圖武裝起來，給奧地利最後一擊。當時的法國和英國，政府與民間輿論，都一致同情侵略者。法國人和英國人後來才知道，他們一直在爲普魯士國王效力。

如果所有的人都講同一種語言，或者如果各個不同語言族群至少在人數上比較相等，我們的問題將會比較簡單。但，現在有七千萬德意志民族主義者存在於德國，這是一個基本事實，是討論當今的政治問題一個必要的起始點。即使把德國肢解爲若干國家，也無法避開該事實。認爲問題可以用這個辦法解決，是一個致命的錯覺。

沒錯，保障奧地利和瑞士的獨立，必須是所有未來歐洲重建計劃的首要目標。但，肢解舊帝國——德國人稱之爲*Altreich*，以有別於包括奧地利和蘇台德地區的*Gross-Deutschland*（大德意志國）——將是一個徒勞無功的辦法。

據說，克里孟梭（Clemenceau）曾有一言道：問題在於德國多了兩千萬人。一些狂熱之徒，甚至當作靈丹妙藥，建議大規模滅絕所有納粹分子。這一個解決問題的方式，自納粹觀點而言，是總體戰的應有之義。納粹的總體戰勝利概念，隱含徹底消滅法國人、捷克人、波蘭人、猶太人和其他族群；他們也已經開始執行這個計劃。所以，如果同盟國戰勝後，乘便消滅德國的「雅利安」公民，德國人自己，在邏輯上，不能稱此爲不公平或野蠻。義大利人、日本人、匈牙利人和羅馬尼亞人，也一樣不能。但，同盟國並不是納粹和法西斯那樣的凶殘之徒。

有些論述者相信，不同語言族群混雜在一地的問題，能以強制遷徙和交換少數族群的方式解決。他們提到，在土耳其與希臘的衝突中，應用這個辦法所獲致的結果，據說不錯。要處理不同語言族群混雜在一地所產生的齟齬不快，該辦法確實看似顯而易見。把吵架的族群分開，便可防止進一步的鬥爭。

然而，這些計劃是禁不住推敲的。它們忽略了當今產生衝突的根本問題——地表上各個不同的地方之間的不平等。不同語言族群混雜在一地，是渴望改善生活水準的人們，從故鄉遷移至他鄉的結果。工人從邊際勞動生產力低的地方，遷移到邊際勞動生產力比較高的地方——換言之，從人口相對過多的區域，遷移至人口相對稀少的區域。阻止這種遷移，或試圖以強制驅逐與遣返，撤銷這種遷移，不能解決問題，而只會加劇衝突。

對農民來說，也是如此。例如：有德國農夫定居在巴納特（Banat）——歐洲最肥沃的一塊區域。這些德國人在十八世紀移入該地。當時這個區域還處於非常低文明發展的階段，人煙稀少，而且因爲土耳其人統治不善與連年戰亂而滿目瘡痍。現在，巴納特地區是塞爾維亞人、羅馬尼亞人和匈牙利人三方之間爭議的焦點，他們每一方都主張該地區屬於自己。當地的少數德語族群，是所有這三方的肉中刺、眼中釘。如果能驅除這些德語人口，他們三方都會很高興。但，他們能提供什麼樣的補償，換取這些德語人口的農場？在德語人口占多數的國家裡，沒有塞爾維亞人或羅馬尼亞人所擁有的農場，而匈牙利人在德國邊境上所擁有的農場又不具同等價值。把那些德語人口掃地出門，並不會有助於達成族群和解，而只會激發出新怨氣。類似情況在整個東歐普遍存在。

那些幻想族群隔離能解決當今國際問題的人，未能看清現實。澳洲人確實成功維持住他們國內的語言與種族同質性，然而此一事實，正是促使日本人發動侵略戰爭的一個因素。閉門政策是這次戰爭的一個根本原因。

在英國和美國，有許多人因爲覺得，德國有可能變成共產主義國家，而感到害怕。他們害怕共產主義會傳染。但，這種憂慮其實沒有根據。共產主義不是一種病，它不會透過病菌傳播。不會有任何國家，因爲共產主義靠近其邊境，而感染到共產主義。無論共產主義有多少機會在美國或英國取得政權，其決定因素，都在於這些國家公民的心態。一國境內是否同情共產主義，與其鄰國是否爲共產主義國家無關。

如果德國轉向共產主義發展，加以阻撓，不會成爲哪一個外國的任務。在盎格魯—撒克遜人的國家裡，共產主義有無數的友人，他們將會反對他們的國家，阻止他國採納他們自己認爲唯一有益，而且主張他們本國也應採納的制度。另一方面，聰明的反共者也看不懂，他們的國家爲什麼應該試圖阻止德國人自殘。共產主義的缺點，將會癱瘓和瓦解德國工業生產體系，從而比任何外國的任何干涉，更有效地削弱德國的軍事力量。

俄羅斯的軍事實力，在於其土地的遙遠與廣袤。它無法攻克，因爲它是如此的廣袤與無法通行。侵入者打敗過俄羅斯的軍隊；但，沒有任何侵入者成功克服了俄羅斯的地理障礙。查理十二世（Charles XII）、拿破崙、興登堡和希特勒，揮軍深入俄羅斯；他們的勝利挺進，自動給他們的軍隊帶來厄運。英國人和法國人在克里米亞戰爭，以及日本人在四十年前的日俄戰爭，只擦傷了沙皇帝國的邊緣。這次戰爭再次證明了舊普魯士軍事學說的這個論點：打敗俄羅斯的軍隊，是沒用的。在輕易征服了數十萬平方英里的俄羅斯土地後，納粹的軍隊被俄羅斯廣袤的土地打散了。一個侵入俄羅斯的將軍，必須面對的主要問題，是如何安全撤回他的兵力。不管是拿破崙，或是希特勒，都沒找到這個問題的答案。

共產主義的經濟管理方式，不會削弱俄羅斯驅除侵略的能力；共產主義沒干擾到地理因素。德國如果施行共產主義——亦即，如果德國徹底清算資產階級，並以蘇維埃的官僚社會主義模式，取代統制經濟模式——將會嚴重削弱，甚至摧毀，德國輸出製造品的能量。有一些人認爲，共產主義德國，能像俄羅斯那樣，輕易地重新武裝。其實，這些人沒認識到，德、俄兩國之間的根本差異。雖然俄羅斯沒必要進口外國原料，但德國有必要。除非輸出製造品，否則德國便無法輸入重新武裝所需的一切原料。納粹所以選擇統制經濟社會主義模式，而沒選蘇維埃社會主義模式，理由就在於他們充分認識到這個事實：由政府下級文職官僚直接管理的工廠，無法在世界市場競爭。正是德國的出口貿易，提供了可怕的閃電戰（*Blitz*）機器建設所需的原料。布爾什維克主義沒削弱俄羅斯的國防潛力。但，同樣的布爾什維克主義，將會消滅德國對外侵略的潛力。

共產主義在德國取得政權，所帶來的眞正危險在於，它不可避免的經濟失敗，很可能使納粹因此次戰爭失利而喪失的聲望得以恢復。正如納粹政權令人不滿的施政結果，使得共產主義在德國普受一般民眾歡迎，所以共產主義不好的後果，也將很可能有助於納粹主義的復原。德國的問題恰恰在於，德國沒有任何政黨準備好支持自由主義、民主與資本主義；德國的問題在於，德國只看到兩者擇其一的選項：一方面是納粹主義，亦即，全面計劃的德國統制經濟社會主義模式，而另一方面則是布爾什維克主義，亦即，政府官僚直接管理的俄羅斯社會主義模式。這兩種模式中，沒有任何一種能解決德國的經濟問題。它們兩種都將把德國推向征服更多生存空間的政策。

第三節　西方民主聯盟

要確保和平，必須做到的，主要是那些今天把力量團結起來、粉碎極權主義侵略的國家持久合作。如果相關國家不把他們目前暫時的同盟關係，轉變成永久的聯盟組織，任何和平計劃都不可能發揮作用。如果他們在勝利之後，恢復他們戰前的那些政策，如果他們重返政治敵對與經濟戰的套路，結果將是一九一九年至一九三九年間事態發展的重演。在經濟領域互鬥的國家間，既不會有有效的政治合作，也不會有團結與集體安全。

如果西方民主國家沒成功建立一個永久的聯盟組織，勝利的成果將再次喪失。他們的不團結，將給戰敗的侵略者提供機會，重新進入政治陰謀詭計的場域，重新武裝，重新形成一個更爲強大的團體，發動新的攻擊。除非他們選擇有效的團結，否則民主注定消亡。如果他們一心只想保存外交術語所謂的「國家主權」[2]，他們便不可能保障他們的生活方式。他們或者必須將所有權力賦予一個新的超國家組織，或者必須接受某些不準備平等對待他們的國家奴役他們。加入一個新的、民主的、超國家組織之外的選項，不是國家主權不受限制，而是最終遭到極權主義強國的征服。

對荷蘭、丹麥和挪威這樣的小國而言，前述的情況非常明顯。他們過去所以能和平生存，只因爲橫遭謾罵的歐洲權力平衡體系保護了他們。他們的獨立地位，因大國彼此的競爭與猜忌，而得到保障。拉丁美洲國家，過去享有他們的獨立自主，因爲門羅主義和英國制海權阻止了一切入侵企圖。但，那些日子已一去不復返。如今，無論如何，這些小國都必須放棄他們自豪的孤立主義，以及他們一向堅持的主權意識。唯

[2] 當然，如果相關國家回歸沒有任何貿易或移民障礙的自由市場經濟，則每一個國家保存其完整的主權，便不至於妨礙彼此和平的合作。

一眞正的問題是，他們是否將在一個極權主義制度下成爲奴隸，或是在一個超國家的民主制度下成爲自由人。

至於英國和法國，毫無疑問，如果他們不準備放棄他們傳統對於國家主權不受限制的熱望，他們將自取滅亡。對澳洲和紐西蘭來說，更是這樣。

然後有美國和加拿大。在十九世紀的歷史過程中，他們有幸處於島民的位置。有好幾千英里的海洋，把他們和潛在的侵略者隔開。他們當時是安全的，因爲技術條件使他們不可能遭到侵略。但，在這個制空權的時代，他們已變成危險敵人的近鄰。再過十年或二十年，對德國或日本來說，侵入北美洲大陸，就軍事技術而言，並非不可能將和一九四〇年占領荷蘭，及一九四一年與一九四二年占領菲律賓，一樣容易。美國和加拿大公民將必須意識到，除了和所有其他民主國家合作，他們沒有其他辦法可以享受和平的生活。

所以，顯然的，西方民主國家，在他們彼此的關係中，必須停止所有進一步的經濟戰措施。沒錯，一般輿論現在仍然確信，希望全世界普遍回歸自由貿易，是一個不切實際的想法。但，組成這裡所建議的民主聯盟的各個國家，彼此之間的貿易障礙，如果沒撤除，聯盟就絕無可能成立。所有爲戰後安定所提出的方案，在這方面的看法是一致的。所有方案都基於預期，民主國家將停止，以經濟民族主義的方法，互相爭鬥。但，這些方案沒意識到，這樣的預期，在什麼條件下才會實現，以及實現後必然會有什麼後果。

這裡必須一次又一次強調，經濟民族主義是國家至上主義——無論是以干預主義呈現，或以社會主義呈現——必然會有的後果。只有堅持——如今普受嘲笑，視爲反動的——自由資本主義政策的國家，才用不著設立貿易障礙。一個國家，如果一方面不想放棄政府對企業的干預，而另一方面卻又聲明，在它和其他加入新聯盟的成員國關係上，它將放棄保護主義，那麼它就必須把所有權力授予主持這個聯盟的權威機構，並且把自己的主權完全交給這個超國家的權威機構。但，我們當代人完全不可能接受這樣的安排。

問題的核心一直遭到忽視，因爲人們普遍認爲，只要成立一個聯邦模式的聯盟，問題便可解決。人們斷言，某些權力應該賦予超國家的聯邦政府，其餘的權力則應保留在成員國政府手中。事實證明，這種聯邦政府模式，在許多國家，特別是在美國和瑞士，一直很成功。人們說，沒有理由懷疑，聯邦模式套用在史崔特（Clarence Streit）所建議的西方民主國家大聯盟，結果會不是很成功。

很遺憾的是，無論是史崔特，或是其他類似方案的倡議者，都沒考慮到，這兩國的聯邦政府結構（和所有其他邦聯政府的結構一樣），隨著經濟干預主義和社會主義的散播，已經發生了哪些變化。美國和瑞士的聯邦制，都成立於人們認爲干預公民的生意買賣並非政府任務的時代。當時，美國有聯邦關稅、聯邦郵遞服務和聯邦通貨體系。但，幾乎在所有其他方面，公民政府並不關心企業活動由誰控制，或如何控制。公民可以自由運營他們自己的企業。政府的唯一任務，是維護國內外和平。在這種情況下，要在聯邦政府與各成員邦政府之間劃分權力管轄範圍，是很簡單的一件事。那些超出各成員邦邊界的事務，劃歸聯邦政府管轄，譬如：外交事務、保衛國家對抗外國侵略、保障成員邦之間的貿易、管理郵遞服務和海關。再則，聯邦政府並不干預成員邦內部事務，而成員邦也不干預當時認爲屬於公民私人的事務。

這種管轄權分配的平衡，完全被干預主義的政策打亂了。新的權力沒劃歸成員邦，而是劃歸聯邦政府。邁向更多政府干預和更多計劃的每一步，都同時意味中央政府的管轄權擴張。華盛頓和柏恩曾經只是聯邦政府的所在地；如今它們是相關國家眞正的首都，而各邦與各州的地位，實質上已降爲行政省分。很有意思的是，那些反對國家朝向更多政府控制發展的人，形容他們的反對，是反對華盛頓與伯恩，亦即，針對中央集權的抗爭。他們認爲，他們的抗爭，是各邦或各州權利相對於中央政府權力的較量。

這樣的演變並非偶然，而是干預政策與計劃不可避免的後果。當各邦或各州之間沒有貿易障礙時，干預措施必須在聯邦或全國範圍內同時實施。絕不可能只由一個成員邦，或由一個州採取干預措施。在一個沒有貿易壁壘保護的區域裡，絕不可能提高生產成本。在一個干預主義的體制裡，由於邦際或州際貿易障礙不存在，政治重心勢必向聯邦政府傾斜。就形式主義的憲法觀點而言，美國和瑞士也許還能歸類爲聯邦，但事實上，它們已越來越向中央集權國家靠攏。

在社會主義體制內，情況更是這樣。名義上構成蘇維埃聯邦的那些共和國，每一個都只是虛假的共和國。蘇聯是一個完全中央集權的政府。[3]德國也一樣。納粹已經以集權制政府，取代了聯邦憲法。

有些人誤以爲，人們所以抗拒成立國際集權政府，全因出於民族自豪感與虛榮心的考量。這些障礙並非不可克服。抗拒的主要來源，要比這些障礙更爲根深柢固。主權從數個國家政府移轉至某個超國家政府，將意味政治力量結構的全盤改變。那些在

[3] 一九四四年二月一日最高蘇維埃的命令（見*New York Times*, February 3, 1944），一點也沒干擾到徹底中央集權的蘇聯經濟管理與國內行政制度。在蘇維埃所統轄的全部領土內，所有經濟與行政事務的處理，都聽命於位於莫斯科的各中央辦公廳。唯獨它們有權利和權力，督導一切經濟與政治活動。而且現在，和從前一樣，所有十六個名義上獨立的共和國，它們所有的官員，都由莫斯科的中央委員會任免。

一國的政治架構內非常強大、足以左右政策的壓力團體，很可能在超國家的政治架構內變得無足輕重，反之亦然。即使我們暫且擱置棘手的移民障礙問題，這個事實也是顯而易見。美國的棉花生產者渴望棉花有比較高的價格，在美國他們雖然只是一個少數群體，卻能迫使他們的國家接受高棉花價格政策。但，在一個包括許多棉花進口國在內的聯盟裡，他們的影響力是否依然不變，那就很可疑了。另一方面，英國的汽車生產者，目前透過非常有效的保護主義措施，成功抵制了美國同業的競爭。他們肯定不想失去這個優勢。類似的例子不勝枚舉。

對於成立超國家的集權政府，最嚴重且最危險的抵制力量，將來自所有現代壓力團體中，最爲強大的壓力團體——勞工團體。工資比較高的那些國家的工人，會因爲來自低工資國工人的競爭，而覺得遭到傷害。他們會認爲這種競爭不公平；他們會斥責這種競爭，視爲傾銷。但，他們不會同意唯一能在生產條件比較不利的國家，提高工資率的辦法：移民自由。

現代的政府干預企業政策，旨在保護有力的壓力團體，免得他們在未受干預的市場經濟裡，受到自由競爭的影響。相關的壓力團體，已經把他們——在他們自己的國家裡，由於其中各區域之間不存在貿易障礙——無法獲得保護免於國內競爭，當成是一個大致不可改變的事實。紐約州的酪農沒要求州政府，對威斯康辛州的乳酪與牛油課徵進口稅，而麻薩諸塞州的工人，也沒要求州政府頒布移民法，禁止美國南方的廉價勞工移入該州。他們或多或少甘心忍受美國境內沒有貿易與移民障礙的事實。設立州際貿易障礙的嘗試，只取得了非常有限的成功；輿論反對這種嘗試。[4]

另一方面，人們深受普遍流行的經濟民族主義信條的影響，以致默認了保護主義對他們的利益所造成的傷害。消費者，對於迫使他支付高於世界市場的價格，以便讓本國某種商品的生產者獲益，並不怎麼抗議。但，他是否會同樣容忍，爲了讓某個超國家聯盟中的其他國家的生產者獲益，而課徵的進口關稅，那就很值得懷疑。美國消費者，會爲了增進英國製造業的利益，而甘心支付比較高的價格，以取得相關的商品？難道他不會覺得，被迫如此歧視比較便宜的德國、義大利或日本的產品，有害於他的利益？我們倒是可以懷疑，超國家的保護主義政策會不會欠缺，那種使一般國家的保護主義成爲可能的意識型態基礎？

要建立一個成員國之間自由貿易的超國家關稅同盟，所須克服的主要障礙，在於這個事實：這樣一個關稅同盟，如果一定要保留國家至上主義，便需要賦予相關的超

【4】見Buell, *Death by Tariff* (Chicago, 1938); Melder, *State Trade Walls* (New York, 1939)。

國家當局至高無限的權威，同時將個別國家的政府幾乎完全廢除。在目前的情況下，所建議的西方民主國家聯盟，其組成方式，不管是採取中央集權的法律模式，或是採取聯邦分權的法律模式，都無關緊要。只有兩種可能的情況：各成員國之間重重的貿易障礙及其所有險惡的後果依舊，經濟民族主義，彼此對抗與不和；或者成員國之間自由貿易，同時（不管聯盟的組成憲章如何規定）嚴格中央集權的超國家政府。在第一種情況下，根本不會有聯盟，而只有分裂。在第二種情況下，美國總統和英國首相，將實質降格成為省長，而美國國會與英國議會，則實質降格成為省議會。美國人和英國人想必都不可能輕易同意，這樣一個解決問題的辦法。[5]

政府干預企業和國家計劃，產生經濟民族主義。如果人們不想回歸自由市場經濟，唯有透過統一的中央集權政府，才可能消除經濟民族主義，也才可能建立永久和平。這就是問題的關鍵。

[5] 問人們是否贊同放棄他們自己國家的主權，是沒用的。大多數外行人，不知道「主權」一詞的意義。正確的提問方式，或許是：你是否贊同這樣的制度，儘管它可能迫使你的國家，服從你的大多數公民同胞所反對的措施？你是否願意看到，你的國家的基本法律（例如：移民法）被某個國際聯盟的議會改變，儘管在該議會中，你的國家所選出的代表僅占少數？

史崔特先生計劃的弱點，在於他不知道存在這個根本問題。任何形式主義的法律解決辦法，都迴避不了這個難題。他那個聯盟方案所以不牢靠，原因不在於組成聯盟的憲章規定有什麼不妥。問題在於干預主義和社會主義政策的本質；問題出自目前流行的社會與經濟教條；這問題無法以某種特別的聯盟憲章規定予以解決。

但，我們切不可忘記，任何和平方案，若要發揮作用，都必須成立這樣的聯盟。同盟國只有兩種選擇：要麼實現永久的西方民主國家聯盟，要麼回到一九一八年至一九三九年那種不祥的情況，從而回到新的且更爲可怕的戰爭。

第四節　東歐的和平展望

過去試圖應用民族性原則，解決東歐政治問題的努力，結果總是徹底失敗。在世界的那個角落，不可能劃出邊界，乾淨俐落地分隔各個不同的語言族群。這個區域大部分是語言混雜的，亦即，大部分居住著語言不同的民族。這些民族彼此抗爭與仇恨，使他們成爲三大毗鄰「充滿活力」的強權——德國、俄羅斯和義大利——唾手可得的獵物。如果西方國家放任不管，除非他們停止互鬥，他們遲早會失去他們的獨立地位。

這兩次世界大戰，戰火都從這個區域開始點燃。為了保衛這些民族遭到威脅的獨立地位，西方民主國家已經拔了兩次劍。然而，在維護這些民族的獨立完整上，西方並沒有眞正的物質利益。如果西方民主國家成功建立了一個秩序，保障了他們自己免受新的侵略，那麼，對他們來說，華沙是否為一個獨立的波蘭人國家的首都，或是俄羅斯或德國的一個省會城市，又雅典是否為希臘或義大利的城市，便都沒什麼區別。即使俄羅斯、德國和義大利把這些地方都瓜分了，西方民主國家的軍事與經濟力量，也不會受到嚴重威脅。同理，一種稱作立陶宛語的語言和文學，是否繼續存在或消失，對西方民主國家來說，也無關緊要。

西方民主國家在東歐事務上的興趣，是利他與無私的。這興趣源自於無私的同情、對自由的熱愛和正義感。這些感情遭到所有這些東歐民族極其不當的剝削與利用。他們在西方民主國家裡的朋友，並不是想幫助他們壓迫少數民族、或侵略比他們弱小的鄰居。當西方民主人士向科蘇特（Lajos Kossuth）致敬時，他們完全沒想到，他們是在贊成匈牙利人對斯洛伐克人、克羅埃西亞人、塞爾維亞人和羅馬尼亞人的無情壓迫。當他們對波蘭表達他們的同情時，他們並不是想贊同波蘭人用來處理烏克蘭人、立陶宛人和德國人的那些方法。他們想促進自由主義與民主，而不是民族主義與暴政。

東歐各語言族群的政治領袖們，現在可能還不知道，西方國家的態度此刻正在發生變化。他們確實可以期待，西方國家在這次戰爭獲勝後，將協助他們的國家恢復政治獨立。但，如果他們認爲西方國家將會爲了他們而投入新的第三次世界大戰，那他們就大錯特錯。他們自己必須建立一個政治秩序，使他們得以和他們的近鄰和平相處，並使他們能夠抵抗俄羅斯、德國與義大利等強國未來的侵略，保衛他們自己的獨立。

所有過去爲了形成一個東歐或多瑙河流域的關稅同盟或聯邦，或單純爲了恢復奧匈帝國而提出的計劃，都注定失敗，因爲它們全都以錯誤的假設爲基礎。這些計劃的發起人沒認清，在這個政府干預企業的時代，關稅同盟和成員國保持其主權並不相容。他們不了解，組成聯邦，在目前的情況下，意味實質上賦予超國家的聯邦政府幾乎所有權力，同時所有成員國政府將降格成爲省政府或州政府。除非各個國家回歸自由放任的政策，否則想要以和平與合作，取代目前存在於東歐，或世界其他任何地方的分裂與不和，唯一的辦法，是建立一個統一的政府。

在東歐，統一的政府，不僅比較合乎需要，更是不可或缺，因爲對當地特殊的邊界與少數語言族群問題來說，它是唯一的解決辦法。在這方面，聯邦的政治架構絕不可能成功。在聯邦架構下，憲法將某些統治權劃歸聯邦政府，而其餘統治權則劃歸各成員邦地方政府。只要憲法保持不變，聯邦政府便無權干涉成員邦管轄範圍內的事務。這樣的制度，只有搭配系出同源的人民，彼此之間有強烈的民族一體感，沒有語言、宗教或種族差異所產生的隔閡與衝突，才能運作，而且也才有運作的先例。

且讓我假定，某個假設的東歐聯邦憲法，賦予每一個少數語言族群權利，得以設立學校，用它自己的語言教學。這時，對成員邦來說，直接或公開妨礙這類學校的建立，將是不合法的。但，如果建築法規或公共衛生與消防行政命令是成員邦專屬的管轄範圍，則地方政府便能使用它的權力，以學校建築不符合這些法令所規定的要求為由，將學校關閉。聯邦當局對此將無能為力。即使關閉學校所依據的理由被證明只是託詞，聯邦當局也沒有干涉的權利。每一種賦予成員邦的憲法特權，都可能遭到地方政府濫用。

如果我們想要消弭一切不利於少數族群的歧視，如果我們想要給予所有公民，實際上而不只是形式上的自由與平等，我們就必須將所有權力單獨賦予中央政府。這並不會削弱任何忠於憲法、渴望公平使用其權力的地方政府的權利。但，它會阻礙那些使整個政府行政組織得以用於傷害少數族群的方法死灰復燃。在東歐成立一個聯邦，絕不可能消弭邊界問題的政治衝突涵義。在每一個成員邦，仍將留下少數族群的問題，仍將有少數族群遭到壓迫，從而製造民族仇恨，煽起民族統一運動。每一個成員邦政府仍將繼續視其鄰邦爲仇敵。三大鄰近強國的外交官和領事人員，仍將試圖從這些爭吵與對抗中獲利，並且很可能成功擾亂整個東歐秩序。

東歐一定得建立的政治秩序，其主要目標必須是：

一、讓東歐境內每一個公民有充分機會，自由生活和工作，不受任何語言族群騷擾。任何人都不應因母語或信仰，而遭到法律迫害或喪失什麼資格。每一個語言族群都應該有權利使用它自己的語言。不應容忍歧視少數族群或其成員。對待每一個公民的方式，應使他願意毫無保留地稱東歐爲「我的國家」，並且稱東歐政府爲「我的政府」。

二、不應導致任何語言族群期待，透過領土的重新劃分，獲得政治地位的提升。居於統治地位的語言族群和受壓迫的語言族群，兩者之間的差異必須消失。必須沒有亟待收復的「淪陷區」（Irredenta）。

三、必須發展出一個強大體制，足以抵抗鄰國侵略，保衛它自己的獨立。它的武裝力量必須能夠在沒有外援的情況下，擊退德國、義大利或俄羅斯等單獨一國的侵略行爲。只有在抵抗至少兩個鄰國聯合的侵略時，它才應倚賴西方民主國家的援助。

所以，整個東歐地區必須組成一個政治實體，由一個嚴格意義統一的民主政府統治。在這個區域內，每一個人都應該有權利選擇他希望生活與工作的地方。法律和有關當局應該一視同仁對待所有本國人——亦即，所有東歐公民——任何個人或群體，都沒有特權，也都不受歧視。

且讓我們稱這個新的政治實體爲「東歐民主聯盟」。在這個新的聯盟架構內，舊的政治組織可以繼續運作。無須拆散歷史過程發展出來的政治實體。一旦邊界問題不再具有災難性的政治意涵，大多數現有的國家組織便能保持原樣。在失去了對其鄰國，以及對其國內少數族群，施加傷害的權力之後，它們可能眞的對文明進步和人類福祉非常有用。當然，在東歐民主聯盟的政治架構內，這些先前獨立的主權國家，將變成只是行政省分。儘管保有所有它們的榮譽形式、它們的國王或總統、它們的國旗、國歌、國定假日與慶典遊行，它們將必須嚴格遵守東歐民主聯盟的法律和行政規定。但，只要它們不試圖違背這些法律和規定，它們將是自由的。每一個忠誠與遵守法律的成員國政府，將不會遭到中央政府阻撓，而是會獲得強烈支持。

東歐民主聯盟將必須設置特別專員，監督地方政府運作。對地方當局所有不受法院管轄的行政行爲，受害方有權向該專員和中央政府提出上訴。地方政府之間，或該專員與地方政府之間的所有分歧，最終將由中央政府裁決，中央政府僅對中央議會負責。中央政府的至高權威，不應受到地方當局的任何憲法特權節制。分歧應由中央政府和中央議會解決，每一個問題都應根據其對整個體制順利運行的影響來裁決。

例如：假使發生了一個關於維爾諾市（Wilno）——東歐無數神經痛點之一——的爭議，則中央當局將不僅嘗試在波蘭和立陶宛兩地方政府之間，或在中央議會的波蘭籍與立陶宛籍議員兩方之間找出一個折衷方案，而是將嘗試找出一個通用的解決方案，一個也可以讓發生在布德威斯（Budweis）、蒂米什瓦拉（Temesvári）或薩洛尼卡（Salonika）的類似爭議，得到公正解決的方案。

這樣便可能有一個統一的中央政府，又有庶幾令人滿意程度的地方行政分權。

東歐民主聯盟將必須涵蓋德國、瑞士與義大利東部邊界和俄羅斯西部邊界之間的所有領土，包括所有巴爾幹半島的國家。它將必須納入於一九三三年形成阿爾巴尼亞、奧地利、保加利亞、捷克斯拉夫、但澤自由市（Danzig）、愛沙尼亞、希臘、匈牙利、拉脫維亞、立陶宛、波蘭、羅馬尼亞和南斯拉夫等主權國家的區域。它將必須包含於一九一三年形成東普魯士、西普魯士、波森和西里西亞等普魯士王國省分的領土。這四省分中的前三個，既不屬於神聖羅馬帝國，也不屬於德意志邦聯。西里西亞所以屬於神聖羅馬帝國，只因它是波西米亞王國的屬地。在十六和十七世紀，它都是由屬於波蘭最早的王朝——皮亞斯特王朝（Piasts）——一個分支的大公統治。當腓特烈大帝於一七四〇年著手征服西里西亞時，聲稱他自己是皮亞斯特王朝的合法繼承人，試圖以此證明他有正當理由征服西里西亞。所有這四省分現在都住著語言混雜的居民。

義大利必須割讓給東歐民主聯盟所有它自一九一三年以來占領的歐洲土地，包括十二群島，以及其威尼斯省的東部地區，弗里烏利（Friuli），該地居民講一種里托羅曼斯語（Rhaeto-Romanic）。

如此，東歐民主聯盟將包含約七十萬平方英里的領土，以及約一億兩千萬名使用十七種不同語言的人民。這樣一個國家，如果統一起來，將足夠強大，可以保衛自己的獨立，抵抗俄羅斯、德國與義大利等三大強鄰單獨一個的侵略。

東歐民主聯盟最須慎重處理的問題，是語言問題。

所有十七種語言當然都需要平等對待。在每一區、郡或社區，法庭、政府機構和市政當局，必須使用每一種該區、郡或社區超過百分之二十的人口所講的語言。

不同語言族群之間的交流溝通，應使用英語作爲族際輔助語言。所有法律都將以英語及所有十七種民族語言頒布。這個體系也許看似奇怪與複雜。但我們必須記得，它曾在有八種不同語言的舊奧地利運行，效果不錯。與普遍但錯誤的想法相反，德語在奧地利帝國的體制裡並沒有優先地位。

東歐各國政府，爲了迫使少數族群放棄他們自己的語言、並採納多數族群的語言，而濫用義務教育制度。在這方面，東歐民主聯盟必須嚴守中立。未來將只有私立學校。任何公民或公民團體都將有權利經營教育機構。如果這些學校遵守中央政府規定的各項標準，它們將按每一位學生獲得一筆補貼金額。地方政府將有權利接管某些學校，但即使是受政府接管的學校，其預算也將獨立於地方政府的一般預算之外；除了由中央政府指撥給這些學校的補貼之外，不應使用任何公共資金於學校教育。

這些東歐國家的政客與政治家，目前只在下面這一點上是團結的：他們一致反對前面那樣的提議。他們沒看出，僅有的另一個選項，是永久動盪不安與他們之間的戰爭，以及他們的領土也許將遭到德國、俄羅斯與義大利瓜分。他們沒看出這個情況，因為他們以為永遠可以倚靠英國與美國無敵的武力。他們無法想像，美國人與英國人在這世界上，除了為了他們的利益而不斷參與世界大戰之外，還能有其他什麼任務。

這些國家的難民代表嘗試說服我們，說他們打算未來將和平解決他們彼此的爭議，但這不過是在規避現實。沒錯，波蘭和捷克難民，在德國入侵俄羅斯之前，確實就他們兩國的邊界劃分與未來的政治合作達成協議。但該協議，當實際要執行時，將不會生效。有豐富的經驗顯示，所有此類協議都不會生效，因為激進民族主義者絕不接受此類協議。在舊奧地利，所有嘗試在德語族群與捷克語族群之間達成諒解的努力，都招致災難，因為比較年長務實的民族領袖所提出的任何爭端解決方案，都會遭到狂熱的年輕人拒絕。和在位掌權者相比，難民當然更願意妥協。第一次世界大戰時，流亡的捷克人與斯洛伐克人，以及流亡的塞爾維亞人、克羅埃西亞人和斯洛維尼亞人，彼此都達成諒解。後來的事實證明，他們的協議無效。

此外我們必須記住，捷克人和波蘭人雙方爭執索要的那個區域，不僅比較小，而且對他們任何一方都不太重要。但如果爭議的一方是波蘭人，而另一方是德國人、立陶宛人、俄羅斯人或烏克蘭人，又或者如果爭議的一方是捷克人，而另一方是德國人、匈牙利人或斯洛伐克人，那就不會有任何希望達成任何類似捷克難民與波蘭難民之間的協議。需要的不是在兩個族群之間劃定什麼巧妙的邊界線，而是一個制度，讓邊界線不管怎麼劃分，都不至於引起少數族群的不滿、動亂和民族統一運動。在東歐，唯有透過公正的政府，才能維持民主。在所建議的東歐民主聯盟裡，將不會有任何單一語言族群，人口多到足以宰制其他族群。人口最多的將是波蘭人，但他們也僅約占整個聯盟總人口的百分之二十。

有人可能會不以爲然，說這劃歸東歐民主聯盟的領土未免過於龐大，而且所涵蓋的不同語言族群也沒有任何共同點。建議立陶宛人和希臘人應該合作——儘管雙方從前，除了尋常的外交關係外，未嘗有過任何關係——無論怎麼看，都讓人覺得奇怪。但我們必須明白，東歐民主聯盟的主要作用，是想在一片充斥著語言族群之間長久鬥爭的地方創造和平。在劃歸東歐民主聯盟的整個區域內，找不到任何一條沒有爭議的邊界線。如果東歐民主聯盟必須包含立陶宛人和波蘭人，因爲有一大片區域，有這兩族的人民難解難分地生活在裡面，而這兩族又各自強烈主張該片區域單獨屬於它本族，那麼，東歐民主聯盟就必須一併包含捷克人，因爲波蘭人和立陶宛人之間那種難解難分的情況，也同樣存在於波蘭人和捷克人之間。再來，匈牙利人，基於相同理由，必須被納入，而塞爾維亞人同樣也必須被納入，從而其他主張那一塊稱作馬其頓（Macedonia）的地方有一部分屬於它自己的民族——亦即，保加利亞人、阿爾巴尼亞人和希臘人——也就必須被納入。

東歐民主聯盟要順利發揮作用，不需要希臘人應當認爲立陶宛人是他們的朋友或兄弟（儘管看起來希臘人將來對立陶宛人的感情，可能會比對其近鄰更爲友好）。需要的，不過是所有這些民族的政客們發自內心相信，不再可能壓迫語言和他們不同的人。他們不必相親相愛。他們只須停止彼此傷害。

東歐民主聯盟將包含數百萬講德語的公民，以及十萬多講義大利語的公民。不可否認，納粹與法西斯黨徒在此次戰爭的作法所產生的仇恨，將不會立即消失。很難讓波蘭人或捷克人和德語族人聚在一起協作，也很難讓塞爾維亞人或斯洛維尼亞人和義大利語族人合作。

但，沒有任何一個這些反對意見能被視爲有效。沒有其他解決東歐問題的辦法。

沒有其他解決辦法，能給這些民族帶來和平生活與政治獨立。

第五節　亞洲的問題

當自由主義的時代露出曙光時，西方民族開始對他們的殖民事業有所顧忌。他們為自己對待落後民族的方式感到羞愧。他們意識到，他們在自己國內施行的政策原則，和他們用於征服與管理殖民地的方法背道而馳。身為自由主義者與民主主義者的他們，有什麼資格，在沒有獲得被統治者的同意下，統治國外的民族？

但接著，他們有了一個靈感：將現代文明的祝福帶給落後民族，是白種人應承擔的義務。如果指責此開脫之詞只是假話、空話和偽善，那就未免有失公允。英國已徹底改造了它的殖民地體制，使之適合在最大可能的程度上促進當地人的福祉。在最近五十年裡，英國對印度與殖民地事務的行政管理，大體上是民享政府的模式。

然而，它一直不是民治政府的模式。它一直是由外來的優等民族掌權的統治模式。為它辯解的理由，在於假定當地人不具備自治條件，因此如果放任自理，將成為某些不如英國人文明與仁慈的征服者殘忍壓迫的受害者。這辯解的理由還隱含，英國人希望，藉以使受制服的當地人獲得幸福的西方文明，是受當地人歡迎的。我們可以理所當然地認爲情況確實如此。所依據的事實是，所有這些有色人種，過去和現在一樣，都不僅渴望採納西方文明的技術方法，而且也渴望學習西方的各種政治學說與意識型態。正是這樣接受了西方思想，最後導致這些有色人種大聲反對侵入者的專制統治。

亞洲民族對自由與自治的要求，是他們西化的一個結果。亞洲人借用歐洲人的意識型態反抗歐洲人。十九世紀歐洲對亞洲的政策，最大的成就是，阿拉伯人、印度人與中國人終於掌握了西方政治學說的意義。

亞洲民族沒有道理怪罪西方入侵者在以前年代所犯下的暴行。這些暴行，從自由主義的信念與原則觀點來看，儘管不可辯解，但若以東方傳統習慣的標準來衡量，並不特殊。若非遭到西方思想的滲透浸潤，東方人可能永遠不會質疑屠殺與拷打敵人有何不妥。他們土生土長的作法其實更爲殘暴可惡。在大多數亞洲民族，只有在盎格魯—撒克遜人的軍事援助下，才能維持其文明的此刻，提起這些過去的委屈，著實令人難以索解。

同盟國如果戰敗，將給中國人、印度人、西亞的穆斯林人，以及所有亞洲和非洲人口比較少的民族，招致萬劫不復的厄運。同盟國的勝利，將帶給他們獨立自治。他們將有機會證明，他們從西方吸收到的，除了現代總體戰爭和總體毀滅的方法外，是否還有更多的東西。

東西方關係的問題，因當前處理政治議題的方式有不少缺陷和不足，而遭到掩蓋。馬克思主義者刻意忽視，這世界上不同地方的自然生產條件並不相等。因此，他們的論理過程永遠少了最爲關鍵的一環。他們自我設限，以致不僅對於過去的事實，無法提出令人滿意程度的解釋，而且對於人類未來的任務也無法提出有所啓發的見解。

在自然資源不相等的情況下，如今沒有所謂一國內部與其餘人類無關的事務。全世界普遍應用最有效率的生產方法，將符合每一個國家的切身利益。例如：那些自然條件最有利於生產橡膠的國家，如果沒有以最有效率的方式利用它們的資源，將會傷害每一個人的利益。某個國家經濟落後，可能對其他每一個國家都不利。某個國家閉關鎖國、自給自足，可能降低其他每一個國家的生活水準。如果某個國家說：「不要管我們；我們不想干預你們的事務，而我們也不允許你們對我們指手劃腳」，這對其他每一個國家，都可能造成傷害。

正是這些理由，過去導致西方國家強迫中國與日本，放棄他們古老的閉關鎖國政策，開放通商口岸。這個新政策的好處，是共同分享的。東方的死亡率下降，便是一個清楚證明。亞洲國家的政治獨立自主，如果導致他們的生產率下降，或導致他們全面或局部退出國際貿易，則東西雙方將同蒙其害。

我們很想知道，那些倡議亞洲國家自治的人，是否充分了解此一事實的重要性。在他們心中，現代的和返祖的觀念很奇怪地混合在一起。他們以自己古老的文明爲榮。他們輕率鄙視西方。他們對歐美的缺點，亦即，對軍國主義和民族主義，比對歐美的偉大成就，有遠遠更爲清晰的認識。馬克思學派的極權主義思想，比自由、資本主義與民主等所謂「資產階級的偏見」，更吸引他們。他們的國家只有一個辦法可以步向昌盛，那就是無條件採納西方的工業主義；他們知道嗎？

大多數東方國家的領袖深信，西方將轉向社會主義。但，這不會改變主要的議題。東方的落後，給社會主義的西方帶來的問題，和給資本主義的西方帶來的問題，將是一樣的。

隨著國際分工的發展與進步，個別國家鎖國孤立的時代已經一去不復返了。沒有任何一個國家，現在能漠視其他國家的內部情況。

第六節　國際聯盟的角色

根據一九一九年的盟約設立於日內瓦的國際聯盟，不是一個超國家的世界政府。

它主要是爲了籌備定期召開的國際會議而成立的一個組織；各國政府只要願意，便可派出代表與會。國際聯盟沒有任何超國家的行政機構；只有一群幕僚，其職責大多爲撰寫報告和蒐集統計資料。再來，許多這些幕僚人員認爲，他們自己不是國際聯盟的官員，而是他們本國政府的非正式代表。他們在國際聯盟的任命，是根據他們本國政府的推薦而來的。他們熱中於爲他們本國政府提供服務，以便未來某一天能回到他們國內加官晉爵。某些國際聯盟的官員，非但沒有國際意識，反而充滿民族主義的精神。例如：維德孔・奎斯林（Vidkun Quisling）有一段時間是國際聯盟的官員。羅斯特・范・湯寧根（Rost van Tonnigen）有許多年是國際聯盟祕書處的一名祕書，於一九三一年成爲國際聯盟派駐維也納的代表；他在幾年後離開這個重要的職位，變成了荷蘭納粹黨的副黨魁，而現在則是荷蘭傀儡政權的一名要員。沒錯，國際聯盟裡確實也有一些我們當代最聰明和最高尚的人士任職。但不幸的是，現實情況不允許他們施展長才，因此他們大多心灰意冷地掛冠離開。

此次戰後，國際聯盟是否恢復運作，無關緊要。對於促進和平與國際合作，它過去幾乎沒有任何貢獻。它將來也不會更爲成功。民族主義將像一九三九年之前使它發揮不了作用。

許多著名的美國人指控他們本國政府導致國際聯盟失敗。他們說，美國如果加入國際聯盟，將賦予該盟完成其任務所需的威信。這是一個錯誤的指控。美國雖然不是國際聯盟的正式會員，但對該盟的努力，給了不少寶貴的支持。儘管美國政府沒捐錢給國際聯盟，也沒派代表參加會議，但這都無關緊要。全世界都清楚知道，美國人民支持維持和平的努力。美國政府即使正式加入國際聯盟，也將阻止不了侵略國的步伐。

由於所有國家如今都沉迷於民族主義，它們的政府也必然都是民族主義的支持者。不能指望這種政府的所作所爲，對世界和平的偉大事業會有什麼幫助。需要的是經濟學說與意識型態的改變，而不是什麼特別的國際機構、官署或會議。

許多爲了達成持久和平而提出的方案，它們的主要缺點，就在於沒看清這個事實。某些像康德利夫教授（J.B.Condliffe）和米德教授（J.E.Meade）這樣著名的國際聯盟擁護者相信，各國政府將有足夠的智慧，會共同努力，彼此達成協議，清除經濟民族主義中最令人反感的贅疣，並給予投訴國一些讓步，以緩解國際衝突。[6]他們建議，在國家主權的使用上，宜緩和克制一些。但同時，他們又倡議更多的政府管

[6] J. E. Meade, *The Economic Basis of a Durable Peace* (New York., 1940); J. B. Condliffe, *Agenda for a Postwar World* (New York, 1942).

控，完全沒想到這必然要把所有政府進一步推向毫無妥協餘地的民族主義。期待執著於國家至上主義原則的政府，有朝一日能放棄努力向閉關鎖國的目標推進，那是痴心妄想。我們可以假定，在每一個國家，都有一些人準備贊同康德利夫和米德兩位先生的建議；但這些人只占少數，他們倆的意見並沒有引起廣泛迴響。一國在政府控制企業的道路上走得越遠，便越是會被迫撤離國際分工秩序。有國際意識的經濟學家善意的勸勉，不可能說服崇拜干預主義的政府，放棄採取經濟民族主義的措施。

國際聯盟可以繼續打擊傳染病、販毒和賣淫。它將來可以繼續作爲一個國際統計局。它可以在知識合作領域開展它的工作。但，期待它對促進世界和平能有比跑龍套之外更多的貢獻，只是幻想。

結語

壹

十八世紀的自由主義者充分相信，人類具有止於至善的能力。他們相信，人人生而平等，具有天賦的理性，能夠掌握複雜的推論最終的意義。所以，人人將理解經濟學與社會哲學的教義；人人將意識到，只有在自由市場經濟裡，所有個人及所有群體正確了解的（亦即，長期的）利益才是完全和諧的。人類終將實現自由主義的烏托邦。人類正處於一個持久繁榮與永遠和平時代的前夕，因爲理性從此將主宰一切。

這個樂觀的展望，完全是基於假定：所有種族、民族和國家的所有人們，都足夠敏捷，可以理解社會合作的問題。老自由主義者從來沒想到必須懷疑這個假定。他們深信，啓蒙運動的進展與健全思維的擴散不可阻擋。亞伯拉罕・林肯相信「你無法永遠欺騙所有的人」，所依據的就是這個樂觀的展望。

自由主義的學說所根據的經濟學理，是無可辯駁的。極權主義與納粹主義的一個最偉大的先驅，卡萊爾（Thomas Carlyle），以「鬱悶的科學」形容經濟學。但一百五十餘年來，所有拚命想駁斥經濟學教義的努力，都可悲地失敗。所有自稱的經濟學家，都無法動搖李嘉圖的國際貿易理論，以及經濟學關於政府干預市場之後果的論述。所有試圖拒絕「社會主義體系不可能有經濟計算」之證明的人，都沒有成功。

沒有人能反駁，市場經濟裡正確了解的利益之間不存在衝突的證明。

但，所有人都將正確了解他們自己的利益嗎？如果他們沒正確了解呢？自由主義主張建立一個自由與和平合作的世界。這個主張的弱點，就在於這個問題。自由主義的主張不可能實現，因爲——至少就我們這個時代而言——人們沒有足夠的智慧能力，難以吸收健全的經濟學原理。大多數人太過愚鈍，無法跟上複雜的推理步驟。自由主義失敗，因爲絕大多數人的知識能力不足以達成必要的理解任務。

不用期待這情況在近期內會改變，因爲那是絕無可能的事。人，有時候甚至不能看出最簡單且最明顯的事實。應該沒有比戰場上的勝負，更容易了解的事了。然而，有好幾百萬德國人堅定相信，第一次世界大戰的勝利方，不是協約國，而是德國。從未有任何德國民族主義者承認，德軍於一九一四年，以及一九一八年，在馬恩河（Marne）被打敗了兩次。如果這種事情可能發生在德國人身上，我們怎能期待印度人，牛的崇拜者，理解李嘉圖和邊沁的理論呢？

在民主世界裡，即便是要實現社會主義的計劃，也有賴於大多數民眾，確認此類計劃對他們自己有利。且讓我們暫時擱置所有關於社會主義經濟可行性的疑慮。爲了方便論證，且讓我們假定，社會主義者自己，對社會主義計劃經濟的利益評價，是正確的。馬克思，深受黑格爾的世界精神神祕主義影響，完全相信，有一些辯證因素在人類事務的演變過程中產生作用，促使占絕大多數的無產階級，走向實現社會主義的道路——當然是他自己那一個品牌的社會主義。曾經在馬克思主義大本營的法蘭克福大學裡，擔任教授的法蘭茲·奧本海默（Franz Oppenheimer）說：「在照顧個人的利益時，個人時常犯錯；長期而言，整個階級絕不會犯錯。」[1]

近代馬克思主義者已經放棄了這些玄學幻想。他們不得不面對這樣的事實：雖然在許多國家裡社會主義是絕大多數民眾的政治信條，但對於該採取哪一種社會主義，大家的看法並不一致。他們已經知道，有許多不同品牌的社會主義，而且許多社會主義政黨彼此鬥爭非常激烈。他們不再期待，只有某一模式的社會主義能獲得大多數人認可，也不再認爲他們自己的社會主義理想將獲得整個無產階級支持。現在這些馬克思主義者相信，只有某一群精英才有見識能力，了解眞正的社會主義對人類的祝福。他們斷定，這群精英——自詡的無產階級先鋒，而非無產階級大眾——負有神聖的責任，必須以暴力奪取政權，消滅所有反對者，開創社會主義的黃金時代。在這個程序問題上，列寧與維爾納·桑巴特（Werner Sombart）之間，以及史達林與希特勒之

[1] F. Oppenheimer, *System der Soziologie* (Jena, 1926), II, 559.

間，意見完全一致。他們只在誰是精英的問題上意見不同。

自由主義者無法接受這個解決辦法。他們不相信，一群少數人，即便這群人是人類眞正的精英，能讓大多數人永久沉默。他們不相信，強制與壓迫能解救人類。他們預見獨裁必然導致永無止境的衝突、戰爭與革命。穩定的政府，需要獲得多數被統治者自由的同意。專制統治，即便是仁慈獨裁者的專制統治，不可能帶來持久和平與繁榮。

如果人類沒有能力意識到什麼辦法最適合他們自己的利益，那就不會有挽救人類的辦法。自由主義的主張不能落實，因爲大多數人仍然太過愚昧，無法掌握自由主義的意義。老自由主義者的推理中，有一個心理學方面的錯誤。他們不僅高估了一般人的智力，也高估了精英們說服比較不明智的同胞，改信健全理論的能力。

貳

當今國際問題的根源，可以濃縮歸納如下：

一、只有在——迄今爲止從未在任何地方徹底嘗試或實現的——純粹的資本主義下，才可能有持久和平。在這樣一個傑佛遜式的世界裡，市場經濟自由運行，政府的活動範圍，僅限於保護個人的生命、健康與財產，使其免受暴力侵略或欺詐傷害。立法、行政與司法，都平等對待本國人和外國人。不可能產生國際衝突：沒有發生戰爭的經濟原因。

二、勞工的自由流動，使世界各地的邊際勞動生產力，從而世界各地的工資率，傾向相等。如果人口相對稀少國家的工人，尋求利用移民障礙，保持他們較高的生活水準，他們便免不了會傷害人口相對過多地區工人的利益。（而且，長期而言，他們也會傷害他們自己的利益。）

三、政府干預企業和工會政策，合起來提高國內生產成本，從而削弱國內產業的競爭力。所以，即便是短期而言，如果沒有搭配移民障礙、國內產業保護，以及——在出口行業的場合——卡特爾獨占等等輔助措施，它們將達不到目的。由於對國外貿易的任何倚賴，必然會限制政府控制國內企業的權力，所以干預主義必然以經濟獨立自給自足爲其目標。

四、如果社會主義國家還須倚賴自外國進口的商品，從而還須生產商品在市場上銷售，那麼，無論它須對其銷售或自其購買商品的國家是否爲社會主義國家，社會主義就還不是在全世界範圍內運行，因此還不是完美的社會主義。社會主義必然以經濟獨立自給自足爲其目標。

五、保護主義與經濟獨立自足，意味歧視外國勞工與資本。它們不僅會降低所有國家的勞動生產力，從而將低所有國家的生活水準，它們也會製造國際衝突。

六、有一些國家，由於缺乏充足的自然資源，無法單憑他們國內的資源供應國內人民所需的衣食。這些國家唯有透過征服更多領土，才能達到經濟獨立自足。他們的好戰心態與侵略欲望，是他們堅持國家至上主義原則的結果。

七、如果某國政府阻礙其國內資源獲得最有效的開發利用，那便會傷害所有其他國家的利益。自然資源豐富的國家，經濟發展如果落後，將使某些人全都遭到傷害，因爲這些人的生活情況，原本可以藉由該國的自然財富獲得更有效率的開發利用而進一步改善。

八、國家至上主義以國內人人收入平等爲目標。但，另一方面，它也導致歷史形成的窮國與富國之間的不平等延續不變。促使一國國內群眾支持收入平等政策的那些心思考量，同樣也促使人口相對過多國家，對人口相對稀少國家，採取侵略政策。人口相對過多國家不準備，只因爲他們祖先不夠敏捷，未能占有自然資源稟賦較佳的地方，而永遠忍受自己的相對貧窮。「進步分子」用來斷言國內事務的那些話語——所謂傳統的自由理念，對窮人來說，只是騙人的玩意；眞正的自由，意味收入平等云云——被自然資源「窮國」的發言人套用在國際關係上。在德國民族主義者的眼中，只有一種自由眞正重要：免於進口糧食的自由（*Nahrungsfreiheit*），這是指一種事態，在這種事態下，他們的國家將能夠在自己的邊界內，生產所需的一切糧食與原料，以便讓全國享有和自然資源稟賦最好的其他國家相同的生活水準。這就是納粹的自由與平等概念。他們自稱爲革命鬥士，爲爭取他們不可剝奪的權利，而與一大群反動國家的既得利益者搏鬥。

九、對於歷史形成的、人口相對過多區域和人口相對稀少區域之間人民生活水準的不平等，一個社會主義世界政府也能夠將其廢除。然而，從前阻撓老自由主義者的努力，使他們未能掃除一切障礙，讓勞動、商品與資本自由流動的那些力量，同樣也將強烈反對該社會主義世界政府廢除不平等。人口相對稀少國家的勞工，不可能放棄他們已繼承到的特權。工人們不可能接受，那些在很長的過渡期間內，將降低他們自己的生活水準，而只對特權不如他們的他國人民的物質生活條件，會有改善作用的政策。西方國家的工人，期待社會主義立即提高他們自己的生活水準。任何嘗試成立世界民主政府的計劃，他們都將強烈拒絕，因爲在全世界民主裡，他們的表決權將輸給特權不如他們的絕大多數他國人民。

十、只有在自由市場經濟下，聯邦政府才能運作。如果沒有貿易障礙將各成員邦彼此隔離，國家至上主義便需要有一個嚴格中央集權的政府。所以，那些成立世界邦聯，甚或只是要成立西方民主邦聯的計劃，是虛幻的。在拒絕放棄國家至上主義的情況下，除非將所有權力集中，賦予一個統一的、超國家的世界政府，或賦予一個統一的、超國家的民主國家聯盟政府，否則便無法逃脫經濟民族主義的詛咒。但不幸的是，強大壓力團體的既得利益，反對放棄國家主權。

沉迷於遐想是沒用的。政府控制企業，會產生無法以和平方法解決的國際衝突。要阻止沒有武裝的人員和商品跨越邊界，很容易；要阻止軍隊嘗試跨越邊界，就困難許多。社會主義者和其他國家至上主義者能夠漠視、甚或搗住，經濟學家發出警告的聲音。但，他們無法漠視或搗住大砲的呼嘯聲和炸彈的爆炸聲。

倡議政府全能的人，無論如何雄辯，都改變不了這樣的事實：只有自由市場經濟，才能實現持久和平。政府控制，導致經濟民族主義，從而製造國際衝突。

參

許多人自我安慰說：「過去一直有戰爭。將來也會有戰爭與革命。但，沒有理由驚惶。過去儘管戰爭幾乎不斷，人類還是過得好好的。將來如果衝突繼續，文明也不會消亡。即使情況不像自由主義烏托邦所描繪的那樣完美，文明仍能相當蓬勃發展。

在尼祿（Nero）或羅伯斯比（Robespierre）的統治下，在蠻族入侵或三十年戰爭的時代，許多人還是活得很快樂。生活將會繼續；人們將會結婚、生子、工作和遊樂。偉大的思想家和詩人，在可悲的環境中度過了他們的一生，但那並不妨礙他們從事他們的工作。現在或未來的政治糾紛，也一樣不會阻礙未來世代成就偉大的事物。」

然而，這樣的想法犯了一個謬誤。人類不能自由決定，從一個較高的分工與繁榮階段，退回較低的階段。經歷了資本主義時代的發展後，地球上現在的人口比資本主義時代前夕多了很多，而生活水準也高了很多。我們的文明是建立在國際分工的基礎上。它無法在各國經濟獨立自足的情況下繼續存在。美國和加拿大會比其他國家少受苦，但即便是這兩國，經濟獨立自足也將導致生活水準大幅下降。在每一個國家的經濟都自給自足的情況下，歐洲，不管是統一或分裂，將注定萬劫不復。

此外，我們還必須考慮隨時保持戰爭準備狀態的負擔——這是自給自足的經濟體系下必要的負擔。例如：爲了能夠擊退來自亞洲的攻擊，澳洲和紐西蘭將必須轉變成軍營。他們的全部人口——少於一千萬——幾乎不可能是一支足夠強大的力量，很難保衛他們的海岸線，直到其他盎格魯—撒克遜國家的援軍到達。他們將必須採納一個模仿舊奧地利「軍事邊界」（Militärgrenze）或舊美國「邊境拓荒」（frontier）的體系，而且該體系還必須適應現代工業主義下更爲複雜的情況。但，那些英勇保衛哈布斯堡帝國——從而保衛歐洲——抵抗土耳其人侵略的克羅埃西亞人和塞爾維亞人，是經濟自給自足生活在他們自己家園上的農民。舊美國邊境的那些拓荒者，也是這樣的農民。對他們來說，當必須戍守邊界而不能耕種土地時，他們不過是碰上一場小災難；他們的妻小，在他們不在家時，會照顧好他們的家園。一個工業化的國家無法按這樣的方式運作。

其他國家的情況將稍微好一些。但，對所有國家來說，必須隨時準備好自衛，將意味沉重的負擔。不僅經濟情況，而且道德與政治情況，都會受到影響。軍國主義將取代民主；每當軍事紀律必須至高無上時，公民自由就會消失。

過去幾個世紀的繁榮景象，是以穩定和快速的資本累積腳步爲其基礎條件的。許多歐洲國家現在已經回頭走向資本消費與資本侵蝕。其他國家也將跟隨。結果將是社會解體與赤貧化。

自從羅馬帝國衰落以來，西方從未經歷過分工退步或資本供給減少的後果。即使竭盡我們所有的想像力，也難以描繪未來的分工退步或資本供給減少，將帶來的災難場景。

肆

這個災難主要影響歐洲。如果國際分工瓦解，歐洲便只能養活一小部分它現在的人口，而且是在遠低於目前的生活水準下養活。日常的經驗，如果得到正確的了解，將教會歐洲人知道，他們的政策後果是什麼。但，他們願意學到教訓嗎？

路德維希・馮・米塞斯（Ludwig von Mises）年表

年代	生平記事
一八八一	九月二十九日出生於奧匈帝國加利西亞蘭堡（現烏克蘭利沃夫）。
一九〇〇	就讀維也納大學，在那裡受到了卡爾・門格爾的影響。
一九〇四—一九一四	受教於奧地利經濟學派學者歐根・博姆・巴維克。結識了著名社會學家馬克思・韋伯。
一九〇六	取得維也納大學法律和經濟學博士學位。
一九〇九—一九三四	擔任維也納商會的祕書，實質為奧地利政府的首席經濟顧問。
一九一二	《貨幣與信用原理》（*The Theory of Money and Credit*）出版。
一九一三—一九三四	於維也納大學以私人講師（Privatdozent）身分授課，主持一個經濟理論研究班。
一九一九	*Nation, State, and Economy* 出版。
一九二二	《社會主義：經濟與社會學的分析》（*Socialism: An Economic and Sociological Analysis*）出版。

年代	生平記事
一九二七	《自由與繁榮的國度》（*Liberalismus:In the Classical Tradition*）出版（一九六二年譯成英文版，以新標題 *The Free and Prosperous Commonwealth* 發表）。
一九二九	*A Critique of Interventionism* 出版。
一九三三	《經濟學的認識論問題》（*Epistemological Problems of Economics*）出版。
一九三四－一九四〇	為了躲避納粹對奧地利的威脅，前往瑞士的日內瓦高級國際關係學院擔任國際研究學院的教授。
一九四〇	移居紐約。*Memoirs* 出版。
一九四一	*Interventionism: An Economic Analysis* 出版。
一九四四	《官僚制》（*Bureaucracy*）與《全能政府：極權國家與總體戰爭的興起》（*Omnipotent Government: The Rise of the Total State and Total War*）出版。
一九四五－一九六九	擔任紐約大學的客座教授直到退休為止，不過他始終沒有從大學領取薪資。在此期間，米塞斯參與由奧地利流亡者，時任紐約大學教員的理察・尼古拉斯・馮・康登霍維－凱勒奇領導的國際泛歐聯盟，並著手解決當中的貨幣問題。

年代	生平記事
一九四七	米塞斯與和其他支持古典自由主義的學者一起創辦了朝聖山學社（Mont Pelerin Society）。 *Planned Chaos* 與 *Observations on the Cooperative Movement* 出版。
一九四九	《人的行為：經濟學專論》（*Human Action: A Treatise On Economics*）出版。
一九五二	*Planning for Freedom, and Other Essays and Addresses* 出版。
一九五六	《反資本主義者的心境》（*The Anti-Capitalistic Mentality*）出版。
一九五七	《理論與歷史：對社會與經濟演變的一個解釋》（*Theory and History: An Interpretation of Social and Economic Evolution*）出版。
一九六二	《經濟學的終極基礎：經濟學方法論》（*The Ultimate Foundations of Economic Science: An Essay on Method*）出版。
一九六九	《奧地利經濟學派的歷史背景》（*The Historical Setting of the Austrian School of Economics*）出版。

年代	生平記事
一九七三	十月十日逝世於美國紐約州紐約市（九十二歲）。
一九七八	《米塞斯回憶錄》（*Notes and Recollections*）出版。 *On the Manipulation of Money and Credit* 出版。 *The Clash of Group Interests and Other Essays* 出版。
一九七九	*Economics Policy: Thoughts for Today and Tomorrow* 出版。
一九八二	米塞斯研究所成立，位於美國阿拉巴馬州歐本市，研究的領域包括經濟學、哲學和政治經濟學。除了紀念奧地利經濟學派的經濟學家路德維希・馮・米塞斯，更發揚奧地利學派的經濟和政治理念。除了數千篇關於經濟和歷史問題的熱門文章之外，研究所還發行了許多書籍和數百篇學術論文。
一九八六	米塞斯學院成立。每年舉辦夏季教學活動，教學計劃包括學者的演講和授課，通常有一〇〇至一二五名來自世界各地的學生。
一九九〇	《貨幣、方法與市場過程》（*Money, Method and the Market Process*）出版。
一九九〇	*Economic Freedom and Interventionism: An Anthology of Articles and Essays* 出版。

年代	生平記事
一九九五	Mises.org 上線，提供每日社論、學習指南、書目、傳記、電子書研究工具、工作論文、訪問錄以及在線出版物目錄。為世界上訪問量最大的經濟學網站之一。

經典名著文庫 180

全能政府：極權國家與總體戰爭的興起

Omnipotent Government: The Rise of the Total State and Total War

作　　者 —— 路德維希・馮・米塞斯（Ludwig von Mises）
譯　　者 —— 謝宗林
責任編輯 —— 唐　筠
文字校對 —— 許馨尹、黃志誠
封面設計 —— 姚孝慈
著者繪像 —— 莊河源
發 行 人 —— 楊榮川
總 經 理 —— 楊士清
文庫策劃 —— 楊榮川
總 編 輯 —— 楊秀麗
副總編輯 —— 張毓芬
出 版 者 —— 五南圖書出版股份有限公司
地　址 —— 106 台北市大安區和平東路二段 339 號 4 樓
電　話 —— 02-27055066（代表號）
傳　眞 —— 02-27066100
劃撥帳號 —— 01068953
戶　名 —— 五南圖書出版股份有限公司
網　址 —— https://www.wunan.com.tw
電子郵件 —— wunan@wunan.com.tw
法律顧問 —— 林勝安律師事務所　林勝安律師
出版日期 —— 2022 年 9 月初版一刷
定　　價 —— 660 元

國家圖書館出版品預行編目資料

全能政府：極權國家與總體戰爭的興起 / 路德維希・馮・米塞斯 (Ludwig von Mises) 著；謝宗林譯 . -- 初版 -- 臺北市：五南圖書出版股份有限公司，2022.09
面；公分 . --（經典名著文庫；180）
譯自：Omnipotent Government : The Rise of the Total State and Total War.
ISBN 978-626-343-144-7(平裝)

1.CST: 國家主義　2.CST: 極權政治　3.CST: 經濟政策
4.CST: 國際關係

571.19　　111011954